# 社会福祉の思想と歴史
魔女裁判から福祉国家の選択まで

朴 光駿 著

ミネルヴァ書房

# はしがき

　すべての社会現象と同じく，社会福祉の思想や制度もまた歴史的存在である。社会福祉は，社会変動による社会問題の拡大に対応しながら，その概念や領域を拡大してきた。現代社会において社会福祉の概念が国によって多少異なる意味で使われているのも，それぞれの国の社会福祉の歴史を反映しているからである。むろん，それぞれの国における概念はあくまで現時点でのものであり，必ずしもかつての概念と同じものではない。

　したがって，社会福祉の概念や本質を正確に把握するためには，何よりも社会福祉の発展過程を深く理解しなければならない。現行の社会福祉事業の内容を考察するという方法では，社会福祉の本質は明らかになりえない。社会福祉の歴史研究のもっとも重要な目的のひとつは，社会福祉そのものの本質や概念を正確に把握することにある。

　ただし，歴史研究といっても，歴史的事実としての特定の法律や制度の内容だけを考察したのでは，社会福祉の本質は見えてこない。それはその法律を成立・変化させる多様な要因についての考察を通じてこそ見えてくるものである。

　こうした前提のもと本書が意図するのは，社会福祉が社会経済的要因，政治的要因，文化的要因に加え，社会思想的要因，ときにはある思想家の活動といった要因が複合的に絡み合いながら発展してきたことを明らかにすることである。このため，本書では時代区分の根拠を示しながら，社会福祉の発展過程を記述した。たとえば，何をもって社会福祉の始まりとみるのか，社会福祉と社会保障の始まりはどのような論拠で区別しなければならないのか，などの本質的な問いに対して筆者なりに明確な答えを提示した。さらに，社会福祉の価値を実現しようとする方向に社会福祉が動いてきたからこそ社会福祉が発展してきたといえるというのが本書の基本的立場であるため，冒頭において社会福祉の価値を論じることにかなりの紙数を割いた。

　社会福祉の歴史書の重要な機能のひとつとして，社会福祉の歴史研究と実践に関する学問的想像力を刺激することがあると思われる。本書では，各時代の社会福祉の姿とともにその思想的背景，社会福祉の価値実現のために努力した多くの思想家や実践家を紹介しており，それが本書の特徴でもある。それゆえ，読者が

そのなかから自分なりの研究テーマを発見する，あるいは，自分に適した社会福祉実践モデルないし実践家のモデルを発見することを心から願っている。

　私事で恐縮だが，筆者は1987年から 3 年間佛教大学博士課程で学ぶ機会を得，孝橋正一，上田千秋，柴田善守，岸勇という 4 人のすばらしい先生の指導に恵まれた。その指導は大変濃密であり，学問的知識だけでなく学問に対する態度や人格的成熟などにおいても計り知れないほどの教えをいただいた。とくに上田先生ご夫妻には身に余るご恩をいただいた。残念ながら，4 人の先生方はすべて他界されているが，あらためて感謝のことばを申し上げたい。また，韓国・釜山大学の恩師であり，留学の際にも適切なご指導をいただいた慎燮重先生にもこの場を借りて心からお礼申し上げたい。

　筆者は12年にわたり韓国の大学で教鞭をとっていたが，現在所属する佛教大学への赴任は昨年であり，社会福祉の思想・歴史に関する日本の事情や研究動向について十分検討しているとはいえない。にもかかわらず，本書の出版に踏み切ったのは，現状では社会福祉発展の背景としての社会福祉思想を比較的詳しく論ずる歴史書が少なく，その意味では本書が一つの学問的刺激になるのではないかと期待したからである。また，日本での研究生活をはじめるにあたってご尽力いただいた同大学の中村永司先生の強い勧めもあった。

　本書は，2 年前に韓国で出版した本の内容をベースとしつつ，それをかなり縮約したうえで日本の読者にむけて大幅に加筆修正したものである。行き届かない点もあるかもしれないが，読者諸賢のご叱正をいただければ幸いである。

　本書刊行にあたっては，ミネルヴァ書房の堂本誠二氏に大変お世話になった。筆者の拙い日本語を適切に訂正するだけでなく，本の構成などについても日本の読者の観点に立って，いろいろと率直な意見やアドバイスをいただいた。堂本氏をはじめ，ミネルヴァ書房の皆さんに心からお礼を申し上げる。

　2003年11月10日

京都紫野キャンパスの研究室にて

朴　光駿

# 社会福祉の思想と歴史
―― 魔女裁判から福祉国家の選択まで ――

目　次

はしがき

## 第Ⅰ部　社会福祉歴史研究の意義と方法
――社会福祉への思想的接近――

### 第1章　社会福祉の概念と価値 ……………………………… 2
――歴史的観点――

1. 社会福祉の概念と構成要素 ……………………………… 2
   社会福祉の概念／社会福祉の概念規定の三つの要素／人間の社会への不適応問題／組織的かつ社会的な努力／人間と社会，両者の変化を通じての問題解決／社会福祉発展の三段階
2. 社会福祉の制度的範囲と社会保障との関係 …………… 6
   社会福祉の制度的範囲／社会保障との関係
3. 社会福祉の価値 ……………………………………………… 7
   価値実現のための努力／人間の尊厳性／社会的公平／社会的効果

### 第2章　社会福祉の思想と歴史研究の方法 ……………… 13
――歴史記述の方法と時代区分――

1. 社会福祉の思想と歴史研究の基本的視角 ……………… 13
   社会福祉思想とは／社会福祉思想と社会福祉制度の発展／社会福祉発達とは何か／社会福祉の発展／社会福祉に関する歴史的事実について／歴史的事実を見極めること
2. 社会福祉思想と歴史研究の意義と方法 …………………… 18
   （1）社会福祉思想と歴史研究の意義　18
   （2）社会福祉制度発達論と産業化論　19
   社会福祉制度発達論／産業化論／産業化論の限界
   （3）社会福祉歴史研究における時代区分　21
   時代区分の重要性／資本主義発達様式による時代区分／ヒューマニズム運動の展開に基づいた時期区分
3. 研究の範囲と歴史記述の方法 ……………………………… 24
   研究の範囲／思想中心の考察／人物中心の考察／制度中心の考察／本書の歴史記述
4. 本書の時代区分とその根拠 ………………………………… 27
   社会福祉以前の時代／救貧法の時代／大転換の時代／福祉国家の成立

# 目　次

## 第Ⅱ部　国家介入の始まり
### ──救貧法の時代──

### 第3章　社会福祉以前の時代 ………………………………… 32
#### ──魔女裁判の時代──

1　意味と時代区分 ………………………………………… 32
2　背景：封建制度の崩壊 ………………………………… 34
　　封建社会の貧困／封建制度の崩壊／貴族から教会へ／教会の福
　　祉機能とその限界
3　貧民への対応 …………………………………………… 37
　　（1）労働者条例　37
　　労働能力のある者への対処方法／労働者条例の効果／抑圧政策
　　の限界／労働者条例の意義
　　（2）魔女裁判　40
　　労働無能力者への対処方法／魔女裁判の概略／魔女と社会階層
　　／魔女迫害の地域格差とエンクロージャー
4　時代的特徴 ……………………………………………… 43

### 第4章　救貧法の成立 ………………………………………… 45
#### ──消極的国家介入──

1　意味と時代区分 ………………………………………… 45
2　背景：浮浪の発生と重商主義的対応 ………………… 46
　　（1）重商主義　46
　　重商主義の意義／貿易政策とその影響／人口政策／貧困観と労
　　働倫理／社会福祉制度としての製造工業の育成
　　（2）本源的蓄積期と浮浪者　50
　　本源的蓄積の時期／大量貧困の原因と浮浪の発生／浮浪者，賃
　　金労働者に対する社会通念
　　（3）イギリス特有の状況　52
　　エンクロージャー／首長令／浮浪者対策の漸進的形成過程
3　イギリス救貧法に関する先行研究の検討 …………… 55
　　救貧法に関する先行研究／研究の観点と参考文献／救貧法運用
　　の地域的格差
4　社会福祉の内容 ………………………………………… 57

　　　　（1）エリザベス救貧法　57
　　　　エリザベス救貧法の意味／対象者選定基準の法制化／行政機構／財源調達の単位としての教区／私的慈善と家族の扶養責任／貧困救済に対する国家責任を認定／体系的施行の失敗とその原因／商工業の発展との関係
　　　　（2）居住地制限法　63
　　　　居住地としての教区／居住地制限の慣行と内容／自由の抑圧／極度の地域主義
　　　　（3）ワークハウスの出現とナッチブル法　66
　　　　ワークハウスの意味と起源／ブリストル・ワークハウスの失敗／ナッチブル法／民間業者の委託運営による弊害／救貧抑制の効果とワークハウスの帰結
　　　　（4）スピーナムランド制度　69
　　　　最低賃金制度の代替物としての賃金補助制度／パンの価格と扶養者数に連動する賃金補助／制度的矛盾／救貧費増加の原因論
　5　消極的国家介入期の特徴 …………………………………………… 72

## 第5章　新救貧法 ……………………………………………………… 73
　　　　──抑制政策の展開──
　1　意味と時代区分 …………………………………………………… 73
　2　背景：産業革命と功利主義 ……………………………………… 75
　　　　（1）産業革命　75
　　　　産業革命の意味／産業革命の条件
　　　　（2）救貧制度の矛盾　76
　　　　農村地域の状況と農民一揆／救貧費増加の不可避性
　　　　（3）自由放任の政策思想　78
　　　　自由主義とアダム・スミス／中産階級の影響力／新救貧法に影響した思想／タウンゼントの影響／マルサスの救貧法批判／リカードの賃金基金説
　　　　（4）功利主義とその影響　83
　　　　社会改革への要求と功利主義の登場／ベンサムと「最大多数の最大幸福」／ベンサムのワークハウス構想とその影響／「中産階級のみ」の最大幸福／功利主義の評価
　3　社会福祉の内容と特徴 …………………………………………… 87
　　　　（1）救貧法調査委員会の設置と報告　87
　　　　王立調査委員会の設置／2人のベンサム主義者／報告書の構成

　　　　（2）新救貧法の成立と施行　89
　　　　社会統制的解釈／抑圧政策への回帰とその諸原則／劣等処遇の
　　　　意味／貧民に対する道徳的観点／中央集権的行政機構
　　　　（3）新救貧法の効果と反対運動　93
　　　　救貧費の節減と道徳心／救済抑制の手段としてのワークハウス
　　　　／新救貧法反対運動／反対運動の連合／現実的代案としての労
　　　　働テスト
　　　　（4）救貧行政の変化と両面的動向　97
　　　　救貧庁法（1847年）／地方自治庁法（1871年）／児童・病者・老人
　　　　に対するサービス改善／院外救済反対運動と慈善事業
　　4　抑制政策展開期の特徴 …………………………………………… 100

第6章　歴史のなかの救貧法とその教訓 ………………………… 102
　　　　――現代の貧困政策への示唆――
　　1　救貧法研究の意義 ……………………………………………… 102
　　2　救貧法の展開過程からみたその教訓 ………………………… 104
　　　　社会福祉制度の漸新的性格／社会福祉制度史研究の限界／地域
　　　　主義の問題と限界／社会変動の独立変数としての社会福祉制度
　　　　／救貧費の増加と補充給付制度／救貧行政官吏の質の問題／施
　　　　設運営の民営化

　　　　　　　　第Ⅲ部　大転換の時代
　　　　　　　　――自由放任から国家介入へ――

第7章　民間社会福祉の出現 ……………………………………… 112
　　　　――COSとセツルメント運動――
　　1　民間社会福祉の起点 …………………………………………… 112
　　2　背景：救貧法の限界と社会改革の遅滞 ……………………… 113
　　　　理想社会建設の努力と現実／中産階級の罪意識／救貧法の限界
　　　　に対する認識／社会事業の必要性
　　3　COSの活動 …………………………………………………… 116
　　　　慈善機関の乱立／慈善組織協会の形成／チャルマーズの実験事
　　　　業／COSの理念と貧困観／組織と団体間の協力／慈善組織化の
　　　　試みとその失敗／受給資格の規定／公私の役割分担に関する考
　　　　え方／ヒューマニタリアニズム／オクタヴィア・ヒルの住宅事

業／COSの限界と批判

  4 セツルメント運動 ……………………………………………… 125
    セツルメント運動と隣保館／デニソンの現地定着／オックスフォード学派／ジョン・ラスキン／トインビー・ホール／セツルメント運動の貧困観

  5 民間社会福祉の誕生期の意義と特徴 …………………………… 131
    ケースワークの起源としてのCOS／地域福祉の起源としてのセツルメント運動／民間社会福祉出現期の特徴

## 第8章 大転換の時代 …………………………………………… 136
### ——貧困調査と工場法——

  1 意味と時代区分 …………………………………………………… 136
  2 背景：社会構造的矛盾の深化 …………………………………… 137
    産業革命と労働者／農業および人口の変化／ヴィクトリア黄金期の終焉
  3 貧困調査 …………………………………………………………… 139
    （1）貧困観の転換 139
    福祉国家的貧困観へ／自由放任に対する批判
    （2）ブースの貧困調査 141
    ブースの生涯／貧困調査の結果／意義と評価／ブースの貧困調査に関する新しい論議
    （3）ラウントリーの貧困調査 144
    ラウントリーの生涯／貧困調査の方法／調査の結果
  4 工場法 ……………………………………………………………… 147
    （1）社会福祉史における工場法の位置づけ 147
    工場法とは／「社会改革の最初の試み」の意味／市民法から社会法へ
    （2）工場法の背景と内容 149
    原生的労働関係／最初の工場法／以降の発展／ロバート・オーウェンと工場法／工場監督官ホーナー
    （3）工場法の意義 155
  5 大転換期の特徴 …………………………………………………… 155

## 第9章 大転換の戦場 …………………………………………… 157
### ——1905〜09年救貧法委員会——

  1 意味と時代区分 …………………………………………………… 157

2 背景：フェビアン社会主義とウェッブ夫妻 ……………………… 158
      （1） フェビアン協会の思想　158
      フェビアンの由来／フェビアン社会主義／フェビアン協会の影響力
      （2） ウェッブ夫妻　160
      ビアトリス・ウェッブ／シドニー・ウェッブ／パートナーシップ：1＋1＝11／イギリス労働党との関係
  3 救貧法委員会の報告書に関する先行研究 ……………………… 164
      日本での先行研究／報告書分離に関する説明／両派の根本的差異
  4 多数派報告書 …………………………………………………… 167
      （1） 救貧法体制の問題と代案　167
      （2） 失業問題とその代案　167
      （3） 多数派報告書の理念　168
      貧民に対する道徳的判断／条件つき援助と差別的援助／民間社会福祉との協力
  5 少数派報告書 …………………………………………………… 170
      （1） 救貧法体制の問題と代案　170
      （2） 失業者救済の実態とその代案　171
      （3） 少数派報告書の理念　172
      基本仮定と貧困の予防／ナショナル・ミニマム／福祉受給者の協力義務／限界と批判
  6 両報告書の帰結 ………………………………………………… 176

## 第Ⅳ部　社会保障と福祉国家
——福祉国家体制の成立・再編・選択——

## 第10章　社会保険誕生の二つの道 ……………………………… 178
——ドイツとイギリスの比較——

  1 意味と時代区分 ………………………………………………… 178
      社会的リスクと社会保険／社会保険の機能と運営方式／時代区分
  2 背景：労働者階級の成長と自由主義修正の思想 ……………… 180
      社会保険導入の一般的背景／選挙権の拡大／労働政党の誕生／国家介入を正当化する思想の登場

3　ドイツのビスマルク社会保険立法 …………………………………… 183
　　　（1）　最初の社会保険　183
　　　比較的観点からみたドイツ／産業化と労働者の生活／社会保険
　　　以前の社会保護と共済組合／ビスマルクの三大社会保険
　　　（2）　社会保険の導入背景　186
　　　労働運動と社会民主党／「敵の敵」としてのブルジョア／ドイツ
　　　社会政策学会と講壇社会主義／福祉君主としての国家
　　　（3）　社会保険の争点　189
　　　社会保険の導入の争点／ビスマルクの意図と現実
　　　（4）　ビスマルク社会保険の評価　191
4　イギリスの自由改良立法 ……………………………………………… 192
　　　（1）　自由主義の修正とT. H. グリーン　192
　　　古典的自由主義の衰退とその修正／ホブハウスの新自由主義／
　　　国家と個人の関係／福祉国家思想家としてのT. H. グリーン／
　　　グリーン思想のキーワード／国家の積極的機能と消極的義務
　　　（2）　自由改良の時代と労働党　196
　　　自由改良の時代と自由党／労働党の影響
　　　（3）　自由党社会保険立法の内容　198
　　　自由党社会改革立法の概観／無拠出老齢年金（1908年）／国民健
　　　康保険（国民保険第1部）／失業保険（国民保険第2部）
　　　（4）　社会保険の財源　202
　　　ロイド・ジョージと「国民の予算」／国民の予算の意義
　　　（5）　自由党社会改革の評価　203
5　社会保険導入時期の決定要因 ………………………………………… 204
　　　比較研究のねらい／産業化の推進勢力／国家の性格と官僚制／
　　　労働運動および労働者の性向
6　社会保険誕生期の特徴 ………………………………………………… 207
　　　社会的背景／福祉国家体制の起源？

## 第11章　社会保障の成立と三つの典型 …………………………………… 210
　　　──ソビエト・アメリカ・イギリス──

1　意味と時代区分 ………………………………………………………… 210
　　　（1）　社会保障の意味　210
　　　用語の誕生と普及／生活保障のシステム化としての社会保障
　　　（2）　社会保障成立の三つの典型　211
　　　（3）　福祉国家の概念　212
　　　（4）　時代区分　213

2　背景：社会主義革命・資本主義の構造改革・大戦の経験 ……… 214
　　（1）　生存権保障思想の台頭　214
　　　生存権と市民権／生存権保障の思想
　　（2）　社会経済的状況　216
　　　社会主義国家の誕生と資本主義体制の限界／戦争の経験
3　ソビエトの社会保障制度 ……………………………………… 217
　　（1）　社会保障成立の背景　217
　　　革命以前の帝政ロシア／急速な産業化の影響／伝統的社会保護とその特徴／差別主義
　　（2）　社会保障の成立　220
　　　社会主義革命と社会保障の誕生／社会主義社会保険の理念
　　（3）　ソビエト社会保障の特徴　222
　　　社会保障の理念と現実／前提条件としての労働の義務
4　アメリカの社会保障 …………………………………………… 224
　　（1）　立ち遅れた国家介入　224
　　　ボランタリズム・フロンティア・社会主義勢力の不在／国家の性格と官僚組織／革新主義時代の社会保険立法
　　（2）　大恐慌の経験とニューディール　227
　　　大恐慌の衝撃と社会不安／ニューディール政策／大きな政府の登場とケインズ理論／緊急救済プログラムと労使の反応
　　（3）　社会保障法の成立　231
　　　社会保障法／老齢年金と失業保険／公的扶助
　　（4）　社会保障法の意義と限界　233
　　　社会保障法の意義／社会保障法の保守性と制限性
5　イギリスの社会保障と福祉国家の成立 ……………………… 235
　　（1）　戦間期の経験　235
　　　福祉国家成立における戦間期の意味／生活保障のシステム化の要求／労働党政権／社会福祉の観念の変化
　　（2）　ベヴァリッジ報告書とその原則　238
　　　ベヴァリッジ委員会／ベヴァリッジ報告書の原理／包括的社会保障プログラム／社会保障における国家と民間の役割
　　（3）　ベヴァリッジ報告書の立法化とその意義　241
　　（4）　救貧法の解体　242
　　　救貧法解体の過程／国民扶助法（1948年）
6　社会保障成立期の特徴 ………………………………………… 243

## 第12章　福祉国家の拡充 …… 245
——イギリス・アメリカ・日本の経験——

### 1　意味と時代区分 …… 245
### 2　背景：経済成長と福祉国家コンセンサス …… 246
（1）　経済成長　246
（2）　福祉国家コンセンサス　247
合意の政治構造の成立／革新政治勢力の制度化
（3）　社会行政学派の福祉思想　249
社会行政学派の特性／論駁を通じての関心の喚起／国際比較分析の不足
（4）　リチャード・ティトマス　251
生涯／研究の倫理的立場／社会的不平等としての貧困／研究方法としての批判的統計分析／福祉国家に対する二重的態度

### 3　福祉国家拡充の内容 …… 256
（1）　イギリス　256
福祉国家のコンセンサス／トーリー・コレクティビズム／社会福祉の質的拡充／経済状況と労働組合
（2）　アメリカ　260
不完全な福祉国家／福祉政策空白期とその原因／メディケアとメディケイド／貧困戦争／民権法の制定／政治的状況
（3）　日　本　265
前史／敗戦の影響と社会福祉制度の拡充／社会福祉の独自的発展と二重性／高度経済成長／革新自治体の出現／福祉元年体制の成立

### 4　福祉国家拡充期の特徴 …… 270

## 第13章　福祉国家の再編と選択 …… 272
——福祉国家体制をめぐる応酬——

### 1　意味と時代区分 …… 272
### 2　背景：福祉国家における理想と現実の乖離 …… 273
福祉国家危機論／福祉国家危機の症候群／経済成長の終焉／ケインズ主義福祉国家の限界／福祉国家制度上の問題

### 3　福祉国家に対する思想的挑戦とその影響 …… 278
「イデオロギーの終焉」の終焉？／イデオロギー的諸観点／福祉国家体制と福祉思想との両立可能性／新保守主義ないし新自由

　　　　　　主義の登場／新自由主義の社会福祉観／「二つの国民」という戦
　　　　　　略／小さな政府と「選択の自由」／ハイエクと「隷従への道」
　　4　福祉国家再編の類型 …………………………………………………… 284
　　　　　　福祉国家類型による再編への影響／福祉国家再編の二つの類型
　　5　新自由主義的福祉国家再編とその内容 …………………………… 286
　　　　　　プライバタイゼーションの傾向と概念／プライバタイゼーショ
　　　　　　ンの類型と目的／住宅部門のプライバタイゼーション／結果と
　　　　　　問題点
　　6　新しい社会福祉環境と福祉国家の選択 …………………………… 289
　　　　　（1）　経済的環境　289
　　　　　　福祉国家と経済成長／二つの矛盾する課題／福祉国家の選択
　　　　　（2）　人口高齢化　291
　　　　　　人口高齢化の影響／所得分配と労働人口の確保／人口高齢化の
　　　　　　速度／福祉国家の選択
　　　　　（3）　冷戦体制の崩壊　294
　　　　　　社会開発サミット／人間開発／福祉国家の選択：国際的協力
　　　　　（4）　環境問題と地域中心的対処　296
　　　　　　持続可能な発展の思想／地域中心の対処／福祉国家の選択：福
　　　　　　祉文化の養成
引用・参考文献 ………………………………………………………………… 299
索　　引 ………………………………………………………………………… 311

# 第Ⅰ部

# 社会福祉歴史研究の意義と方法
―――社会福祉への思想的接近―――

# 第1章
# 社会福祉の概念と価値
——歴史的観点——

## 1　社会福祉の概念と構成要素

### ■社会福祉の概念

　社会福祉の思想と歴史を記述するためには，まず，社会福祉の概念と範囲を規定することから始めなければならない。それは，社会福祉をどのように規定するかによって社会福祉の思想と歴史研究の観点だけでなく，その研究の範囲も異なってくるからである。いい換えれば，社会福祉思想と歴史研究の範囲は，社会福祉の概念とその範囲規定によって決められるものである。

　今まで多くの社会福祉研究者が社会福祉の概念と範囲を提示してきた。ここでは，そうした多様な概念を改めて紹介することなく，まず筆者の概念を提示したい。むろん，この概念規定も多くの研究者によって今まで提示されてきたものを超越したある種の画期的な内容を含んでいるわけではない。にもかかわらず，筆者の概念規定を冒頭から提示するのは，その概念規定をもって社会福祉思想と歴史研究の端緒にしたいからである。筆者が提示する社会福祉の概念は次の通りである。

　　社会福祉は，人間の社会への不適応問題を解決するための組織的かつ社会的な活動である。問題解決のための努力は二つの方法によって行われる。ひとつは人間を社会に適応させようとする努力である。個人の社会に対する考え方や態度，現在の能力水準などに変化をもたらすことによって社会に適応できるように援助することがそれである。もうひとつは，社会そのものを人間に適応させようとする努力である。社会が個人の不適応問題を引き起こすような構造的矛盾を抱えている場合には，社会そのものを変えなければ問題解決には及ばないからである。要するに，社会福祉とは人間の社会への不適応問題を個人と社会，両者の変化を通じて解決することを目標とする社会的活動である。

## ■社会福祉の概念規定の三つの要素

　上記の概念規定には，社会福祉の思想と歴史を記述しようとするときに考慮しなければならない三つの要素が含まれている。その第一の要素は，社会福祉の客体である。上記の定義で，社会福祉の対象を「人間の社会への不適応問題」と規定した。第二の要素は，その問題を解決するための方法である。人間の変化を通じて人間を社会に適応させる方法，社会の変化を通じて社会を人間に適応させる方法といった二つの方法によって問題解決を図るのが社会福祉であるとした。三番目の要素は，そうした解決方法を実際に適用するプロセスが，個人的かつ恣意的なものではなく，組織的かつ社会的活動の形態で行われるということである。

　人間の社会への不適応問題を対象とすること，人間と社会の両者の変化を通じて問題の解決を試みること，そしてこうした努力が社会的かつ組織的に行われること，という社会福祉の概念規定における三つの要素を，以下，社会福祉の歴史研究の観点からより詳しく検討する。

## ■人間の社会への不適応問題

　社会福祉が解決しようとする問題の総称である「人間の社会への不適応問題」は，いかなる時代においても存在していた。封建社会の場合，それは身分の束縛，食料不足と慢性的貧困などであった。ところが，この不適応問題は産業革命に代表される巨大な社会経済変動によって爆発的に拡大され，またその性格も変化した。その変化とは，問題の規模が拡大したこと，ある特定の地域にみられる現象から社会全般の問題になったこと，一時的な問題から恒常的な問題になったことである。こうした問題の性格変化に対応しながら，社会福祉の範囲も拡大され，ついにそれが社会制度化されるようになった。したがって，人間の社会への不適応問題の拡大とそれに伴う社会福祉の概念の拡大を説明するにあたっては，産業革命に関する理解が欠かせない。この意味で，社会福祉は19世紀の産業化に対する20世紀の産物であるといえる。

　ここで注意しなければならないのは，この福祉問題がすべての国民に悪影響を与えるものではなく，ある集団には利益をもたらす場合もあるということである。したがって，こうした社会変化を主導・擁護する社会集団が一方で存在し，もう一方ではその変化がもたらした弊害の犠牲になる社会集団が存在する。こうした産業化過程は，社会福祉思想と歴史研究の重要な内容をなすものであるのみならず，その過程を理解することによって初めて社会福祉の本質が明らかにされる。

社会福祉の本質を把握することは，社会福祉の歴史を研究する重要な目的のひとつでもあるのである。

■ **組織的かつ社会的な努力**

社会福祉の特質は，人間の不適応問題を解決するための努力が個人的・恣意的なレベルで行われるのではなく，組織的かつ社会的な活動を通じて行われることにある。個人を援助するためのある行為や活動が社会福祉活動であるか否かを判別する根拠は，その活動が社会的に行われているのか否かにある。むろん，国家による公式的活動だけでなく民間活動においても，もしそれが組織的かつ社会的な努力を通じて個人の不適応問題を解決しようとするなら，社会福祉活動とみなすことができる。したがって，単なる施し（dole）は社会福祉活動ではない[1]。

社会福祉の構成要素のひとつが組織的かつ社会的な努力であるということは，何をもって社会福祉の出発点とみるのかを規定するうえできわめて重要な意味をもつ。ギルバートとスペクトの理論によれば，社会福祉政策は四つの次元をもっている。社会福祉の対象，給付の形態，サービス伝達体系，福祉財政がそれである（Gilbert & Specht, 1974）。これはシンプルな説明であるが，社会福祉発達において社会福祉のどの次元をより重要に考えるべきなのかについても示唆に富んでいる。何をもって社会福祉の出発点とみるべきなのかを考えるとき，彼らの説明を応用し，次のような四つの変形的な質問をすることができる。

① 社会福祉の対象を組織的に規定しようとする努力を出発点とみるのか
② 社会福祉給付の形態を組織化しようとする努力を出発点とみるのか
③ 福祉サービスの管理運営を組織化しようとする努力を出発点とみるのか
④ 福祉財政を賄う方法を組織化しようとする努力を出発点とみるのか

筆者の立場は重要な四つの次元のなかでも最初の項目，すなわち「社会福祉の対象者をより科学的に定めようとする努力，社会福祉対象者の選定基準を科学化しようとする努力」の有無が最も重要な判断基準とするものである。本書では，社会福祉の始まりをイギリスの救貧法とみなしているが，それは救貧法が対象者

---

1) ある活動が社会福祉活動であるか否かを見極める基準ないし特性を提示することによって，他の活動と社会福祉活動とを区別しようとする試みは，社会福祉の本質やアイデンティティを明らかにするためにきわめて重要な研究方法である。ウィレンスキーらは（Willensky and Lebeaux, 1979），社会福祉を社会福祉ならしめる五つの特徴のひとつとして「社会の組織的活動」を挙げている。日本では1950年代にいわゆる「社会福祉本質論争」があったが，その重要な争点のひとつが社会福祉活動と他の活動を区別可能にする特質が何かということであった（朴光駿，1998を参照）。このような根本的な論議は，社会福祉の本質・概念を把握するためには欠かせない学習対象になっていると思われる。

の選定基準を定め，対象者を属性によって分類し，それぞれのグループに対応するような社会的処遇を初めて実施しようとしたものと評価しているからである。

## ■人間と社会，両者の変化を通じての問題解決

　三番目の構成要素である「人間と社会，両者の変化を通じての問題解決」は，社会福祉思想と歴史を研究するうえで特別な意味をもつ。というのは，それによって社会福祉の時代区分の根拠が提供されるからである。

　人間の社会不適応問題の原因は多様である。それはしばしば個人的原因によるものと社会的原因によるものとに大別される。ここで注意しなければならないのは，現代社会におけるこうした原因の区分は，それぞれの原因に見合った社会対策を講ずるために行われるのであって，個人を非難するために行われるものではないということである。たとえば，アルコール中毒によって貧困問題が生じてもその解決責任は国家にあるということは明白であるが，ただ，それが個人的な要因によるのであれば，その個人の変化を試みる必要がある。ある事故によって障害をもつようになった場合，社会構造や慣習，社会制度が障害者の雇用を妨げる現実があるにもかかわらず，障害発生による心理的ショックを解消するために当事者だけを対象にカウンセリングなどを行うだけでは真の社会福祉とはいえない。個別的に対応するそのようなサービスとは別に，最も重要な生計手段である雇用を保障する障害者雇用促進制度の創設や，障害者に対する雇用差別を容認する既存の制度や法律の改革を図るなど，社会を変化させようとする努力が並行されるとき，初めて現代的社会福祉の姿が完成されるのである。

## ■社会福祉発展の三段階

　しかし，人間とともに社会の変化を試みるという両面的努力が社会福祉の胎動期から行われたというわけではない。社会福祉の発達過程をみると，社会に適応できない人々を保護するどころか，迫害し，社会から排除しようとした時期もあった（第一段階）。しかし，不適応者が増加し，その存在が社会秩序を脅かすほどになると，そうした人々の生存維持に必要な最小限の保護を国家の責任で行うことになる。ただし，この段階においてはその問題の原因が社会的であるという認識は全くなかった（第二段階）。それ以降，産業化の影響が深刻化し，貧困や失業問題が大量に発生するようになってから，個人の変化を通じてのみでは問題の解決が不可能であることが自覚され，社会の構造的な変化もともに行わなければな

らないとの認識に至るようになった(第三段階)。つまり，現代の社会福祉は，社会に適応できていない人々を一方的に抑圧した時代，社会の変化を求めることなく人間の変化のみを求めて最低レベルの生存条件を提供する時代を経て，人間と社会両面の変化を通じて問題の解決を図る時代へと発展してきたのである。

　社会福祉の発達の時期や内容は国によってそれぞれ異なるが，以上の三つの段階を経て発展してきたといえる。各段階には多くの社会福祉に関する法律や制度，歴史的事実やイベント，そして福祉思想が含まれているが，その一つひとつの内容は必ずしも時系列的なものではないことをあらかじめ理解しておく必要がある。

## 2　社会福祉の制度的範囲と社会保障との関係

### ■社会福祉の制度的範囲

　社会福祉の概念を狭義に定義すると，それは社会の一部の貧困階層など自立できない人々のための扶助制度のことになるが，そのような狭義の概念規定は現在ではほとんど行われていない。また，社会福祉の制度的範囲がどこまでなのかについては研究者間において意見の一致がみられず，また国によっても異なるのが現状である。

　カンは，広義の概念に基づいて全国民を対象にする社会福祉の領域を次のように提示している(Kahn, 1979)。①所得保障，②保健医療制度，③義務教育，④公的住宅政策，⑤雇用対策，⑥対人福祉サービス。

　こうした範囲規定を受け入れるとすれば，それぞれの領域に対して，その思想的・歴史的考察を行わなければならない。しかし，義務教育や積極的雇用政策をこの研究の範囲に入れて，しかも他の領域と同一レベルで考察することはきわめて難しいという限界もある。本書においては可能な限り，広義の概念に基づいてその歴史を考察しようとした。たとえば，第8章で比較的詳しく考察される工場法(Factory Acts)は児童労働者を保護するための立法であり，社会福祉の分野では主な研究対象にされていない。一般には積極的労働政策に含まれている工場法を本書で検討するのは，この法律が社会の変化を通じて福祉問題を解決しようとする転換期の契機を提供したものであると判断したからである。

### ■社会保障との関係

　社会福祉の範囲を規定する際には，社会保障の概念規定との関係をどのように

設定するかを考慮しなければならない。なぜなら，社会保障は今日福祉国家と呼ばれる国家体制の最も核心的な要素であり，とくにその歴史においては社会福祉の歴史とその内容が重なるところが多いからである。

社会保障の制度的な範囲については，国家間に若干の相異があるものの，社会保険と公的扶助がその主要構成要素であるという点については異論の余地がない。両者のうちより早い時期から発生したのは公的扶助であり，イギリス救貧法はその典型である。公的扶助は社会福祉の範囲に含まれるので，通常社会福祉の歴史を論ずる場合には，まずこのイギリス救貧法から言及することになる。しかし，これについて次のような疑問の提起が考えられる。
① 社会保障の歴史を記述する場合にも，この救貧法をもってその出発点とするのか
② 社会保障の出発点は，社会福祉の出発点とは異なるのか。そうだとすれば，何をもって社会保障の出発点とみるべきなのか

社会保障はいくつかの構成要素からなっていて，それぞれの要素は固有の発展過程をもっている。しかし，社会保障はその構成要素の単なる合体ではなく，それらの構成要素がひとつのシステムとして総合的に体系化されたことによって成立したものであり，この「システム的総合化」こそ社会保障の核心的性格であるというのが筆者の立場である。さまざまな社会的リスクをいくつかに定型化し，各リスクに対処するそれぞれの制度がひとつのシステムとして，セーフティ・ネット（safety-net）の性格をもって試行しはじめた時点を社会保障の出発点とみなければならないということである。

## 3　社会福祉の価値

■価値実現のための努力

社会福祉とは，社会福祉が重んずる諸価値を社会的に実現するための活動である。この意味において，社会福祉の歴史とは社会福祉の価値を実現する活動の歴史であり，社会福祉思想とは社会福祉の諸価値を擁護する考え方であるといえよう。こうした論理から，社会福祉の価値が何かについての言及が必要になる。

クラクホーン（C. Kluckhohn）は，価値（value）とは「ある行為の多様な方法，手段，目的のなかから行為者がそのひとつを選択するうえで影響を与えるものであって，個人や集団によって望ましいこととみなされる明示的，あるいは暗示的

理念」(Howard, 1969：9から再引用)であると簡潔に定義した。たとえば，高齢者用の公共バスを設けるかどうかは政策的選択の問題であるが，もし，それを設ける選択をしたならば，その選択に影響したのは敬老という価値である。このように，価値はある種の選択に影響する理念である。

社会福祉はつねに社会と人間に関心をもっているので，より望ましい人間像や社会像についてある種の価値をもっている。しかし，人間と社会に関心をもっていない社会制度や学問領域などはありえず，したがって，社会福祉以外の分野においても，社会と人間に対するそれなりの価値が追い求められるのは当然のことである。こうしたことから，社会福祉の価値が他の分野の価値と共通する場合が少なくない。たとえば，社会福祉においては，最重度の障害をもっている人間でも適切な機会や刺激が提供されれば必ず発達 (development) するという価値をもっているのであり，そのような機会が保障されなければならないとされる。いわば「発達保障」の価値ということであるが，それは同時に教育活動や教育制度の価値でもある。

社会福祉の活動レベルは多様であるので，その価値も社会福祉政策の基調を決定する選択に関わるものから，社会福祉実践活動における援助方法の選択に関わるものにいたるまで多様なレベルにおいて存在する。ここでは，マクロレベルの価値についてのみ言及することにする。マクロレベルの価値によって，実践活動におけるミクロ次元の価値が派生するが，前者はとくに他の領域の価値と重なる傾向が強いのである。社会福祉の価値としては一般に平等，民主主義，国民連帯，生活保障などが挙げられているが，ここでは社会福祉のマクロレベルにおける最も核心的価値として人間の尊厳性，社会的公平，社会的効果という三つの価値を検討することにしたい。

## ■人間の尊厳性

社会福祉の最も基本的価値は人間尊厳の価値である。人間の尊厳というのは「人間は誰でも人間である」という認識から出発する。人間は身分や職業，経済状態や身体的・精神的条件，思想，出身地域や民族，肌の色，性別，年齢などを理由に差別されることや，人間性が否定されることがあってはならないという価値である。

しかし，きわめてあたりまえのようなこの考え方が人類の歴史を通じて実際に実現されたことは一度もないといっても過言ではなく，それは現代社会において

も同様である。

　1537年，ローマ法王パウロ3世は「インド人や黒人，アメリカ大陸の土着民を本当の人間と認めることにする」という勅令を出した（西川，1968：3）。これは，当時のヨーロッパ世界においては彼らを人間として認めない社会的風潮があったことを示唆している。また，20世紀に入ってからはナチスによってユダヤ人虐殺とともに自国内の障害者の大量虐殺が行われた。「不治患者に安楽死を命じる指令」という名のナチスの指令によって1939年から数年の間に約30万人のドイツ人の精神障害者，遺伝性疾患者，老人養護施設の入居者が虐殺されたのである。[2]

　社会福祉の側面からみると，人間尊厳の価値の実現はまず，人間らしい生活を営むことが可能になるように，ある一定以上の生活水準を維持することがその条件になる。現代国家においては，国民に健康で文化的な生活水準を保障することが国家の義務であることを認識し，それを憲法に明記している。最低生活基準を設定し，すべての国民がある一定水準以上の生活を保障するというナショナル・ミニマム（national minimum）の思想は，第9章で紹介する1909年の少数派報告書で初めて具体化され，以降，国家は社会保障制度の充実化を通じて，最低生活水準の確保に努力してきたのである。

　ところが，憲法で定められている生存権保障の規定は，いわゆる「抽象的規制」であり，それを実現するための具体的な方策が含まれているわけではない。したがって，生存権の保障のためには国民が自分たちの生活水準の保障を国家に要求する具体的権利が確保されなければならない。それが社会権としての生存権である。いいかえれば，国民が生活保障を国家に要求する裁判は，社会権としての生存権が保障される方向に進んでいることを示すものである。

　社会福祉の出発点は，最低水準以下で生活している人間の苦痛に対する社会的公憤とその解決への自信であり，その自信の表現が社会保障制度である。しかし，ここで注意しなければならないのは，社会保障制度による最低生活保障は人間尊厳の価値実現のための必要条件であるだけで，十分条件ではないということである。人間尊厳の価値実現のためには，制度以前に社会に人間の尊厳が尊重される

---

　2）　いわゆる「T4計画」と知られているこの計画は，第二次世界大戦開始日の1939年9月1日に実行されたが，それは身体障害者や精神障害者等に対する集団殺人命令であった。医者が治癒不能と判断された人々の殺害許可を出し，実行する計画であった。殺害の方法は主にガスの使用であった（ユダヤ人の大量虐殺でよく知られているガス室はもともとドイツ人の障害者等を殺害するため建設された）。詳しい内容は，朴光駿（1998）「ナチスの障害者安楽死計画とその実行」；Gallagher／長瀬修訳（1996）『ナチスドイツと障害者安楽死計画』を参照のこと。

文化が定着するように努力する必要がある。偏見や差別のない社会づくりのための努力がそれである。制度面での努力とともに福祉文化レベルの努力が並行されるときに初めて人間尊厳価値の完全な実現が可能になるのである。

しかし，社会福祉の歴史からみると，国家が社会福祉の財政負担を軽減するために，国家からの生活援助を受ける人々を意図的に差別し，スティグマ（stigma）を与えるような手段を通じて，できる限り国家援助を請求しないようにして社会福祉支出を抑制する政策を積極的に取り入れた時期もあった。第6章で検討することになる「抑制政策」がそれである。

人間尊厳の価値はまず，人間が主体的存在であるという事実，そして人間は積極的刺激と機会提供によって，必ずある種の望ましい変化がもたらされる存在であるという二つの事実を認識する。前者によって，ある人間がたとえいまは自立ができなく，国家援助に頼らざるを得ない状態であるとしても，自分に関わる重要な決定を行う能力をもっている存在であるという「自己決定」の価値が生成される。また，後者によって，「発達保障」という価値が派生されるのである。

■社会的公平

公平（equity）は，社会的資源が社会構成員の支払能力に応じて配分されるのではなく，必要の程度に応じて配分されるのが望ましいという価値である。社会問題の解決は共同体の努力と負担で，しかも個々人の社会経済能力に相応する負担で対処されなければならないという社会的連帯の表現である。つまり，公平の価値は，共同体の構成員としての友愛と協力義務に基づいたものである。

社会的公平の価値は，身の安全を脅かされているある1人の市民のために，多数の警察官が警備にあたるという例で説明できる。「身の安全」というニーズに対応する公的な資源が警察である。平常は安全に対するニーズの市民間の格差は少ないが，もしある市民が脅迫されているとしたら当事者の安全に対するニーズは急に高まる。したがって，その人のために一般市民より多くの公的資源（警察）が割り当てられることになる。

社会福祉制度は所得再分配の性格をもっている。資本主義社会での所得は基本的に賃金，利潤，地代の形で一次的に分配されるが，多様な要素によって不平等が発生するため，国家が市場経済に介入し，強制的に分配の不平等を緩和ないし修正することを所得再分配という。資本主義社会の矛盾を緩和し，社会を安定化する所得再分配は主に財政制度と社会福祉制度（とくに社会保障制度）によって行

われる。こうした再分配の性格をもつ制度を国家が強制することが可能なのは「社会的公平」の価値に対する国民的合意があるからにほかならない。

　所得再分配は，高所得者から低所得者への垂直的再分配のみならず，水平的再分配をも含んでいる。すなわち，より健康な人が病弱な人のためにより多く負担すること，扶養家族の少ないものが扶養家族の多いものより多く負担することによる，同一所得者間での所得再分配がそれである。ある著名な歴史家が「社会福祉とは富める者からお金を取り上げ，貧乏人に配り分けるロビンフッドのような活動ではない」と述べたが，これは社会福祉の基盤が所得格差を超えた国民的連帯ないし共同体意識であることを意味するものである。

## ▍社会的効果

　社会的効果（social effectiveness）の価値は「社会福祉はひとつの投資であり，長期的には社会統合に貢献して社会費用（social cost）を減らすので，社会福祉資源の投入は短期的な経済的効率を優先するよりは社会的効果を念頭におきながら行われるべきである」というものである。むろん，現代社会においては資源の希少性のため経済的効率への考慮も欠かせないが，それにもかかわらず，たとえば貧困の解消のため多くの資源が投入されれば，長期的にはそれが社会の持続的発展に寄与するという認識が社会的効果の価値である。

　社会福祉制度はおおむね外部効果（externalities）をもつ。外部効果とは，たとえば果樹園が作られることによって果樹園外部の養蜂業者が思わぬ利得を得るような効果のことをいう。結核の患者を治療することは，周りの多くの人々を結核伝染の危険から保護する外部効果をもつ。過密居住は近親相姦の弊害を引き起こす要因として指摘されているので，それを解消することは居住環境を改善するという本来の目的以外に，近親相姦問題も予防するという外部効果を併せもつのである。

　貧困問題を解消し，所得格差を減らし，すべての国民が保健医療や居住などの領域において最低水準以上で生活できるようになると，多くの社会費用を減らすことができるというのが社会福祉の基本的な認識である。ただし，社会福祉は長期的な観点から行われるので，短期間にその効果を証明することは難しい。ある物事について，それが正しいあるいは望ましいと主張しながらも，その根拠を客観的に証明することができない場合，それはイデオロギー的論議，規範的（normative）論議と呼ばれることになる。経済的効率を追求する短期的な観点か

らみると，社会福祉は効果の不確実な消費とみなされるかもしれない。一部の経済学者によって，社会福祉研究者たちがイデオロギー的主張や規範的論議を繰り返す研究者の集まりであるという批判を受けることがあるのは，社会福祉がこの社会的効果の価値を追い求めることにその理由があると思われる。

　たとえば，保育所において子供の使う食器の種類を決定する際に，経済的効率の価値は「ステンレス製の食器」を選択するように影響する。いろいろな面においてそれが効率的で経済的であるからである。反面，社会福祉の価値である社会的効果の観点からみると陶器の食器の方がより望ましいとされる。社会福祉は，壊れないというステンレス製食器の特性を長所としてよりは短所として受け止める。なぜなら，子供たちはそれが壊れないものであるということで，食器を大事に使わなくなり，平和的行動やより礼儀正しい生活態度が育まれなくなるとされるからである。それに反して，陶器の食器を選択することは，物を大事に取り扱い，平和的な生活習慣を育てるので，長期的にみて，子供たちの攻撃的行動によって生じうる社会費用を減らし，またそれを予防する長期効果があるという社会的効果の価値に基づいた選択になるのである。

# 第2章
# 社会福祉の思想と歴史研究の方法
――歴史記述の方法と時代区分――

## 1 社会福祉の思想と歴史研究の基本的視角

■社会福祉思想とは

　思想とは，一連の判断と推理から生み出された一定の見解である。この思想という言葉と前章で定義した社会福祉という言葉を合成すると，「社会福祉の価値が社会的に実現されるべきであり，人間の社会への不適応問題は放置されてはならないものであって，その解決のためには人間と社会の両方を変えなければならない」という考え方が社会福祉思想の概念になる。

　社会福祉はつねに変化するものであるので，その歴史的段階によってその姿が異なるのである。社会福祉の価値は他の価値と対立する場合が多く，ある時期には社会福祉の価値が社会を破滅に導く危険なものとして批判されたことさえあった。しかし，社会福祉と対立しあう思想の存在，その対立する力が社会福祉発展の原動力であったと認識することが重要である。近視眼的にみると，社会福祉を排斥する思想が社会福祉制度を後退させるようにみえるが，そうした後退は一時的なものであって結果的には社会福祉思想を発展させ，さらに社会福祉制度の発展の動因になるのである。したがって，社会福祉の思想と歴史を考察する際には，社会福祉の価値を否定する思想をもその研究対象として取り入れなければならない。たとえば，マルサスの思想は貧民の生存権，食糧受給権さえも否定したきわめて反福祉的思想であったにもかかわらず，本書の第6章で紹介している理由がここにある。

■社会福祉思想と社会福祉制度の発展

　思想は社会的経験を通じて具体化される。さまざまな社会制度や社会経済的状況のなかからさまざまな社会福祉思想が生まれた。しかし，社会福祉制度は社会

経済的状況や社会思想の産物としてのみ存在するのではない。社会福祉制度そのものが社会福祉思想に影響を与え，また社会変化を主導する場合も歴史を通じて確認されるのである。

社会福祉制度の発展を説明している既存の理論の多くは，社会福祉制度をたんに社会経済変動や社会思想の従属変数としてとらえる傾向がある。しかし，社会福祉制度の生成と発達を理解するためには，社会思想や社会経済的状況などの要因と社会福祉制度との交互作用についての認識が欠かせない。つまり，社会福祉制度を社会思想や社会経済状況の従属変数として把握するのではなく，社会福祉制度が社会思想などの変化・発展をもたらす独立変数でもあるという認識が必要である。

また，社会思想は政策によって大きく影響される場合がある。たとえば，ナチスは障害者排除政策を徹底するために，子供に対する教育的アプローチを通じて，歪曲された障害者観を社会全般に普及させようとした。ナチスの数学教科書『国民政治教育に貢献する数学』には次のような例題が出ている。「もし，精神病者収容施設の建設費が600万マルクで，公営住宅一戸の建設費が1万5千マルクだとしたら，施設をひとつ建設する費用で住宅が何戸建設できるのか」，「肢体不自由者，犯罪者，精神病者のために国家が支出する金額で何カップルに結婚ローンが貸付できるのか」（Gallagher／長瀬修訳，1996：90）。

社会福祉制度は社会経済的な状況に影響されながら形成されるものであるが，他方で社会思想や社会思想家によって大きく影響される場合もある。社会福祉の歴史をみると，社会福祉についてある明確な考え方をもっていた思想家や政治家が社会福祉制度改革に直接取りかかるとき，社会福祉制度は大きな影響を受けることが確認できる。第6章で紹介する，ベンサムとその弟子たちが救貧法と工場法の成立や変化に及ぼした影響がその代表的な例である。

社会福祉の政策決定者が特定の思想に傾倒し，その思想を政策的に実現しようとするときにも，社会福祉制度は大きな影響を受ける。イギリスのサッチャーが首相就任後にハイエクの思想に没頭し，まるで学生のようにその思想を勉強したことは有名な話であるが，彼女がその思想を社会的に実現しようとしたため，イギリスの福祉国家体制は大きな変革を余儀なくされたのである。

## ■社会福祉発達とは何か

社会福祉の歴史研究は，しばしば社会福祉発達史研究と表現されているが，

「発達」という言葉の意味を明らかにする研究者は少ない。しかし、社会福祉の発展ないし発達とは何かを説明するためには、発展ないし発達の意味とともに、歴史が発展するものなのか否かといった、より根本的な問題に対する研究者の歴史観を明らかにすることが必要となる。

発展（development）ないし発達という言葉は「ある段階からより望ましいある段階への変化」を意味する。ところが、「望ましい」段階というのが何を意味するかは研究者の主観的判断、すなわち歴史観や歴史哲学によって異なる。したがって、社会福祉の歴史を記述する際には、何をもって発達とみるのかという筆者の観点が必ず明示されなければならないのである。

「社会福祉は発展する」という認識に基づいて社会福祉史を記述した例は、社会福祉の歴史を進化過程ととらえたロマニシンの著作にみることができる。ロマニシンによれば、社会福祉は慈善の性格からより積極的意味に変遷してきたのであり、その内容は、①残余的概念から制度的概念へ、②慈善の思想から市民の権利の思想へ、③貧民に対する特別なプログラムから国民全体の普遍的ニーズに対する関心へ、④最低限の給付やサービスから最大限の適切な給付やサービスへ、⑤個人の治療から社会の改革へ、⑥民間の後援から政府の後援へ、⑦貧民のための福祉から福祉社会の概念へと漸進的に進化してきた過程である（Romanyshyn, 1971 : Chap. 2）。

歴史が発展するものであるのかをめぐる認識は、より根本的な問題である。哲学における重要な争点のひとつは、世界がどのように存在しているのか、そしてどのように成立し、生成・運動・変化・消滅していくのかに関するものである。物事を固定的不変的なものとして認識する立場と、物事を運動・変化・消滅するものとみる立場が対立しているのである。前者は形而上学的思考、後者は弁証法的思考と呼ばれるが、本書は弁証法的世界観に基づいて記述されている。筆者はあらゆる社会現象を科学的に理解するための基礎は弁証法的世界観であるとみている。ギリシアの哲学者ヘラクレイトスは、いかなる人間も同一の川に二度入ることはできないといった。水が絶え間なく流れるからであって、また人間も微々ながらも変化し続けるからである。こうした考え方は、社会福祉の歴史を理解するうえでも基本的に重要である。

## ■社会福祉の発展

社会福祉歴史に対する筆者の基本的立場は、まず、社会福祉が固定されている

のではなく、「歴史的に発展してきた」ということである。すでに第1章において歴史的観点から社会福祉の定義を提示し、また社会福祉の諸価値を提示したのであるが、その概念定義と価値を基礎にし、本書では社会福祉が発展してきたか否かを判断する基準として次のような三つの基準を提示する。

① 社会福祉制度が人間の尊厳性を実現する方向に変化してきたのか
② 社会福祉制度が社会的公平を実現する方向に変化してきたのか
③ 社会福祉制度が社会的効果を実現する方向に変化してきたのか

あえて、筆者が社会福祉は発展してきたと主張する根拠は、社会福祉制度の変化過程をみると、上記の基準ないし条件を充足する方向に変化してきたと評価できるからである。ある時期を切り取り、その期間だけをみると前記の基準から反対の方向に変化した例も多く見られる。しかし、大きな流れから見ると、社会福祉の発展性を確認することができるというのが筆者の立場である。

■社会福祉に関する歴史的事実について

社会福祉の歴史を考察するなかで、われわれはおびただしい歴史的事実に出会うが、そのなかでどのような事実を選択し、記述するのかを決めなければならない。多くの思想、思想家、そして歴史的な事実のなかで、何をより重要なものとして判断し、研究対象にするのかは研究者の立場によって異なる。

イギリスの著名な歴史家カーは、歴史研究において基礎的な歴史的事実を重視しなければならないのは基本的条件であるが、歴史的事実の記述そのものが歴史研究の核心では決してないという。カーは、歴史研究を建築物に喩えていう。「歴史家が歴史的事実を記述して歴史書を書いたことの意味は、よい建築材料を使って建築物を建てたことだけであって、決してそれが立派な建築物を建てたことを意味するものではない」(Carr／清水幾太郎訳、1962：6-9) という。重要なことは、歴史研究者がおびただしい歴史的事実のなかからどんな事実をより重要な事実として選び取るのかということである。したがって、ある歴史書が歴史的事実の記録に満ちているという理由で賞賛することは、ある建築物がよい素材を使って建てられたという理由で賞賛することと同じことになる。歴史的事実を記述することは、いわば「歴史家の義務であって、美徳ではない」のである。したがって、よき歴史書とはそれを記述する歴史家の判断に基づいて、より重要と認められた事実のみを選び取って記述したものになるのである。

どんな歴史的事実がより重要であるのかの判断は、全く歴史家の価値観や歴史

観に左右される。本書においては，多くの社会福祉歴史の関連書によく取り扱われる歴史的事実や福祉制度が言及されないこともあれば，一般にほとんど紹介されていない事実が重く取り扱われる場合もある。その理由は他ならず，多くの歴史的事実のなかから筆者がより重要な事実だと評価する事実のみを中心に考察したからである。

## ▍歴史的事実を見極めること

　社会福祉の本質は，歴史研究を通じてこそ明らかになるということ，より重要な歴史的事実の選択には研究者の歴史観や価値観が影響するという重要な指摘はすでに行った通りである。

　ところが，ある歴史的事実が社会福祉的に意義ある事実か否かの見極めには，歴史研究者の主観的判断だけが影響するのでは決してない。研究者の哲学的立場は基本的に重要であるが，それ以上に影響するのが研究者の知識や見識のレベルである。それは，現代社会における社会福祉の役割や機能，国によってさまざまな意味で使われる社会福祉の概念とその変遷過程，さまざまな形で存在する福祉制度，等々に関して研究者がもっている知識や経験の水準であり，その見識によって，多くの事実から現代社会福祉の原型たる歴史的事実を見極めることが可能になるのである。

　歴史研究の質とは，究極的には意義ある歴史的事実を選び取る能力，そのような事実を発掘する能力の有無によって決定されると思われる。現代の社会福祉の本質を明確にすることは歴史研究を通じてのみ可能であり，逆に現代の社会福祉に関する知識なしには社会福祉の歴史研究も十分にできないということである。したがって，社会福祉の歴史研究の質を高めるためには，現代の社会福祉に関する事実を知る努力が欠かせないのである。

　社会福祉の歴史研究と現代社会福祉研究という互いに影響しあう二者は，社会福祉の本質に近づくためには欠かせないものであり，いわば社会福祉学研究の弁証法的発展の手段である。弁証法（Dialectic）の語源は対話（Dialogue）といわれている。対話とはある物事について互いに異なる立場の二者が意見を交換し合うことであり，意見交換の回数が増すにつれて，その物事の本質に近づけるものであるということを指摘しておきたい。

## 2 社会福祉思想と歴史研究の意義と方法

### (1) 社会福祉思想と歴史研究の意義

　社会科学の研究対象である社会現象は歴史的存在である。社会福祉は社会問題が社会変動によって拡大されることに対応しながら，その概念や領域が拡大されてきたのであるが，その概念は決して固定的なものではなく，今後も社会変化と社会問題の性格変化に対応しつつ変化・発展していくであろう。本書ではすでに，社会福祉とは「人間と社会の両者の変化を通じて人間の不適応問題を解消しようとする組織的活動」と概念定義したのであるが，これは現段階の概念定義であって，過去に同じ概念だったということでもなければ，未来においても同じであろうと考えているのではない。

　したがって，社会福祉の本質，社会福祉の概念，社会における社会福祉の役割とその位置づけを正確に把握するためには，何よりも社会福祉の発展過程を深く理解しなければならない。たんに現在行われている多様な社会福祉事業を分類・紹介する方法とか，他国と比較する方法などによっては，社会福祉の本質は明らかになりえない。たとえば，教育制度の本質が，現在さまざまな国家において提供されている教育サービスの内容を考察するというアプローチでは明らかにされないのと同様である。社会福祉の歴史を研究する目的のひとつは社会福祉の歴史的事実に関する知識を得ることだけでなく，社会福祉そのものの本質や概念を正確に把握するためでもあるとされる理由がここにある[3]。

　社会福祉思想も多様な社会変動の影響を受け，多くの社会価値を時には吸収し，時には排斥しながら形成されてきたのである。こうした発展過程を理解することによって初めて社会福祉の本質を深く理解することができる。要するに，社会福祉思想と歴史研究の意義のひとつは，社会福祉そのものの本質を理解することにあるのである。

---

3）この点について一番ケ瀬康子（1963：2）は次のように述べている。「社会福祉が何であるかを知るためには，それをたんに言語の意味だけで把握しても，実態を把握したことにならない。歴史的存在として，その実態を把握することがまず何よりも必要なのである。すなわち，今日社会福祉と呼ばれているものの歴史的な生成，展開，成熟過程を，それを必然化せしめた社会状況とのからみあいの中で把握することが肝心なのである」。

## （2） 社会福祉制度発達論と産業化論

### ■社会福祉制度発達論

　社会福祉の発展過程を理論的に説明するためには，何よりも社会福祉の事実に関する研究の蓄積をその基礎にして，社会福祉の発展をもたらす社会構造的要因，「特定の時点に」社会福祉を成立させる要因，さらに「他国のそれとは異なる自国特有の社会福祉制度の特徴」を作り出した要因，といった諸要因を区別して説明しようとする努力が必要である。こうした学問的努力の蓄積を通じてこそ，理論と呼ばれるに値する体系的な説明がはじめて可能になるであろう。

　社会福祉制度の生成と発展を可能にする要因が何かを説明しようとする研究分野が「社会福祉制度発達論」である。社会福祉発達の要因としては，社会的良心の成長，合理性の増大，テクノロジーの発展，市民権の伸長，社会正義などが挙げられてきたが，社会福祉発達の全時代を網羅して社会福祉の発展が説明できる理論はありえないと思われる。たとえば，セインは社会福祉の発達要因として，利他主義の増大，市民権の成長，国家主義の三つを挙げているが（Thane, 1982／柏野訳, 1988），この説明は19世紀後半から20世紀中葉までの社会福祉制度発達を対象にしたものであり，この三つの要因がこの期間を超えて，あらゆる時代の社会福祉発展を説明できるのではない。同じく，選挙権の拡大と社会主義思想の普及という二つの主要因と，家父長的人道主義，社会福祉の社会安定機能についての認識，大規模な貧困調査の結果発表という三つの副次的要因によって社会福祉が発展したと主張する場合（George, 1973：13）も，19世紀末から20世紀初頭の世紀転換期という特定期間の社会福祉の発展，しかもイギリス社会でのそれを説明しているのであって，決して時代を超えた社会福祉の発達を説明しているのではないし，またそれは不可能なのである。

### ■産業化論

　産業化（Industrialization）が社会福祉制度の発展をもたらしたという見解，すなわち産業化論は最も一般的な説明である。しかしながら，この産業化論については，多様な角度からの批判が出されている。

　最も根本的次元において，社会福祉発達の要因は産業化である。国家間の比較研究を行いながら，類似の産業化過程を経た二つの国家の社会福祉制度が，なぜ異なる社会福祉発展の道を辿ったのかを分析するような研究もあるが，その場合は，研究の焦点が政治的要因におかれているので，それぞれに異なる社会福祉制

度を形成せしめた決定的要因は社会経済的変動ではなく、当然のことながら政治的なものになる。しかし、こうした研究は、社会福祉発展の要因としての産業化を否定するものではない。社会福祉における変化の時期やその内容が異なるとしても、社会福祉にある変化をもたらした遠因として産業化があるということは否定できないのである。

たとえば、ウェダーバンは次のような問題意識から、社会福祉に発展をもたらす決定的要因は産業化ではなく、国家の性格変化や政治的要因であると主張した（Wedderburn, 1965 / Higgins, 1978 : 11 から再引用）。すなわち、「アメリカではヨーロッパ式の社会福祉が存在していない。アメリカも18世紀末や19世紀初め、急速な産業化の影響によってイギリス同様、産業化の弊害を経験していたにもかかわらず、なぜイギリスのように積極的に問題を解決しようとしなかったのか」ということである。こうした研究問題から出発した研究において、政策決定過程や立法過程といった政治的要因や政治文化、国家の性格などの要因が強調されるのは当然である[4]。しかし、両国における政策的反応は異なっていたものの、社会福祉の生成と発展をもたらした遠因としての産業化の重要性そのものを否定することはできない。リムリンガーも指摘するように、19世紀末から20世紀初めにかけての急速な産業化が国家と個人との関係に関する考え方に根本的変化をもたらし、それが社会福祉制度としてあらわれたのである。少なくとも、産業革命が始まった18世紀から福祉国家が成立する20世紀の前半までにおける社会福祉発展を説明するためには産業化という要因に対する考慮が欠かせないのである。

■産業化論の限界

産業化論とは、社会福祉制度の発展をもたらした最も基本的な要因が産業化であるという説明である。しかし、この産業化論とは別に、国家の性格というより政治学的な観点から、「同様の産業化過程を経ると同様の社会福祉制度が形成される。福祉国家とは結局産業化の最終段階の国家体制である」という論理の産業化論も存在していることに注目しなければならない。産業化論に対する批判は、しばしば「収斂理論」として呼ばれている後者に集中する傾向がある。この説明は明らかに限界をもっているように思われる[5]。

---

4) 社会政策における比較研究方法を精緻化したヒギンズは、このような立場の代表的人物である。彼女の産業化論批判については、Higgins, 1978 : 11-15を参照のこと。
5) この意味での産業化論の限界を鋭く分析した研究としては、John H. Goldthorpe ed., *Order and Conflict in Contemporary Capitalism*, 1984 / 稲上毅他訳、『収斂の終焉』、1987がある。

むろん，国家間の比較研究を通じて明白になることであるが，同じような産業化を経験しても全く異なる形の発展パターンを示す場合もある。社会福祉は経済的条件を基盤にしているものの，政治的伝統と状況や社会文化の影響を強く受けながら発展するからである。したがって，産業化は社会福祉制度の変化の要因ではあるが，社会福祉制度の内容まで決定する要因ではないという事実を認識することが大切である。産業化のみを重視して社会福祉発達を論ずるのは明らかに限界があり，しかも，福祉国家が成立した20世紀後半の福祉国家制度の変化については，産業化で説明する余地がさらに狭められるということもその理由のひとつである。

　いくつかの国家の社会保障制度の形成と発展の原動力を産業化という要因で把握したうえで，社会保障の内容が国家ごとに異なる理由を分析したリムリンガーの比較研究（Rimlinger, 1971）は，社会福祉制度発展の基礎要因としての産業化と，そのような基盤の上で各国の社会文化的伝統が社会福祉制度にどのように反映されるのかを説明した優れた研究である。社会福祉発達を説明する次元は多様であるが，最も基礎的なものはやはり産業化や資本主義の進展になるであろう。しかし，研究によってはきわめて短期間の研究範囲を定めて，社会福祉制度の「決定過程」に焦点がおかれる場合もあれば，特定の制度形成を解明するための事例研究を行う場合もあるので，社会福祉発達に関する多様な説明を同一の次元で比較・検討するのは意味のないことである。社会福祉発達に関する理論や説明を検討する際には，その内容のみならず，研究の時間的範囲をも考慮する必要がある。

## （3）　社会福祉歴史研究における時代区分
### ▎時代区分の重要性
　社会福祉思想と歴史を記述する時に直面する重要な問題は，数世紀にわたる研究範囲をどんな根拠でどのように時代区分するのかということである。研究の時間的範囲は数世紀に及ぶものであり，そのなかには数多くの思想や事件，そして歴史的事実が含まれているので，その変化過程を明確にするためにはいくつかの時代区分が必要である。しかし，その時代区分は恣意的なものになってはならず，また時代区分の根拠を明らかにしなければならない。この問題と関連して，池潤は次のように述べている。

社会福祉において歴史的組織化とは単純に社会事業の理論と諸事実を発生順序によって配列することを意味するものではない。社会事業の理論と事実を歴史的に組織化しようとすると、社会事業の歴史的発展の状況に対応してその歴史的特性を解明することが重要である。このような基準によって、社会事業の歴史は一定の歴史的時期として区分されるが、この時期区分は社会事業歴史を構成する核心をなすものである（池潤，1964：11-12）。

ところが、その時代区分も研究者の歴史観や立場に依存せざるを得ない。時代区分において重要なことは、どんな時期をもって社会福祉の始まりとみるのか、そしてその根拠は何なのかを提示することであろう。

## ▌資本主義発達様式による時代区分

現代社会においては、高齢化などのように、資本主義の発展とは多少離れていても福祉国家の変化に大きな影響を与える要素もあらわれている。しかし、社会福祉の発達と資本主義の発展は依然として切り離すことのできないほど、深い関わりをもっている。

日本の社会福祉の歴史書のなかでは、時代区分の根拠を明示したものが少ないと思われる。その根拠を明示した研究に限ってみると、社会福祉発達を資本主義の進展と関連して分析しようとする傾向が主流であるといえよう。たとえば、池田敬正は本源的蓄積の展開を社会福祉史の出発点とみて、資本主義の独占段階への移行を社会福祉史にとって重要な転換点とみる立場をとり、それ以前を前史、それ以降を本史とし、それぞれの時期をさらに二期に細分化し、救貧政策の時代（前史第一期），慈善事業の時代（前史第二期），社会事業の時代（本史第一期），そして社会保障の時代（本史第二期）という時代区分を行っている（池田，1986，序の第五節）。

社会福祉の発展過程を資本主義発展過程との関連のなかで把握しようとする見解は、資本主義の発達段階を「封建時代―前期資本主義時代（本源的蓄積期）―産業資本主義時代―独占資本主義時代―国家独占資本主義時代」に区分し、そのそれぞれの段階にあわせ、社会福祉発達を「相互扶助および慈善―救貧法―新救貧法と民間社会事業―国家政策としての社会保険―社会保障制度と福祉国家」という段階を提示するという形をとっている。

社会福祉が対象とする生活問題は、資本主義社会の根本的矛盾から発生している。したがって、資本主義の進展に伴って個人と社会の窮乏化が深刻化し、それ

を受けて社会福祉の概念と範囲が拡大されてきたというのが、社会福祉発展を経済史との関わりのなかで解釈しようとする研究者たちの基本的立場である。さらにすすんで、その生活問題は資本主義以外の社会体制には発生しないし、したがって社会福祉は資本主義社会のみにみられる制度であると規定する立場もある[6]。

後者によれば論理的帰結として、封建社会においてはそうした生活問題は存在せず、社会主義体制には社会福祉制度が存在しえないとされる。社会主義国家に社会保険や社会扶助制度があるといっても、それは本質的に資本主義社会のそれとは異なる制度であるとみなされるのである。

こうした説明は、社会福祉の本質を明確にしようとした学問的努力の一環としてなされたという点においては評価できる。しかし、同時に現実社会の多様な社会福祉の発達要因が無視されているという短所ももっている。また、実際に資本主義社会の社会保険と社会主義社会の社会保険が根本的に異なる機能をもっているのかについて、明快な答えを出していないのである。こうした説明は、本書の第11章で紹介する1960年代のソビエト研究者の研究にみられる主張とその脈を同じくしているといえる。

■ヒューマニズム運動の展開に基づいた時期区分

社会福祉歴史研究における時代区分の根拠としてヒューマニズム運動をあげている柴田善守の歴史研究（1985）はきわめて優れたものと思われ、特記しておきたい。

柴田は、人間性の回復を目的とする歴史的運動であるヒューマニズムと社会福祉との関わりについて鋭い分析を行い、独自の見解を示している。彼によると、ヒューマニズムは歴史の危機状況における人間性の回復という目的をもつ運動であり、社会福祉は平常時における不断の人間性の回復を目的とする行為である。前者は社会の矛盾を理解するところにはじまる行為である半面、後者は社会のもつ価値体系の拒否からはじまるものであるが、社会福祉はヒューマニズム運動の活発化に伴って飛躍し、新しい形をとっているという歴史分析を通じて、次のように結論づけている。

---

6) 孝橋正一の立場がその代表的なものである。『社会事業の基本問題』（1960）と題する研究シリーズにおいて展開された。また、社会福祉本質論争において、田村米三郎（社会福祉学本質論序説：第二部、1952）と孝橋正一の意見対立はこの解釈をめぐってのことであった。

社会変革の運動はヒューマニズム運動を背景として展開される。ヨーロッパ史において人間解放を行ったヒューマニズム運動は四回見られる。第一は，自然から人間を解放したとみられるギリシア・ローマ期であり，これは中世カトリック社会を形成し，カリタスといわれる社会福祉を生み出した。第二はルネサンス，宗教改革におけるカトリック社会からの解放を目的とするヒューマニズム運動で，これはイギリス救貧法を生み出した。第三は十八・九世紀前半のヒューマニズム（この時期にこの名称が発生するのであるが）は近代社会を成立させるのである。ここで民間社会福祉が発生する。第四のヒューマニズム運動は現代であるが福祉国家と社会主義国家を生み出した（柴田善守，1985：37）。

## 3 研究の範囲と歴史記述の方法

### 研究の範囲

　社会福祉の発展を論ずる際，資本主義の進展との関係を考慮せずには正確な歴史記述はできない。しかし，資本主義という経済的要因のみで社会福祉の発展を説明することも不可能である。マルキシズムと自由放任主義が自分のイデオロギーと社会福祉が両立できないと主張しているのは，両者が経済的要因のみを決定的な要因として重視しているからであると判断している。

　本書では，「人間を社会に適応させる段階」までの研究においては，イギリス救貧法を事例にして考察する。資本主義の先進国であっただけにイギリスは社会問題に対する国家の介入も早い時期から行われ，最初に経験した産業革命以前においてもマニュファクチュア繁栄期と本源的蓄積期を経験し，その時期にも大規模な国家介入が行われた経験をもっていた。社会経済的変化に対する救貧法の対応過程は，それのもつ長所のみならずその制度の限界に関しても多くの教訓を提供している。初期社会福祉の発展過程を研究する素材としては，イギリス救貧法ほどよい事例はないであろう。

　社会改革時代の段階からはイギリスの事例を中心におきつつも，社会福祉の発展内容をいくつかの国家にまで拡大して論議する。こうした比較的観点は，同じような社会経済的背景をもつ多くの国家がそれぞれの環境でいかに異なる方法で対応してきたかを明らかにしてくれる。すなわち，この比較的観点からの考察によって，社会福祉発展において各国の文化や伝統という要素が社会福祉の発展にどう影響するのかが明らかにされる。たとえば，第Ⅳ部でドイツのビスマルク社会保険の内容が当時の疾病金庫の変形に過ぎなかったことや，革命的変革として

知られているソビエト社会保障制度にもロシアの文化的伝統が強く反映されたことは，比較的観点によって明白になるのである。

■ **思想中心の考察**

社会福祉の発展にはある特定の人物が大きな役割をはたす場合がある。また，思想を中心に社会福祉の発達をみると，その思想が社会福祉制度を必然的に作り出したように解釈するようになる。社会福祉思想と歴史の研究において直面するひとつの難問は，理念や思想中心に記述するのか，それとも人物中心にするかを選択することである。しかし，どちらかひとつに偏ってしまうと正確な歴史理解を得ることが難しくなる。両者ともそれぞれの理念と現実の間には相当な乖離が存在するからである。

まず，思想ないし理念と現実との乖離を検討してみよう。いかなる理念も純粋な形態で実現されたことはない。資本主義も社会主義も同様である。レーニンはコロンブスに似ているという意味深い指摘があるが，これは，彼らが結果的には目的を達成したものの，それは自分が信じていた姿ではなかったことに気づかなかったという点において共通点があるということである。コロンブスは新大陸を発見することができたが，彼はその大陸がアメリカという新大陸ではなく，インドの西側であると思っていた。同じように，レーニンの場合も彼が建設した社会主義国家は，彼の想定していた理想的社会主義国家ではなかった。ソ連が崩壊したとき明らかになった特権階級の存在は，レーニンの夢みた国家体制においては存在しえないはずであった。いかなる理念も現実社会との乖離は免れえないのであり，その理念が社会全体を支配するものと解釈してしまうと歴史的事実の解明から離れることになりかねないのである。

■ **人物中心の考察**

社会福祉の思想と歴史を特定の人物の活動と思想を中心に考察することは，社会福祉の関心事である人間と社会についての深い理解が得られること，社会福祉学徒には社会福祉実践家のよきモデルを提供することができるという長所をもつ。しかも，ある人物の活動や思想を考察することによって，その時代の社会経済状況や社会福祉制度の発展の背景を推測することができるのである。しかし，人物中心の歴史記述においても，やはり現実との間には乖離ができてしまう。人物を中心に歴史を記述すると，全体社会の姿を見逃す危険性があるのである。

社会福祉におけるある変化が，なぜある特定の時期におきたのかを説明するためには，政策決定者たち (key actors) の役割についての考察が欠かせない。いわゆる主観論的アプローチ[7]というこの研究方法は，ある時期の特定政策の決定要因分析のためには有効である。たとえば，ルーズベルト (F. Roosebelt) 時代に障害者に寛大な社会福祉制度が設けられたのは，大統領自身が障害をもっていたことと深い関わりがあるとか，ベヴァリッジ報告書が平常のベヴァリッジの思想より左派に傾いていたのは，当時彼が親ソ連の人物と多く接触していたことにその理由があるといった説明のしかたである。

こうした説明は，福祉政策の決定過程は，基本的には合理的に説明できるプロセスであるという考え方の限界を明らかにしたことに大きな意義をもつ。確かに，ベヴァリッジ報告書を深く理解するためにはベヴァリッジ自身の生涯や世界観などに関する理解が不可欠であろう。しかし，それも社会福祉の生成を説明する「代案的真実を提供するものであって，より優れた真実を提供するものではない」(Edward, 1981 : 310) のである。それによって，社会福祉発展の背景が歪曲される恐れもある。したがって，人物中心の歴史記述には，その時代の社会経済的な背景についての理解が前提になっていなければならない。

■制度中心の考察

社会福祉の歴史を社会福祉制度の変化を中心に記述することは最も安易な方法である。制度中心の考察は，制度そのものの変化が理解できるという長所があるものの，その変化が何を意味するか，その変化をもたらした要因は何かといった重要な質問には答えられないという限界がある。さらに，制度の実施過程に関する理解が全く得られないことは致命的といえる。というのは，制度の内容とその実施過程には大きな隔たりがある場合が少なくないからである。

社会福祉制度は社会福祉立法に基づいて施行されるものであるが，その法律の内容がすなわちその制度の内容では決してないことは，イギリス救貧法の歴史においても少なからずみられるのである。ある制度が名目的に存在しているだけで，実際に実行されたことはない法律も多くみられる。たとえば，第4章でみられるようにエリザベス救貧法も，その法律の規定通りに実行されたとはいえない。ま

---

[7] 主観論的アプローチ (Subjectivist Approach) については次の論文を参照のこと。John Edward, Subjectivists Approaches to the Study of Policy Making, *Journal of Social Policy*, Vol. 10-3, 1981。

た，救貧法の最も深刻な限界であり，社会制度が共同体生活にいかに影響するのかを示す好例になっている「教区間の格差」の問題は，その法律内容の考察では全く把握できないものである。

制度の内容を中心に歴史を考察するとしたら，制度そのものの概念をできる限り広くとらえる必要がある。歴史研究としての制度研究はその制度の背景，内容，そして実施過程や影響という三つの要素を包括しなければならない。その制度の根拠たる法律の条文だけの考察は明らかに限界をもつのである。

■ 本書の歴史記述

本書の目的は社会福祉の歴史理論を開発することではない。社会福祉の歴史は社会福祉発展の歴史であり，それは社会経済的要因，政治的要因，文化的要因に加え，社会思想的要因，そして時には特定の思想家という要因が複合的に絡み合いながら発展してきたことを理解してもらいたいという意図で本書を執筆した。究極的には読者に上述の内容を踏まえて，より深い研究に踏みこめるように学問的想像力を喚起するのが本書の目的である。したがって，各時代にその時代の思想や代表的な人物が紹介されるが，これは思想中心の考察と人物中心の考察をバランスよく紹介したかったからである。また，ある制度を説明するときはその制度の背景・内容・実施過程をできる限り，ワンセットとして紹介しようと努力した。

本書では，社会福祉の歴史的展開過程を記述する各章が次のようなほぼ統一された体系で構成されている。

① 意味と時代区分
② 背景（社会・経済・思想的背景）
③ 社会福祉の内容
④ この時期の特徴

## 4　本書の時代区分とその根拠

■ 社会福祉以前の時代

すでに第1章において，社会福祉の概念規定を糸口にして，社会福祉が三つの段階を経て発展してきたとした。本書において社会福祉の具体的な発展過程は「社会福祉以前」から最後の「福祉国家の再編と選択」を対象にして記述されて

いる。

　研究の出発点を提供する基準は何よりも，何をもって社会福祉の始まりとみなすのかということである。その基準が提示され，ある歴史的事実が社会福祉の始まりと評されると，そのような事実があった以前までの時期が社会福祉以前の時期とされるのはいうまでもない。本書では，第4章で検討するエリザベス救貧法を社会福祉の始まりとみなすので，救貧法誕生以前の時期が社会福祉以前の時期になるのである。

　この時期においては，魔女裁判と労働者条令の内容を考察した。前者は労働不能者を対象にした歴史的出来事であり，後者は労働能力者を対象にした制度である。

### ▮救貧法の時代

　この段階は救貧法の成立以降，思想的には工場法が成立する以前まで，そして歴史的事実においては19世紀末までの期間である。本書では救貧法をもって社会福祉の始まりと評価するが，その根拠は二つある。ひとつはその救貧法が史上初めて貧困救済に対する国家の責任を明示したからである。国家による貧困救済はその前にも行われていたのであるが，貧困救済が施しの性格ではなく，国家責任と明示された法律に基づいて行われたのはそれが最初であったからである。二つ目の根拠は，歴史研究においてより重要な意味をもつものであるが，救貧法が貧困救済の対象者を選定するための選定基準をもっていたからである。

　救貧法は二つの章に分けて考察されるが，これは救貧法と新救貧法がその性格や内容，そして経済・社会・思想的背景において明確に異なる性格をもっていることによるものである。また，この二つの法律の間には産業革命があり，それは社会や経済そして思想的な側面において社会に大きな変化をもたらしたので，その二つの制度を区分して説明することが研究目的の達成のためにはより効果的だと判断したからである。

　そして，第Ⅱ部の最後に救貧法の研究ないし展開過程の事実が現代社会福祉政策に与えるさまざまな示唆を挙げている。

### ▮大転換の時代

　貧困問題を解決するためには人間の変化だけでなく，社会そのものを改革する必要があるとの認識に基づいて社会改革の次元で社会福祉制度を実施するのが第

三の段階である。これが，社会を人間に適応させる段階である。しかし，こうした変化は一挙にではなく，長期間にわたって行われたのである。したがって，本書では，この段階の初期を大転換の時期とし，社会改革の必要性が提起される状況やそれを実際の社会改革措置として実現させるためになされた多様な努力を記述する（第Ⅲ部）。

民間社会福祉はこの段階において発生するが，本書では慈善組織協会（COS）の活動とセツルメント運動（Settlement Movement）を民間社会福祉活動の嚆矢とみる。民間社会福祉の始まりを決めるには二つの点が重要である。第一は，社会福祉サービスを提供する民間組織が自ら提供するサービスや救済の対象者を選定するための選定基準をもっていたか否かということである。第二の根拠は，民間組織による福祉活動が当時の公共社会福祉活動とどのような形でパートナーシップを組みながら活動していたのか，すなわちどのような形で公共福祉との役割分担をしていたのかということである。

マクロレベルにおける資本主義社会の矛盾，そしてミクロレベルにおける救貧法の矛盾を乗り越えるためには社会保険という新しい社会福祉体制づくりが必要であるという認識が形成される時期がこの「大転換の時期」である。この時期に，近代資本主義に対する根本的修正といえる工場法（Factory Acts）が制定されたが，本書ではそれを社会改革の発端と評価している。こうした評価の理由は次の3点である。第一に，工場法が既存の支配的イデオロギーのもつ根本的矛盾を認めたことから出発したこと，第二に，その矛盾を根本的に修正しようと試みたこと，そして第三に，それを皮切りにして社会改革を志向する同様の諸制度が続々と作り出されるようになったことである。

社会福祉の歴史において，この転換の時期には新しい思想と既存の社会秩序を反映する古い思想とが対立する。社会改革を志向する新しい社会思想と既存の社会秩序を維持しようとする古い社会思想が劇的に対立したことは，1905〜09年王立救貧法委員会の活動を通じて確認できる。本書では，この委員会の活動を新・旧の対立する二つの思想の戦場と表現し，その対立の争点を考察している。

■ 福祉国家の成立

社会福祉発達の最終段階は，社会改革の段階である。この時期は社会保険と社会保障制度の確立を通じて福祉国家が誕生し，それが再編される現在までの時期を含んでいる。本書ではこれを社会保険の誕生，社会保障の成立と福祉国家の成

立，福祉国家の拡充，そして福祉国家の再編の四つに区分して論じている（第Ⅳ部）。

　第Ⅳ部は比較的多くの章からなっているが，これは各時代における社会福祉発展の内容を数か国を対象として考察したからである。とくに，社会保険の場合にはそれが最初に導入されたドイツとイギリス，社会保障の誕生においては，社会保障の三つの典型ともいえるアメリカの社会保障法，ソビエト社会保障，そしてイギリスの福祉国家成立を論じた。福祉国家の拡充のところでは日本のケースも取り扱い，最後に福祉国家の再編と新しい政策環境に対処するための選択を展望した。

# 第Ⅱ部

## 国家介入の始まり
―救貧法の時代―

# 第3章
# 社会福祉以前の時期
──魔女裁判の時代──

## 1　意味と時代区分

　「社会福祉以前」というのは「社会福祉の主な対象者であった貧民に対し，貧困の救済が国家の責任であるとの認識に基づいて行われる国家的保護が提供される，それ以前の時期」を意味する。この時期は，社会福祉の歴史を論ずる際に大きな意味をもつものではないが，社会福祉が胎動することになるその背景を理解するためには，この時期の社会像とその特徴を理解する必要がある。

　この時期においては，貧民の生活環境を改善しようとした公的な試みがなく，国家は貧困問題に対して無関心と放置，そして抑圧の姿勢で一貫していた。ところで，この時代を「社会福祉以前の時期」と位置づけることと関連して，次のような二つの問いがおこりうる。この二つの質問は，この時代の特徴を把握するうえで核心的なものであり，これらに対する答えは，この時期を「社会福祉以前」とした根拠を提供する。

① 貧民に対する国家的保護が行われなかったということは，貧民に対する国家の徹底した無関心を意味するのか
② 貧民に対する国家的保護がなかったことは，国家による貧民への生活援助が全くなされなかったことを意味するのか

　まず，①の質問に対する答えであるが，貧民に対する保護が行われなかったことが必ずしも貧民に対する国家の完全な放任を意味するわけではないといえる。この時期の貧民，なかでも労働能力のある貧民は，社会秩序を脅かす存在とみなされたので，国家がその存在に無関心であり続けることはできなくなっていた。とくに，中世には正規の軍隊も組織されていなかったし，治安も脆弱な時代であったのでなおさらそうであった。したがって，国家は貧民を放置することよりは直接的に統制する方法をとった。貧困の状態を改善しようとする努力はせずに，

貧民の存在による社会不安に対処するために貧民を直接統制しようとしたのである。貧民の移動を禁止する強力的な抑圧措置がその例である。したがって、この時期に貧困問題に対する国家の介入が全く行われていなかったわけではない。後述するように、「国家の介入」というときに重要なのは、その「介入の意図と目的がどこにあったのか」ということである。この時期における国家の介入とは貧民の一方的な抑圧を目的としたものであった。こうした考え方の当然の論理的帰結として、国家は労働能力のない貧民、すなわち、老人や障害者、病人などの人々に対しては無関心の態度で一貫していたのである。

②の質問に対する答えはより重要な意味をもつ。この時期は、社会福祉以前の時期と規定されているので、貧民に対する国家的保護が行われなかった時代といえるが、かといって、これが貧民に対する国家の援助が全くなかったことを意味するわけでもないのである。いかなる国においても凶作や飢饉が発生した場合には、王や領主などが貧民を対象にし、施しや一時的保護を行うことが一般的な現象である。その場合、貧民は王などから生存に必要な援助を受けることになる。しかし、ある救済行為が社会福祉であるか否かを判別する基準は、まず、それが国家の責任であるとの認識に基づいて行われたのか否か、そしてその対象者を選定するときに無差別かつ恣意的なものではなく、合理的で一貫性のある選定基準が適用されたのかどうかにあるというのが本書の基本的立場である。この二つの基準のうち、前者を判別することは不可能な場合が多いので、実際において、最も重要な基準になるのは後者である。したがって、不定期的で施しの性格が強く、対象者の選定基準が前提されないまま提供される援助とは、たとえその援助の規模が大きいものであっても社会福祉とみなすことはできないのである。

社会福祉対象者の選定基準に基づいて貧民を性別に分類し、それぞれの対象者にみあった救済を行おうとした最初の試みは、エリザベス救貧法（Elizabethan Poor Laws）として知られる一連の立法に見出される。したがって、この時期以前までの時期が「社会福祉以前の時期」になる。

社会福祉以前の時期は、労働能力のある貧民に対しては抑圧政策で一貫していたこと、老人や病人などの労働能力のない貧民に対しては徹底した放任か、あるいは迫害を行っていたことによって特徴づけられている。この二つの特徴を代表しているのがそれぞれ「労働者条例」と「魔女裁判」であった。

## 2　背景：封建制度の崩壊

### ■封建社会の貧困

　封建社会においては，貧困は存在して当然の問題であり，社会問題にならなかった。人々は生まれたときに貧困あるいは裕福であれば，生涯を通じてその生活を維持するようになっていた。富と貧困とは変えられない身分によって決められていて，トーニー（R. H. Tawney）の表現を借りると，「出生というただひとつの事実によって自分の運命が完全に決定される時代」であったのである。社会構成員によって当然のことと思われる問題，改善することのできない問題は社会問題でありえない。なぜなら，社会問題の意味には，その問題がまず社会構成員によって望ましくない現象であると認識されること，またその解決ないし改善は可能なことであり，そのためには国家の介入が必要であると認識されることが含まれているからである。

　キリスト教会の初期の教えによると，地上での生活は死後生活の前段階であり，その準備段階であった。死後の救済を確保するためには裕福であるよりは貧困である方がより望ましいと思われていた。貧困に生まれると次の世界においては幸せが保障されるという意味が強かったのである。また，貧困はひとつの有用な役割を演じていた。それは，キリストの教えである貧民に対する慈善や施しの行為を，裕福な者が実際に行う機会を提供するということであった。富める者は慈善や施しをせずには天国に行けないと信じられていた。慈善は，それを行う者の幸福の機会を増やすための行為であって，現世における貧民の生活改善を目的とする行為ではなかった。重要人物の葬儀は，故人が神に対する最後の告別儀式として，貧民に施しを行う機会として利用されていたのである。

　こうした宗教的，社会的雰囲気に加え，貴族が富の所有者であり，また政府の指導者でもあったことから，貧民がたとえ自分の生活に不満をもっていてもそれを理由に既存の社会秩序に挑戦することはなかった。領主は自分の生活基盤が農民であることを十分認識していて，彼らに一定水準の保護を提供していたので，農民の生活もある程度安定していた。深刻な凶作のときには農民は飢え，苦しい生活を余儀なくされたが，領主も同様の苦しみを味わっていたという指摘（George, 1968：3）は，封建時代の貧困の性格を示唆している。中世の救済について，「地域の飢饉によって発生する貧困には脆弱であって，それによってもし農

民が餓死することになると領主も少なくとも悲惨な飢餓を経験しなければならなく，それは教区の牧師においても同じであった（Jordan, 1959 : 55）との指摘も同様である。こうした指摘を考慮すると，権力と宗教的社会的教化とによって農民と領主はともに自分の身分をあるがままに受け入れていたといえる。その結果，富と貧困とが人生における自然的で変えることのできない状態とみなされていたのである。

### ■封建制度の崩壊

14世紀中葉まで，社会的・経済的・政治的システムとしての封建制度はほとんど消滅するようになる。羊毛マニュファクチュアの成長，農耕地の牧場への転換，国家間貿易の成長，フランスでの戦争，ペスト，その他の社会・経済的変化が封建制度の漸進的崩壊をもたらした要因であった。

封建制の崩壊によって，人口の自由な移動が可能になり，賃金は労働者と雇用主の契約という方法で決められるのが一般的現象になった。また，少なくとも名目的意味においては，農民も領主への絶対的依存状態から解放され，個人的自由を手にした。しかし，一方でこうした社会変化によって，新しい貧困階級が出現した。無産者（the dispossessed），流れ職人（the masterless），無能力者（the incompetent）がその代表的存在であった。つねに領主の保護下で生活してきた彼らは文字通り抵抗できない社会変化の流れによって，誰もが保護のない激流のなかに投げ入れられた。彼らは限られた仕事を求めていて，仕事が見つかるまでは地域住民に物乞いと施しを要求していたが，こうした現象に対しては当時の社会は全く対処策を準備していなかった（George, 1968 : 4）。封建制度の崩壊は，浮浪しながら物乞いをし，施しを要求する多くの新しい貧民階層を作り出したのである。

### ■貴族から教会へ

この時代になると，農民の救済に対する貴族階級の関心も薄れるようになり，またそれが自分たちの責任であるとの認識も希薄になった。中央政府も貧民の救済が国家の責任と考えていなかった。政府が社会問題とみなしていたのは，「仕事がないまま救済を求めていた多くの人々が町のなかへ殺到してくる現象」のことであって，貧困そのものではなかった。彼らは，既存の社会秩序を脅かす存在としてみなされ，浮浪者（vagabond）あるいは不良者（rogue）と名づけられ，政

府の強制的・抑圧的対策の対象者になった。政府の関心は，彼らの救済よりは，彼らを統制し，社会秩序を維持することに傾いていたのである。

　国家は教会組織をして，貧民救済の役割をより多く担うように誘導した。その結果，巨大な社会・経済的変化とともに，こうした国家の意図により教会組織によって運営されていた修道院，教会，病院その他の多くの施設が貧困救済の全国的ネットワークになった（Day, 2000：89-90）。しかし，貧困救済の責任は道徳的意味での責任に過ぎなかった。封建制度の下では農民が餓死に直面するのは深刻な凶作が発生するときのみであったが，もはや時代が変わり，豊作のときでも働き場を失ってしまえば餓死に直面せざるを得なくなった。もちろん，彼らが仕事をもっているときには農民以上の生活を維持することができた。それだけに雇用の確保と維持は喫緊の問題であった。自由経済社会の到来は，彼らに希望と生活不安を同時に与えていたのである。

### ▍教会の福祉機能とその限界

　以上のような事情によって，15世紀から16世紀前半までの法律は，人口の移動を制限し，乞食はもちろんのこと，浮浪そのものを罰するきわめて抑圧的なものになっていた。飢え苦しんでいる者は救済不能の怠け者であるとか，貧困は道徳的欠陥の帰結であるとの考え方が社会通念であった。

　しかし，こうした抑圧政策が実施できた背景には，修道院が貧民救済に大きな役割を演じていた事実があった。当時の教会組織は多数の貧民を収容・保護していたので，修道院の存在は急増した浮浪者が社会に与える衝撃を吸収する緩衝装置の役割を果たしていた。こうした緩衝装置があったからこそ，国家は浮浪問題に対して強硬な姿勢で一貫することが可能であったのである。

　ところが，教会組織による貧困および浮浪者問題への対処には限界があった。とくに，第4章で論議されるように，ヘンリー8世の首長令によって修道院が解散されるようになると，教会の緩衝機能も全く働かなくなり，国家が貧困救済の前面に出ざるを得なくなるのである。

## 3 貧民への対応

### (1) 労働者条例
■労働能力のある者への対処方法

　国家の立場からみると，労働能力のある貧民は最も脅威的な存在であったが，彼らへの対処は労働者の賃金上限線の設定と強制などからなる労働者条例（The Statute of Labors）によって行われた。

　労働者条例がペスト（The Black Death）による労働人口の激減を背景にして成立したということは歴史家の一致した見解である。1348年，ペストがヨーロッパをおそい，感染者の90％が死亡し，人口は半分にまで激減した。イギリスの場合，400万人ぐらいであった人口が200～250万人に減少した。その結果，労働者が不足し，それによって労働者の賃金が上昇することになった。これに対し，地主側は賃金の引き下げを要求し，1349年に労働者条例が成立した。これは国家レベルで，貧民を対象にして作られた最初の法律であった。ただ，その目的は貧民を保護することではなく，商業主義を重視した政府の利益を維持するために制定されたものであった（Day, 2000：96；田代，1969：30）。

　この法律はその導入背景を「最近多くの労働者が疫病で死んだが，多数の労働者が労働力の不足している社会事情を利用し，過度な賃金を要求するか，あるいは怠け者に転落し，労働ではなく乞食の生活を好んでいる」としているが，その内容を要約すると次のようになる。「商業で生活している者，手工業に従事する者，自分の耕作地をもっている者，そして他人に雇用されている者，を除いた60歳以下の身体健常のあらゆる者は，性別や身分の自由・不自由を問わず，その地域の慣習的賃金の水準で，労働力を必要とする者に強制的に雇用されることにする。労働者は契約期間満了以前に正当な理由なしで，あるいは雇用主の許可なく退職することを禁止する。また，いかなる雇用主も慣習で定められた賃金の水準より多額の賃金を労働者に支給することも禁止する。もし，それ以上の賃金を支給するか，あるいはその支給の約束をした雇用主には，支給したあるいは支給すると約束した金額の二倍の罰金が課せられる」。

■労働者条例の効果

　この法令の目的は，労働可能な貧民による乞食を処罰すること，彼らに対する

施しを禁ずること，そして労働を強制することに限られていた。したがって，貧民の生活維持のための措置とか労働能力のない貧民に対する考慮は全くなされていなかった。労働可能な貧民に対しては，強制労働をさせ，そして彼らに対する私的慈善を禁止するといった手段を通じて，彼らが労働せざるをえなくなるように考案されていたのである。

ただし，この法令は労働不可能な病人などに対する慈善は禁止していなかった。もっとも，労働可能か否かの区分は曖昧な場合が多かったので，施しを行うか否かは，それを行う者の場当たりでの恣意的基準に任されていた。

賃金の上限が設定されたものの，これが趣旨通り適用されることはまずなかった。1349年の法令をさらに強化するために制定された1361年法は，一方では賃金の基準を細分化し，その適用可能性を高めながら，もう一方では労働の強制措置をさらに厳しいものにした。すなわち，職場から無断で離脱した労働者には不信（falsity）の標識として顔に「F」の烙印が押された。また，離脱した労働者を雇用した者にも罰金が課せられた（Day, 2000：96）。

にもかかわらず，労働を拒否するケースが続出し，浮浪者と犯罪者は増加した。そして，さらに抑圧を強化する法令が続々とあらわれたが，それに伴って，それらの法令に対する貧民の反発も強まっていた。1381年の農民一揆「ワット・タイラー（Wat Tyler）の反乱」がその代表的な事例である。この反乱が収拾された後には，貧民の居住地制限を主な内容とする1388年条例が制定された。この条例によって，「いかなる労働者も男女を問わず居住移動の理由が書かれた許可証なしでは自分の居住地から離れて，他の地域で働くこと，居住すること，そして巡礼すること」が禁止された。これは，当時の農業労働者の労働力を確保するための措置であったが，依然として，労働能力のない貧民の問題は国家政策の関心から離れていたのである。

### ▍抑圧政策の限界

こうした厳しい措置にもかかわらず，浮浪は根絶されることなく，ヘンリー8世（Henry Ⅷ, 1491-1547）の治世にいたっては浮浪者の弊害もきわめて深刻になり，それに伴って浮浪に対する抑圧的対策も一層苛酷なものになった。たとえば，1531年法ではは労働能力のある貧民とそうでない貧民とに区別され，後者には乞食を許可したが，前者が乞食をした場合は浮浪者とみなし，鞭打ちを課した後，生まれ故郷や最近3年間居住していた場所に強制送還すると規定した。マルクス

のいう「血なまぐさい立法」の典型として知られる1547年の法律は、さらに苛酷なものであった。すなわち、3日以上の失業者を浮浪者とみなし、胸などに「V」の烙印を押し、彼らを告発した者の奴隷として2年間働かせ、途中逃亡した者に対しては、初犯の場合には終身奴隷の刑を課し、再犯の場合には死刑に処すると規定されていた。また、浮浪者の子供に仕事を教える意思をもった者には、父母の許可なしでその子供を徒弟にし、男子は24歳まで、女子は20歳まで働かせることを可能にした。もし、その徒弟が逃亡した場合は残りの徒弟期間を奴隷とすることができた。しかし、この法律も大きな効果がなく、3年後に廃止された。

しかしながら、1531年法と1547年法は労働能力のない貧民の存在を認め、貧民を労働能力のある者とない者とに分類し、前者には抑圧を強化しながらも、後者には乞食を許可することで、居住と食料の提供を保障し、抑圧と保護という両面的対応をした。この両面策の登場は、浮浪者問題に対する従来の抑圧一辺倒の政策が限界に達していたことを認め、また労働能力のない貧民の存在を認めはじめたことを意味する。

## ■労働者条例の意義

労働者条例は国家の水準で、貧民を対象にして制定した最初の法律という点においてその意義がある。しかし、その意図は貧民の保護ではなく、政府の商業的利益の保護であった（Day, 2000：96）。それゆえに、労働者条例の意義に対する評価は研究者の立場と観点とによって異なる。

『イギリス社会福祉発達史』を著したシュバイニツは、1349年エドワード3世による労働者条例が「イギリスとアメリカの社会保障の起源」になったと主張し、「貧困問題に対処するための行政的試みの起源は1349年の労働者条例において求めざるを得ない」と述べている。シュバイニツは次の一句を引用している。

> 浮浪している多くの浮浪者は、乞食によって延命さえできれば、働くことを拒否し、怠惰と堕落に陥り、時には窃盗などを犯すことがあるので、彼らに投獄の苦痛を与えずに、同情と慈善という方法で彼らを働かせることは不可能である。したがって、浮浪者の生計を確保するためには必ず強制労働をさせなければならない（Schweinitz, 1943）。

しかし、「貧困問題に対する行政的対応の起源」であることは認められるが、「労働者条例が社会保障の起源である」との見解には同意することはできない。[8]

---

8) 社会保障という用語は、すでに第Ⅰ部で言及したように本書で使われる社会福祉の用語とは異↗

労働者条例の最も重要な側面は，シュバイニツの引用した箇所ではなく，産業が必要とする所で労働者を強制的に働かせる措置をとりながらも，賃金の水準には一定の上限を設定するということであった。この介入の目的は，労働者に対する抑圧にあったのであり，労働者は自ら職場を求める能力のない者とみなされ，この制度の下では労働者は強制労働の道具に過ぎなかったのである。工場法の研究者ハチンズら[9]が，最初の工場法である1802年「徒弟の健康と道徳維持に関する法律」を評価した次の一句を紹介して，シュバイニツのそれと対比してみたい。

> この1802年法以前にも産業規制に関する多くの事例が存在していた。にもかかわらず，この法律が工場立法の特質をもっていて，それ以前の立法とはその性格を異にする新しい出発と特徴づけられたのは，<u>この法律の実際の規制と内容ではなく，その動機と意図によってである</u>（Hutchins, 1911 : Chap. 1）（下線部，引用者）。

ハチンズのこの一句は教訓的である。なぜなら，ある国家介入措置の意味が介入そのものによってではなく，その動機と意図によって評価されるべきであるということを指摘しているからである。こうした理由で，労働者条例と同時代の国家介入は，本書では「社会福祉以前の時代」に含まれることになったのである。

## （2） 魔女裁判[10]

### ▍労働無能力者への対処方法

労働者条例が労働能力のある貧民に対する封建体制の反応であるとすると，労働能力のない貧民に対する対処方法は，魔女裁判による貧民迫害と特徴づけられる。魔女裁判は人間差別と人間虐待の代表的現象であって，社会不安などを利用し，とくに貧乏な未亡人や独居老人，精神障害者など一般的に貧困層に属す人々を共同体から排除することによって，社会体制を維持しようとしたものである。15〜17世紀にかけて，ドイツを中心にヨーロッパ各地で多くの人々が魔女と告発

---

↘ なる概念である。再び言及すると，社会保障は典型的な社会的リスクに対処するためのシステム的対処方式であり，その起源は一連の社会保険にあるというのが，筆者の見解である。

9) B. L. Hutchins & A. Harrison, *A History of Factory Legislation*, P. S. King & Son, 1911 / 大前朔郎他訳，『イギリス工場法の歴史』新評論，1976。

10) 魔女裁判そのものの内容については主に次の文献を参考にした。森島恒雄，『魔女狩り』（1970）；Baschwitz／川端豊彦・坂井洲二訳，『魔女と魔女裁判』（1970）；Cohn／山本通訳，『魔女狩りの社会史』（1983）。なお，魔女裁判と社会福祉の思想・歴史の接点については，Alan Macfarlane, *Witchcraft in Tudor and Stuart England*（1970）；浜林正夫，『魔女の社会史』（1978）；Day（2000）；朴光駿「魔女裁判と人間差別問題」（1993）などを参考にした。とくに浜林正夫の著書は社会福祉学徒に一読を勧めたい。

され火刑に処された。その犠牲者の規模はさまざまに推定されているが，数十万人とも900万人ともいわれている。

魔女裁判については宗教史，文化人類学，民俗学，科学史，医学史，女性学などの各分野において研究されているが，社会福祉の思想と歴史を考察する筆者の関心は，魔女裁判の犠牲者の属性，すなわち，なぜその犠牲者の大部分が現代社会において「社会福祉対象者」と呼ばれる人々であったのかという点にある。魔女裁判は社会福祉の対象者を差別・迫害する時代，すなわち社会福祉以前の時代の象徴である。魔女の呪いという集団妄想の根源は，その時代の社会経済的変化の考察を通じてのみ発見できるのである。

### ■魔女裁判の概略

魔女（witch）は実際に存在するものではない。魔女として告発され火刑に処されたその多くの人々が，拷問によって「私は魔女であり，他人に呪いをかけた」と告白した場合が多かったが，そうした人々でも火刑時に自らそれを認定し納得していた人は一人もいなかったであろう。

魔女を火刑に処するためには公式的裁判を経なければならなかったが，その裁判の根拠になったのが魔女迫害法であった。イギリスの場合，最初の魔女迫害法は宗教改革の直後，1542年にヘンリー8世によって制定された。その後，1563年法と1604年法が成立したが，その内容を要約すると次のようになる。ただ，ここで注意しなければならないのは，これらの法律には「魔女の定義」がなかったということである。

> 悪霊の働きや魔術を利用し，人を殺した者は重罪として死刑。
> 同様に，他人の身体に危害を加えた者，他人の財産を損傷した者は死刑。
> 同様に，前項の未遂にとどまった者の場合，初犯は懲役1年，再犯は死刑。

はじめは当時の医学や常識で説明できない症状や現象により，ある種の被害を受けたとき，それが魔女の呪いによるものとみなされ，魔女の摘発が行われていた。しかし，魔女裁判で大規模な犠牲者が出たのは，魔女の呪いによる被害を前もって予防しようとした形で，魔女を摘発することになってからである。有名な魔女狩り屋であったホプキンズは1644年から1年6か月で約300人の魔女を摘発し，火刑に処されるようにしたのである。

裁判の過程で魔女の証拠として認定されるものはさまざまであったが，たとえ

証拠がなくても本人の自白さえあれば魔女として証明されることになっていたので，自白を強要する拷問が行われた。最初の審問から最後の審問まで10年もかかっていた場合もあったため獄中死も多く，それは「真実のテストではなく忍耐力のテスト」といわれるものであった。当然，拷問によって多くの共犯者が挙げられた。1人が約150人の共犯者を列挙した例もある。

## ■魔女と社会階層

　魔女とされるのは大抵貧困層であって，告発者は比較的裕福な階層であった。魔女とされたのは，ほとんどの場合，55～65歳の独身貧困女性であり，近所の人々に物乞いをしたが拒まれた人々であった。以下は，1672年のある魔女裁判の結果，火刑に処されることが決まった女性との面談記録である。

> 私は何の罪も犯してはいません。しかし，私はその日その日のパン代を稼がねばならない貧乏人でございます。いったん魔女の嫌疑で捕えられましたからには，たとえ釈免されましても，この私に食べ物をくれる人も室を貸してくれる人もありますまい。ただ飢え死にするほかはございません。近所の人は私を殴ったり，犬をけしかけたりいたしましょう。そんなことならいっそ死んだ方がましだと思いまして，ありもしないうその自白をしたのでございます（そういって，この女囚は激しく泣き入った。）（森島恒雄，1970：143から再引用）。

　慈善を求められるのは貧困層に近い人々が多く，彼らにとって慈善を拒むことはとてもつらい経験になっていた。その苦痛から脱出するひとつの方法は，援助を求める者はその援助を拒んだ人々に恨みをもち，呪いをかけるかもしれない悪者であるとみなすことであったのである。魔女狩り研究者マクファーレンは魔女裁判の社会心理的過程を次のように適切に分析している。

> 隣近所の人からの慈善要請を断ることは相当な罪の意識をもたせた。当時，育まれつつあった個人主義の倫理は，慈善を拒否することができるほど強力なものであった。しかし，貧民の救済は共同体の責任であるという中世的考え方が依然として残っていたので，慈善の拒絶は罪の意識を呼び起こした。このような両面の感情をもった者たちは，自分が隣人への助けをしなかったという罪意識を事前に防止するために，自分なりの正当化された対処方法を考え出した。それは自分の罪の意識を近所の貧民に投射することであ

---

11) 魔女に対する訊問は答えたくても答えようのないものであった。フランスのアルザス地方の裁判官が3世紀間において使っていた29の訊問項目には次のようなものが含まれている。すなわち，(1)あなたは魔女になって何年になるのか，(2)魔女になった理由は何か，(6)悪魔にどんなことを誓約したか，(22)共謀者は誰か。

った。それは，援助を求める人々が，援助を断られたことを理由に近所の人々に呪いをかけることなどをする悪者（wrongdoer）であるという正当化された決めつけであった（Macfarlane, 1970：92-93）。

■魔女迫害の地域格差とエンクロージャー

魔女迫害の件数は地域によってかなりの格差があるが，結論からいうと，食料が十分ではなく食料価格の高い地域において魔女迫害がより盛んに行われたのである。第4章でより詳しく考察することになるが，エンクロージャーが頻繁に行われた地域は，食料生産が少なく，したがって，食料価格が上昇した地域であった。

マクファーレンは16世紀後半から17世紀中葉までのイギリスにおける魔女迫害数を調査した結果に基づいて，エンクロージャーが少なかった地域，そしてそれがより遅い時点で行われはじめた地域では魔女迫害の件数が少なく，エンクロージャーが盛んに行われた地域ではその件数が多いという事実を指摘している。これは，人口圧力の強い地域，すなわち食料の不足した地域においては食料の価格も上昇し，それに伴って貧民が増加したこと，そして貧民を扶養しなければならない地域共同体の能力も急激に低下したことを意味するのであった。また，貧困層にまでは転落していなくても，若干の生活問題ですぐ貧困層になる潜在的貧困層が大量に存在していて，その人々の生活不安がきわめて深刻なものになっていたことを暗示しているのである。こうした状況では，貧困層が自分たちに慈善を行わなかったとの理由で他人に呪いをかけるような魔女かもしれないという集団妄想の操作が比較的簡単にできたのであろう。

## 4　時代的特徴

社会福祉以前の時期において貧困問題に対する国家の対応には次のような特徴がみられる。まず，国家の関心は「労働能力のある貧民」のみに向けられていて，その対応もその人々に集中していたことである。そして，労働能力のある貧民に対する関心は，貧困の救済や貧民の生活条件の改善にではなく，浮浪による社会秩序への脅威の防止と労働力の確保に向けられていたのである。浮浪は犯罪と同一のものとみなされ，したがって，貧困に対する認識も同様であった。

この時代を理解するために重要なのは乞食，浮浪，そして労働力不足といったものが，本質的に同一の問題であったということである。乞食は貧困の問題としてではなく，労働供給を脅かす問題として捉えられた。そして，そうした問題に対しては，国家は労働者の移動の自由を制限し，浮浪者に対する私的な慈善を禁止すれば，浮浪者は働くことを余儀なくされるだろうと考えていた。しかも，労働力を必要とする者があれば，その人のもとで一定水準以下の賃金で就業することを強制することによって，浮浪者問題が対処できるとみなされたのである（Compton, 1980 : 153）。

労働能力のない貧民に対しては，国家は二つの反応を示した。まず，国家はその貧困を改善するための努力を示さず，乞食をしながら生活することについては一貫して傍観者的姿勢であった。もうひとつの反応は，より積極的な反応として，そうした人々を共同体から直接排除するか，あるいはそれを助長することであった。その代表的なものが魔女迫害だったのである。トレバー・ローパー（H. R. Trevor-Roper）は魔女裁判の性格について「社会の転換期に共通の価値体系がくずれて社会的不一致が生じてくると，その不一致をおしつぶそうとしてある特定の人々や思想がいけにえにしたてあげられるのであって，宗教改革期にはそれが魔女というパターンだった」（浜林，1978 : 110）と指摘している。

要するに，魔女は社会的不一致を解消するために権力者が演出した犠牲者のシンボルであって，人々はそれによって操作されたといえよう。その意味で魔女裁判の本質は「贖罪のヤギ」（scapegoat）であるといえる。ヤギが罪を犯したから殺されることではないのと同じように，魔女も自ら犯したある罪によって火刑に処されたのではなかった。魔女は，実際に罪を犯した者，あるいはその心当たりのある者の罪意識を吹き晴らすために作り上げられた虚像に過ぎなかった。社会はこうした集団妄想を傍観・助長することによって，共同体的な社会秩序を崩壊させながら，より個人主義的な社会への移行を促したのである。

# 第4章
# 救貧法の成立
——消極的国家介入——

## 1 意味と時代区分

　ある社会問題に対する「国家の介入」とは，国家がその社会問題に対する解決責任をもち，社会構成員の負担で賄われた公的資源を投入することによって，その問題の解決を図ることを意味する。しかし，国家による介入は，直ちにその社会問題の原因の社会性を国家が認めたことを意味するものではない。それが社会そのものの矛盾から発生したという明確な認識に基づいて，その論理的帰結として国家介入が行われた場合もあるが，しかし，原因はあくまでも個人の欠陥にあるとみなしていても，その解決の責任は国家が負わなければならないという考え方に基づいて国家介入がなされる場合もある。前者は積極的国家介入，後者は消極的国家介入と表現することができよう。消極的国家介入とは，「貧困が個人の欠陥によって発生する問題であると考えながらも，その問題の解決責任は国家がとらざるをえないとし，いやいやながらもその社会問題に介入する」ことを意味するのである。

　本章の時間的範囲は，16世紀後半以降のエリザベス救貧法の成立から救貧法における最も根本的な性格変化が行われた1834年の新救貧法までの時期である。しかし，イギリス救貧法は約350年間存続する過程において多くの変化がみられるので，本書ではその時代を消極的国家介入と新救貧法とに分けて考察することにする。次章の新救貧法の時代もやはり，消極的国家介入の一形態であることはいうまでもない。

　本書の関心は救貧法の運用そのものよりは，救貧法の生成・発展・性格変化をもたらした要因に着目し，とくに経済的変化という要因を重視しながら，社会思想的背景を考察することによって，社会福祉の発展過程を明らかにすることにある。したがって，19世紀までの救貧法の展開については，資本主義発達と関わる

経済社会的変化，つまり産業革命とその影響を重視しながら，その思想的背景として重商主義と功利主義を検討したうえで，救貧法の内容を考察する。

エリザベス救貧法の成立から新救貧法の成立以前までには，多くの変化がみられるが，なかでも最も重要な変化と判断される三つの変化，すなわち居住地制限法，ワークハウスの誕生とナッチブル法，およびスピーナムランド制度を中心に検討することにする。[12]

## 2　背景：浮浪の発生と重商主義的対応

消極的国家介入が始まるこの時期を理解するためには，この時期が資本主義成立期，重商主義の時代であったことを考慮する必要がある。重商主義の教義の下で，労働者たちは外国との通商競争で優位にたつことを最優先する国家政策の犠牲者になり，低賃金と劣悪な労働条件を強いられたのである。

この時期に，大量の貧困が発生し，国家介入が余儀なくされた背景については，当時の一般的な事情とイギリス特有の状況とに分けて考察する必要がある。貧困の一般的背景として考慮しなければならない要因とは，人口の増加とそれに伴う食糧危機ということであり，イギリス特有の状況として考慮すべき要因とは，イギリスが羊毛の原産地であったこと，そしてイギリスがローマ教皇庁との断絶を早くから行っていたことが挙げられる。凶作と食糧危機がイギリス特有の状況に影響されながら貧困問題をさらに深刻化させ，こうした社会状況への対応として救貧法が成立したのである。

### （1）重商主義

**▎重商主義の意義**

重商主義（Mercantilism），すなわち交易経済（trade economy）主義は，概ね15世紀中葉から18世紀中葉にかけてヨーロッパを支配していた経済政策ないし経済

---

[12]　エリザベス救貧法成立以後の重要な救貧制度として，本章で紹介する三つの制度は単純に法律の施行過程であらわれる問題点や矛盾を是正するという次元での変化ではなく，根本的性格の変化という要素が含まれる。また変化の方向という観点からみても，社会福祉の発展といえる方向とその後退ともいえる方向の制度変化が混在している。その理由は，この時代が産業革命期であることと密接に関わっているからである。この時期においては，自由主義の成長と人道主義の伸張が互いに対立する中で社会福祉制度の変化がなされるので，その変化の方向が交差する場合があることをあらかじめ認識する必要がある。

思想を指す用語である。重商主義は中世の崩壊以降，経済史的には近代資本主義の成立期に志向され，政治的には中央集権的絶対王政国家時代の支配イデオロギーであった。

この時期に，労働者は新しい国際的市場の交易商品を生産することに投入され，とくに農地から都市へと移入した多くの労働者は商人階級（mercantile class）に徐々に従属するようになった。旧時代の封建的共生関係は終焉を告げ，労働者は中産階級が恣意的に破棄することのできる契約制度を強いられ，非常に不安定な生活を余儀なくされていた。新しい通貨経済が始まるにつれて富は土地や商品ではなく現金になり，またその流動資産は再び巨大な富の蓄積の手段となっていた（Day, 2000 : 97）。

社会福祉の発展といった観点からみて，重商主義の経済政策のなかで最も注目すべき分野は貿易政策と人口政策である。前者は穀物価格や労働者の賃金水準に対して強い影響力をもっていたからであり，後者は国家の貧困救済に直接関わったからである。しかし，その内容においては重商主義が数世紀間の経済政策ないし思想であったこともあって，統一された固定的内容のものとはいえない面があり，また，各国家によっても多少相違がみられることをことわっておきたい。

■ 貿易政策とその影響

貿易政策において重商主義はまず，輸入を制限し輸出を奨励する政策をとった。外国製品の輸入は高い関税を課することを通じてそれを制限あるいは阻止し，国内の産業が必要とする原材料を外国から輸入する時には優遇制度を適用した。またその貿易を円滑に行うために強力な大会社に貿易に対する独占的特権を付与し，商圏を拡張しようとしたことが重商主義の特徴であった。

イギリスでは，商業的手段による貿易伸張を試みたが，フランスでは自国の産業振興のためにこうした政策を実施した。自国商品が他国商品に対して競争力をもつためには生産費を節減する必要があり，原料の値段と賃金をできる限り低く抑えなければならなかった。また，低賃金を維持するためには労働者の生活出費が多くならないように工夫せざるをえなかったため，食費の安定のために穀物の輸出を禁止し，逆に輸入を奨励した。

高賃金は労働者を怠け者にするだけでなく，他国商品をも買えるような事態を発生させ，貿易収支にも悪い影響を及ぼすとみなされていたのである。つまり，重商主義の政策理念を達成するためには，労働者の低賃金がその条件になってい

たのである。こうした考え方と政策は国家と商人階級の利益と完全に一致していたが、一方で労働者は低賃金と苛酷な労働条件に一層追い込まれるようになったのである。

### ■人口政策

　重商主義のもうひとつの特徴は、人口が増加するとそれだけ生産が増加するという考え方に基づいて、人口増加促進政策を強力に進めていたことである。生産が増加するとそれだけ輸出する商品が増加することになり、当然ながら輸出が増加することが期待されたのである。したがって、各国は積極的人口増加政策を推進したが、その類型は次のように要約できる。①外国への人口流出の抑制と人口流入の奨励、②独身の抑圧と結婚しない者には不利益（たとえば、公職への就任禁止や一定額の課税）、③早婚の奨励（早婚に賞金や免税）および早期再婚の奨励、④多産の奨励（スペインでは6人以上の男の子を生んだ父母には生涯税金を免除した反面、不妊は強力に抑制）、⑤私生児の処遇を改善（それに対する社会的スティグマが多産を抑制する要因とみなす）（金、1984 : 35-36）。

　重商主義の下では、すべての政策の名分はつねに国家との利害関係のなかで考えられた。低賃金で多くの家族成員を扶養しようとしたら貧困は不可避のものになるが、貧困家族の生活苦よりは国家の利益が優先されていたために多産が奨励されたのである。子女が軍人として死亡した場合、その家族には生存している者と同等の優遇が提供されたという規定（Rimlinger, 1971 : 15-16）が設けられていたが、それは国家の利益が最優先していたことを示す例といえよう。

### ■貧困観と労働倫理

　重商主義初期には家父長的支配階級が貧民に保護を提供していた。しかし、社会の変化に伴って商業資本家階級と国家の労働政策は外国との交易競争に勝つことにその優先課題をおき、そのためには低賃金を強制することがその条件になることを認識していた。それによって貧民に対する新しい社会通念が形成されたが、それは「低賃金は貧民をしてより長く、よりまじめに働かせることを可能にする。また賃金水準が低くなると、労働者は外国からの商品を買えなくなり、それは金を自国内にとどまらせ、結局自国に有利な国際交易関係を確保することができる」（Day, 2000 : 97）ということであった。この重商主義の貧困観を圧縮して表現すれば、次のように要約できる。「国家を富裕にそして強大にすることは多く

の勤勉な労働力があってこそ可能であるが，勤勉な労働力を確保するためには低賃金を維持しなければならない。高賃金は労働者の勤勉性を低下させ，怠け者を奨励するからである。貧民は，本来怠け者の根性をもっているので，労働しなければ生き残れないほどの最低限の生活水準を維持するようにすることが望ましい。したがって，貧困は社会悪であるどころか国家の利益に合致するものである」。

以上のように筆者が要約したものよりは，典型的重商主義者たちの次のような有名な言葉をそのまま引用する方が，重商主義の貧困観をより明確に理解することができるかもしれない（Rimlinger, 1971 : Chap. 2などから抜粋）。

> 国家における最も確実な富は多数の勤勉な貧民である。工場の技術者たちは，もし週4日の労働で生活が維持できるとしたら，決して5日目には労働しないだろう（Mandeville）。
> 労働者は決して富裕になってはならず，やっと衣食住が解決できるような低い給料が支払わなければならない。労働者にとって，楽な環境は怠惰や多様な害悪を引き起こす要因である（Mayet）。
> 貧困階級が，もし貧乏でなければ決して勤勉になりえないということは，バカでなければみんなが知っている事実である（Young）。
> ラバの体が弱まる理由は，長時間のきつい労働のせいではなく，長時間の休みのせいである（Richelieu）。

■社会福祉制度としての製造工業の育成

重商主義の理念に基づいて，貧困政策は貧民を保護するものではなく，国家の労働政策を補助するものになっていた。つまり，この時代の貧困政策の目的は，重商主義者と国家のために勤勉な労働力を確保することであったので，次第に貧民の生計維持の責任は労働倫理だけに任されるようになった。国家政策によって，貧困層は巨大な国家経済システムのただひとつの生産単位に転落し，経済状況によってはいつでも見捨てられる惨めな存在になっていたのである。雇用者にとっての不安材料は労働者が飢餓生活によって体が弱まり，働く能力を失ってしまうのではないかということに限られていて，国家の心配事は貧困が社会不安を引き起こし，商品の質を落とすこととか，国際的通商交易に悪影響を与えることなどに限定されていた（Day, 2000 : 97）。

しかし，あらゆる重商主義者が貧困の原因が貧民の怠惰にあると考えていたのではなく，国家の責任を認める人々もいた。彼らは，国家が貧民に働く機会を提

供する義務を怠っていたことにも貧困の原因が求められると認識し，国家が製造工業の育成を通じて貧民のための雇用を創出しなければならないと主張した。こうした意味において，重商主義者にとって製造工業の育成は職場を提供する重要な社会福祉制度の役割を果たしていた（Rimlinger, 1971：17-18）のである。しかし，その目的は，雇用を提供することだけでなく，怠惰を防止し，貧民に勤勉な生活を維持させるようにすることであったことは疑いの余地のないことである。

## （2） 本源的蓄積期と浮浪者
### ■本源的蓄積の時期

資本主義が胎動し始めたこの時期は，しばしば「本源的蓄積期」（マルクス，『資本論』第26章），あるいは「社会分極化の時期」と呼ばれている。資本主義が成立するためには，一方では生産手段とくに土地を失った労働者，もう一方では生産手段を確保し，それを利用し事業経営に手を出そうとする資本家が存在することがその条件になるが，この基本的条件が整っていく過程が資本の本源的蓄積過程である。労働力の創出というのは，領主に従属されていた労働力であった農民，そして自立的で自分の労働力で生活していた小農民や手工業者が資本家に賃金で雇われる労働力になっていく過程であり，一言でいえば労働階級が生まれる時期である。

具体的には，領主にも従属していなかった自営農民のヨーマン（yeoman）などが土地から離れ，ある者は資本家階級に浮上し，ある者は賃金労働者に転落することによって，社会が資本家と労働者に両分されていく過程であり，マルクスはこれを「生産者と生産手段の歴史的分離過程」と表現している。また，この時期には一部のヨーマンが資本主義的農業経営者に成長し，教区の経済的エリートに浮上すると同時に政治的・文化的エリートとして成長する一方，他方では経済的分極化の結果として大量の貧民が政治的に無力な文盲大衆に転落する政治的分極化とともに文化的分極化を進行した時期でもあった。

### ■大量貧困の原因と浮浪の発生

この時期には大量の貧困が発生したが，その原因として挙げられるのは，まず人口の増加と食料価格の上昇である。人口は16世紀中葉から17世紀中葉にかけて約4倍増加した。とくに，エリザベス救貧法の成立を前後して，人口は急増した。14世紀中葉にペストなどの原因で激減した人口は15世紀から増加傾向に転じ，16

世紀中葉に過去の最大人口であった400万人水準に達した。その後，人口は増加を続け500万人に達する17世紀初頭になって，その増加傾向が鈍化する。穀物価格は人口が急増し始めた16世紀中葉から急騰し，人口増加に並行しながら17世紀中葉まで上昇し続け，17世紀後半になって下落傾向を示していた（常行，1990：20-21）。

食糧危機の発端は，凶作とエンクロージャーであった。この時期のエンクロージャーとは，農地を羊飼育のための牧草地に転換することであったので，エンクロージャーが行われればそれだけ食糧生産が減少することになった。エンクロージャー禁止法は絶対王政の農業政策の根幹をなすものであったが，豊作であった時期には，その禁止法を撤回していた。

雇用構造の変化も浮浪者の増加をもたらした。都市郊外の農村工業の発展は，労働者の主な就業形態を徒弟から未熟練労働者へ転換させ，農業経営者も季節的にあるいは年ごとに変化する労働需要に対応するために，農業労働の雇用形態を年間契約から1日契約に変えていた。それにより，貴族の下人，商工業や農業の徒弟など比較的安定した雇用形態が減少した。経済変動に対応する体制，すなわち雇用者の立場からみると柔軟であるが，労働者の立場からみるときわめて不安定な雇用形態が支配的なものになりつつあったのである[14]（常行，1990：115）。

■ 浮浪者，賃金労働者に対する社会通念

浮浪者に対する社会通念とは，彼らが怠け者であり，強力な統制を必要とする集団であるということであった。しかも，賃金労働者という集団も浮浪者と変わりなく，不道徳で怠けた存在であり，蔑視と統制の対象，団結の禁止や労働強制の対象になるのは当然であるという見方が支配的であった。こうした社会通念は製造業繁栄期まで続いたが，やがて産業革命の進展によって徐々に転換されるようになるのである。絶対主義の国家体制において，治安中心的統制と貧民に対す

---

13) モアは貴族がその下人数を一家族平均100人から40～50人に減らしたことや，戦争から戻ってきた兵士の存在が浮浪者の増加の原因であると指摘している（『ユートピア』第1部）。30年戦争から帰還した兵士は浮浪者問題をより深刻なものにした。当時の徴兵は浮浪者を外国に派兵することが政策的に行われていて，徴兵が浮浪者を含めた貧民と犯罪者をその対象にして行われたので，終戦後帰還した兵士が再び浮浪者になりがちであったことは当然の結末であった。
14) 1516～1644年の間に「浮浪者規制法」によって逮捕された人々の年齢構成をみると，60％近くが単身男性であるが，単身女性も20％ほどを占め，浮浪者の圧倒的多数が単身者であり，しかも21歳以下の青少年が圧倒的比率を占めていて，16歳以下の少年だけで40％を占めていた（常行敏夫，1990：114）。浮浪者のなかで児童が多かった理由は，貧困による家族解体，親方が徒弟の逃亡を誘発する場合などであった。

る恩恵といった理念がその中心になっていた諸政策は，こうした社会通念に基づいて形成されたものである。

　17世紀後半から18世紀初頭までの時期において，貧困に対する対処方法を理解するためにはこの時期に支配的だった社会通念を理解する必要がある。この時期は商業および工業の発展の時期でありながら帝国建設の時期でもあり，中産階級が誕生する時期であった。まじめに職場を求めるのであれば，いかなる者でも就業することができると考えられていた。もし，ある者が貧乏であるとしたら，生まれつきの性格ないし怠惰な生活習慣にその原因があるとみなされた。当時の労働者階級はほとんどが貧困であったので，労働者イコール怠け者であるとの認識が一般的であったのである（George, 1973 : 6）。

## （3）　イギリス特有の状況
### ■エンクロージャー

　エンクロージャー（enclosure）とは共同耕作権が存在していた土地を境界標識で柵を作り，共同耕作権を排除し，私有地であることを明示することを意味する言葉である。15～16世紀以後，増加する人口によって羊肉と羊毛の需要が急増したが，その結果エンクロージャーが大規模に行われたことはよく知られている事実である。地主の立場では，農地を農民に貸し出し，地代を収めさせるよりは，農地を牧草地に変え，羊を飼育した方がより多くの利益が保証されるという理由から，耕作地を牧草地に切り替えるためのエンクロージャーが行われたのである。

　エンクロージャーの影響としては二つのことが考えられる。ひとつは，突然耕作地を借りられなくなり，生計手段を失った農民の問題である。これは多くの農民をその土地から追放し，大量の浮浪者を生み出す契機になった。モア（Thomas More）も彼の著書『ユートピア』（1516年）で指摘しているこのエンクロージャーが，実際においては過大評価されているとの指摘もあるが，影響を受けた人数がたとえ多少誇張されたとしても，その影響が深刻なものであったことには異論の余地はない[15]。きわめて限定された社会で生活していた農民が突然生活の場を失ったことの衝撃と，自由な移動すら禁止されていた当時の現実を考慮す[16]

---

[15]　エンクロージャーの影響に関しては，それが行われた面積がイングランド全耕作地の3％に過ぎなかったので，その影響が些細なものであったという意見もあれば，それが3万5000家族以上の土地喪失者と失業者を産み出したといい，その深刻な影響を強調する見解もある。

[16]　ブルースはこれを，「大部分の人々が生涯に100人以上の個人を見たことがなく，先祖が使用していた農機具で，先祖が耕作していた農地で暮らしていた小規模の孤立した地域社会」と表現している。

ると，彼らが再び職場に就くということがいかに難しく，いかに絶望的な状況であったかが想像できる。

エンクロージャーの影響として考えられるもうひとつの側面は，それがすなわち食料の減産による穀物価格の上昇要因になり，生活上の困難が発生するということである。

## ■首長令

大量貧困による浮浪の発生がいかなる緩衝装置――たとえば，修道院による救済――もないままに，浮浪者の都市集中が急速に進行し，それが社会秩序に対する重大な脅威として台頭するようになった背景には，イギリス特有の状況があった。ヘンリー8世の首長令（1534年）がそれである。ヘンリー8世の離婚問題をめぐるローマ教皇庁との意見対立をきっかけに，ローマカトリックとの関係を断絶し，国王自身がイギリスの政治的首長であるだけでなく宗教的首長であることを宣言したものである。これにより，ローマ教皇庁所有の教会，修道院などがイギリス国王の所有のものになり，修道院等で保護・扶養されていた多くの貧民は保護を受けられなくなった。修道院の閉鎖によりあふれた貧民は8万8000人以上と推定されているが，彼らに対する扶養はもはや教会ではなく，貴族が主体になった国家がその責任を負わざるをえなくなったのであり，こうした事情が救貧法誕生の背景をなしていたことにイギリス的特徴がある。こうした論理から考えると，イギリス救貧法は中世カトリック社会の価値体系や管理体系からの人間解放をめざした「ルネサンスヒューマニズム」の産物のひとつと評することができる。「社会福祉はヒューマニズム運動に伴って飛躍し，新しい形を作り出すが，宗教改革期におけるカトリック社会からの解放を目的とするヒューマニズム運動がイギリス救貧法を生み出した」（柴田善守，1985：37）という柴田の主張は，こうした背景に対する鋭い洞察からなされたものである。

この時期，ヨーロッパ大陸においては各地で社会混乱が起こり，ローマカトリックの権威が失墜し，現実社会の権威であった貴族が浮浪者対策を講じていたが，それは一方的な抑圧対策であって，イギリスのテューダー朝（1485～1603年）がとっていたような「抑圧と保護という両面的対策」ではなかった。たとえば，スペインでは浮浪の初犯には顔に十字の刺青をし，再犯には死刑を下した。そのような強力な抑制政策の背景には教会や修道院による救済が前提されていたのであった（柴田善守，1985：46）。しかし，修道院による救済という緩衝装置が早くか

ら除去されていたイギリスの場合,いうまでもなく基本的には抑圧的政策を採ってはいたものの,それだけでは限界があるということを他国よりは早い時期から自覚するようになり,それが貧困救済に対する国家責任を最初に明らかにした救貧法の誕生を部分的に説明しているのである。

■ 浮浪者対策の漸進的形成過程

　浮浪者の大都市への流入は都市住民に対する穀物供給に混乱を起こし,都市の救貧費負担を急激に増加させる一方[17],派生的な多くの社会問題をも引き起こした。1559年から1620年にかけてロンドンの人口は3倍になったが(Bruce, 1968：37),他の都市の場合においても同様であった。正規の軍隊もなかった時代であったので,大量の浮浪者は深刻な社会的脅威として受け止められていた。16世紀は「浮浪者に対する恐怖の時代」であったというトーニーの言葉はこうした浮浪者の都市集中が政府にとっていかに大きな負担であったのかを示しているのである。一方,当時は21歳以下の人口が総人口の50％に達していたが,浮浪者の大半も青少年であったので,私生児の問題,青少年非行や犯罪の増加などの問題が発生し,それらに対する対策は至急の課題になっていた。

　救貧法の誕生については,1563年から1601年にいたるまでの漸進的過程を経たものであるという事実を理解することが重要である。救貧行政の整備という側面からみてきわめて重要な法律であった1572年法は,一方では労働能力のある浮浪者に対して抑制ないし処罰を課する反面[18],他方で労働能力のない浮浪者に対しては保護策を取り入れていた。また,その費用は救貧税によって賄うことを規定し,抑圧と救済といった両面性を明らかに示している。ウェッブ夫妻(Sidney and Beatrice Webb)が「抑圧規制のなかでの貧困救済」(Webbs, 1927：23)と表現したのはこうした立法経緯を説明しているのである。

　修道院の解散以来,救貧費は一時的に限定された王の下賜金と教会の入口で募集された寄付金に依存していたが,ロンドンでは1547年から,そして1572年から

---

17) たとえば,ロンドン郊外のある教区(St. Martin in the Field)においては,1578年36ポンドであった救貧費が,1594年に59ポンド,1598年には109ポンドに達した。ウェストミンスターのある教区においても1560年代に36ポンドが1590年代に233ポンドになり,ケント地方のある所は1590年に38ポンドだったのが1594年に61ポンド,1599年には72ポンドに増加した(P. Clark, *English Provincial Society*, 常行敏夫, 1990：36-37, から再引用)。
18) この法律の浮浪者に対する規制の内容をみると,初犯には鞭打ちとともに耳に1インチの穴をあける刑,再犯には重罪人(felon)として聖職者特権(benefit of clergy)下の絞首刑,三犯には聖職者特権無しでも絞首刑に処するとされている。

は全国にかけて，救貧税の賦課によってその財政を賄うとする重要な制度が実施されることになった。各都市は独自的救貧体制を整えはじめたが，それに伴い救貧費は急増した。そして，もしこうした体制が全国的に統一されなければ，とくに救貧体制の整った都市には浮浪者が救済を求めて殺到するような事態を招くことは明白であったので，それを未然に防止するためにも，全国一律で貧困救済を各教区に義務づけることが必要になった。以上の理由で成立されたのが1601年，エリザベス43年の救貧法であった。そのような意味において，救貧法の成立は救貧行政の完成であると同時に浮浪者対策の完成をも意味するといえよう。

## 3　イギリス救貧法に関する先行研究の検討

### ■救貧法に関する先行研究

　日本ではイギリス救貧法に関する研究は早くから数多くなされてきた。高島進による戦後から1978年までのイギリス救貧法研究文献リスト（高島進，1979：224-229）をみると，研究論文や研究書，そして翻訳本などかなりの研究蓄積があることがわかる。もちろん，それ以降も注目すべき著書や翻訳本が次々と出ている。

　救貧法はおおむね歴史学，経済学，そして社会福祉学や社会政策学の研究対象になっているが，社会福祉分野からの研究が比較的多いことが日本の特徴ともいえるであろう。というのは，イギリスでは救貧法に関心をもっているという研究者に対しては「あなたは歴史家（historian）か」という質問がすぐにとんでくるほど，それはほぼ経済史や歴史の研究分野になっているのではないかというのが筆者の印象であるからである。もちろん，社会福祉や社会政策の研究においても，救貧法のことが言及されるが，その関心は救貧法そのものよりは社会福祉の機能や概念の変遷，社会福祉に内在する根本的問題を説明するための手段として活用される傾向が強いと思われる。海外の文献については小山路男の著作（小山，1978：267-274）に適切に紹介・解説されている。[19]

### ■研究の観点と参考文献

　救貧法に関しては経済史との関連のなかで研究されない限り，正確な理解が得られないということはすでに常識になっていると思われる。いいかえれば，資本

---

19）　救貧法の起源や展開の流れを把握しようとする学徒には，何よりも田代不二男の『イギリス救貧制度の発達』（1969）の一読を勧めたい。簡潔かつ正確な研究と思われる。

主義の進展と救貧法の生成・発展とは不可分の関係にあるのである。にもかかわらず，多くの研究がその法律内容に基づいて救貧法の発達を説明している。この方法では救貧法の変化要因を明らかにすることができないばかりでなく，誤った解釈に導かれる危険性さえある。というのは，とくに救貧法は法律の規定とおり実施されない場合が多かったからである。

救貧法の文献として，最も基本的なのはニコルスとウェッブ夫妻の著作である[20]。ニコルスは救済抑制的ワークハウスの開発などを通じて，新救貧法の成立にかかわった人物で，新救貧法体制の最高行政機構であった3人の救貧法委員（Poor Law Commissioner）の1人でもあり，その著作には救貧抑制策を弁護する傾向が明白にみられるが，事実に基づいた多くの資料が含まれている。

ウェッブ夫妻の著作はニコルスとは正反対の立場，すなわち基本的に救貧法に対して批判的な立場に立っていて，救貧法の問題や矛盾を強調するために事実を都合よく単純化して解釈するところがみられるという指摘があるにもかかわらず，この研究分野の古典になっていることは強調するまでもない。本書では以上の研究をベースにしつつブルースの著作[21]をはじめ，小山路男（1978），田代不二男（1969），伊部英男（1979）など日本での多くの研究を参考している。救貧法については今までの研究蓄積によって，それに関する事実のなかでは常識化されているのも少なくないということを考慮し，ここではとくに重要な内容，その解釈に論議のある事実など，必要なときに限り，その出所を明記することにする。

### ■救貧法運用の地域的格差

救貧法に関する本格的考察に入る前に，注意しておかなければならないことは，その運用における地域的格差がきわめて大きいということである。ブランデイジの最近の研究（Brundage, 2002）を引用するまでもなく，救貧法がかなりの地域主義に基づいて実施されたことを理解しなければならない。そのため本書では，救貧法運用の実態を説明するためにいくつかの事例を紹介しているが，それを救貧法運用全般にみられる現象としてみることはできない場合があると思われる。

---

20) George Nicholls, *A History of the English Poor Law*, 3 Vols, 1854, Reprints of Economic Classics, 1967 ; Sidney and Beatrice Webb, *English Poor Law History*, 3 Vols, 1927, Reprinted 1963.

21) Maurice Bruce, *The Coming of Welfare State*, 1968, 秋田成就訳『福祉国家への歩み』（1984）。この本は国家の性格という側面から社会福祉発展を説明しようとする研究者からは，社会福祉発展の動因を明らかにしていないという批判や，構成がややアンバランスで論証が甘いとの指摘（小山路男，1978 : 268）があるが，資料が豊富であると思われる。また，その翻訳書も好訳である。

ここでいう地域的格差とは二つの次元のものである。ひとつは都市地域と農村地域の格差である。この格差はこの時期が産業革命を前後にした時期であり，基本的にはその経済的変革の影響が都市と農村間においてきわめて差別的であったことから生じた問題である。もうひとつの格差は救貧法の自治単位であった教区間の格差である。教区人口の大小，財政状況の格差などの問題である。この問題は部分的には現場での救貧法行政が無給の非専門家にまかされたことによるものである。その官吏の質や態度が救済の質に大きく影響したのである。

## 4　社会福祉の内容

### （1）　エリザベス救貧法
#### ■エリザベス救貧法の意味

この時代における最も重要な制度はエリザベス救貧法（Elizabethan Poor Laws）である。本書においてエリザベス救貧法とは，エリザベス女王治世の1563年法（エリザベス5年），1572年法，1576年法，1597年法，そしてエリザベス43年の1601年法をまとめて総称するものとする。1601年法は救貧法の代名詞として知られているが，エリザベス治世の1572年から始まった一連の法律を体系化・整備した形で成立したものである。[22] 歴史的観点からみて，1601年法の重要な内容はそれ以前に成立していた多くの救済法によってすでに具体化されていたものであり，その法律の新たな試みと評価できるのは親族の扶養責任範囲を祖父母にまで拡大した規定だけであった。1572年以後の救貧法においてみられる重要な内容は次の通りである。

- 1572年法──救貧事業の財源を救貧税で賄うことにし，救貧監督官を任命。
- 1576年法──労働能力のある貧民に労働を強制するとともに，貧民を類型別に分類し，それぞれにみあった方法で対処。
- 1597年法──貧民に対する親族の扶養義務を規定。
- 1601年法──その扶養義務を祖父母にまで拡大し，上記の諸法律を統合。

---

22) とくに1597年法はエリザベス救貧法のほぼ完成品であり，貧困救済の法的責任を明確にしたものとして大きな意義をもつものである。ところが，日本においてはこの法律が軽視され，1601年法だけが詳しく論じられてきたような傾向があるが，その原因を分析するとともに，1597年法の成立過程や内容，そして同法と1601年法の関係を解明しようとした研究としては次の論文がある。上田千秋（1995）「エリザベス1597年法と1601年法」。イギリスの最近の研究書にも「議会が1597年救貧法を成立させ，1601年それを修正したとき，貧困対策がついに完成された」（Brundage, 2002：9）と表現されている。

本書では，1601年法によって統合された上記のすべての法律をエリザベス救貧法と表現することにする。

### ■ 対象者選定基準の法制化

貧民をその属性に基づいて分類し，それぞれのグループにみあった対策を講じるということは，それが社会福祉事業と認められるか否かを判別するときに欠かせない重要な基準である。エリザベス救貧法が社会福祉の嚆矢であると評価されるのは，同法がその受給対象者の選定基準をもっていて，それに基づいて受給者を規定・分類し，国家の責任でその救済を行ったからである。

1576年法は，貧民が怠け者にならないように働かせるという目的をもっていたが，その政策の一環として「ワークハウス」が初めてあらわれる。この法律は3種類の社会福祉施設別にその入所対象を定めるという形で，貧民の属性を分類している。すなわち，まず労働能力のある者とそうでない者とに大別し，前者をさらに働く意志のある者と救済不能の者とに分類して，それぞれ次のような三つの施設に入所させるということになっていた（Bruce, 1968：39）[23]。

① ワークハウス（workhouse）：労働能力のある失業者
② 矯正院（house of correction）：更生不能の怠け者
③ 貧民院（poorhouse）：生活無能力者

1601年の救貧法は貧民を次のように三つに分類し，それぞれにみあった対策を講じていたが，その点においてこの法律の特徴と意義がある。

① 労働能力のある貧民：労働を強制し，それを拒否すると投獄
② 労働能力のない貧民：生活を扶養
③ 貧困児童：徒弟（apprentice）を強制

### ■ 行政機構

テューダー朝の貧困対策と比較して，エリザベス救貧法にあらわれる最も大きな進歩は，浮浪者や貧民に対する懲罰措置だけでは限界があるということ，社会はより不幸な人々とその家族のためにより多くの責任を負わなければならないということ，しかもその責任は実行機関によって具体化されなければならないとい

---

23) 簡単明瞭に区別できるこの3種類の施設は19世紀になると事実上ひとつになってしまう。自由主義時代に入ると，この施設は憎しみの対象になり，貧民のバスティーユとも呼ばれるようになる。一方，このワークハウスという言葉が一般化されたのは17世紀末のことである。

うこと，などの考え方を躊躇しながらも徐々に受け入れたことである。むろん，それ以前の法律もあらゆる人々に慈善の義務を課してはいたが，エリザベス朝はそうした考えを実行に移すための適切な実行機関を設置したのである。

地域レベルでは「治安判事」の総括指導のもとで，各教区に「救貧監督官」(Overseers of the poor) の任命が義務化された。救貧監督官の任務は貧民に給付を行うこと，そしてその目的のため教区住民から税金を徴収することであった。その後，もしある教区が教区内の貧民を救済するに必要な救貧税を調達することができなかったら，治安判事がその負担を拡大するために，ある町あるいは全教区民に対し，税金を課することができる権限が与えられた。

治安判事は社会秩序の維持と地方行政の責任をもち，単なる警察権を越えた広範な地域的責任を負っていた。1572年法以降は救貧事業の責任もこの治安判事がもつことになり，貧民の福祉に多くの責任を負っていた。飢饉のときには貧民のために適切な量の食料を確保することが彼らの義務であり，1563年の徒弟法に基づいて，賃金の規制，雇用契約時の入会，徒弟制度の監督などの責任者になった。彼らは，地方の指導者であると同時に無給の官吏であった。

地方における救貧行政の責任者である治安判事は，つねに中央政府の機構である枢密院からの行政的統制を受けていた。枢密院は治安判事の活動に関する結果報告を義務づけることによって治安判事の活動を統制した。枢密院という強制機構がなかったならば，議会の意図が地方行政まで伝わらなかったという評価 (Webbs, 1927 Vol. 1.: 66) に示されているように，枢密院は中央の議会と地方の救貧行政を連結する重要な役割を果たしていたのである。

■財源調達の単位としての教区

救貧事業の財源は教区 (parish) を単位にして，住民が納付する固定資産税の救貧税 (poor rate) であり，その財政は教区を単位に自治的に運営されるようになっていた (1572年以後実施)。それ以前 (1536年以後) には強制的慈善を通じて貧民救済の財源を確保していたが，「新たに始まった救貧税という負担がそれ以前の強制的慈善の負担よりむしろ軽いものであった」(Bruce, 1968 : 41) というのは皮肉である。

当時の教区数は約1万5000と推定される (Webbs, 1927: 55)。17世紀初頭に約500万人であったイギリスの人口推計を基礎に計算してみると，一教区当たり平均人口は約300人を少し超える人数になる。多数の教区を統合した教区連合

(union) を基本的財政単位にした新救貧法が制定された1834年の時点においても，一教区当たりの平均人口は1000人も超えなかった。このように小規模の地域が自治単位になっていて，教区ごとに自主的に財源を賄うことになると，各教区間において救貧税の負担に大きな格差が出てくることは当然のことである。すなわち，貧民の多い教区と貧民の少ない教区との間には救貧税負担の水準において大きな格差が存在していたのである。19世紀初頭のある記録によると，ある教区の救貧税が隣の教区の6倍にもなっていた場合すらあった。これは結局，貧民や浮浪者が自分の教区に流入してくることを積極的に阻止しようとする極端な教区エゴイズムを生み出す原因になった。

### ■私的慈善と家族の扶養責任

当時は私的な慈善事業，とくに遺産寄贈による慈善事業が貧困救済に重要な役割を演じていたので，エリザベス救貧法は遺産寄贈を奨励する措置を講じていた。1601年法は遺産寄贈で助成された基金の使途を規定している。そして，相当な金額の遺産が貧民に対する直接的救済，貧民施設や病院の設立，徒弟の授業，職能工の養成，教育に投入された。ある調査によると（Bruce, 1968: 43），15世紀末から17世紀中葉まで，300万ポンド以上の遺産が慈善の目的で寄贈され，その2分の1がエリザベス女王治世の数年と内戦期間中に寄贈されていた。ヴィクトリア朝まで3世紀間にわたって続けられたこうした慈善の文化は，当時の貧困への深い関心を反映するものであった。

資産調査（Means Test）は，公的扶助の申請者に対する家族の責任と協力を強制するために考案されたものであって，最初から救貧法に付着されていた。1597年法は，貧民や無能力者の父母あるいは子女は，経済能力のある限り，すべて自らの負担で彼らを養わなければならないという条件を規定していた。1601年法では，親族の扶養義務の範囲がさらに拡大され，祖父母までも含まれるようになった。この規定は20世紀に入って救貧法が撤廃されるまで存続することになる。救貧法が撤廃される十数年前の1930年救貧法は次のように規定している。すなわち，「資産に余裕のある限り，貧民，老人，盲人，障害者，あるいは生活無能力者を扶養することは，彼らの父，母，祖父，祖母，夫あるいは子女の義務である」。

### ■貧困救済に対する国家責任を認定

エリザベス救貧法は宣言的な意味においても，そして制度としてのアプローチ

方法においても社会福祉の歴史上大きな意義をもつ。

　まず，宣言的な意味において，貧困救済の責任が国家にあることを明示したことに何よりも大きな意義があり，これはただイギリスでのみならず世界でも先駆的な措置である。その成立は，貧困問題は中央政府の責任で公的な資金を投入することによって初めて対処できるという事実を自覚させ，貧困救済の責任主体は国家であることを明らかにした。貧困問題の一方的抑圧措置による解決が試みられて以降，約250年の年月がかかったことになる。

　これに対してイギリスの社会福祉の歴史を著述したシュバイニツ（Schweinitz, 1943）は，大陸での救貧事業を紹介する部分で，イギリスの救貧事業がヨーロッパのそれに比べて遅れているとのアシュリー（W. Ashley）の著作を引用している[24]。すなわち，「1536年からエリザベス救貧法に至るイギリス救貧法立法史は，同期間中ヨーロッパ全域で行われていた救貧制度改革運動の流れのなかにあるイギリスの例に過ぎなく，イギリスの救貧法は16世紀半ばまでの経済史の側面からみても，教会史の側面からみても，イギリスにのみ存在するある独特な要因によって要求されたものは決してないが，ヨーロッパの他国と比べるとイギリスが救貧制度の体系化において多少遅れていることは明らかである」と。しかし，イギリスが貧困救済に対する国家責任を明らかにした先駆的国家であるということには異論の余地がないように思われる[25]。

## ■体系的施行の失敗とその原因

　エリザベス救貧法はその先駆的意義にもかかわらず，制度本来の意図通り実施されてはいなかったようである。教区が地方税を制定し，不動産の保有者はその税金を納付することになっていたにもかかわらず，多くの地方においてその法律成立後40年が経っても課税されなかったし，課税が行われていた地域においてもその金額は微々たるものであったと記録されている（Webbs, 1927：80-81）。1601年法に関する限り重要なのは，その立法内容よりはそれを全国的に施行しようと

---

24）　Sir William James Ashley, *An Introduction to English Economic History and Theory*, Longmans, Green & Co., 1892。

25）　たとえば，フランスは17～18世紀の期間中イギリスに比べて地方に対する中央政府の介入がより強力なものであったが，貧民の救済は地方政府の責任の下で行われていた。リムリンガーが指摘（Rimlinger, 1971：41）しているように，フランスでは救貧に対する教区の義務を認定する間接的意味でさえも，教区の法的義務を認定していなかった。救貧事業においては教会がより重要な役割を演じていたし，貴族が救貧院設置の主導権を握っていた。その結果，浮浪者に対する抑圧がより厳しく行われるようになったのである。

した試みであったというウェッブ夫妻の主張は，こうした事情を物語っているのである。

ステュアート朝初期に[26]，この救貧法を体系的に施行することができなかったことには内乱の影響もあった。内乱は地方を基礎にした行政制度の崩壊をもたらし，さらに教区の救貧行政を監督する中央政府機構の崩壊をも引き起こしたので，エリザベス救貧法の成立直後の短期間を除いては，救貧行政の一般的傾向は再び抑圧政策の傾向に逆戻りしたのである。抑圧政策への転換の背景として考慮しなければならないのは，この時期が商業と工業の拡大時期でありながら中産階級の繁栄発展の時期であったということである。すなわち，国外貿易の拡大による富裕な商人階級の出現と，物価上昇と低賃金の維持によって莫大な利益を収めた賃貸農業事業家の成長など中産階級の勢力強化は救貧行政における新しい変因となっていた。彼らの考え方に強く影響され，いわゆる「自由放任主義的貧困観」が次第に貧困に対する社会通念として形成されていったのである。

■商工業の発展との関係

この時期，イギリス商工業の発展は大きな労働需要を創出していた。王政復古（Restoration）後の軍隊解散で5～6万の人々が軍隊から帰還したが，目立った危機状況なしで産業界に吸収されていたこと（Mackay, 1889：122）は，産業拡大によって大規模の雇用が創出されていたことを間接的に示しているのである。こうした時代的状況を反映し，職を求める人には必ず職場があり，もし貧困であればそれは怠惰の結果であるというのが世論になっていた。こうした貧困観はプロテスタントの労働倫理によって一層強化された。まじめに働かないことは神の時間を浪費することであるとの理由で罪悪とされた。貧困と労働に関するこうした考え方は，貧民は怠け者であるだけでなく罪人であるという雰囲気を形成したが，新興資本家階級にとってはこれらの教義は，それ以上ないほど自分らの利益に合致していたのである。

地方の責任で行われる救貧体制の下で，救貧費をより多く負担することになっていた中産階級の立場からみると，貧民に対する寛大な政策は救貧費を増加させるだけのものであった。したがって，新興資本家階級は貧民に寛大な政策には反発し，貧民を厳しく処遇する方を支持したが，その影響で貧民政策は抑圧的性格

---

26) 1603年～1649年および1660年～1714年のイギリス王朝。途中11年間の空白は王政廃止をめぐっての内乱（1642～1649）後のクロムウェルの摂政期間である。

を増していた。そして、国家からの援助を受ける人数を減らし、究極的には救貧費負担を減らそうとした政策が出現するのである。

## （2） 居住地制限法[27]

### ▎居住地としての教区

あらゆる者は法的に教区に所属するという居住地制度は古くからの原則であった。その起源を明らかにすることはもはやできないほど古い歴史をもつこの宗教組織が、フランスやドイツ、イタリアの場合とは違い、純粋な宗教組織の基本単位から行政組織の基本単位へと発展したことにイギリス的特徴がある（Webbs, 1927：6）。行政組織としての教区に所属した者は、教区に対する各種の義務を負うかわりに、災害や貧困が発生したときには教区からの援助を期待するのが一般的であった。教区は自分の教区に属した者に対しては保護するとともに、他の教区からの浮浪者の流入を統制する権限をもっていた。教区の立場からみると、貧民の流入は教区民の救貧負担の増加を意味していたので、明確な居住地をもたない浮浪者は警戒の対象になるのは当然のことであった。

居住地制限法（The Act of Settlement and Removal, 1662）とは、ある人物が他地域に移住する場合、その人物を受け入れる教区からみて、貧民になる可能性が高いと判断された場合――いい換えれば教区の救貧負担を増やす可能性が高い者と判断された場合――その人物を以前に居住していた教区に強制送還することを可能にした法律である。貧民になる可能性が高いか否かの判断基準になるのは、家賃の水準であった。すなわち、一定金額以下の家賃で住宅を契約した者は貧民になる可能性が高いと判断されたのである。

### ▎居住地制限の慣行と内容

健常の浮浪者の場合、浮浪禁止立法によって本質的に犯罪とみなされていたが、一般住民の場合は証明書さえもっていれば自由な移動が可能であった。救貧制度が確立され、貧民に対する救貧費の負担は各教区別に負っていたので、各教区は教区所属の貧民以外に他の貧民が自分の教区に流入することを積極的に防止しよ

---

27) この法律は以下の内容からもわかるように、厳格な意味で貧困救済のための制度ではないといっても過言ではなく、そのように解釈する歴史家もいる（たとえば、Webbs, 1927 Vol1：150）。彼らは、この法律が「貧民をほぼ病的にそして過敏に抑圧し、それに関わるすべての官吏を戸惑わせた」と表現している。しかし、これは救貧法の性格や機能を理解することには欠かせない法律と判断し、詳述することにする。

うとした。1547年法と1550年法は浮浪を禁止し，乞食する老人や生活無能力者，障害者は出身地，あるいはそれ以前に3年間居住していたところに強制的に送還することを許可した。これが強制送還の最初の規定である。

　こうした強制送還の原則は1572年法によっても確認されたが，1597年法と1601年法には貧民の移動に対しては何の規定もしていなかった。したがって，居住地制限法が成立した1662年まで貧民の移動を規制する規定がなかったのであるが，しかし，実際においては都市地域や農村地域を問わず，強制送還が慣行的に行われていたのである。1662年の居住地制限法は，貧民の流入を拒否するこうした地域的慣行を全国的制度として拡大し，貧民の流入を拒否できる権限を各教区に付与した。ただ，同法は現在の貧民だけでなく，将来貧民になる可能性の高い人々に対しても移住を拒否することを可能にしたのである。

　居住地制限法の目的は大都市周辺に貧民が移動・集中することを防止することにあった。とくに，当時ロンドンの周辺には約20万人の貧民が集まっていたといわれていることを勘案すれば，それが緊急課題であったことは考えられるのである。このような主張を裏づけているのは，貧困になる可能性が高いということを証明する基準として提示された年間地代10ポンドの価値に関する論議（たとえば，小山，1978：32）である。すなわち，この金額はロンドンを基準にして設定したことが明白であって，農村地域からみるとあまりにも高い水準の金額であるということである。

　一方，この法律で規定した教区移住者は「教区に居住のため来た者」と規定されていたので，一時的旅行者はこの法律に適用されず，彼らの場合，疾病や事故，その他の理由である教区に留まるかあるいは救済を受ける場合であっても，居住の意思がないということでそれ以前の居住地に送還されることはなかった。

■ 自由の抑圧

　居住地制限法は，老人，労働能力のない人，幼児などの貧民に対してはいうまでもなく，とくに農村地域の貧民や労働者には言葉で表現できないほどの自由の抑圧と苦痛を与えた（Raynes, 1960：81）。すでに，この時期が封建制の崩壊が始まっていて貧民の労働力そのものが富の源泉になっていく時期になっていたにもかかわらず，同法は労働力を土地から離れないように意図した時代錯誤的立法であった。この法律は労働力を必要とする工業都市地域では貧民の移住に寛大な姿勢を示していたが，人口過剰と貧民の増加に悩まされていた南部農村地域におい

てはきわめて厳しく実行され，次第に農村教区の自己防衛のための政策に転換していた。当然，こうした地域においては法律の実行をめぐって混乱と葛藤が多く生じていたのである。

居住地制限法が緩和され，貧民が職を求めて他の教区へ移動することが可能になったのは1795年のことであるが，この約130年間，肉体労働の賃金労働者，あるいは独立の手工業者の90％（Webbs, 1927 Vol. 1 : 328）がこの居住地制限法によって抑圧されたのである。同法によって苦しんでいた他の例としては，婦人が挙げられる。他の教区に住んでいる人の子供を養育する独身女性は，直ちに結婚が強いられた。甚だしい場合は，結婚のため縛りつけられたまま教会に連れられてきたこともあった。こうした方法によって，教区は母親と生まれてくる児童に対する責任から免れようとしたのである。また，結婚が不可能であれば女性は教区から追放されたが，それは私生児の場合，出生した教区に永住する権利が認められるからであった。

■**極度の地域主義**

居住地制限法もまた各地の担当者が自由裁量をもって施行していたので，移住者に対する対処の仕方には，各地域間において大きな格差が存在していた。しかし，移住した当事者の立場からみると，その場その場の基準で適用されるこの法律が，限りない苦痛と不安の源泉になっていたのであろう。この法律がもたらした弊害のひとつの例をみてみよう。イギリス救貧法の歴史を著したバーン（R. Burn）は救貧監督官がこの法律の施行において，自分の職務の様子を次のように記録している。

> 救貧監督官は少しも警戒心を緩めることなく，他の地方の人々が証明書を持たずに流入できないように努力し，またそのような人々が発見されると彼らを最初の居住教区に送り返すため直ちに治安判事のところに駆けつけた。もし，証明書をもっている人であれば，教区の全住民に知らせてその貧民に年間10ポンド以上の地代で契約しないように警告し，またその貧民が行政組織や事務所に接近できないようにした。教区民が移住してきた人を下人として雇用しようとしたときには，その移住者に永住の権利が付与されないように，6か月か1か月，あるいは週単位や日雇いをするように慫慂した。もし，教区民が貧民を1年以上雇用した場合には，雇用期間満了の前に，必ずその貧民との紛争を起こし，その移住者を教区から追い出していた（Schweinitz, 1943 から再引用）。

自分の生まれた教区を監獄のようなものにし，その他のあらゆる教区はまるで

敵の要塞のようなものにしたのがこの法律であった。たとえば，生まれた教区から他の教区に移住，そこで働いて後，また別の教区に移住したケースの場合，本人とその家族は最後の教区の受け入れ拒否で直前にいた教区に返され，さらにその教区からも再流入を反対され，結局最初の教区にまで送り返された事例が記録されているが，それには何と1年6か月という年月がかかっていた。

## （3） ワークハウスの出現とナッチブル法

### ■ワークハウスの意味と起源

　ワークハウスとは労働能力のある貧民を収容し，強制的に働かせるために設立された施設である。しかし，それは後に，労働能力のある貧民に対応する施設ではなく，国家の援助を受ける者すべてを収容する施設に変化した。19世紀半ば以降，この施設は，貧民であれば労働能力の有無，男女老少や精神疾病の有無などを一切問わず，あらゆる属性の貧民を収容する一般混合ワークハウス（general mixed workhouse）になり，救貧法のもつ非人間的要素のシンボルになっていたのである。

　すでに1576年法によって，貧民はその属性に基づいて分類され，労働能力のある貧民に対応する施設としてワークハウスという概念が出現した。しかし，貧民の労働力を活用するという目的で設立された最初のケースはブリストル（Bristol）のワークハウスであり，1696年に設立された。

　ワークハウスは各教区の裁量で建設することができたが，その設立には莫大な資金が必要であり，ひとつの教区ではその設立が事実上困難な場合が多かったので，いくつかの教区が連合して設立することが一般的であった。その場合，それは大規模なものであった。1722年以後は，単独教区あるいはいくつかの小教区によって設立された小規模のワークハウスも多く設立された。

### ■ブリストル・ワークハウスの失敗

　ワークハウスはブリストルでの設立以降，多様な目的で活用されていたが，その最初の目的は貧民に適切な職場を提供することであった。ブリストルには二つのワークハウスが設立されたが，ひとつは100人の少女を収容して，綿織関係の仕事をさせた。もうひとつは老人，少年，幼児のための施設であり，少年は紡織の仕事に投入され，老人は軽い仕事が与えられ，幼児は保護と教育を受けていた。そして，こうしたタイプのワークハウスはひとつのよきモデルになって，その後，

同じようなワークハウスが相次いで設立された。

　ワークハウスの設置は乞食の減少と救貧税の低下の効果をもたらしたが，それは，ワークハウスへの入所を嫌がる貧民が救済の申請を躊躇していたからであった。それは最初から意図されたものではなかったが，このワークハウスが後に救済抑制の手段として悪用されるようになったことは不幸なことであった。

　しかも，その意図はよいものであったにもかかわらず，経済的側面からみると失敗に終わっていた。というのも，この施設での1人あたり保護費は，施設に入所させずに自宅で保護する場合より高くついていたのである。つまり，ワークハウスは貧民に働く機会を与えることによって貧民救済体制を改革し，貧民の処遇を改善する目的で設立されたが，それ自体は経済性がないこと，そして救済申請を抑制する効果をもっているという二つの事実を証明したことになる。

## ■ナッチブル法

　全国にわたってワークハウスが設置される契機になったのは，1722年のナッチブル法（Sir Edward Knatchbull's Act）の成立であった。提案者の名前にちなんだこの法律は，一般にはワークハウス・テスト法として知られている。同法で想定された貧民像とは，ワークハウスが最初に設立されたときの貧民像すなわち働く機会が与えられると労働力を提供するという，国益に役立つ人間からは程遠かった。そして，貧民に対して刑罰的な態度をもち，ワークハウス内での生活水準をきわめて劣悪なレベルに維持することによって，できるだけ貧民が援助を申請しないように企図し，究極的には国家の救貧費支出を抑制しようとする政策手段になっていたのである。同法は教区委員や救貧監督官に次のような権限をもたせた。①教区の同意をえて，ワークハウスを建設するか賃貸する。②教区貧民の宿泊，生活維持，そして雇用などは，いかなる者にも民間委託できる。③ワークハウスの建設あるいは賃貸のため，二つ以上の教区の連合ができる。④ワークハウス入所を拒否する貧民は救済登録名簿からその名前を削除し，救済への資格を剥奪する。

　ナッチブル法ではワークハウスとは，国家の救済申請を抑制しながら，労働意欲を宣誓させる場所と規定された。この目的を達成するため，ワークハウス内で

---

28）　その目的からみると，ワークハウスは利潤追求的貧民雇用，怠けた被救済貧民に対する刑罰的施設，救済申請抑制の手段，労働能力のない貧民に対する収容施設などさまざまであった（Webbs, 1927：222-263）。

の生活は，劣悪な生活水準の維持と厳しい規則の強制といった二つの手段によって，貧乏な人々がそこへの入所を拒むように意図されていた。起床や就寝，食事，祈りなどにおいて，きめ細かい規律が強制され，その規律に反した場合には鎖つけ，監禁，食事禁止，外出禁止などの処罰が与えられた。

### ■民間業者の委託運営による弊害

さらに悪かったのは，この法律がワークハウスの管理運営を個人や民間業者に委託することを可能にしたことであった。この規定によって，貧民を対象にする営利事業をしようとする多くの民間業者が各教区に事業申請をした。彼らとの契約は多様な方式で行われた。

この施設の運営を民間業者に委託することの結末は誰にも予期されるものであった。まず，教区の立場からみると，可能な限り救貧費支出を減らそうとしたので，可能な限り少ない資金を民間業者に提供した。民間業者はその資金で最大の利潤をあげようとしたので，そのためには，入所した貧民に苛酷な労働を強制するか，あるいは貧民に提供されるサービスの質を可能な限り劣悪なものにするかになる。委託運営費を一括に受ける場合には，業者はワークハウス内での処遇を苛酷なものにし，いかなる貧民もそこへの入所を拒むようにすることによって，多くの利潤をあげようとした。

このようにして，ワークハウス内での生活状態は不可避的に最悪の水準にまで抑えられ，ワークハウスは，年齢や性別，結婚や障害の有無を問わず，あらゆる貧民が一緒に収容される一般混合ワークハウスになっていた。これは，貧民と失業者に働く機会を提供し，社会復帰を図っていた17世紀末のワークハウスとは性格を全く異にしたものになってしまったのである。

### ■救貧抑制の効果とワークハウスの帰結

ワークハウス制度による救貧抑制はその初期においては成功をおさめた。1722年以後3年以内に少なくとも150か所以上のワークハウスが設立されたが，それが設立された地域すべてにおいて救貧税が減少したことが明らかになった。しかし，それによる弊害も深刻であり，その政策に対する貧民の抵抗も徐々に激しくなっていた。1765年サフォーク地方で貧農の暴動によってワークハウスが破壊され，軍隊によって鎮圧されたのがその一例である。

「恐怖の家」としてのワークハウスが救貧申請を抑制する効果をもっていたこ

とは確かであったが，ワークハウスを通じた貧民の管理はもはや経済的ではないということが明らかであった。施設収容による保護にかかる費用が在宅保護の費用より高くつくにもかかわらず，貧民は在宅保護を願う反面，当局は施設保護に固執するという矛盾した状況が生じたのである。

　結局，18世紀以降のワークハウスは，ほとんどの教区において一般混合ワークハウスとなっていた。男女老少の区分も障害の有無や労働能力の有無の区別もないまま，あらゆる貧民が一緒に収容されることになったのである。19世紀初めになるとワークハウス内での処罰的規律が禁止されるようになるが，施設は希望もなく暗くて不潔なものになっていた。こうした形態のワークハウスの改善が行われるようになったのは19世紀末になってからである。

（4）　スピーナムランド制度

■最低賃金制度の代替物としての賃金補助制度

　スピーナムランド制度（Speenhamland System）とは，一種の賃金補助制度である。初めてこの制度が実施された地にちなんで名づけられた。この制度は，労働可能な貧民に対し，ワークハウスに収容せず，自宅に居住することを認めながら，彼らが職場につくように誘導し，もし，その職場での賃金水準が自分と家族の生計維持に必要なパンの購入にも足りないぐらいに低いものであれば，教区が救貧税の財政からその不足分を支給するという制度であり，社会福祉の歴史においては非常に意義ある制度である。

　これは労働可能な貧民に対し，福祉施設に収容せずに在宅のまま援助を行う方式，すなわち，院外救済（out-door relief）を通じて貧困問題を解決しようとする重要な試みであった。ところが，院外救済による貧民救済という方法は，それ以前のギルバート法（Gilbert Act, 1782）によって試みられたことがあった。

　ギルバート法が最初に試みた院外救済をさらに発展させた形で実施されたスピーナムランド制度は，いくつかの理由で最低賃金制度の代替物として採択されたものである。その理由とは，まず，教区の支配勢力に失業者と低賃金労働者の生活に対する完全な統制力を付与したので，彼らの立場からみると，その制度について何の不満もなく，失業者に対する院外救済を受け入れたということである。なぜなら，その貧民の雇い主が支給する賃金が低すぎるものであっても，その不足分は教区が補充するからであった。

　二番目の理由は，教区の支配集団でありながら農業労働者の重要な雇用主であ

った大地主の立場からみても，最低賃金を定めてそれ以上の賃金を労働者に支給しなければならないという制度よりは，労働者にできる限りの最低水準の賃金を払い，労働者の生計に足りない不足分は教区の財政から補充させることが，より有利な方法であったからである（George, 1968 : 16）。

■パンの価格と扶養者数に連動する賃金補助

1790年代に入り，続く凶作と革命下のフランスとの戦争による窮乏から争乱が起こった。そして，革命への恐れもあって貧困救済のための多様な救済策が提案された。こうした雰囲気のなかで，1795年スピーナムランドで開催された治安判事の総会でスピーナムランド制度が決議され，1796年法律として次のような内容で成立した。

> 4クォーターのパンの価格が1シリングである時，あらゆる貧民と労働者本人は一週間の生計維持のため，本人には3シリングが，そしてその妻と家族には1シリング6ペンスが必要である。この水準に達していない賃金である場合，その不足分は救貧税による補助で賄われる（大前，1961 : 25-26から再引用）。

この制度が，失業中の貧民のみならず現役の労働者にも適用されたことは注目に値する。この法律に対し，ピット（W. Pitt）首相は「これは大家族に呪いではなく祝福を付与するものである。そして，労働によって自ら扶養できる者と，多くの子女を抱えることによってこの国を富裕にすることに寄与しているにもかかわらず，生計を営むために援助を必要とする者の間に望ましい区別を行ったことである」（Bruce, 1968 : 56）との賛辞を送った。

■制度的矛盾

この制度は深刻な経済不況から労働者の最低生活を保障し，社会の安定化に大いに寄与したにもかかわらず，救貧費を増加させる構造的矛盾をも抱えていた。新興資本家階級は救貧費の増加には強い不満を表出し，農村地域にも都市地域と同様に抑圧的ワークハウスを活用するべきであると要求した。そして，これが抑圧的な新救貧法の助産婦の役割をした。貧民に対する抑圧的政策への回帰は，救貧費を負担する「新興資本家階級と既存の上流階級（大地主）との同盟」（George, 1973 : 11）によって可能になったのである。

結果的には貧困政策の抑圧政策への回帰が必要であるとの主張にある種の根拠

を提供することになってしまったその矛盾とは，その賃金補助金が労働者に対して支給されるものではなく，事実上雇用主に対する補助金[29]であったことにあった。著名な歴史家トレヴェリアンの次のような評は，スピーナムランド制度の問題点を正確に指摘しているといえる。

> このように賃金の補助を教区税から支出するというのは，多くの農業労働者を雇用する地主の立場からみると，労働者に適切な生活賃金を支払う理由がなくなり，労働者の立場からみると，いくらまじめに働いても，やはり被救済貧民の名から免れないという現実のもたらす道徳的悪影響があるなど，この制度の関係者すべてを堕落させた。大地主は労働者賃金の引き上げには反対する姿勢を一貫し，雇用されていないで独立した階層の人々は救貧税の重い負担に苦しみ，そして被救済貧民の間には，怠惰と犯罪が増加した（Trevelyan, *English Social History*, 1986 ed.: 81）。

## ■救貧費増加の原因論

確かに，スピーナムランド制度の施行以後，救貧費は急増した。それは表4-1からも確認できる。ところが，救貧費急増の真の原因がどこにあったのかについてはより慎重な解釈が必要である。多くの歴史家はこの制度が，貧民に対しきわめて非人間的な処遇を行うことによって，貧民の国家救済への申請を忌避させ，救貧費の抑制を露骨に試みた1834年の新救貧法の直接的原因を提供したと解釈しているが，その救貧費急増の真の原因については深い分析を行わない場合が多い。

一方，シュバイニツはスピーナムランド制度の失敗の原因が，結局制度そのものに転嫁されたと評しながら，行政的な運営技術の未熟が決定的な失敗の原因であったと主張した。産業革命の歴史家であるアシュトンも同様の見解を示した。しかし，救貧費増加の原因についてはより深い分析を必要とする。それについて

表4-1　貧民救済の支出金

| 年　度 | 支出総額(ポンド) | 人口1人当り支出額 |
|---|---|---|
| 1783〜1785年の平均 | 1,913,241 | |
| 1803年度 | 4,077,891 | 8シリング10.25ペンス |
| 1813年度 | 6,656,106 | 12シリング8ペンス |
| 1818年度 | 7,870,801 | 13シリング3ペンス |

資料：George, N., 1854（1967 reprint）: 438.

---

29　雇用主の立場からみると，いくら低賃金を払っても労働者の食料費との不足分は教区の賃金補助金で埋められるので，正当な賃金水準より低い賃金を払っていた。それが結果的には教区からの支出を急増させたので，賃金補助が雇用主への補助金であったといわれるのである。

は第5章で考察することにする。

## 5　消極的国家介入期の特徴

　この時期は，貧困救済の国家責任を初めて認定するころから始まる。エリザベス救貧法がその代表的なものである。しかし，この法律は貧困の社会的原因を認めたのではなく，ただ，それを救済することが国家の責任であることを消極的に表明したのであった。しかし，制度の受給基準を設定し，それに基づいて保護対象者を選定したことから社会福祉の始まりと評価することができる。

　消極的国家介入期の時期を通して一貫していたことは，貧困の原因や労働者の属性に関する社会的観念であった。あくまでも，貧困は当事者の道徳的欠陥にその原因があり，貧民は怠け者であるから，1日でも労働しなければ生きられないほどの最小限度の生活条件で生活するのが当然であり，貧困は社会悪ではなく，かえって国家の利益に合致するという考えられていたのである。

　この時期は近代資本制社会の成立期である。その始まりの時期と最後の時期の間には約200年の時差があるので，社会福祉の接近方法とその内容において多様な性格のものが混在しているのである。初期においては，国家による貧困救済は治安維持政策の一環として行われた。救貧法を研究することにあたって，まず考慮しなければならないのは，救貧法が今日の公的扶助制度のような狭い制度とみなしてはならないということである。それは，貧困救済だけでなく労働法や治安維持的性格をもつ包括的な法律であった。同法の運用は少人数からなる教区をその基本単位にし自治的に行われたため，財源負担などにおいて教区間の格差が激しく，それは極度の地域主義を生み出す原因になった。

　商工業の発展が始まる18世紀末に至っては，救貧法体制は労働力の確保とその統制問題と密接な関わりをもつ。労働倫理を損なわない範囲において，不可避のときに限って，貧民に対する援助にさまざまな工夫がなされたのはこの時期においてであった。その一環として施行されるようになったスピーナムランド制度は賃金補助制度として評価に値するものであったが，救貧費急増の結果を招いたものと批判され，より厳しい政策への転換の契機を提供するものになってしまった。こうした意味では，スピーナムランド制度は，ある社会福祉制度がその趣旨どおり施行されるか否かは，制度そのものの内容よりは，制度を運用する人々の意識水準とより深く関わるという教訓を残したといえる。

# 第5章
# 新救貧法
――抑制政策の展開――

## 1 意味と時代区分

　抑制政策（deterrence policy）とは，ある社会福祉制度を運用するにあたって，受給資格者に対し，意図的にスティグマ（stigma）を与えること，その制度に関する情報を提供しないといった手段を通じて，受給申請を抑制することを目的にする政策のことをいう。この政策の実施によって社会福祉支出が最小限度に抑制されることはいうまでもないが，公的な福祉に依存すること自体が社会悪であるとの社会通念を普及させることもその重要なねらいであった。
　救貧法時代の抑制政策は救貧法の受給者に「国家援助を受けている者」すなわちポーパー（pauper）という公式的スティグマを押し，社会福祉の受給者は破廉恥な人間であって，他人や国家からの援助に頼らず自立生活をする者が最も望ましい者だという社会イデオロギーの性格をもっていた。1834年の新救貧法はいわゆる「劣等処遇の原則」（principle of less eligibility）の適用によってポーパーをひとつの社会的身分にしたが，その具体的な方法はポーパーであることを示すバッジをつけるようにするとか，ワークハウスにおける入所者へのきわめて非人間的な処遇を公然と行うことなどであった。そしてこうした処遇にもかかわらず敢えて国家の援助を希望する者は，さらに道徳心のない者とされたのである。
　ところが，現代の公的扶助制度にも存在しているスティグマが何によって形成されたのかについては，救貧法の伝統，ことに劣等処遇の原則に影響を受けたという見解もあれば，そうした抑制政策の遺産ではなく，社会福祉サービスに内在する本質的属性によってスティグマが生じるとの見解（たとえば，Spicker, 1984 : 23）もある。社会的サービスは依存状態を改善するための社会的努力であり，その組織的活動であるが，この依存状態というのがスティグマと本質的に結びついているということである。

第Ⅱ部　国家介入の始まり

　現代社会においては，福祉受給者にスティグマを押しつけることによって社会福祉支出を抑制しようとする方法を公式化することはほぼみられなくなったが，公的扶助の申請過程においてスティグマが生じることは否認できないのが現実である。スティグマは「焼きごてでしるしをつける」ということにその語源があるといわれている。社会福祉の分野においては，福祉サービスを利用する人々が自分の依存状態に気づき，福祉受給にある種の屈辱感を感じるとき，その感情を表現するために使われる用語であり，福祉サービス受給者に対する差別的処遇から生じる屈辱感のことである。とくに貧民を対象にする公的扶助制度においては，制度の受給資格があるということが貧困層あるいは低所得層の証明になるということ，その申請過程において申請者の経済的状況についてのみならず，扶養義務者との人間関係などプライバシーに関する事項についての説明が要求される場合があることから，二度とこうした経験をしたくないという屈辱感や挫折感が生じるのである。スティグマは以上の理由から「福祉給付の申請を嫌がる」という問題を引き起こす。

　現代でも，意図的に申請手続きを複雑にしたり，プライバシーに関する情報を過度に要求したりする方法を通じて，対象者が給付申請を忌避することをねらっている場合も少なくない。ある特定のニーズに対処するための社会的資源が足りない時，あるいは政策の優先順位から外され，資源の確保が困難な時，限定された社会的資源で多様な福祉ニーズに対処するためにさまざまな便法が講じられるのである。たとえば，社会福祉制度を先に立法化しておいてその実施を見送ること，規定に明示されていないということを理由に給付申請の却下を慣行にしていること，地域住民に制度の広告をせずに消極的にその申請者を減らすこと，公的扶助において申請者に対する審査を通じた受給資格の判定を行わず，前もって決められた国家予算を自治体に割り当てることによって，受給者の人数を統制する方法などがそれである。こうしたことは抑制政策の現代版といえるものである。

　しかし，後述するように，新救貧法による抑制政策は，現代的抑制政策とは比較できないほど非人間的なものであった。そして，そのような傾向は世紀転換期に貧困観の大転換を通じて，社会保険がそれを代替する時期まで続き，現在までその影響を残しているのである。

　本章の時間的範囲は，1834年新救貧法の制定以降，その矛盾と限界が明らかになり，救貧法の代案的試みが行われるようになる大転換期1880年代までの期間である。

## 2　背景：産業革命と功利主義

### （1）産業革命
#### ▌産業革命の意味
　産業革命の様相は人口増加とともに商工業中心地の急激な発展によって代表される。すなわち，技術面においては，道具から機械への転換，生産面においては手工業から機械制工場制度へ，生産関係においては近代的労働者階級の成立という変化を示している。エンクロージャーを基礎とした農業革命と交通運輸手段の変革による商業の拡張もあった。

　トインビー（Arnold Toynbee：1852-1883）は，彼の著書『産業革命論』（1884年）において，「イギリスの産業革命は1760〜1840年の間に行われた」とし，それが産業革命に関する古典的な見解になった。彼によると，産業革命が革命である理由は次の通りである。第一に，1760年以前には機械の発明もなく，農業における著しい変化もみられなかったが，1760年以後は綿織工業の発展によって都市への人口集中があった。第二に，1760年以後，家畜の飼育が進行され，そのためのエンクロージャーによって大農場が出現し，その反面，家内工業の衰退と自営農民（yeoman）の没落，農業人口の減少があった。第三に，機械の発明が工場制度を出現させ，工場の労働需要がエンクロージャーによって農村から都市へ移住してきた過剰労働人口を低賃金で吸収し，都市貧民を増加させた。[30]

　産業革命の結果，労働者大衆の生活が悪化し，貧困が社会問題化したことは，ラダイト（Luddite Movement：機械打壊し運動）[31]が頻発したこと，選挙権を獲得するための労働者による権利請願運動（Chartist Movement）が大々的に行われたことで明らかであろう。

---

30) しかし，このような見解とは違って，産業革命は革命的ではなく，それ以前からの連続的な経済発展の一部であり，その結果は労働者の生活水準を向上させた面があるという見解もある。アシュトン（Thomas Ashton）の見解がそれである。詳しい内容は，出水和夫（1988）『労働史序説』p. 221-224 を参考すること。
31) ラダイトには二つの類型があった。ひとつは，機械そのものに対する敵意ではなく，使用者に対する圧力手段としてのものであり，機械だけでなく現資材や完成商品，そして雇用者の資産に対しても攻撃した。2番目は，産業革命がもたらした労働節約的な機械に対する敵意の表現であり，その影響が大きくはなかったとはいえ，失業を引き起こす機械の導入に対しては社会全体の世論もある程度敵意を持っていた（詳しくは，Webbs, *The History of Trade Unionism*, 1894 を参考にすること）。

■産業革命の条件

　産業革命，すなわち工場制度や商業の拡張，農業革命がおこるためには，多くの条件が整っていなければならない。イギリスで産業革命が最も早い時期に起きたのは，次のような条件を整えていたからである。

　第一に，資本の蓄積と自由な賃金労働者の創出である。これは産業革命の最も基本的な条件である。第二に，機械を利用した工場制度によって大量に生産された商品を吸収し，消費する市場が存在しなければならない。第三に，農業以外の産業に従事する人々の食糧問題を解決するために農業生産の拡大が行われなければならない。そして，最後にこうした変革を阻止しようとする政治権力が不在かあるいは微弱であることである。

　当時，科学技術の分野においてはフランスが最も先進国であったといわれているが，産業革命が実際においてはイギリスで最初に行われたのは，イギリスの方が上記の諸条件を整えていたからである。とくに，伝統的地主階級は自由な市場の形成，農業労働者が賃金労働者に転換していくことについて反対する立場に立っていたことから，地主階級や貴族階級の政治的影響力が新興資本家階級のそれより強い国家においては，産業上の大きな変革がそれだけ遅い時期になるのは当然である。

（2）　救貧制度の矛盾

■農村地域の状況と農民一揆

　18世紀末から19世紀初頭に至る産業革命期において，農村地域では第二次エンクロージャーが一層進行し，ほぼ完成段階に近づいていた。18世紀以後イギリスではマニュファクチュアの発展とともに人口の都市集中が行われたが，それに伴って食糧供給が不足し穀物価格が値上がりした。とくにナポレオン戦争（1793～1815）のために外国の穀物を輸入することができなくなった事情もあって，イギリスは長い間，食糧増産の必要に迫られていた。このために農村においては1760年頃からすでに進歩していた農業技術をとり入れ，食糧の増収を目的とする第二次エンクロージャーが盛んに行われるようになった。それは大地主や資本家の利益になるばかりではなく，社会の要請でもあった。しかし，小農階級は第二次エンクロージャーのさい，その所有地を買収され，また入会地の権利を失ったから，たんなる労働者になって大農に雇われることとなったが，農法や肥料の進歩などにより労働力が過剰になると，彼らは都市に出て労働者階級となった。しかし，

ナポレオン戦争の勃発とその長期化のために，食糧価格は一段と高騰していたので土地を失った農民や労働者などは大いに苦しみ，貧民は都市と農村とを問わず，充満したのである（田代，1969：91-92）。

1830年の農民一揆はこうした状況を背景にしていた。これは，1832年の救貧法委員会設置の直接的な背景をなすものであり，しかも，一揆そのものの原因も救貧法の運営と深く関わっていたので，この一揆は救貧法とその運営と切り離しては考えられないものになっている。

歴史家のホブズボームなどは農民一揆の重要な原因として救貧法の運営状況を挙げている。実際，一揆の攻撃目標は救貧法の関係者であり，26か所の教区が直接的攻撃を受けた（Hobsbawm *et al.*, *Captain Swing*, 伊部，1979：62から再引用）。「新救貧法成立の直接的契機となったこの一揆が，スピーナムランド制度が実施されていた地域に集中していた」（Bruce, 1968：92）ということは，この制度の運営上の矛盾をよく示している。

### ■救貧費増加の不可避性

大前朔郎は，このスピーナムランド制度についての分析的研究のなかで，[32] 農村地域のエンクロージャーに着目しつつ，救貧費の急増をもたらした原因が救貧制度の矛盾や行政的技術の不足にあるのではなく，社会経済的変化の必然的結果であるとの意見を示している。すなわち，18世紀中頃から始まった産業革命は都市・農村を問わず社会構造全般に大きな変化をもたらしたが，とくに農村地域においては自由な労働供給市場の形成とともに第二次エンクロージャーの影響が重なっていた。しかも，地主の取得する地代は穀物法によって対外競争から保護されて増加していたが，ナポレオン戦争中には一層増加した。したがって，これらの条件は大地主の立場からみると，エンクロージャーの進行を促進する誘因として作用し，農村貧民の増加は必然的結果であったのである。したがって，貧民や当時の農業労働者問題はこうした社会変革のプロセスのなかで理解されなければならないのである（大前，1961：29-31）。

救貧費増加の原因についてのもうひとつの注目すべき説明は，コベット（William Cobbet：1763-1835）によってなされた。生涯を通じて，救貧法撤廃のため努力した人物として知られているコベットは，新救貧法が成立する当時に下院

---

[32] 大前朔郎の研究（『英国労働政策史序説』，1961）は，社会政策の観点からスピーナムランド制度を分析した優れた研究である。

第Ⅱ部　国家介入の始まり

議員になっていたが，国家救貧費の増加が地代の増加と税金の増加とに連動するのは当然の結果であり，決して救貧法とその運営の欠陥によるものではないと主張しながら，新救貧法案の成立に激しく反対した。コベットは救貧費増加の原因を次のように解釈した。

> 地代といえば，今の水準は44年前の2倍になっていることはよく知られている。そうであるなら，救貧税が地代と同様の比率で増加するということは当然のことではないか。地主の収入が増加したにもかかわらず，なぜそれだけの救貧費支出はできないといっているのか。救貧費の増加率は税金の増加比率よりむしろ低いのである（William Cobbet, *Legacy to Laborers*, 1834：11-12，田代，1969：96-97 から再引用）。

### （3）　自由放任の政策思想
#### ■自由主義とアダム・スミス

　市民革命を経て，資本主義経済体制が確立する段階に入っていた18～19世紀の思想家たちは，経済の運用は原則的に市場メカニズムに任せるべきであると考えていた。彼らは，経済分野に対する人為的な干渉と規制は，個別経済主体の自由な意思決定を歪曲し，資源の非効率的な分配をもたらすと主張し，したがって，政府は市場が明確に失敗した場合に限ってのみ経済活動に干渉するべきであり，人為的に特定の経済生活を奨励あるいは抑制してはならないと考えていた。こうした思想が自由放任主義（Laissez-Faire）であり，その元祖たる人物がアダム・スミスである。

　アダム・スミス（Adam Smith：1723-1790）は産業革命の前夜に経済を展望した人物で，産業革命の理論的支柱であった。彼は故郷スコットランドにおける商業の繁盛に着目し，自由意思と行動による自由な生産と取引が経済の繁盛をもたらすと認識していた。産業革命が始まったばかりの時代，またそれによって経済に活気があふれていた時代を生きたスミスは産業革命を楽観したゆえに，自由な経済活動さえ保障されれば，富める国の高賃金労働者，そして失業なき社会といった理想が達成されると想定していたのである。また，自由な労働市場を確立するためには雇用主と労働者の双方において，団結や談合があってはならないとした。彼は雇用主に比べ，労働者の経済的地位の方が劣等であることは認め，それに同情を示しながらも，労使問題は放置されなければならないと主張した。この考え方の裏面には労働者の職業選択の自由が前提とされていた。すなわち，雇用主の間の自由競争が独占利益の余地を与えないと考え，それによって労働者の弱い立

場が補完されるとみなしていたのである。

　アダム・スミスが救貧法，とくに居住地制限法を批判したのは，居住地が限定されることによって貧民の自由行動を禁止し，職業を探して移動することを禁止したという理由からであった。貧民にも自由な移動さえ保障されれば，働き先をみつけるはずであると考えていたのである。

### ■中産階級の影響力

　フランス革命以降，イギリスにおいても労働大衆による革命が起きるのではないかという恐怖ないし憂慮から，政府は労働者階級に対する抑圧一辺倒の態度を変え，飴と鞭という両面的政策をとり入れるようになる。飴にあたるものは1802年以後の工場法による労働者保護政策であり，鞭の政策とは団結禁止法（Combination Act）のことであった。ところが，革命の恐怖がなくなるにつれて，労働者に対する統制も不要になり，団結禁止法を廃止すると同時に救貧法制度も最小限度にまで縮小されるようになる。こうした一連の変化を主導した勢力が19世紀型中産階級であった。

　産業革命以来，新興中産階級すなわちブルジョアは顕著に増加し，1832年の選挙法改正により議会での発言権を確保することになった。これは，貴族と大地主からなっていた旧支配階級に対する新興中産階級の勝利を意味するものであった。そのほとんどが立志伝的人物であった彼らは，彼らをそのような地位にまで上昇させてくれた社会制度，すなわち自由放任社会を至高のものと擁護していた。旧支配階級の立場からみると新興商工業者の中産階級は政治的な主導権を争う競争相手ではあったが，中産階級が土地に投資するようになり，旧支配階級は彼らと手を結ぶことによって自分の特権を守ろうとしていたので，この両者の間には共生の体制が出来上がっていた。とくに，救貧制度が自分たちの負担を重くするという点では，両者の利害が一致したので，連合して救貧制度の縮小を主張したのである。

　この時代の代表的思想家はベンサム（Jeremy Bentham）とマルサス（Thomas Malthus）であった。貧民の食糧受給権を否定し，国家による救貧制度の撤廃を論じたマルサスの思想は一般大衆にまで波及し，ベンサムの功利主義は救貧行政の統一を図るための中央機構の設立だけでなく，救貧思想そのものにも大きな影響を及ぼしたのである。

第Ⅱ部　国家介入の始まり

■新救貧法に影響した思想

　新救貧法のもたらした救貧政策における革命的な変化，そして中央政府と地方政府との関係における革命的変化は，決して有産階級の一時的な対応によるものではなかった。そのような諸改革は，当時社会の支配的地位を固めていた中産階級の間に著しく普及していた新しい思想によって作られた理論に基づいた計画的なものであった。ウェッブ夫妻によると，新救貧法の形成に影響した「貧民の処遇に関する思想体系」は次の三つに要約できる（Webbs, Part II, Vol. 1, 1927：7）。それぞれについてはより詳しく検討する必要があり，とくに「最大多数の最大幸福」に代表される功利主義の影響については十分な検討が必要である。

① 慈善的施しによる貧困救済によるものではなく，税金によって賄われる公的貧困救済は救済対象者の生活意欲をおとし，彼らの性格を堕落させ，非道徳的行為を助長するとみる思想
② 賃金基金説によって後押しされたマルサス的な人口法則に基づいたものとして，救貧活動は貧困の解消に何の役にも立たないばかりではなく，より広範な窮乏を招くもので，きわめて有害なものとみなす思想
③ 地方当局がいわゆる「最大多数の最大幸福」を実現するために提案された政策を実施し，中央政府は地方当局を指揮・統制することが不可避であるとの思想

■タウンゼントの影響

　税金による公的貧困救済は，救済対象者の生活意欲をおとし，彼らの性格を堕落させ，非道徳的行為を助長すると主張した代表的人物がタウンゼント（Joseph Townsend：1739-1816）である。彼はマルサスに大きな影響を与えた人物であり，1781年以後ベンサムと親しい友人になったが，自分の著作において次のように断言している。

> 貧民がある程度自分の生活に対処できない者であること，社会にはいつも最も卑屈でかつ奴隷根性をもち，卑賤な仕事ができる人々が存在するということは自然法則のように思われる。人間社会に幸福が蓄積されるのは貧民があるからこそ可能なことである。貧民という存在があるからこそ，より健全な人々は自分たちを悲惨な目にあわせるような劣等な仕事をもたなくて済むし，より自由な人間になりうるのである。貧民のおかげで，より健全な人々は自分たちの素質にあった，国家にも有益な職業が持てる。その一方で，貧民は最も卑賤な仕事，最もきつい労働，そして最も危険な職をもつのである

(Townsend, *A Dissertation on the Poor Laws*, 1785：34-36)。

　タウンゼントは牧師であり，聖職者が貧困救済に反対するというのは現在の感覚からみると異常に思われるのであるが，当時はこうした考え方が一般的であって，とくに福音主義教会においてはこうした貧困観が支配的であったといわれている。

　タウンゼントにとって貧困は自然法則の産物であった。彼は自然的なのは善であり，人為的なのは悪とみなしたが，彼にとって前者は宗教の慈善を貧民に提供し，宗教教育を行うことであり，後者は貧民を不道徳にかつ怠け者にする救貧法体制であったのである。彼の理論的前提は富者と貧者とに分かれた階級社会であった。そして，そのような社会において，貧者をして富者に服従させる武器は飢餓であり，飢餓という圧力を貧民にかけない限り，貧民を働かせることはできないと考えられた。したがって，このような圧力をさらに強化するためには，救貧法による救済を大幅に縮小しなければならないというのがタウンゼントの論理であったのである。

## ■マルサスの救貧法批判

　イギリス国教会の牧師であったマルサス（Thomas Malthus：1766-1834）は貧困問題の原因を人口圧力から説明し，救貧制度や賃金補助制度の無用を主張して，貧困救済を抑制しなければならないという世論の形成に大きな影響を与えたのみならず，実際において救貧抑制政策への転換に決定的な役割を果たしたといえる。

　彼の主張は「陰鬱な主張」（Webbs, 1927, Part II, Vol. 1：25）として知られていて，彼自身は「新救貧法の父親」と呼ばれている。マルサスの代表的著作である『人口論』は1789年の初版刊行以降，1803年の第二版，そしてその後も主に救貧法批判の部分が補完されていた。救貧費の増加とそれに伴う地主階級の負担増加を背景にして，彼は次のような論理で救貧法を批判した。

　　救貧法の何よりの明白な傾向は，食糧を増やすような措置は何ひとつとらずに，人口を増加させることである。大体において，教区の援助すなわち救貧法による救済なしでは自ら家族を扶養する能力をほとんどあるいは全くもっていない人さえも結婚し，子供を産んでいる。したがって，救貧法はみずから貧民を生み出しているのである。また，貧民を扶養している教区民の負担は増加し，働いても以前ほどの食糧を購入することができなくなり，その結果，かなりの人々が徐々に国家援助に頼らざるを得なくなる。もし，

国家扶助を受ける貧民の生活を現在の状態より安楽なものにしようとしたら，食糧価格の暴騰を招き，一般労働者の生活をさらに圧迫することになるのであろう（Malthus, 1798, *An Essay on the Principle of Population*, Chap. 6）。

マルサスの人口法則，すなわち「食糧は算術級数的に増加し，人口は幾何級数的に増加する」という法則の要旨は，それゆえに貧民に対する食糧の提供を禁止しなければならないということであった。「本来，幾何級数的に増加することになっている人口を抑制するものは飢餓と戦争，そして伝染病であり，貧困の救済は公的な救貧法によるものでも，あるいは自発的慈善によるものでも，貧民の生存を一時的に延長することによって貧民を増やすだけであって，貧民の人数を減らすことはできない」というのがマルサスの論理であった。このような主張は，「救貧税の増加に対する地主階級の不満を代弁」（大前, 1961：177）したのである。

## ■ リカードの賃金基金説

マルサスの以上のような結論は，当時の賃金基金説によってさらに陰鬱なものになった。マルサスは当時の経済学者で，議員でもあった賃金基金説の創始者，リカード（David Ricardo）と密接な関係を維持しながら活動していた。賃金基金説とは賃金や税金，あるいは慈善的施しを支払う源泉である資本の一部はすでに支払われた金額であり，それに救貧税を賦課するのは，すべて賃金として支給されなければならないものから差し引かれるものである。また，貧民に救済を行うことは長期的には貧民自身にも不利益な結果になる。なぜなら，賃金として支給されるものは，普通，その賃金価値以上のものを生産するからであるが，貧民救済は何も生産することができないからである。

リカードの賃金鉄則（the Iron Law of Wage）とは，労働と賃金とは他の商品と同じように，市場経済の需要と供給という単純な法則によって決定されるということであるが，その論理は次のように要約できる。

> 労働の供給が需要を満たさなければ賃金は上昇する。その反対の場合には賃金は下落する。ところが，労働の供給は労働者になるまでに養育される子供の人数によって決定される。もし，労働者が飢餓状態になると，児童やその家族が同様の状態に陥り，児童は労働者になるまで生存することができなくなる。これは，労働力の不足を招き，賃金を上昇させる。賃金が上昇すると多くの児童が生き残り，それが労働力の増加につながり，再び賃金を下落させ，労働者を飢餓線上に置くことになる（Jones, 1991：10）。

## （4） 功利主義とその影響
### ■社会改革への要求と功利主義の登場

　7年戦争（1756～1763年）とその後の北米大陸の経営，そしてアメリカの独立革命はイギリスの財政に重い負担を課し，それによってイギリスの行財政の改革，さらに議会制度の改革が必要であるという認識が社会のさまざまな分野に広がるようになった。統治原理としての貴族的原理の守護を自分の思想的課題にしていた，保守主義の元祖であるバーク（Edmund Burke : 1727-1797）さえも財政改革を提言するぐらいであったのである。

　1780年代の前半には，カートライト（J. Cartwright : 1740-1824）によって，男子の普通選挙，1年議会，平等選挙区，秘密投票，財産による立候補者資格制限の廃止，議員への給料支給といった徹底的改革が要求され，この考え方は1830～1840年の「人民憲章」（1838年）とその運動として展開されるようになる。

　ところが，哲学的急進主義（Philosophical Radicalism）と呼ばれる改革の主張が世紀転換期に登場した。哲学的急進主義とは，自然権理論を否定し，社会の貴族的原理を完全に払拭することに努力したベンサムの新しい哲学に基づいた急進主義を意味する言葉であり，1830年代にミル（J. S. Mill : 1806-1873）によって作られ，普及したものである。その哲学が功利主義である（水田，1991 : 99-110）。

　ダイシー（A. V. Dicey）は19世紀を三つの時代に区分し，1800～1830年をトーリー主義あるいは立法の休止時代，1825年から1870年までをベンサム主義（Benthamism）あるいは個人主義の時代，1865年以後を集合主義（Collectivism）の時代と分けている（Dicey／清水金二郎訳，1972 : 106-107）。1834年の新救貧法はダイシーのいうベンサム時代に誕生したもので，その立法趣旨と内容においてベンサム思想の影響を強く受けたものであった。

### ■ベンサムと「最大多数の最大幸福」

　ベンサム（Jeremy Bentham : 1748-1832）は，私有財産絶対の原則を大前提にした功利主義（Utilitarianism）を論じて，自由社会像を法理的に導出した。「是と非の尺度は最大多数の最大幸福」という彼の哲学的立場は，国家の幸福の水準は全国民の幸福を合計したものであり，その合計が大きければ大きいほど国家の幸福もそれだけ大きくなるという考え方であった。それは全体の合計のみを強調し，国民の間に存在する幸福の格差の問題をあまりにも軽くみたものであった。たとえば，少数の貧民の幸福を高めるために，多数の一般国民から多額の税金を徴収

することによって，一般国民の幸福の水準を引き下げることになると，それは全体社会の幸福の低下を意味し，すなわち非であるという論理であった。社会成員間における生活の質の格差により注目しなければならない現代の社会福祉の立場からみると，受け入れにくい論理であるが，この教義が救貧制度の厳格化に大きな影響を与えたのである。

ベンサムは，貧民の救済受給権には否定的態度を示し，国家救済を受けている貧民，すなわちポーパーにバッジをつけて一般市民と区別する制度に賛成した。彼は「そのバッジが証明することは，その救済貧民が貧困であることであり，実際，その通りである。また，それは彼らが他人の負担になっていることを証明するものであり，実際その通りである」（Spicker, 1984 : 12）と述べた。

新救貧法の成立に大きな影響を与えた二つの思想である自由放任の思想とベンサム主義は，国家の介入という側面からみると，互いに反対の方向で新救貧法の成立に影響したことが興味深い。すなわち，マルサスに代表される前者は，新救貧法が可能な限り国家介入を最小化し，国家援助を受ける貧民の数を最少化することに直接的影響を与えた。反面，後者のベンサム主義は主に中央集権的救貧行政体系の確立を主張していて，国家介入が強化される方向で影響を与えたのである。彼の哲学は，アダム・スミスのそれと同じように個人主義的なものであったが，ベンサムはその個人主義を保護するためにも国家の介入が不可欠であることを認めていた。彼の著作には「徹底的個人主義と集合主義といった二つの根が同時にあらわれている」という歴史的評価がなされている理由がここにある。しかし，たとえ国家介入といった側面からみて，異なる方向で作用したこの二つの思想が，貧民に対する処遇をきわめて厳しいものにする政策に影響したことにおいては共通点をもつ。

救貧法の成立に対する影響力は，ベンサムの個人的活動よりは彼の思想体系にみる必要がある。実際に救貧法の改革に関与したのはベンサム主義者（Benthamite）と呼ばれた彼の後継者たちであった。その代表的人物が1834年報告書の事実上の筆者であったチャドウィックとシーニアである。前者は古典経済学者であり，後者はベンサムの弟子であったことは，その事情を象徴的に示している。

■ ベンサムのワークハウス構想とその影響

ベンサムは，マルサスに代表される救貧法撤廃論者たちの見解には反対の立場

にあった。彼は貧困救済がもはや中央政府の公的責任の下で対処されなければならないと思っていたからである。

　しかし，ベンサムの貧困に対する国家責任の主張の根拠は，道徳的義務ではなく合理性であった。彼は貧民の不満が革命勢力に発展していく可能性が高いとみて，その予防のためにも貧困救済が必要であると考えていた。また，貧民が救済に値するか否かを政府が区別する必要はなく，すべての者が国家救済の対象になると考えていた。しかし，貧困の原因を問わずに救済が行われるようになると，低賃金の貧困労働者が労働をやめて，国家救済に頼ってしまう恐れがあるので，それを強力に抑制する装置を設けることがきわめて重要な課題とされた。ベンサムにとってその工夫がワークハウス構想であったのである。

　すべてがみられるという意味で「パノプティコン」（Panopticon）と呼ばれるこのモデルは，彼が長期にわたって構想した刑務所デザインと彼の弟サミュエルがロシアにおける労働者の監督のために考案した方法に基づいたもので，多くの入所者がわずかの監督者にみられるようなデザインになっていた（Brundage, 2002：35-36）。ベンサムは，このような適切な建築物と監督体制によって社会革命は予防でき，救貧税は下げられ，堕落した性格も矯正されると主張した。彼にとってパノプティコン構想は，まさに幸福を最大化する装置であったのである。こうした構想は後のワークハウスのデザインに大きく影響した。しかし，貧民は社会の重荷になっている存在であり，したがって一般多数の幸福を増やすためには貧民に対しては，できる限り厳しい処遇が必要であるという社会認識面への影響の方がより大きかったのであろう。「ベンサムの著作には新救貧法の原則への暗示はほとんどないが，彼はしばしば新救貧法の父と呼ばれる」（Poynter, 1969：109）と評価される理由がここにある。

## ■「中産階級のみ」の最大幸福

　刑法の緩和と奴隷制度廃止から議会改革法に至るまで，ベンサムの影響による立法は多様であったが，ダイシーはこうした諸改革が個人の権利を伸長したと評価している。しかし，新救貧法に関する限り，それを個人の権利の伸長とみることはできない。というのは，貧民を厳格に規制されたワークハウスに入所させ，意図的に劣等処遇を行うことによって，救貧費支出を節約するねらいがあり，貧民の立場からみると自由をきわめて抑圧する性格をもっていたからである。

　新救貧法の目的は，貧民の扶養のために，勤勉な一般労働者に重い負担が課さ

れることのないように，貧民の救済水準を可能な限り最低限まで引き下げ，中産階級や勤勉な労働者の所得と財産を保護することにあった。この意味において，新救貧法は貧民の自由の抑制を通じて，「中産階級のみ」の最大幸福を実現するための制度改革であったといえよう。

当時の中産階級にみられるこうした考え方は，「もしイギリスに救貧法が存在しなかったとすれば，貧民の数は現在より多くなっていたかもしれないが，一般国民の幸福の総量は，現在のそれよりはるかに大きくなっていたであろう」というマルサスの有名な言葉によって代弁されているのである。

ベンサムは自ら19世紀末に救貧法に関する論文を書き，それが救貧法関係者の間に読まれ，間接的な影響力をもっていたと知られている。彼は晩年に『憲法論』を著したが，その本のなかで中央政府と地方政府，そしてその両者の関係に関する自分の構想を明らかにした。中央政府においては，彼は総理大臣以外に13個の部署に大臣を置くことを主張したが，そのなかには貧困救済を管掌する「貧困救済大臣」が含まれている。現代の観点からみると，救貧行政を中央政府が管掌するということは当然視されるものであるが，当時のイギリス社会においてはきわめて革新的な考え方であり，地方の激しい反対を呼び起こした。しかし，それは結局1834年新救貧法の基本原則になる。

## ■功利主義の評価

ベンサムの哲学はその本質において個人主義的であったが，ベンサム自身は個人主義の限界も認識していて，また個人主義の擁護のため，ある程度の国家干渉が必要であると考えていた。彼の著作には個人主義と集合主義が同時にみられるが，新救貧法の成立に関する限り，個人主義の影響が著しいものであったといえる。社会改革的性格の工場法が功利主義者によって進められたという事実は，読者を混乱させるかもしれないが，それはベンサム思想のもうひとつの構成要素である集合主義から発露したものである。

ベンサムはアダム・スミスと同様にその本質においては個人主義者であったが，国家の慎重な介入と調整の不可避性を認めていた。たとえば，青年男子の普通選挙制や議会特権の廃止等の改善を通じて最大幸福の原理が効果的に行われうると考えていた。したがって，貧困救済や教育などの分野に対しては国家の介入に賛成し，地方政府との意見調整のためには中央集権化された機構が必要であることを認めていた。こうした考え方は救貧行政の中央集権化にも大きな影響を与えた。

1830年代以降約30年間における救貧制度，工場制度，衛生事業，教育制度，刑務所などの行政改革ないし行政機構の整備はベンサムの影響によるものであったといえる。[33] 19世紀におけるこうした行政改革を福祉国家の起源として評価している研究者もいる。

## 3　社会福祉の内容と特徴

### （1）　救貧法調査委員会の設置と報告
■王立調査委員会の設置

当時の救貧法が抱えていた最も深刻な問題は，行政組織の欠陥とともに救貧費の増加，そしてそれに伴う救貧税負担の急増であった。行政組織の欠陥とは，救貧法の運用において教区自治主義を採択していたこと，そのため各教区間に救済実態の深刻な格差が存在していたことであった。こうした問題を解決するための努力は新救貧法の成立以前にもなされていたが（代表的なものとしては1817年の下院特別委員会の設置と報告），実際的改革までにはつながらなかった。

1832年の選挙法改正に後押しされて，新興中産階級を代弁する自由党政権が樹立されたが，自由党政府が最初に着手した事業がこの救貧法改正であった。1832年2月，既存の救貧制度の運営状況を調査し，その改善策を報告することを目的にして王立委員会（Royal Commission）が組織された。[34] 最初に任命された委員は7人であったが，翌年2人が追加され，報告書に署名したのは9人になった。また，全国にわたって貧困の実態に関する調査を遂行するために26人の補助委員が任命された。

この委員会の基本的考え方は，マルサスと同じであったため，国家介入を最小

---

33）この時代の行政改革におけるベンサムの影響については二つの対立する見解がある。ひとつはこの改革においてベンサムの思想的影響が非常に大きいものとみる見解である。もうひとつは，ベンサム主義を含め，世論や社会思想の改革に対する影響は少なく，むしろ官僚の役割が重要であって，官僚の役割あるいは機能の拡大が行政改革につながったというものである。この論争の発端になった論文には次のようなものがある。Oliver MacDonagh, The Nineteenth-Century Revolution in Government: A Reappraisal, *Historical Journal*, No. 1, 1960 ; Henry Parris, The Nineteenth-Century Revolution in Government: A Reappraisal Reappraised, *Historical Journal*, No. 3, 1960.

34）ブルースは，この委員会の重要性は，現実的にまとめられたその改正案よりは，むしろ委員会の形式と構成であったと評している（Bruce, 1968：131）。この委員会は議会が任命したのではなく，国王が任命したのであるが，それは政治政党に影響されることなく客観的な事実調査が行われるように意図してのことである。このような方式は当時としては異例であって，事実上最初のケースであったが，それが成功的であったので，以後立法行為を必要とする重要な国家的問題，とくに社会政策に関連された問題の調査においては，この方式が一般化されるようになった。

限度にとどめようとする意図が強かった。このため，委員会は救貧法のあらゆる側面に対する調査，あるいは救貧法が適用されるすべての地域を対象にして調査活動を行わず，救貧法の失敗事例を集める活動やスピーナムランド制度の失敗が明白な農村地域の調査に専念することになった。報告書は速やかに提出され，証言を整理した12冊の報告書が同時に提出され，これをもとにして，新救貧法が誕生するのである。

## 2人のベンサム主義者

この委員会において重要な役割を果たし，報告書の草案を作ったのが2人のベンサマイト，シーニア（Nassau Senior：1790-1864）とチャドウィック（Edwin Chadwick：1800-1890）であった。

シーニアは弁護士で，オックスフォード大学の経済学教授出身であり，古典派経済学者であったが，早い時期から救貧法の濫用問題に関心を示していた。彼は個人の自由を尊重し，個人の自由の伸長がただちに社会の進歩を意味するものとみなし，救貧法や居住地制限法については個人の自由な移動を制限するという理由で批判していた。シーニアは老齢や疾病，障害などについては国家による救済が必要であると考えていたが，彼の主な関心対象は労働能力をもった貧民であって，労働能力のある貧民に独立心をもたせ，自由放任市場が要求する独立的労働者に作り上げることであった。したがって，労働能力のある貧民に対しては厳しい処遇を主張し，独立労働者と被救済貧民との区別を強調したが，こうした彼の思想は新救貧法において「劣等処遇の原則」として具現されたのである。

チャドウィックはベンサムの弟子であり，主に行政改革に関して多くのアイデアをもっていた。シーニアが報告書の哲学的枠組みをつくった人物だとすれば，チャドウィックは新救貧法の施行と関連して実際的行政改革の側面から基本的構想を作った人物であった。新救貧法の核心的改革のひとつである自治単位を教区連合とすること，救貧委員会の設置による救貧行政の中央集権化を期するべきであるといった原則は，チャドウィックのアイデアであった。彼も貧困の原因は個人の道徳的欠陥にあるという信念の持ち主であったが，1848年の公衆衛生法の誕生においてきわめて重要な役割を果たしたことに見られるように，疾病と貧困が悪循環としてつながっていることに注目し，居住環境の改善に努力した。公衆衛生の領域における彼の業績は著しいものであった。[35)]

---

35) チャドウィックは多くの報告書の作成に関与していたが，彼の不朽の作といえるのは，上院に

第5章 新救貧法

■報告書の構成

 2年間の調査活動の結果である王立委員会の報告書は,1834年2月,王立委員9人全員一致の署名で提出され,同年新救貧法が成立した。この報告書は救貧法の運営実態に関する部分とその対策を勧告した部分の二つからなり,その冒頭には改革の方向を明確に示した次のような文書から始まる。

> 児童や日常の職業に従事していない人々を働かせるために,また生活無能力者に必要な救済を行うために立法されたエリザベス43年法が設けた基金が,われわれが調査した大部分の地域において,規定や立法趣旨に沿わない形で使われ,しかも多くの階級の道徳とあらゆる人々の福祉を破壊する方式で運用されている実態を報告することは,われわれにとってつらい義務である(*Poor Law Report of 1834*, 1974年版:82)。

 なお,報告書は次のように構成されている。第1部:院内救済と院外救済とに区分した救貧法の運営実態／救貧法の改正に対する諸反対意見／救貧法行政の実態／貧困救済に携わっている諸人材の特性／考慮されたが勧告はしなかった諸措置。第二部:貧民救済の原則／立法の原則／立法の趣旨を活かすための行政機構／救貧法改正と関わる領域の立法改正。

(2) 新救貧法の成立と施行

■社会統制的解釈

 社会統制論の観点から社会政策発達論を説明する研究者にとって,この新救貧法ほどよい研究素材もないであろう。先述したように,スピーナムランド制度はフランスで起きた革命がイギリスでも起きるのではないかという支配階級の恐怖に対する反応であった。低賃金と失業に苦しんでいた貧困階級に対しては,最低限の水準で生活保護を行うことが,社会秩序を維持するためにも必要とされた。そして,その意図どおり,その制度は社会激変期において労働者と貧民を保護し,

---

\ 提出されイギリスの公衆保健の改善に大いに寄与した1842年の報告書(*Report on the Sanitary Conditions of the Labouring Population of Great Britain, 1842*)であり,それは一般に衛生報告書(Sanitary Report)として知られている。チャドウィックの生涯と活動について詳しくは,Brundage／廣重準四郎・藤井透訳『エドウィン・チャドウィック』(2002)を参照のこと。

36) この報告書の表題は *Report from His Majesty's Commissioners for Inquiring into the Administration and Practical Operation of the Poor Laws* である。ここでは,1974年にペリカンクラシック(Pelican Classics)として再出版された報告書(The Poor Law Report of 1834)を参考にした。この報告書はチェクランド(S. G. & E. O. A. Checkland)が編集したもので,ここには彼らによる約40ページに及ぶ序文(Introduction)が書き加えられており,新救貧法の成立背景を理解するうえで貴重な情報や見方を提供している。

社会の安定を維持する役割を果たしたのである。この制度によって，救貧費が急増したが，それは国家救済の資格がない者も含めて無差別的に救済を提供した結果ではない。それほど大量の貧困が発生していた事実を反映するものであり，地代や税金の増加と比べるとかえって救貧費の増加が少なかったこともすでに考察した通りである。

しかし，社会不安がおさまり，革命の恐怖から解放されるや，貧困問題はもはや社会秩序の問題ではなくなり，現実的な問題として増加した救貧費の負担問題だけが関心事になったのである。スピーナムランド制度の社会的成果に対する評価は行われず，救貧費の増加はスピーナムランド制度そのものの矛盾と貧民の道徳的堕落によるものとされ，批判を浴びるようになった。つまり，同制度が院外救済を認めたので，誰でも国家救済を申請するようになり，救貧費の急増をもたらしたと決めつけられたのである。こうした論理であれば，問題解決の方向はすでに決まっている。「誰もが国家救済に手を出すことができないようにすること，貧民が自宅で生活しながら国家の救済を受けることができないようにすること」がその解決法であったのである。

## ■抑圧政策への回帰とその諸原則

新救貧法（The New Poor Law）は，新しい原則というべきものを確立したのではなく，抑圧政策への回帰傾向を画期的に強化したものであった。それは，「抑圧メカニズムの下での救済」という特徴をもっていたエリザベス救貧法の成立以降進められた救貧法の緩和ないし人間主義化の傾向を一掃し，エリザベス救貧法への復古原則を確立したのであった。

新救貧法の次のような三つの原則は，20世紀に入ってイギリスの社会保障制度が確立されるようになるまで，公的扶助の基本原理になっていた（Webbs, 1910, 1963年版：1-2, 61-75, 251-260）。

① 全国的統一処遇の原則——貧民の処遇を全国的に統一するために，中央政府に救貧政策を指導し，法律の実施を監督する中央統制機構を設置する

② 劣等処遇の原則——国家の救済を受ける者に対する処遇は，それを受けずに自立する最下級労働者の社会的条件と処遇より劣等なものでなければならない[37]

---

37) この劣等処遇は20世紀初頭の時点で，次の三つの内容からなっていた（Raynes, 1976：175）；ポーパーというスティグマ付与による個人的名誉の剥奪，ワークハウスへの収容による個人的移住自由の剥奪，そして，選挙権の剥奪による政治的自由の剥奪。

③ ワークハウス収容の原則——労働能力者およびその家族に対する救済はワークハウス内保護に限定する（院外救済禁止の原則）

■劣等処遇の意味

劣等処遇の原則は1834年に突然あらわれたのではなく，1722年法をより厳しく適用するという内容であった。ところが，この原則の概念については多少理解の混乱があると思われるので，少し詳しく言及することにする。

1834年の報告書は，貧民対策を論じたところで，次のように述べている。すなわち，「最も重要な原則は，全体的にみた時，国家救済を受ける者の生活状況（situation）が，実際においても外見上においても国家救済を受けずに生活している最低水準の労働者の生活状況より劣悪なものでなければならないことである」(*The Poor Law Report of 1834*: 335) とされた。ここで重要なのは「生活状況」という言葉の意味であり，これは救済貧民であることが識別できるようにバッジをつけること[38]や，ワークハウス内での生活における劣悪な「処遇」を意味した。ワークハウス内での処遇とは，具体的には制服の着用，劣悪な食事と食事中の対話禁止，面会の禁止と面会のための外出の禁止，タバコと紅茶の禁止などであった。その他，救済貧民には選挙権が剝奪されたが[39]，これが劣等処遇の内容であった。したがって，それを，自立する労働者より低い「生活水準」あるいは「給付水準」という意味で解釈することは劣等処遇の原則の本質，さらに新救貧法の貧民に対する抑圧構造の本質を誤って理解することになる。

■貧民に対する道徳的観点

1834年報告書は政府の文書としてはめずらしく，貧困に対する道徳的観点において一貫していたといえる。その論拠は三つあるが，それらは同時に同報告書の深刻な欠陥でもあった。まず，挙げられるのは委員会が救貧法に関する調査委員会であったにもかかわらず，調査対象を当時の救貧法が対象にしていた三つの類

---

38) イングランドにおいて，救済貧民の服にバッジを付着することによって，救済申請の抑制を試みたことが法制化されたのは1697年のことである（Spicker, 1984 : 9）。

39) 救済貧民に対する選挙権剝奪はワークハウス入所者に限ったのではなく，無料の救貧法病院での診療（院外救済）を受けた者に対しても行われた。医療救済者に対する選挙権剝奪が撤回されたのは1885年のことである。もちろん，1867年の第二次選挙法改正によって都市小市民および労働者階級が選挙権を獲得し，1884年の第三次改正によって農業・鉱山労働者にも拡大され，普通選挙権の形に近づいた（朴光駿, 1990 : 40-41）ので，この時期以前には，選挙権剝奪も実質的意味はほとんどないのであろう。

型の貧民のなかでも，労働能力のある貧民にほぼ限定していたということである。このことに関連してブルースは360ページあまりの報告書のなかで，労働能力のない貧民に関する部分はたった1ページに過ぎなかったと指摘している。老人，障害者，幼児などについては，ワークハウスとは別途の建物に保護されなければならないという一節がそのすべてであった。この報告書の関心は，明らかに貧困ではなく国家救済の抑制にあったのである。

　二番目の論拠は救済貧民に対する国家援助の弊害を例示し，厳しくて抑圧的なワークハウスへの保護が貧困の唯一の解決策であるという前もって準備されていた主張を裏づけるために，救貧法の特別な失敗事例が意図的に集められ，提示されたという点である。そして，同報告書が道徳的判断で一貫していたという指摘の三番目の論拠は，この報告書が救貧制度の弊害と矛盾にその関心を集中したあまりに，その弊害が集中していた農村地域の貧困問題のみを調査し，工業地域の貧困問題を調査しなかったことである。そして，これは後年，新救貧法を工業中心の北部地域に適用しようとしたときに，大きな反発をまねく要因になった。

　新救貧法のこのような諸原則は，貧困（poverty）と被救済貧困（pauperism）の間に明白な線を引くことになった。国家の救済を受けているか否かという基準によるこの厳格な区分は報告書の目標でもあった。エリザベス時代の人々は貧民を単純に貧民（the Poor）と称していたが，19世紀の人々は貧困と被救済貧困とを厳格に区分し，後者に対してはほぼ犯罪の取り扱いをしていた。この時代には被救済貧民，すなわちポーパーとはひとつの社会的身分であった。被救済貧民と自立する労働者との区分の基準は所得や財産ではなく，勤勉と節約といった道徳性の有無であった。

## ▌中央集権的行政機構

　新救貧法はイギリス救貧政策に全国的な統一を提供しただけでなく，数世紀にわたって存在してきた地方行政制度を改革し，初めて地方行政の中央集権化を確立した。全国の救貧行政を一斉に指揮・統制するために，中央機関には国王が任命する3人の救貧法委員（the Commissioner）を置き，救貧法委員会には1人の書記（the Secretary）を置いた。そして，各地域に補助委員を置き，全国を九つの地区に分けて，その地域を管掌した。

　救貧法は教区を基本単位にして自治的財政によって運営されていたが，それが教区エゴイズムといった極端な地域主義をもたらしたことは，前章で言及した通

りである。1834年の時点においても1教区あたりの平均人口は1000人を超えていなかったと推定されるが、これは各教区間の救貧費負担の水準と貧民に対する処遇の格差の原因になっていた。新救貧法はこうした問題を解決するために、数個の教区をひとつにまとめた「教区連合」を救貧行政の基本単位とした。

しかし、教区連合体制への再編成は順調ではなかった。1835年末の時点では2066教区が112の教区連合に再編されたが、それは全人口の10分の1、地方税の6分の1に当る教区数であった。1836年には7915教区を統合して365の教区連合にし、1839年12月の時点では、全国1万5000教区のうち、1万3691教区が583の教区連合に再編成された。教区連合への再編にはかなりの時間がかかり、それが完成されたのは1871年になってからであった（Henriques, 1979：42）。平均して教区連合の規模は約20の教区が合体した規模であったと推測されるが、当時の人口から推測すると、1教区あたり平均人口は864人、1教区連合の平均人口は2万311人となる[40]。

しかし、教区連合はひとつの財政単位であって、各教区が教区内の貧民救済の責任をもつというエリザベス救貧法の基本条項は変化されなかった。したがって、居住地制限法もそのまま存続した。教区が居住地の基本単位でなくなったのは、その30年後のことである。

## （3） 新救貧法の効果と反対運動
### ■救貧費の節減と道徳心

新救貧法試行の中央当局であった救貧法委員たちは新救貧法施行の効果に満足していた。イングランドとウェールズの総救貧費は1834年に631万ポンドであったが、1837年には404万ポンドにまで減少する劇的な効果を示した（Brundage, 2002：79）。1834年から1839年までの5年間はその前の5年間に比べて1930万ポンド余りが節減された。ある研究によると、1813～34年の救貧法による政府支出の平均額は620万ポンドであったが、1835～60年の平均支出は520万ポンドであった（Henriques, 1979：42-43）。

救貧法当局はすでに1835年の時点で、新救貧法の実施によって老人、廃疾者、病者に対しては、より素早くそして適切な救済が提供され、ポーパー児童の教育

---

[40] もちろん、これは平均的数字であって、実際において教区連合は人口や地域、財政能力などにおいて、偏差が激しかった。たとえば、ロンドン教区連合は98教区5万7100人の教区民からなっていたが、プレスタイン教区連合は16教区3441人の教区民からなっていた。

が増進され、労働能力のある者たちの職業倫理や道徳的倫理が高まったとし、彼らの福祉が向上したと自ら評価した。そして、農民に対しては、より多くの雇用機会、より高い賃金の機会が与えられ、農村地域では雇用主と労働者との関係も改善され、結局、社会的便益が増加したと発表している。さらに救貧法委員たちによる年次報告書は、孤児数の減少、性道徳の健全化に効果があるとし、大衆の節約と自立生活を促し、しかも低賃金や雇用主の横暴から大衆を保護することができると自讃している。

この年次報告書には新救貧法の二つの意図が象徴的にあらわれている。その意図とは、救貧費の節減と貧民の道徳心向上といったものである。しかし、現実は中央当局の楽観的評価とは違った形であらわれた。

## ■救済抑制の手段としてのワークハウス

新救貧法の抑制政策の意図を再び要約すると次のようになる。「国家の援助を受ける者は、必ず国家が設立した施設（ワークハウス）に収容されることを前提にしなければならず、自宅に居住しながら国家援助を受けることは原則的に禁止する。その施設内においては、収容者に対する処遇をできる限り劣悪なものにし、非人間的処遇を行うという手段を通じて、国家からの援助を受けることには極端な恥辱が付着していることを思い知らせ、国家救済の申請を抑制する」。この意図を実現するための手段がワークハウスである。

王立委員会の報告書はワークハウスに収容されるべき貧民を老人と障害者、児童、労働能力のある女性、そして労働能力のある男性という四つに分類することを提案した[41]。しかし、ワークハウスの運営においてはこうした提案は完全に無視された。すべての貧民がひとつの建物に収容され、そこでは厳しい規律が強制された。家族の場合、7歳以下の児童でも親と離れて収容されるなど、貧民はすべて抑圧的で恥辱的な処遇を受けることになったのである。

こうした厳格な規律と自由抑圧を通じて、絶望的な貧民以外には誰も足を踏み入れたがらない恐怖の場として考案されたのがこのワークハウスであり、報告書では「よく規制されたワークハウス」（well-regulated workhouse）と表現されていた。後に、これは「貧民のバスティーユ」とよばれた。貧民のための施設が監獄

---

41) 同報告書はそれぞれのグループを四つの独立した建物に収容し、監督するように勧告した。その報告書の関心は労働能力ある貧民であって、彼らに対してはワークハウス・テストを強調したが、老人と児童など無能力者に対しては、適切な保護を提供しなければならないという抽象的な提案をするに過ぎなかった（Webbs, 1927, Part II Vol. 1 : 122）。

の名で知られたのである。ディズレーリが新救貧法の廃止を主張しながら，下院で「イギリスでは貧困が犯罪であるという事実を全世界に知らせた立法」(Bruce, 1968：105) と非難したことはよく知られている。

■新救貧法反対運動

　新救貧法を本来の意図とおり実行に移すことには多くの問題が生じ，また多様な反対に直面せざるを得なくなっていた。その反対は貧民の人権に関心をもつ左派からだけでなく，右派からも起きた。左派やマスコミはその法律が貧民に対する非人間的処遇を法制化したという理由で非難し，右派は新救貧法の運営が地方自治ではなく中央集権的方式で行うことを理由に反対したのである (Jones, 1991：21-22)。中央機構の3人の救貧法委員は古くからの地方自治の伝統を脅かすものとみなされ，非難の対象になり，議会もその機構に懐疑的であった。こうした事情により，救貧法委員が教区連合の救貧事業を管掌することは現実的に不可能なことになっていたのである。

　あらゆる貧民を厳しい規律で強制するワークハウスに収容するという方式については，タイムズ (The Times) に代表される保守的マスコミさえも反対した。極右性向のエルドン卿さえも，新救貧法が「キリスト国家で制定されたいかなる法律よりも最も呪わしい法律」であると批判した。そして，その反対運動は工業地域である北部地域でより激しく起きたのである (Webbs, 1927, Part II Vol. 1：114-115)。

　1837年に出版されたディケンズ (Charles Dickens) の『オリバー・ツイスト』にみられるワークハウスでの非人間的処遇に対する辛辣な批判は世論を動かした。生涯を非人間的新救貧法の撤廃運動に費やしたともいえるコベットは，新救貧法を「呪わしく，悪辣で，反宗教的法律」と表現した。そのような反対によって，新救貧法は少しずつ緩和されざるを得なくなる。

■反対運動の連合

　1830年代は激動の時代であった。1832年の選挙法改正は労働者の不満をかい，1833年工場法に対する不満は「10時間労働」を確保するための労働者の組織的運動として展開することになる。労働者たちは大規模な集会を通じて10時間労働法を要求していたが，さらに1833年の工場法に対する不満も加重されていた。こうした時期に，新救貧法が実施され，工場地域にもそれを適用しようとしたので，

新救貧法に対する不満は工場法の改善のために闘争していた労働運動と自然に連合することになったのである。

また，1837年には普通選挙権を獲得するための運動がチャーティズム（Chartism）として始まった。ロンドン地域ではロベット（William Lovett : 1800-1877）の指導で行われ，オーウェンの協同主義の影響を受けていた。もうひとつの権利請願運動の中心地であったバーミンガムでは，アットウッド（Thomas Attwood : 1783-1855）がその指導者であった。この地域でのチャーティズムは理論的で漸進主義的であった。しかし，オコナー（Freargus O'Conner : 1794-1855）による運動は過激であった。この時期に，北部地域では新救貧法が適用され始めたので，この地域では暴動が起こり，軍隊が出動する事態にまで悪化していた。こうした事情で，新救貧法反対運動はチャーティズムと容易に結合され，新救貧法反対の連合体制が構築されるようになったのである。

新救貧法に対する反対，工場法運動，そして普通選挙権の実現のためのチャーティズムといった三者の間には，理論的にみて連合を可能にするある種の共通点を発見することは難しい。しかし，実際においてはこの三者は1850年代までに密接に結びついていた。それを可能にしたのは，深刻な失業と貧困であったのはいうまでもない。

### ■現実的代案としての労働テスト

王立委員会報告書は，スピーナムランド制度の矛盾を指摘し，それを端緒にして抑圧政策が不可避であるとの結論を導くため，南部農村地域の貧困と労働の状況に焦点を合わせていた。そのため，北部工業地域での貧困，すなわち不況と失業による貧困という問題に対する認識が不足していたということはすでに言及した通りである。南部地域で確立しようと努力した自由な労働市場は北部地域ではすでに確立されていて，貧困の原因は雇用不足であった。ワークハウス・テストは職場のない地域においては何の効果も期待できない提案であった。

こうした地域では，労働可能な貧民のすべてをワークハウスに収容することができなくなっていたので，新救貧法の基本原則に反するものではあったが，事実上院外救済がその唯一の代案になった。[42] 1842年の「院外労働テスト令」（*Outdoor*

---

42) たとえば，シェフィールド地域の救貧費は1837年から1843年までに1万2000ポンドから5万5000ポンドにまで上昇したが，その大部分は院外救済によるものであった。また，それと同額の費用が労働組合によって失業した組合員に支給された（Bruce, 1968 : 104）

*Labour Test Order*) によって，救済申請者が自分の給付にみあった仕事をすることを条件に院外救済を受けることを認めた[43]。それは劣等処遇とワークハウス・テストの巧みな組み合わせであった。仕事を与えるための砕石場が全国的に設立されたが，たとえ労働テストを条件としていても，ワークハウスに収容されるよりはましであった。

### （4） 救貧行政の変化と両面的動向

以上のような事情によって新救貧法は，法律上行政体系を構築したが，その施行過程においては諸原則を徹底することができず，その厳格な原則は次第に緩和されるようになった。以降，新救貧法は次のような2回にわたる重要な行政体系の変化を経ながら，新救貧法の原則から離れることになる。

## ■救貧庁法（1847年）

新救貧法の行政体系の側面からみると，1834年原則の適用は失敗に終わった。3人の救貧法委員は法律の適用と施行に漸進的な態度を示し，北部の激しい反対には妥協した。労働可能な貧民の救済を可能な限り抑制し，ワークハウス・テストを強制しようとした当初の目標は，徐々に後退せざるを得なくなったのである。

1847年5月，内務大臣のグレー（E. Grey）は救貧庁法案を導入したが，この法律によって1834年法による3人の救貧法委員はなくなることになった。救貧庁法（The Poor Law Board Act of 1847）が推進されたのは，救貧法委員会が政治部署ではなかったので行政機能を遂行することができないと判断したからであった（Nicholls, 1854, 1967年版：325）。1834年法が成立した当時には，救貧行政機構は政治に関しては中立的なのが望ましいとされた。シーニアとチャドウィックは当時，救貧法行政に政治が介入するようになると，政党の支持を得るため，厳格な救貧政策の実施が不可能になり，再び賃金補助制度のような放漫な救貧行政が行われるかもしれないと憂慮していたが，現実にはその行政機構が政治的に無力であることがより深刻な問題として台頭していたのである。

こうした状況のなかで行われた救貧庁の設置は，新救貧法の政治的機構化を意

---

43) 実際に，工場地域では初めから老人や病者に対し院外救済が行われていたが，1852年の「院外救済規制令」によって正式に法制化されるようになる。しかし，状況が好転するや，不況の時一時的に認めた院外救済を禁止するための1844年の「院外救済禁止令」によって，「緊急の場合を除いては」正式に禁止された。しかし，緊急の場合というのが何なのかについては，解釈上大きな柔軟性を付与していたのである（Bruce, 1968：106；Webbs, 1927：149-150）

味する。そして，救貧行政は次第に事務的で無気力な雰囲気のなかで実施されるようになる。

## ■地方自治庁法（1871年）

新救貧法に対する反対と攻撃は，19世紀中葉を過ぎるとさらに激しくなり，1860～61年にはその絶頂に達した。1860年の冬は寒波と大雪でほぼあらゆる屋外労働が不可能になったので，多数の失業者が発生した。また綿花飢饉（cotton famine）についての1866年不況によって，大量の失業者が発生し，救貧法に救済を申請する者が急増したが，救貧当局は依然として院内救済原則に固執していたので，新救貧法に対する非難は一層激しくなったのである。

こうした非難・攻撃に対応し，1869年には，教区連合を救貧税の課税単位にすることによって救貧行政の簡素化を図ったり，病者は抑圧的なワークハウスに収容せず，療育院当局が彼らを担当するなどの改善が行われるようになる。

こうした一連の行政改革の結果として，1871年に地方自治庁法（Local Government Board Act）が成立した。救貧庁が廃止され，地方自治・公衆衛生・救貧法行政の三者を統合した地方自治庁が設立され，救貧法行政と公衆保健サービスなどが統合された。もちろん，そのなかでは，救貧法の業務が最も重要な地位を占めていた。

## ■児童・病者・老人に対するサービス改善

1860年代後半から，いわゆる援助に値する貧民，すなわち児童，病者，そして老人などに対しては，処遇の改善が行われるようになった。

児童に対しては，将来，独立する人間を養成するために，ワークハウスの雰囲気に染まらないようにする措置がとられた。[44] すでに，1830年代からワークハウスで収容されている子供に教育を実施すべきであるという主張は提起されていたが，そのたびに，一般労働者家庭の児童にも保障されていない教育機会を貧民の子供に与えることは「劣等処遇の原則」に反するという反対に阻まれていた。しかし，1844年以降，教区連合が共同で「教区小学校」を設立することができるようになり（500～2000人規模），1870年代にはそれを少人数に分散した形のコテージホームができ，1893年からはより人間的な処遇を行うためのスケッタードホーム

---

44 しかし，児童を成人とともにワークハウスに収容することをやめたのは，1915年のことである。

（scattered home）が登場した。これは公立小学校の教育を利用し，貧困児童を一般家庭に分散して住ませ，一般児童と交流するように考案されたものであった。

病人に対する処遇も改善された。この時期も依然として救貧法病院で無料の診療を受けたという事実だけでポーパーと規定され，選挙権が剥奪されていたが，これが改善されたのは1885年の「医療救済者選挙権剥奪禁止法」が成立してからである。同法は医療の目的で救貧法による救済を受けた者からは選挙権を剥奪しないようにしたものであり，これは後に「救貧法の撤廃をもたらす最後の一撃」（Rodgers, 1969：49）と評価された。

老人の場合，ワークハウスに対する監督官制度が確立するにつれて，ワークハウスでの処遇も改善された。その重要な改善のひとつは，60歳以上の老夫婦に対してはワークハウス内で独立した寝室を提供するようになったことであり，これが義務化されたのは1885年のことである。

そして，この時期から救貧行政はより人間主義的に改善される処遇を始める。1891年にはタバコが支給され，その2年後，婦人には紅茶が配給された。やがて，救貧法には1834年原則とは異なる新しい原則がみられるようになったが，その新しい原則をウェッブ夫妻は，①治療的処遇の原則，②普遍的給付の原則，そして③強制の原則，といった三つの原則であると説明している。

## ■院外救済反対運動と慈善事業

1870年代からは，自立能力のない貧民に対しては適切な救済を行うことになった反面，労働能力のある貧民に対する院外救済を厳格に統制する両面的政策が打ち出されるようになった。そこにはスペンサー（Herbert Spencer）によって普及された社会ダーウィニズム（Social Darwinism）の考え方が浸透しており，厳格な措置を正当化していたのである。そうした院外救済抑制政策は，いわゆる院外救済抑制の十字軍」と呼ばれるものによって進められた。

この院外救済反対運動の直接的契機になったのは，1860～61年および1869～70年の救貧費支出の急増であった。1871年12月2日，地方自治庁は救貧監督官に対し「救貧費の増加を阻止することに留まらず，それを減少させるための措置を講じなければならない」との通知を出し，院外救済抑制運動を開始したのである。地方自治庁は救貧委員会が院外救済をあまりにも容易に，そして十分な調査もせずに院外救済を認める場合が多く，院内救済に値すると判断された場合さえも院外救済を提供する傾向があると判断したのである。

院外救済反対キャンペーンにより，対象者は1871年の88万人から1878年の56万9千人にまで引き下げられた。この数字は，50万人をやや超える水準で安定し，以後30年間は同水準であった。人口は2400万人から3400万人に増加したが，この50万人というのはそれ以上減らすことのできない下限線だったようである。院外救済は1870年代に約14万人程度であったが，1880年代になってから上昇し始め，20世紀初めにはほぼ25万人に達した。この増加は人口の増加，とくにその大半がワークハウスに収容された高齢者によるものであって，救貧法病院の入院者の増加も反映されていた（Bruce, 1968 : 124）。

このように院内救済者が増加する一方で，院外救済者が減少するという事実は，院内救済優先政策の一応の成功を示しているといえる。しかし，ここで注意しなければならないのは，院外救済者が減少し，救済費が減少した反面，民間の慈善団体の救済を受ける者の人数が増加した事実，そして貧困によって犯罪が増加し，治安維持費用が増加したという事実である。わかりやすくいえば，院外救済抑制政策は民間慈善活動という緩衝装置によって部分的に支えられていたのである。

表 5-1 は国家救済を受ける貧民，すなわちポーパーの数を年度別に示したものである。労働能力のある者と全救済者の数は，1860年代末を基点に大幅に減っていることがわかるが，この減少分は慈善団体によってカバーされていたのである。

表 5-1  労働能力のある被救済貧民（ポーパー）数の推移（ホームレス除外）

| 年度 | 院内救済ポーパーの平均数 | 人口1千人当りの数 | 院外救済ポーパーの平均数 | 人口1千人当りの数 | 労働能力のあるポーパーの総数 | 人口1千人当りの数 |
|---|---|---|---|---|---|---|
| 1849 | 26,558 | 1.5 | 202,265 | 11.7 | 228,823 | 13.2 |
| 1857 | 19,660 | 1.0 | 120,415 | 6.3 | 140,075 | 7.4 |
| 1867 | 19,740 | 0.9 | 128,685 | 6.0 | 148,425 | 6.9 |
| 1877 | 16,446 | 0.7 | 72,952 | 3.0 | 89,398 | 3.7 |
| 1887 | 23,002 | 0.8 | 79,560 | 2.9 | 102,562 | 3.7 |

資料：Loch, 1892 : 24。

## 4  抑制政策展開期の特徴

新救貧法の時代は，時代的には産業革命による激変の時代であり，経済的分化が行われる時期であった。歴史家たちが指摘しているように（たとえば Marshall,

1968），この時期の経済史に関する考慮なしに，救貧法を独立的に研究することは不可能である。産業革命の影響が社会全般に及んでいたのは確かなことであるが，都市と農村の間にはその影響の程度や様子などにかなりの格差が存在していたことも考慮しなければならない。

　新救貧法の時代的背景を理解するためには，それがフランス革命の直後であった事実，救貧法改革が農民暴動の直後にそして凶作が続くなかで行われたという事実を認識することがきわめて重要である。新救貧法は直接的にはスピーナムランド制度による救貧費の急増に対する反応であり，救貧費を画期的に節減するための措置であった。しかし，その目的は単純に救貧費の節減に留まらず，国家救済に依存することは罪悪であるという支配イデオロギーを普及する手段として活用されていた。

　救済を受けると選挙権さえ剥奪される規定，ワークハウスでは食事中に他人と話すことすら許されないといったきわめて非人間的な措置の象徴である劣等処遇の原則は抑制政策のシンボルであった。この時代の政策は，雇用がある程度確保されていた産業革命期であるからこそ実施できたものであったが，資本主義社会の構造的問題である失業が大量に発生する1880年代に至ると，その限界はますます明らかになった。

## 第6章
# 歴史のなかの救貧法とその教訓
―― 現代の貧困政策への示唆 ――

## 1 救貧法研究の意義

　救貧法という約350年間も持続した社会福祉制度は，現代の社会福祉，とくに貧困の解消を直接的目的とする貧困政策が直面している多様な問題の解決策を模索するうえで重要な教訓を与えている。それは，社会福祉の機能，社会福祉と関連制度との関係，社会福祉の行政組織と人材確保の重要性，社会福祉における哲学的政策基調の重要性など，社会福祉全般にわたっているといっても過言ではない。

　いかなる社会制度でも，一応制度として成立すると，それを廃止したり，改善したりするには時間がかかるが，とくにこの救貧法の場合には社会経済的変化に対応し，その形を変えながらも，抑圧性というその本質は最後まで堅持されていた（表6-1）。

　救貧法の展開過程に関する考察を通じて明らかになる救貧法の特徴として挙げられるのはまず，救貧政策が地域住民の共同体的な生活に大きく依存しているという点である。貧困を救済するという究極的な目的からみると，こうした政策は非効率的であったが，地域共同体の社会関係を維持しながら，それに基づいた福

表6-1　救貧法の目的規定の比較

| 1598年法 | 1930年法 |
|---|---|
| (a)父母が扶養できないと判断されるあらゆる児童と，婚姻の有無を問わず，自ら扶養する能力がなく，生計を維持する仕事をもっていないあらゆる者に仕事をさせ，<br>(b)貧民を働かせることに必要な資源を提供し，<br>(c)障害者，無能力者，老人，その他の貧民で，労働能力のない者に必要な扶助を提供し，<br>(d)貧困児童を徒弟（apprentice）に送ること。 | (a)婚姻の有無を問わず，自ら扶養する能力がなく，生計を維持する仕事をもっていないあらゆる者に仕事をさせ，<br>(b)障害者，無能力者，老人，盲人，その他の貧民で，労働能力のない者に必要な扶助を提供し，<br>(c)委員会によって父母による扶養が不可能と認定されたあらゆる児童を働かせ，徒弟に送ること。 |

出所：Bruce, 1968 : Chap. 2. にもとづいて作成。

祉システムを構築しようとしたこと (Marshall, 1968：10) に救貧法の大きな特徴があるといえる。いい換えれば，救貧法，とくに初期救貧法には社会安定を維持し，暴動を防止することにその重要な目的があったのである。

　救貧法研究を通じて明確にされるもうひとつの重要な事実は，救貧政策がある種の明確な意図をもって出発したとしても，その意図どおりに実行できない場合が少なくなかったということである。救貧法は，社会福祉制度発達論の分野における社会統制論という説明の長所と短所とを同時に示すよい研究事例になっている。ピブンらは，戦後アメリカの社会福祉がある時期に拡大し，ある時期に縮小するという理由を説明しながら，貧民に対する救済は大量の失業が呼び起こす抗議デモ等が多く発生する時期に拡大され，政治的安定が回復される時に廃止されるか縮小されるという周期的な性格をもつと主張した (Piven ＆ Cloward, 1971)。ヘクロも，貧民の状態そのものが社会改革の契機を提供するとしたら，社会改革の時期は確かに14，15世紀が20世紀よりはよい時期であったであろう (Heclo, 1974) と述べた。このような説明は，人間が貧乏である，あるいは貧民が特別なサービスを必要としているというただひとつの事実が，政府に対応策を打ち出させるのでは決してなく，政府の反応は貧困が社会秩序に大きな脅威になったときにはじめて行われるのであるということである。結論から言うと，救貧政策の拡大を通じて社会安定を維持し，その縮小を通じて労働倫理を強化するように計画されるので，救貧政策の目的は貧民を統制し，社会秩序を維持することにあるのであり，福祉受給者の福祉増進にあるものではないということである。

　こうした説明は，社会福祉の拡大と縮小を説明できるという長所をもっているが，「福祉政策は最初の意図どおり施行される」という仮定に基づいているため短所ももっている。救貧法の展開過程で確認できることは，決められた政策がその意図通りに実行されない場合が多く，全く予想外の結果をもたらす場合も多くみられるということである。ある政策が意図通りに実行されない理由，意図された政策目標が達成できない理由はさまざまである。救貧行政の管理者たちの専門性の不足と安易な態度，施策の趣旨を活かして実行するに必要な人材と技術の不足，対象者の選定基準において，理論的には可能なはずだったある基準が現実的には適用不可能になることからの混乱の発生，極端な地域主義等のさまざまな要因が政策目標の達成を不可能にしていたことが，救貧法研究を通じて確認できるのである。こうした諸問題は現代の貧困政策においても依然として解決されていないまま，課題でありつづけている。

救貧法の研究から得られる教訓は，上述した政策実行過程上の問題に限るものではなく，より根本的な問題，たとえば，社会福祉哲学の側面から究明されなければならない問題とも関わる。その代表的なものが，社会福祉と労働誘因との関係に関することである。政府はつねに，国家による貧困救済が貧民の労働意欲を減らし，怠け者を増やす結果をもたらすのではないかと警戒していた。このような憂慮は，一方では明示的スティグマを付与することによって受給を抑制する，他方では，働きながらも貧困になっている人々と怠け者との間に明確な線を引くことによって社会秩序を維持するという二つの目標を持たせたのである。

社会福祉制度は，それと関わる他の社会制度と深く関連しながら運用されるという事実も救貧法の研究を通じて確認できる。事実，救貧法とは今日でいう公的扶助のような狭い範囲の制度ではなく，労働法的な要素を多く含んだ幅広い制度であった。この救貧法の研究を通じて貧困と労働が不可分の関係にあることが把握できるのである。

また，350年にわたるその発展過程で確認できるのは，社会思想が社会制度の推進力として重要な役割を果たしているということである。救貧政策における新しい試みは，多くの場合，ある実践家や思想家の実験的事業によって始まっていた。実践家の考え方と実践は現代の社会福祉実践家によきモデルとしての役割を果たしているのである。以下，救貧法の展開過程の研究を通じて得られる教訓をいくつかの項目に分類し，もう少し詳しく論じることにしたい。

## 2　救貧法の展開過程からみたその教訓

### ▌社会福祉制度の漸進的性格

救貧法研究を通じて確認できるその教訓として挙げられるのは，まず，社会福祉制度が漸進的性格をもっているということである。これは，社会福祉制度において，ある時期に突然革命的変化がみられるようなことはないということを意味する。救貧法は絶え間なく合理的に変化する姿を示していて，そのほぼすべての変化が，すでに慣行的に行われていたことを法制化したことに過ぎない(Marshall, 1968 : 11)という指摘は正確である。たとえば，1697年ブリストルで設立されたワークハウスは，その1世紀も前にその起源が発見できる。すなわち，1576年の法律によって作られた矯正院がそれであり，それは怠け者に対する施設であった。スピーナムランド制度もギルバート法にその起源があり，ギルバート

法もまたそれ以前の多様な試みにその起源を発見することができる。貧民の居住地制限を強制した1662年法は、当時慣行的に行われていた貧民の居住地制限を法制化しただけのものであった。

社会福祉が漸進的性格は、ただイギリス救貧法の場合にのみみられるのではなく、第Ⅳ部で考察するビスマルク社会保険やさらにはソビエト社会保障制度においても同じく確認できる。このように、ある制度的変化がすでにそれ以前の実験や制度や慣行にその源をもつということは、社会福祉の歴史を研究するうえで、その国の文化的伝統という要因がきわめて重要であることを示している。

### ▌社会福祉制度史研究の限界

社会福祉の歴史を社会福祉制度の内容を通じて研究しようとするアプローチのもつ限界も救貧法研究を通じて明らかにされる。社会福祉制度はいうまでもなく法律に基づいているものであるので、立法内容を考察することによってその制度の内容を把握することができるが、それだけでその制度の実行過程すべてが究明されることはない。制度が名目的に存在しているだけで、実際に実行されないケースも多くみられるからである。

血なまぐさい立法として知られる1547年法は、実際にはほとんど実効がなく、3年後に廃止された。1601年のエリザベス救貧法も、その法律の理念どおりに実行されたとはいえない。その法律は救貧税という教区単位の固定資産税で財源を賄うシステムをとっていたが、何十年経っても救貧税が課税された実績が全くない教区が多数あったことが明らかになっている。こうした制度と現実の乖離の要因としては内乱や、国外貿易の拡大による富裕な商人の出現と中産階級の勢力強化もあげられるが、とにかくエリザベス救貧法に対してもその法律の条文のみを考察することによって、その内容を理解しようとすることには明らかに限界があるのである。たとえば、救貧法の適用において各教区間に深刻な格差があったことは、救貧法問題の本質を理解するためには非常に重要なことであるにもかかわらず、その法律の内容を通じてはその事情が把握できないのである。

1834年の新救貧法が確立した原則のひとつである院外救済禁止の規定も制度施行の当初から実行されたわけではなく、制度成立後しばらくの間は院外救済が認められていた。法律上の条文と現実的実行の間には乖離が存在していたのは新救貧法の場合も例外ではない。救貧法の展開過程においては多くの変化がみられたが、それは立法のレベルでの変化というよりは、地域レベルでの変化の方がより

多かったのである。したがって，救貧法の内容と施行過程を深く理解するためには，立法の内容を考察するだけでは不十分であることは明らかである。

## ▌地域主義の問題と限界

　第4章で詳しく検討したように，エリザベス救貧法の財源は教区を基本単位とする救貧税であって，財政は教区の自治で賄われるようになっていた。当時の教区数の推定値は1万5000であり，1教区の人口は約300人であった。各教区で救貧法の対象者を選定し，一般住民がその費用を負担するという体制である。教区連合が財政単位になった1834年の時点においても，1教区あたりの平均人口は1000人を超えることがなかったし，しかも教区連合としての基本単位の改編には40年という年月が費やされた。当然，教区内の貧民の数によって救貧税の負担に大きな差がでた。すでに紹介したように，貧民数の多い教区と少ない教区の間では，救貧税負担の水準に6倍もの格差が生じたケースもあった。

　救貧法の施行過程において，地域間格差が生じたもうひとつの理由は，その規定にあいまいな条項が多く含まれていたことである。当然，その条項の解釈は地域ごとに異なり，それが救貧行政の地域間格差につながったのである。たとえば，1662年の居住地制限法は，貧民になる可能性の高い者が移住してくることを教区が拒否できると規定していたが，「貧民になる可能性の高い者」がどんな者であるかについての解釈が教区によって異なっていたため，制度を厳格に施行しようとした教区とそうではない教区間に格差が生じたのである。19世紀中葉以降，院外救済を例外的に認めた場合においても同様であり，公共就労事業が初めて登場した時，その事業への参加資格の解釈においても同じ混乱が生じていたのである。

　救貧法の施行において地域間格差が著しい現象であったことを理解するためには，この時期が経済的分化の進行期であった事実を考慮しなければならない。とくに，18世紀後半の場合には，経済史に関する考慮なしに，独立的に救貧法を研究することは不可能である（Marshall, 1968：12-13）といっても過言ではない。スピーナムランド制度が設けられた18世紀末は激変期であった。この制度はフランス革命，続く凶作と農民暴動などの歴史的関連のなかで形成されたことを理解しなければならない。産業革命の影響が本格的にあらわれる時期であったので，農業を基盤とする地域と商工業を基盤とする地域とでは，かなり状況が違っていたのである。

## 第❻章　歴史のなかの救貧法とその教訓

■社会変動の独立変数としての社会福祉制度

　救貧法が社会福祉の歴史研究の対象としてもつ長所のひとつは，社会福祉制度が社会経済的要因，政治的要因，そして文化的要因などきわめて複合的な要因によって影響されながら形成されるという事実を示しながらも，もう一方では，社会福祉制度そのものが社会の経済・政治・文化的生活様式に影響を及ぼし，社会変化をもたらす原動力にもなっているという事実を同時に示していることにある。社会福祉制度が社会変動の従属変数であるだけでなく，独立変数でもあるという事実を救貧法の研究を通じて確認することができるのである。

　エリザベス救貧法の標榜した教区自治主義は教区エゴイズムを呼び起こし，自分の教区に貧民が移住することを防ぐために，空き家を壊すなどのこともみられた。共同社会から利益社会への転換過程において，教区エゴイズムがあらわれたが，教区自治主義そのものが利益社会への転換を促す要因としても作用していたのである。

　社会福祉制度が社会にいかに大きな影響を与え，そして社会変化の原動力になりうるのかを，最も劇的に示しているのは居住地制限法である。この法律により貧民救済の対象者になる可能性の高い者が移住してきた場合，教区は40日以内にその貧民が以前住んでいた教区に送り返す権限を与えられた。理論的にみると，教区住民と官吏は一方では救貧法の対象者が自分の教区に流入することを積極的に防ごうとする誘因とともに自分の教区に住んでいる貧民が他の教区に移住するように奨める誘因ももっていた。そして，こうした二つの誘因は実際においてもあらわれていたのである。たとえば，一部の教区官吏は，貧民を誘い，ひそかに他の教区に移り住むように資金を提供し，しかも，それから40日間新たに住み着いた教区でそれが発覚しないように隠れ家さえ提供していたことを，アダム・スミスも指摘している。結局，居住地制限法は封建主義的社会秩序から資本主義的社会秩序への移行のときにあらわれたものであるが，この法律そのものが資本主義的社会秩序の再編を促す要因として作用したのである。

■救貧費の増加と補充給付制度

　公式的最低生計費の計測に基づいて，その水準に達していないすべての国民に不足分を補充する制度が公的扶助制度である。初期の公的扶助制度の下では，一定の所得水準以下の国民を受給者に選定し，選定された受給者に対しては，同等の給付を提供したので，公的扶助の対象者間にも所得水準の格差が存在した。ま

た，ときには受給者が自立生活者より高い所得をもつような矛盾を抱えていた。こうした矛盾を解消するために考案されたのが補充給付（Supplementary Benefit）である。アメリカで1974年から施行された補充的所得保障制度，イギリスでは1966年から実施された補充給付，日本の生活保護制度，韓国の国民基礎生活保障制度などがこの方法を採択している。

補充給付制度によって，公的扶助の受給者は国家が定めた一定の生活水準を同等に維持するようになったが，この制度もひとつの根本的矛盾を抱えている。それは，公的扶助受給者すべての所得水準が同一であるという事実から生じる矛盾である。いったん，公的扶助対象者になると，国家の定めた水準までの不足分を国家が補充するので，対象者の立場からみると，自分の所得を高める誘因がないということである。フリードマンはこうした制度的矛盾を解消するために，負の所得税（Negative Income Tax）を提案したことがある（Friedman, 1962）。

こうした補充給付の制度的矛盾の原型は，賃金補助制度であった1795年のスピーナムランド制度に見出すことができる。それは，賃金労働者の賃金水準が生計維持に必要なパンの購入にも及ばない場合，その不足分を教区が救貧税から支給する制度であって，きわめて意義深い制度であった。しかし，結果的には予想を越える矛盾のため，かえって抑圧政策のシンボルである新救貧法誕生の根拠を提供することになってしまったのである。その矛盾とは，低賃金労働者に支払われるはずの賃金補助金が，事実上，労働者にではなく雇用主に対する補助金になってしまったということである。わかりやすくいえば，雇用主が労働者に社会常識以下の低賃金を支払うといっても，パンの購入価格水準までの不足分は，救貧税から補塡されたので，労働者の所得水準は一定水準を維持することができた。雇用主はこれを悪用して，物価の上昇にもかかわらず低賃金を堅持していたので，貧民には同一の生活維持，国家には莫大な救貧費支出，そして雇用主には莫大な利益という結果をもたらしたのである。また，労働者の立場からみても，高賃金が保障できる場合は別として，パンの価格水準以下の賃金であれば，どうしても賃金補助によって同一の所得になってしまうので，自分の所得を高めようとする努力をしないという矛盾が発生したのである。その矛盾の結果が国家救貧費の急増になってあらわれるのは当然のことであった。この事例は社会福祉制度の成功が，究極的にはその制度の利用者である国民の福祉意識水準によって大きな影響を受けることを示しているのである。

## 第6章 歴史のなかの救貧法とその教訓

■ 救貧行政官吏の質の問題

　救貧行政の観点からみた場合，救貧法体制の最も著しい特徴は一貫性ある実行主体がなかったことである。見方によっては，それは一貫性の不足することの証明であるとも解釈できるし，柔軟に現実状況に対応する体制の証明であるという評価も可能であろう。しかも，救貧法は行政単位として教区に依存しながら，その運用は無給の非専門家に委ねられていて，彼らは農場主や中産階級から順番に選ばれていた（Marshall, 1968：8 ; Brundage：2002：9）。無給の救貧監督官の任期は，通常1年あるいはそれ以下であり，救貧行政に関する有用な経験の蓄積は期待することはできなかった。18世紀末になると，救貧監督官を補助する有給の救貧監督官補助員を雇用することもあったが，ほとんどの場合，救貧行政は無給の救貧監督官が統制権を握っていた。

　こうした状況は，救貧法の円滑な運用に多くの支障をもたらした。まず，彼らは貧困問題に対してきわめて官僚的に対応した。19世紀中葉以降，北部の工業都市を中心に発生した不況のなか失業者が救済申請をした際，彼らに対して被救済貧民と同様に処遇する官僚主義的対応が大きな不満や抵抗を呼び起こした。一方では，そうした官僚主義が私的慈善の組織化を促進する要因にもなっていた。

　官僚主義的対応は，貧困問題を解決するための新しい試みや民間の実験的事業に対する無関心としてあらわれた。たとえば，第7章で紹介するチャルマーズの救貧計画が挫折した大きな原因のひとつは，彼の新しい試みに対する救貧行政機関と官吏の無関心と冷淡さであったと，チャルマーズ自身が吐露している。

　救貧法の最前線で，救済申請者に対応する人材も非常に不足していたことも制度の目的達成を阻害する重要な要因であった。ある文書によると，院外救済貧民が2000人を超える貧困地域で貧民を監督するためには，少なくとも貧民100人につき1人の救貧監督官補助員が配置されなければならないとの見解を述べている。救貧法をその趣旨通りに実行していくために必要な人材が甚だしく不足していたのである。

■ 施設運営の民営化

　社会福祉施設の運営基準が設定されていない状況で，民間の一般事業者が営利を目的に社会福祉事業に参加して，社会福祉施設を委託運営することのもつ深刻な弊害は1722年のナッチブル法の運営過程で確認できる。これが最初の社会福祉施設の民営化，ビジネス部門の福祉事業への参加であるといえよう。

ナッチブル法は，貧民による救済申請をできる限り抑制することによって，救貧費の支出節減を意図してつくられたが，同法には「教区貧民の宿泊，維持，雇用などに関して，いかなる者にも民間委託をすることができる」との条項が含まれていた。その規定によって貧民を対象にする営利事業を希望する業者たちがワークハウスの委託運営に参加することになった。教区は適切なレベルで貧民を保護することよりは，可能な限り救貧費の支出を減らすことに関心をもっていたので，できる限り少ない施設運営費を民間業者に払った。一方，民間業者はより多くの利潤を得るために，貧民に提供するサービスの質を可能な限り劣悪なレベルにまで抑えるようになったのである。

　救貧費支出の短期的抑制の試みが，長期的な福祉支出抑制の効果がないこともこの事例が明らかにしている。ワークハウスの民営化をめざした教区は，すべて救貧税が減少する傾向を示していたが，それが長期的な効果のないものであることは，すぐに明らかになった。施設内での処遇に対する不満が原因になって暴動が起こり，軍隊が出動する事態になったこともある。しかもワークハウスでの保護は在宅保護よりも高くついていた。ワークハウスへの収容保護は，貧民を自宅においたまま保護する院外救済より多くの費用を要したが，貧民は誰でも自宅で保護されることを希望し，国家は施設への入所に固執する異常な事態が発生していたのである。ここには，民営化のイデオロギー的側面がよく反映されている。つまり，国家への依存に公式的スティグマを与え，自助という支配イデオロギーを強化しようとする意図がワークハウスには潜んでいたのである。

# 第Ⅲ部

## 大転換の時代
―― 自由放任から国家介入へ ――

## 第7章
## 民間社会福祉の出現
──COSとセツルメント運動──

## 1 民間社会福祉の起点

ジョンソンは多くの研究者による「民間社会福祉」(voluntary social services)の概念規定を検討したうえで,民間組織の意味を次のように定義している(Johnson, 1981 : Chap. 2)。
① 設立の方法──その組織が政府ではなく,自発的に集まった人々によって構成される
② 運営の方法──組織は自主的に運営され,組織の規約や政策を自ら決定する。活動の内容,提供するサービスなどを決定するのは組織の構成員である
③ 財源調達の方法──組織の資金のなかで少なくとも一部は民間の財源で賄わなければならない
④ 目的──組織の目的は非営利的でなければならない。主な目的が利潤を追求することにある組織はこれに含まれない

ジョンソンの提示した上記の定義を受け入れるとしたら,この民間組織が主体になって行われる福祉活動が民間社会福祉といえよう。したがって,社会福祉の原形といえる相互扶助活動のなかで,組織的に行われなかったその初期の相互扶助は民間福祉活動とは区別しなければならないというのが筆者の立場である。かつて,ベヴァリッジは彼の著書(*voluntary Action*, 1951)において,民間社会福祉活動の根源は友愛組合や生活協同組合で代表される相互扶助活動と,産業革命期に新興中産階級による私的な民間救済活動として始まった人道主義的博愛事業という二つの活動にあると述べた。前者は社会保険の発展と直接関連があり,後者はボランティア組織による民間社会福祉活動につながるようになっていたと思われる。ベヴァリッジは相互扶助の動機と博愛主義の動機という二つを基準にし,上記の二つの活動を民間福祉の根源とみなしていたが,その論理的根拠を提示し

てはいない。

　民間社会福祉の出現と題するこの章では，民間組織が発生し，組織的にその活動が始まる時期から考察しなければならない。ところが，筆者はある時期を民間社会福祉の始まりと位置づけるうえでは，次のような二つの要素を考慮しなければならないと判断している。そして，その二つの判断基準を「民間社会福祉の始まり」という時代区分の論理的根拠としたい。

　何をもって民間社会福祉の始まりとみなすかは，何をもって社会福祉の始まりとみるかという問題と関連しており，社会福祉の概念規定と関わる。対象者を選定するための基準の有無が社会福祉活動か否かを決定する重要な要素であることは，すでに第Ⅰ部で述べた通りである。民間社会福祉の概念定義においても，対象者を選定するための基準の有無が重視されざるをえない。つまり，福祉主体が民間組織であることを前提にし，その組織が救済対象者を選定するための一定の基準をもっていたか否かをまず考慮しなければならないのである。したがって，教会にやって来るあらゆる貧民に提供する慈善，葬式に参加した貧民に提供する慈善などは，本章で規定する民間社会福祉活動に含まれない。

　何をもって民間社会福祉の始まりとみるのかという質問に答えるための2番目の基準は，民間社会福祉の概念が現代社会福祉において公的社会福祉の対概念として使われている事実と関連する。民間社会福祉の根源を探るための努力は，その民間活動が当時の公的社会福祉とどのように関連しながら行われ，どのような役割分担で行われたのかを考慮しなければならない。

　こうした二つの判断基準に基づいて，本書では民間社会福祉の始まりを慈善組織協会（Charity Organization Society：以下COSと表記）とセツルメント運動の活動とみている。むろん，労働者たちの相互扶助組織である友愛組合の活動も重要な民間社会福祉活動とみなすことができるが，それについては社会保険の導入と関連して，第10章でその性格を言及することにしたい。

## 2　背景：救貧法の限界と社会改革の遅滞

### ■理想社会建設の努力と現実

　19世紀は市民社会，すなわち資本主義社会が形成される時期であったが，市民社会の国家観は夜警国家論であった。国家の役割は夜に泥棒から国民の財産を守ったり，外敵の侵略から国家を防衛したりすることに限定されなければならず，

113

その他の国民生活に国家が介入してはならないという考え方である。ヴィクトリア期は「自助の時代」であり，「天は自ら助ける者を助ける」という有名な言葉から始まるスマイルズ（Samuel Smiles：1812-1904）の『自助論』（Self-Help, 1859）はこの時代の支配的なイデオロギーであり，新興資本家階級の利益を代弁する社会規範であった。

新興資本家階級は封建社会の崩壊と市民社会の形成過程で，「身分」という社会制約がなくなることによって最も大きな利益を得た階級であった。彼らは身分の制約さえなければ，誰もが自由な経済活動を通じて富を蓄積できる理想社会が建設されると考えていた。彼らにとって理想的社会とは「市民社会における自由な社会」であって，19世紀初頭はこうした理想社会を実現するための努力の時代であった。そしてその具体的な表現が自由放任であったのである。

しかし，自由放任の原理によって作られた社会の姿は，彼らが想定していた理想的なものとはかけ離れていた。国家が国民生活に対して束縛や制約を一切加えなければ，あらゆる人々が自分の能力によって自立して生きていくだろうという理想とは異なり，大量の貧民が発生し，ロンドンのイーストエンド地域は巨大なスラムが形成され，彼らの生活水準は想像できないほど劣悪なものになっていった。そして，その貧困の実態が社会調査やマスコミなどによって社会に知られるところとなり，自由放任社会の最大の矛盾が明らかにされたのである。

## ■ 中産階級の罪意識

イーストエンド地域の想像を越えた深刻な貧困が社会調査家やマスコミによって知られるようになるにつれ，一部の中産層の人々は自分の身分上昇を可能にしてくれたその社会体制が，もう一方では巨大な貧困層を産み出したという現実に目覚めるようになる。彼らは貧困の原因は個人の道徳的欠陥によるものであると考えながらも，自分の安楽な生活が貧困層の犠牲を前提にして作り上げられたのではないか，自分たちが貧困層を生み出したのではないか，という意識をもつようになった。いわゆる「階級的罪意識」（class-consciousness of sin）[45]である。こう

---

45) ビアトリス・ウェッブは階級的罪意識を次のように表現している：「巨大な規模の地代，利子，そして利潤を作り出す産業組織がイギリスの大多数の国民に適切な生活水準を提供することに失敗したと認める集団的，階級的良心ないし罪の自覚。イギリスの場合，上院議員による事業からナイチンゲール（Florence Nightingale）の生涯事業に至るまで多様なボランティア・サービスや貧困地域訪問は，当時の中産階級や上流階級の人々にとってはひとつの義務として受け入れられていた。これが革命前のフランスやロシアとは異なるイギリスの特徴である。ビアトリス自身はそのような熱意が有産階級の間の「階級的罪意識」から生じているとみた。

した罪意識は中産階級の人々に直接，貧民救済活動に参加するように，あるいは貧困解決のための社会改革の教義を伝播するように促した。罪意識から発露した救貧活動は，慈善活動の考え方から進んで，貧困の原因を資本主義社会そのものの矛盾によるものとみる傾向を強めていた。むろん，最初は慈善活動をしていたが，救貧活動に没頭するにつれて次第に慈善活動の限界を認識し，より進歩的な社会活動に進んだ場合もあった。バーネット，トインビー，ビアトリスなどがそうであった。

典型的な中産階層出身の青年であったデニソン（Edward Denison）にイーストエンドへの定着を決意させた告白には，中産層の罪意識が鮮明に示されている。

> 私の計画――極貧地域であるイーストエンドに入り，住み着くという計画――は最も実際的かつ唯一の計画である。時間と意欲という二つの手段をもっていながらも，それを行わないとしたら，私は泥棒や殺人者と変わらない人間になるのであろう（Legana, 1986：46 から再引用）。

## ■救貧法の限界に対する認識

当時の救貧法は，国家救済を受ける貧民に対して非人間的で恥辱的な処遇を意図的に行うことによってポーパー数を最小限の水準に維持できるとみていた。実際，貧民のなかには，スティグマよりは飢餓と餓死を選ぶ者が少なくなかった。それほど救貧法の処遇は非人間的なものであったのである。

救貧法が貧民の救済という本来の機能を果たしていないことを自覚した一部の人々は，救貧法という公的な救済システムとは別に，民間レベルでの救済システムを開拓することになる。しかし，民間の救済といっても，その主体は多様であり，救貧法に対する立場や見方もさまざまであった。まず，国家による救貧体制は拡大ないし改善される必要はなく，現状を維持する方が望ましいのだが，そのような恥辱的救済を拒否し，餓死する覚悟で自立生活をしている尊敬すべき貧民に対しては，民間団体がその救済を行わなければならないと考えるグループがいた。また，貧民に国家からの適切な救済が行われるのが最も望ましいが，こうした改革が行われるまでには時間がかかることを勘案すると，現実的には民間団体が貧困救済活動をしなければならないという考え方のグループもいた。しかし，いずれの場合も，民間の社会福祉事業はつねに国家の救貧事業との関係のなかで考えられた。救貧法の限界については認識の差があったとはいえ，その克服のためには，民間活動の介入が欠かせないと自覚していたのである。

## ■社会事業の必要性

　イーストエンドの貧困は，その改善が至急に要求される深刻なものであった。当時の民間社会事業に従事する人々が貧困問題に対してもつ基本的な立場は，大きく二つに分けることができる。ひとつは，貧困の原因が個人の道徳的問題，あるいは個人的習慣の問題であるので，国家による救済よりは富裕層の慈善によって対処されるのが望ましいという立場である。COS の指導者たちがその代表的存在である。もうひとつの立場は，COS のような問題認識が適切なものではないと思いながらも，貧民の生活改善のためには民間社会福祉事業が必要であるというものである。彼らは，貧困は明らかに社会問題であり，それは国家の社会改革によってのみ対処できる問題とみなしていたが，そのような根本的改革による改善ははるか後のことになるということから，貧民を救済する現実的方法として民間社会事業を組織し，社会にその必要性を訴えたのである。

　1890年に発表された救世軍（Salvation Army）の創始者ブース（William Booth）の『最暗黒のイギリスとその出路』には，そうした社会事業家の悩みが生々しく示されている。

> 勤倹が立派な美徳であることはまちがいない。しかし，何ももっていない人々に，勤倹が一体何の役に立つのか。ここにぼろを着ている丈夫な1人の失業者がいるが，世界一富裕な都市の真中で，ただ生きるため，飢え死にならないため職場を探しているのである。このジョーンズに役立つものは何か。個人主義者は私に生存法則を支配する自然法則が定着すれば適者生存がもたらされ，何世代か後にはより高尚なタイプの者があらわれるのであろうといっている。しかし，その間，ジョーンズは一体何をすべきなのか。社会主義者は私に偉大な社会革命が水平線上にその巨大な姿を現していると語っている。その待ちかねた時期がきて，富が再分配されると，すべての人々の空腹は満たされ，ジョーンズのような人々の悲痛な叫びはやがてなくなるかもしれない。しかし，その時期がくるまでジョーンズは待たなければならないのか。飢えている者に，社会革命が行われるまで食事を待て，というのはナンセンスである（Stevenson, 1984：22から抜粋して再引用）。

## 3　COS の活動

## ■慈善機関の乱立

　産業革命が始まる18世紀後半は博愛主義的雰囲気とその実践が増加する時期でもあった。それはヴィクトリア時代の慈善につながり，19世紀中期には多くの慈

善団体が結成された。そしてイーストエンド地域を中心にして，貧民に対する直接的救済，乞食の抑制，貧民への訪問などの活動をしていた。とくに，1860年の寒波は屋外労働を不可能にし，それによってポーパーが4万人も増加したが，救貧法に頼ることを恥とみていた多くの失業労働者たちは救済申請をしなかったので，深刻な貧困に苦しむ人も多くなり，また凍死する者も少なくなかった。これをきっかけにし，慈善団体の数は一層増加するようになった。

ある統計によれば，1861年のロンドンでは640の慈善団体があったが，そのうち279団体は1800～1850年に，144団体は1850～1860年に設立されている。慈善事業への支出は巨額にのぼり，年間250万ポンドと推計されたが，これはむしろ過少な評価という指摘もあるぐらいである（高野，1984：167）。それは，救貧法による公的救貧費支出を上回る数字である。

しかし，この慈善団体は，公的機構である救貧法当局との協力や連帯はもちろんのこと，慈善団体間においても協力や活動調整を全く行っていなかったので，慈善は無分別なものになっていた。その問題は同地域で救済活動をしていたグリーン神父（Rev. John Green）の寄稿文（1867年）によく示されている（Schweinitz, 1943から再引用）。

> イーストエンド地区の大多数の聖職者たちは，いまや貧困担当官吏のような役割をしている。毎年巨額の募金がなされ，聖職者の手を通じて貧民に直接に，あるいは地域訪問者を通じて間接的に配分されている。ところが，地域訪問者の90%は女性であるが，そのほとんどは，募金されたお金の合理的配分には全く無関心である。イーストエンド地区には100に及ぶさまざまな慈善団体が同一の貧民をその対象者にして救済活動を行っているが，お互いに協力や調整はみられず，他の団体がどのような活動をしているのかという最も基本的な情報さえ共有していないのである。そのため，乞食と関連した詐欺行為が極まり，乞食が大幅に増加し，結果としては羞恥心を全くもたない乞食文化が広がるようになった。

■ 慈善組織協会の形成

こうした雰囲気のなかで慈善団体の協力と組織化が要請されるようになる。そして慈善機関の組織化を目的に設立されたのがCOSである。

COS形成の正確な起源は必ずしも明らかになっていないが，COSのリーダーで理論家であったボザンケー（C. H. P. Bosanquet）は慈善組織が要請された背景として次のような問題を挙げている。すなわち，「救貧法当局と慈善機関の協力

関係の不在，各慈善団体の間においても宗派的特性による協力の欠如，個人の慈善活動に必要な情報の不足，それによって救済の重複や浪費が発生しただけでなく，効果的慈善の動機が弱化され，不十分で無責任な慈善活動が行われ，貧民を自立させるための財源が消失していたこと」（Bosanquet, 1914 : Chap. 1）等の問題である。こうした状況を背景にし，1869年4月に「慈善救済の組織化と乞食防止のための協会」が結成され，翌年，COSと改称された[46]。

COSの指針には，貧民の生活条件を向上するための方法として次のような三つの方法が示されている。①慈善機関と救貧法，そして慈善機関間の協力，②適切な調査と，あらゆるケースにみあった措置の保障，③乞食の防止（Loch, 1892 : 50）。つまり，乱立された多くの慈善団体間の協力と調整を通じて，ある貧民に多くの団体から重複的救済が行われないようにし，次に貧困な人々の生活状況を可能な限り深く調査し，救済の必要な人には十分な援助を提供し，自立を助長することがCOSの目的であった。

### ▌チャルマーズの実験事業

チャルマーズ（Thomas Chalmers）はスコットランド出身の牧師であったが，彼が地域住民の貧困に対処して行っていた実験事業がCOSの起源をなすものといえる（Young & Ashton, 1963 : 第4章）[47]。

彼は貧困の原因は個人にあり，したがって，個人の性格の変化がなければ貧困問題は解決できないと考え，独自の方法で教区住民の貧困解消事業を行った。その方法とは，全教区民の家庭を訪問し，彼らの人格に変化を与えるということであった。チャルマーズは，貧困な人々も自分の貧困から脱出できる潜在的源泉があるとみたが，その潜在力は，まず，自分の生活習慣，二番目は知人たちのやさしさ，そして三番目は貧民に対する富者の同情であった。したがって，彼は貧民本人の決心，知人たちの支援，そして富裕階層の援助によって貧困が解決できると信じ，その実践に乗り出した。

現代の観点からみると，貧困の社会環境的原因を全く考慮していない原始的な観点であるが，この事業がチャルマーズとその仲間の個人的力量と比較的組織化

---

46) 多くの慈善団体の中で，COSの起源として重要な団体は「生活困窮者救済協会」（The Society for the Relief of the Distress）と，「乞食防止協会」（The Society for the Suppression of Mendicity）等が挙げられる。

47) チャルマーズの実験的救済活動の方法と内容についてはYoung & Ashton（1963）とSchweinitz（1943）にそれぞれ1章が割かれ，比較的詳しい説明がなされている。

された事業方式によってある程度の成功を収めたのは事実である[48]。ボザンケーはチャルマーズの事業を詳しく検討したうえで,「このシステムの最も重要なポイントは十分に検証された無給の訪問員を採用し,とくに新規のケースに対しては深層的調査を行うことによって,自尊心と近隣の援助を呼び起こすことである」と評し,われわれが学ばなければならないのはその形式ではなく精神であると述べている[49]。チャルマーズの実験がCOSの起源になっているという事実からも,われわれはCOSの貧困に対する考え方やアプローチがどのようなものであるかが予測できるのである。

## ■COSの理念と貧困観

COSは「貧民に対する適切な調査」という言葉をつねに標榜していたが,その調査は貧民の性格や生活状況に限定されたもので,「貧困を引き起こす社会的要因」というより根本的な問題に対する調査は,自らしようとしなかったばかりか,国家が貧困調査を行うことにも反対した。COSは自由放任主義者によって構成されていたので,そのような調査によって貧困の原因が自由放任社会そのものの構造的矛盾にあるという結論が出ることを恐れていたからである。

COSの救済方法とその理念は,ヴィクトリア時代の中産階級の一般的な考え方を反映していた。当時の観念は勤勉,自助,倹約という美徳を身につければ貧困は避けることができるということであった。貧困は貧民の性格や生活方式によって生じるもので,無責任な生活方式の結果が貧困であるとみなされた。したがって,貧困救済の核心は社会構造の改革にあるのではなく,貧民の性格や行動様式を変えることにあるというのがCOSの一貫した主張であった。夫とともにCOSの重要な指導者であったボザンケー夫人(Helen Bosanquet)は「性格こそ経済状況を決定する要因である。もし,あなたが1人の人間を,それ以前よりま

---

48) チャルマーズも後に,この救済システムの決定的弱点は,その成果が事業を統括する責任者何人かの資質に甚だしく左右されることであると証言している。事業の責任者が誰なのかによって組織の成果が左右されるというのは先進的事業とはいえないのである。
49) ジョンソン(Johnson, 1981)はイギリスの民間社会福祉の歴史的起源を論ずる部分で,COSのアプローチはすでに初期の先駆者,とくにチャルマーズの行った方法にその起源があると指摘しながらも,初期のCOSの設立者たちはチャルマーズのことについてはわかっていなかったようであると述べている。しかし,実はCOSの理論家であるボザンケーが,チャルマーズの事業だけでなく,ドイツのエルバーフェルト制度やパリの公私協力体制など,COS活動の前例になるようなものに対して広範な研究(C. B. P. Bosanquet, *London, Some Account of its Growth, Charitable Agencies, and Wants*, 1868)を行っていた。また,彼の夫人の著書(Helen Bosanquet, *Social Work in London, 1869-1912*, 1914)においても,それが確認できる。

じめな人間に変えるなら，その人は支援サービスを受ける可能性がそれだけ増加する」といっている。COS の象徴的人物であったロックの「自助で解決できない貧困はない」という言葉はよく知られているが，こうした考え方は「貧困の原因が不道徳ではなく，貧困こそ不道徳の原因である」というウェッブ夫妻の貧困観とは真正面から対立するものである。

## ▌組織と団体間の協力

　COS の組織は中央協議会と多数の地区委員会によって構成されていた。協会が結成された際，中央協議会は地区委員会の構成について次のような指針を提示した。
① 　地区委員会の各地区は，救貧法の行政上の地区と可能な限り一致させること
② 　地区委員会は中央委員会に対する代表者をもつこと
③ 　中央協議会が公表した計画によって指示された運営の一般原則は，地区委員会が受けいれること

　ロンドンの教区連合や教区に合わせた形で，地区委員会が40地区で結成された。ロンドンには1881年時点で30か所の教区連合あるいは教区があったが，各教区間に人口の格差が激しかった。最も人口の少ない教区は 3 万3582人，最も多い教区は28万2865人であった（Loch, 1892 : 37）。こうした事情もあって，人口の多い教区には二つ以上の COS の地区委員会が設置されるようになった。大都市地域は地域によって貧富の格差も大きかったので，地区委員会もその位置によって財政状況の格差が生じていた。その場合，富裕な地区委員会は貧乏な委員会に財政援助を行うか，有能な委員を派遣し，その地区委員会の活動を援助するという方法で，各地区委員会間の協力も図られていた。

　各地区委員会には貧民の家庭を訪問し，COS が提供する給付やサービスを受けるに値するか否かを判定し，対人的援助を行うための訪問員が配置されていたが，実際には訪問員の数が十分でなかったので，すでに貧民への訪問指導を専門的に行っていた慈善団体と協力することになった。たとえば，「首都訪問救済協会」には当時，アルモーナ（Almoner）と呼ばれる約2200人の訪問員が所属しており，牧師と有給のワーカーのほかに，200人程度の訓練された訪問員がいた。COS はこのような団体と連合し，訪問員の訓練に努めるようになるが，それはCOS 設立から13年後の1893年のことである。

第7章　民間社会福祉の出現

■慈善組織化の試みとその失敗

　COS創設の重要な目的のひとつは，慈善団体の組織化であった。COSの発足後中央協議会の会長を歴任していたリッチフィールド卿（Lord Lichfield）は1872年，協会演説でCOSの設立目的について次のように述べている。

> 協会はロンドンの各地区内で，同じ目的をもって働く多くの慈善団体に関する詳しい情報を提供することを目的に設立された。我々の目的は，初めから救済を提供するための協会を設立することではなく，すでに存在しているあらゆる慈善団体が協力しながら活動できるようにする組織を作ることであった。慈善団体が願うことは，効果的で有益な救済を提供するに役立つような情報を提供することであった（高野，1984：180から再引用）。

　組織化のための活動は各地区委員会を通じて行われるようになっていたが，ある地区委員会が明らかにした慈善組織の具体的目標は次のようなものであった。「組織化とは同一の目的をもって今まで独立して活動してきたあらゆる団体や組織が他の団体と協力しながら活動できるように導くことである。こうした目的のため，独立して活動している団体ないし組織は次の五つである。すなわち，①国家救済を管掌する救貧法，②法廷で，篤志家の後援を得て，一時的援助を行う治安判事，③教会慈善を行う宗教団体，④特定のケースに対して援助を行う博愛団体，そして⑤個人的に行われる私的な援助」（高野，1984：170から再引用）。

　しかし，COSはこうした本来の目的を達成できず，慈善団体のひとつに留まることになる。貧民の分類と生活状況に関する調査活動が現代の社会事業の起源をなしているという点では重要な意義をもっているが，慈善の組織化というその本来の目的を達成することはできなかったというのが歴史家の一般的な評価である[50]。その理由としては，慈善団体の非協力，人材の不足などが指摘されている。

■受給資格の規定

　ロックは，もしある者が援助を受けなければならないという問題に直面したら，救貧法に頼るよりは慈善機関の援助を受けるほうがより望ましいとしていたが，それはある面ではその通りであった。救貧法による援助は公式的にはワークハウ

---

50）　たとえば，Bruce（1968），Judith Fido, *The Charity Organization and Social Casework in London 1869-1900*, A. P. Donajegrodzki ed., *Social Control in Nineteenth Century Britain*（1977），高野史郎（1984）などがある。また，COSが慈善の組織化に成功したと評価する研究文献は，少なくとも筆者は知らない。

スの入所を前提にしていたからであり，それに伴い，選挙権が剥奪されるポーパーに転落してしまうからであった。といっても，COSへの救済を申請するだけで救済を受けられるわけではなかった。COSは道徳的観点に基づく独自の選定基準をもっていた。もし，その基準によって不適格者と判定されれば，そのケースは救貧法による援助にまわすか，他の慈善団体に依頼したのである。

　COSの活用したケースの選定基準は，救済に値する貧民（the deserving poor）と救済に値しない貧民（the undeserving poor）という二つの基準であった。しかし，その具体的内容については明確ではなく，実際にはそれぞれの地区委員会で多様に解釈されていた。救済に値する貧民とは「よき性格，勤倹，依存的ではない，自活意思があるなどと表現できる人物」であって，ただし，そのような評判はその地域社会の信頼できる人物（牧師，雇用主など）からの証言を必要とした。COSはこのような概念が，申請者が過去においてそうであったかどうかではなく，将来における貧困の予防と治療に有効であるか否か，という点を重視しなければならないとした。

　救済に値しない貧民とは，一般的に「詐欺あるいは効果的援助を無駄にするようなわがままの行動（misconduct）の証拠のある者と規定されたが，悪しき性格，勤倹でない，非良心的な，飲酒，そして依存的などの属性であった（高野，1984：293-296から再引用）。

### ■公私の役割分担に関する考え方

　ロックは，COSの慈善救済活動の過程で得られた結論を次のように要約している。

> 生きていく過程で救済を受けなければならないような事故に対処する最も良い方法は，人々が自分もそうすれば救済を受けられるのであろうという期待を持たすような援助方式ではけっしてあってはならない，というのである。もし，そのような方式で救済が行われるとしたら，きっとポーパーリズムを量産することになるであろう。
> 救済不能な成人がただ生き残るために救済を要請する場合，彼らのためにはワークハウスがある。その子女や見捨てられた子供のためには，その子供たちが自分の親たちのような生き方を繰り返さないように，生計維持とともに教育が提供されなければならない。しかし，その施設は可能な限り，厳しい規律のなかで運営されるようにすることが地域社会の利益にも合致する。さもなければ，より多くの人々が国家救済を申請するようになることはほぼ確実であるからである（Loch，1892：34-36）。

この文書には，民間機関であるCOSが公的救済機構である救貧法による救済とどのようにその対象者を分担しようとしていたのかが暗示されている。つまり，COSの立場からみて，援助に値するものはCOSが担当し，救済に値しないものは救貧法に任せるといった分担の仕方が想定されていたのである。救貧法との協力ないし役割分担体系は1869年当時救貧庁長官であったゴッセン（G. S. Goschen）がロンドンの各救貧委員会にだした業務指示，いわゆる「ゴッセン通達」（1869年11月22日）によって促進された。この指針は公的組織である救貧委員会が民間の慈善団体と適切な協力関係を維持するように促すことであった。その内容には救貧法による救済を受けている者の名前，受給金額，住所などのリストを週1回発行し，慈善団体に報告することが含まれていた。こうした業務協力活動は社会福祉における公・私協力体制確立の基礎になったのである。

■ヒューマニタリアニズム

　COSを結成し，主導的に活躍していたその指導者たちは新興資本家階層であり，産業革命を通じて最も多くの利益を受けた階層であった。新興資本家階級にとっては，国家が個人生活に課していたあらゆる束縛を解除し，個人の創意と努力が十分発揮できるような社会環境，国民生活に対する国家介入を最小限にする夜警国家の社会が最も理想的なものであった。したがって，彼らはそのような社会に根本的な矛盾が存在し，それによって大量の貧困が発生するという見解を受け入れるわけにはいかなかった。社会の一角には産業革命を通じて最も深刻な犠牲者になった都市貧民が多量に存在していた現実を認めざるを得なかったが，かといって，国家が社会の矛盾を認め，貧困政策の転換を図ることや貧困の根本的原因を調査しようとすることには反対の立場を明確にした。なぜなら，それは自分の富を蓄積することを可能にした社会の基盤を揺さぶることであったからである。

　彼らは社会発展から取り残された貧民の問題については，市民社会の形成過程で最も利益を獲得した階層である自分たちが，自分の富の一部を貧民の救済に費やすことによってその解決が可能であり，またそれが最も望ましいかつ効果的方法だと考え，慈善活動に参加するようになったのである。こうした思想がヒューマニタリアニズム（Humanitarianism）と呼ばれるものであって，それは人間性を否定する抑圧構造からの人間解放を志向するヒューマニズム（Humanism）とは根本的にその性格を異にするものである。

## ■オクタヴィア・ヒルの住宅事業

　COS の指導者としてはロック，ボザンケー夫妻，ヒル（Octavia Hill）などの人物が挙げられるが，そのなかで実践事業，とくに貧民のための住宅事業に携わっていたオクタヴィア・ヒルは注目に値する人物である。

　彼女は COS の指導者ではあったが，非 COS 的な人物の１人であったといわれている。彼女の住宅改善事業は明らかに思想的限界をもっていたが，住宅改善事業に取り組んでいくその具体的な実践方法においても，そしてその住宅改善事業をより大きい社会運動として発展させていこうとしたその熱情においても教訓的な側面を多く含んでいた。

　ヒルは早い時期から貧民や労働者の生活に関心をもっていた。15歳になる前にすでにラスキンの著作に心を打たれ，協同組合運動にも直接参加し，縫製労働者と親しい関係を維持しながら労働者の居住問題に関心をもつことになった。当時，大都市への移住者は増加し続けていた反面，住宅は不足していて，地主や住宅所有者たちは極端に利潤のみを追求し，労働者や貧民の居住生活はきわめて劣悪な水準に追い込まれていた。彼女は1865年ラスキンの財政的援助を受けて購入した[51]３棟の住宅を修理した後，都市貧民を対象に貸し出した。一方でその住宅財産を保全しながら，その住宅を借りた貧民には独立心と自尊心を助長するという方式で住宅改善事業をはじめた。

　ヒルは，住宅らしい住宅に住むような経験なしには労働者の道徳心が生じ得ないという信念をもっていた。彼女の関心は住宅そのものよりは居住者の生活態度にあった。彼女は安い家賃で，１棟に六つある部屋を貸し出して，その条件として，家賃は決められた日に正確に払うように要求した。貧民に決められた日に家賃を払わなければならないという意識を持たせることが，居住環境改善を達成する近道であると考えていたからである。

　ラスキンはこの事業にかかる費用を支援しながら，事業を黒字化するように注

---

51) ヒルが住宅改善事業に献身することになったその直接的契機は，1860年代の中頃に自分の家に定期的に訪問していたある縫製女工が倒れ，彼女の自宅まで送った際，その女工の劣悪な居住事情を目撃し，ショックを受けたことであると知られている（Bell, 1947）。当時の居住事情の劣悪さと，極端に利潤のみを追求する地主の姿については，次のようなエピソードによくあらわれている。すなわち，ヒルが貧困層の居住状況を調査するために現地を訪問した際，ひとつの部屋に12人家族が居住しているのをみた。その大家は葬儀事業を兼業していた。ヒルがその大家に「家賃を決められた期限までに払わなかった場合はどうするのか」と聞くと，大家は，住宅事業よりは葬儀事業でより多くの利益を上げているといいながら，次のように言った。「家賃払いが少々遅くなることは気にしていません。私の関心はあの部屋から何人の死者が出るのかにあります」。

文していたが，それは利潤を追い求めるためではなく，低い家賃でも黒字が出るという事実が知られるようになれば，多くの健全な住宅事業者がその事業に参加するようになるだろうと期待していたからであった。この事業の成功を踏まえ，ヒルは都市に遊ぶ空間，散策する空間，アメニティあふれる空間を設けるための運動，いわゆるオープン・スペース運動に発展させていった。彼女は住宅事業には大規模な国家政策が介入しなければならないという信念をもっており，この点では非 COS 的であった。住宅改善事業を通じて彼女は住宅問題が土地問題と深く関わっていることを認識したからであろう。

### ■COS の限界と批判

　COS の思想や活動に対する批判としては，一時 COS のメンバーであったが，後に，それと決別してセツルメント運動に献身したバーネット牧師（Samuel Barnett）が1895年 COS 中央協議会で行った演説「COS への友情ある批判」がよく知られている。ただし，これも COS に対する批判であるとはいえ，本質的な，思想的な意味での批判とはいえないものであった。

　前述の通り，COS は極端な個人主義的貧困観に基づいて活動していたが，この頃にはすでに選挙権が拡大され，大量の失業に悩まされていた労働者たちは労働組合を通じた労働運動よりは社会主義運動の方にその関心を移していく時期であったので，慈善団体のなかでも最も保守的であった COS が多くの批判を受けるということは当然なことでもあった。アメリカのある慈善事業家は，COS が行っていた活動の記録は「真剣に，そして真面目に読み尽くす忍耐力がなくなるほど」（Bruce, 1968：181）と嘆き，イーストエンドで救貧法の廃止のため生涯戦っていたランズベリ（George Lansbery）は，COS の性格を「野蛮」と表現した。

## 4　セツルメント運動

### ■セツルメント運動と隣保館

　セツルメント運動（Settlement Movement）とは，貧困問題の深刻な地域社会，社会発展からも社会的関心からも取り残されていた地域社会の問題を解決するために，知識人がその地域に住みこんで，地域住民とともに生活しながら究極的にはその地域社会の生活問題の解決をめざした運動である。この運動はその初期においては隣保館（neighbourhood center）という福祉センターを中心に行われたの

で隣保館運動とも呼ばれている。この運動が規定した地域社会の問題とはその地域の貧困や不衛生などの問題だけでなく、地域住民の主体性の欠如といった問題も含まれていた。貧困地域の住民は自分の生活環境が解決されなければならない問題として認識しておらず、その問題の解決に住民自らは何の役にも立たない存在であるという考え方をもっていた。

セツルメント運動が発生するためには、上記のような問題を抱えている地域社会の存在、そのような問題が社会の根本的矛盾から発生するとの問題意識や社会意識をもっている理想主義的でアカデミックな集団の存在、そして彼らの積極的な参加などがその前提条件になるのである。

### ▌デニソンの現地定着

不況と寒波による貧困がその深刻さを増していた1860年代に、イーストエンド地域に居住しながら救貧活動に直接関わったり、それを組織した人物の大半はその地域の牧師や神父など聖職者であった。彼らの活動は後年の民間福祉活動に多くの教訓と示唆を与えた。その代表的人物としてはグリーン神父が挙げられる。グリーンは保守的な貧困観をもっていたが、その地域の救貧事業をより合理的かつ科学的に組織化するために努力した。慈善団体間の調整の必要性を提起したこと、貧民救済事業を聖職者の活動から分離しようとの主張、事実に基づいた資料を収集し、世論を形成しようと主張したこと等はCOSとセツルメント運動に少なからぬ影響を与えた。しかし、俗人としてイーストエンドに現地定着を行った最初の人物はデニソンである。

デニソンは1867年からイーストエンドで貧民とともに生活しながら地域の生活環境を改善するための独自の活動を開始した。彼の活動は、地域の教区学校で児童を教えること、貧困住民のための調査、地域救貧委員会の運営状態を調査すること、疾病と死亡の主要な原因である衛生不感症の悪習を改善するための活動に医者を参加させること、労働者に聖書基礎教育を行うこと[52]、などであった。

1868年、デニソンは当時下院議長であった叔父（Lord Ossington）の勧誘により下院議員に出馬するためイーストエンドを離れるようになる。下院議員に当選し、社会改革の意志に燃えていたが、不幸にも1870年若くして急死した。彼がそ

---

52) 基礎バイブル科目を教えることは当時の農村地域では聖職者ではなくジェントリー（gentry）の仕事であったが、都市地域では聖職者の役割になっていた。デニソンは農村地域の伝統を都市において適用しようとしたが、セツルメント運動の研究者レガナはその点を意義ある活動と評価している。

の地域での定着は9か月という短い期間であったが,その活動は知識人の現地定着を通じて究極的には貧困地域の生活環境を改善することを目的としたセツルメント運動の起源として評価できる。[53]

## オックスフォード学派

　グリーン神父もデニソンもオックスフォード大学出身者であった。また,後ほど言及するトインビーも同様であった。このように,オックスフォード大学の出身や学生たちがイーストエンドでの救貧活動,とくに現地定着を通じての生活改善活動に多く参加するようになったのは「オックスフォード学派」(Oxford School)と呼ばれる教授や知識人たちの奨励によるところが大きい。したがって,セツルメント運動の思想的支柱はオックスフォード学派といってよいであろう。

　19世紀都市労働者の生活状態は資本主義体制の矛盾を露呈し,それに対応するため,自由主義体制の修正を図る多様な試みが行われていた。そのなかでも,国民生活に対する国家の干渉を拡大することによって,大衆を資本主義体制に吸収しつつ彼らの要求を上から充足させようとする思想があらわれた。いわゆるイギリス理想主義(British Idealism)である。理想主義は功利主義と対立する哲学であって,一般的に政府の積極的機能を提唱し,変化する社会条件に対応しようとした学派であり,主にオックスフォード大学を中心に形成されたのでオックスフォード学派と呼ばれるようになったのである。その代表的人物としては,オックスフォード学派の研究者たちに初めて思想的人格的感化を与えたジョウェット(Benjamin Jowett:1817-93),イギリス理想主義の代表的研究者グリーン(T. H. Green:1836-1882),ケアード(Edward Caird:1835-1908),ブレドリ(Francis Herbert Bradly:1846-1924),アスキス(Herbert Henry Asquith:1852-1928),そしてトインビー(Arnold Toynbee:1852-1883)等が挙げられる。

　彼らは思想界にのみならず政界にも大きな影響を与え,自由党社会改革時代にはその改革の思想的支柱にとなり,その伝統は福祉国家の父と呼ばれるベヴァリッジにまでつながっている。教授たちは講義や学生との個人的関係を通じて社会改革の必要性を力説し,知識人たちが貧困問題の解決に努力するように励ました

---

53) 一方,COSには自分の理念がデニソンの理念にその起源をもつと主張する傾向があった。1888年の年報には,「デニソンの理念がCOSの理念形成に大きな影響を与えた」とされている。それ以前にもデニソンの理念をCOSの指導理念にしようとする見解がしばしば登場していたが,その理由は明確ではない。ただ,この時期のトインビー・ホールの活動を意識したあまり,イーストエンドでの社会事業の主流がCOSであると強調する意図があったのではないかと推測することは可能である。

が，それがセツルメント運動の思想的哲学的基盤になった。

後に，トインビー・ホールの館長としても活躍したベヴァリッジがオックスフォード大学を卒業の際，ケアード学長の講演に感化され，セツルメント運動に携わるようになったことは有名なエピソードであるが，ベヴァリッジの自伝に紹介されている講演の内容をみると貧困の根本的内容に関するオックスフォード学派の考え方が確認できる。

> 諸君が大学にいる間，諸君の第一の任務は政治や博愛にあるのではなく，自己修養にある。しかし，その任務を遂行し，オックスフォード大学で学ぶべきものをすべて学んだ後，諸君のうちの誰かにぜひやってもらいたいことは，英国には非常な富が存在しながら，何故このように貧困があるのか，また，これらの貧困をどうしてなくすかを究明することである（Beveridge／伊部訳，1975，『強制と説得』：9）。

■ ジョン・ラスキン

セツルメント運動に参加したオックスフォード大学生に思想的感化を通じて大きな影響を与えた人物のなかでもラスキン（John Ruskin：1815-1900）は特記に値する。彼もオックスフォード大学の美学教授を歴任しながら，トインビーをはじめ多くの学生に社会改革活動への参加を促した人物であったが，一般的にはオックスフォード学派とみなされていない。その理由は，彼の思想が資本主義の修正を超えた，より社会主義的なものであったからであると思われる。ただし，彼は一般的には社会主義者にも経済学者にも含まれていない。

ラスキンは自ら社会主義者であることを否定したのみならず，人間平等という社会主義的理想は達成しがたく，しかも望ましいものでもないと言明したが（Morley, 1916：1），歴史家はラスキンに社会主義を養った父親という地位を付与している。「勤勉なき生活は罪悪であり，芸術なき勤勉は野蛮である」という彼のことばに示唆されているように，審美眼の見地から醜い工業文明と，功利主義的古典経済学を批判し，真の福祉を重視する社会思想を展開した。彼のそのような立場は，当時の社会批評家によってしばしば引用されていた「美しいものは善いものより崇高であり，美しいものはそのなかに善いものを含んでいる」というゲーテの言葉と通じていた。たとえば，カーライル（Thomas Carlyle：1785-1881）も自分の著作のなかにその言葉を引用しているが，ラスキンの思想にはカーライルの強い影響がみられるのである。

ラスキンは芸術評論家であったが，芸術の美しさとは道徳的純粋さの指標であ

り,健全な生活の反映であると力説した。彼にとって,芸術とは芸術家によるものだけでなく,労働者による工芸品も含まれていたが,立派な芸術とは芸術的姿と健全な精神とが結合された時,完成されると考えていた。したがって,優れた芸術の誕生には,国民生活の道徳的純化が前提されなければならないが,こうした見地からみると,当時のイギリス社会は工場の煤煙,スラム,陰鬱なワークハウス,富者の贅沢と貧者の無教養など醜いもので満ちていた。そのような社会悪を解消するためにラスキンは40代半ばから社会問題に関心をもち,著作と実験的事業を通じて実際に社会改革に取り組むようになったのである。

彼の業績は19世紀中葉以後の多くの社会改革に関わる。オックスフォード大学の歴史学教授であったパウエル(York Powell:1850-1904)は「社会改革に関する近代的試みのほぼすべてが,直接的であれ間接的であれ,ジョン・ラスキンの教えと先駆的事業にその起源をもつといっても過言ではない」(Morley, 1916:9-10)と評価している。彼の活動は技術教育,女性教育,美術学校の設立,モデル喫茶店の開発,モデル博物館の設立などの領域から,実際的な社会改革の分野,すなわち,組織的失業救済と雇用訓練,労働者学校,住宅改造事業のモデル提示等に至るまで多様であった。社会改革に関する彼の代表的著書『この最後の者にも』(*Unto This Last*)では,醜い工業文明を生み出した張本人を,功利主義に基づいた自由放任の古典経済学であるとし,辛辣な批判を展開した。功利主義と古典経済学に対するラスキンの批判は労働組合の形成にも大きく寄与し,モーリス(William Morris)を初めとする労働運動指導者やギルド社会主義思想にも大きな影響を与えた(Pelling, 1963)。

オックスフォード大学に在職中,彼は学生に道路工事をさせたが,それは肉体労働の重要性を教えるためのことであって,それも彼の強調した健全な教育理念

---

54) 彼は芸術評論の著書で,ルネサンス芸術を非難し,ゴシック建築を賛美していたが,それは前者が信仰心のない貴族の贅沢の産物である反面,後者は中世民衆の健全な信仰と家庭的美徳を表現しているからであると述べていた。

55) 1862年出版されたこの本は,古典経済学に対する攻撃を主な内容にしているが,その反響は大したものであった。たとえば,1906年下院に進出した労働党の議員たちを対象にして,「最も感銘を受けた本は何か」というアンケート調査の結果,ラスキンの『この最後の者にも』が最も多かったという(飯坂良明他,1973:320)。

56) ラスキンは親から住宅と土地,1万5000ポンドにのぼる遺産を相続した。彼はこの全財産を自分が関心をもっている社会改革の事業に消費し,自分の生活は著作料だけで賄った(Morley, 1916:15)。彼が生涯を通じて強調した「大地から食糧を,正直から幸福を」という信条を守っていたのである。彼が,さまざまな先駆的事業をすることができた背景のひとつはこの経済力であった。1870年代に入って,彼は自分が巨額の遺産相続者であることを告白し,ギルドを設立し,協同主義的運営を実験した。また,オクタヴィア・ヒルの住宅事業にも資産を提供した。

の実践であった。大学セツルメント運動で誰よりもよく知られているトインビーは、ラスキンのこのプログラムに参加し、肉体労働による道路工事の監督をしていたが、週に何度もオックスフォードから2マイル離れた工事現場（Hinksey）までシャベルと鍬を持って学生たちを引導して通っていた風景は有名なエピソードになっている。

ラスキンがセツルメント運動の重要な思想的支柱であることには疑いの余地はなく、多くの歴史家もまたそのように評価している。ただひとつ解明されていないのはラスキンとCOSの関係に関することである。COSの記録によるとラスキンはCOSの最初の寄付者であり（寄付額は103ポンド3シリング）、かなりの期間COSの副会長職についていた。しかし、彼がCOSとは明確に異なる見解をもっていたことは明らかである。ただ、自分のいくつかの先駆的実験事業がCOSと関連することがあった。たとえば、農場を購入し、それを利用して失業者を救済する事業、ヒルが行った実験的住宅事業の資金支援者がラスキンであったが、ラスキンがCOSに関わるようになった背景にはこうした事情があったと思われる。

## ■トインビー・ホール

おそらくトインビーほどオックスフォード学派の影響と恩恵を多く受けた人物はないであろう。オックスフォード大学に入学したトインビーは、入学過程から世話になっていた当時の学長ジョウェットからの特別な配慮と教育をうけ、ラスキンからは思想的・実践的影響を受け、そして同学派の代表的理論家であるグリーンの指導に恵まれていたからである。彼がさまざまな社会問題に対して学問的に研究して、富の生産と分配などの問題に対して政治経済学的にアプローチするように導いたのはグリーンであった。その後、トインビーはアダム・スミスやマルサスに対する批判をはじめとして、独自の学問体系を形成していく。30年余りという短い人生にもかかわらず、1870年代後半に労働、教育、貧困、地代、労働組合および協同組合、公的救貧行政などの広範な分野にかけて独自の見解を提示し、また実践活動をも行っていたことはまさに驚くべきことである。産業革命に関する研究書として古典になっている彼の著書『産業革命史』（1884年）は彼の死の翌年に、彼の講演を集めて出版されたものである。

1875年、ジョウェットの勧誘でイーストエンドを訪問し、そこで救貧事業に関与していたバーネットとの出会い以降、トインビーはその地域の救貧事業に積極

的に関与していった。イーストエンドに定着した期間は長くなかったが,彼の活動は,セツルメント運動に対する一般市民の関心を呼び起こすことに決定的な影響を与えた。しかし,社会改革を実践しようとしたトインビーの努力は,彼の生まれつきの病弱な体を酷使し,1883年夭折した。当時,バーネットは知識人の現地定着のために隣保館を設立していたが,1884年に隣保館が完成されるとそれを「トインビー・ホール」(Toynbee Hall)と命名し,トインビーの霊前に献呈した。これが最初の隣保館誕生の経緯である。

■ セツルメント運動の貧困観

　セツルメント運動は民間社会福祉活動ではあったが,慈善組織活動と比べると思想的により進歩的な運動であった。COSは院内救済であるワークハウス入所という方式を除くすべての国家介入に反対し,1860年代の経済不況によって院外救済のケースが増加すると院外救済反対運動を展開した。それは,ワークハウスを増やすような方法ではなく,親戚などの援助責任を強化するものであった。しかし,セツルメント運動は貧困の原因に関する認識,国家の役割に関する認識においてCOSとは根本的に違う立場に立っていた。セツルメント運動の考え方は次のように要約できる。「貧困は,個人の性格や生活習慣によって発生するものではなく社会的問題であり,したがって,社会改革によってのみその解決が可能である。教育の欠乏は,貧民の生活の主体性を喪失させている。こうした問題は,知識人が貧困地域に定着して,教育的環境を助成することによって緩和される。貧困の解決のためには,国家の積極的介入が強調されなければならない。しかし,国家介入による社会改革は長い時間を要することであるので,そのときまでの貧民の救済のためにも,そして社会福祉制度では解決できない問題である貧者と富者間の社会的距離を埋めるためにも,知識人が貧民とともに生活しながらその地域の生活環境を改善することが必要である」。

## 5　民間社会福祉の誕生期の意義と特徴

■ ケースワークの起源としてのCOS

　COSの活動は慈善の組織化には失敗したものの,貧困対策の社会的組織化の必要性を提起したという点において重要な意義をもっている。しかし,社会福祉史の観点からみると,何よりも重要な意義はそれが社会事業方法論,とくにケー

スワーク（Social Casework）の発展の基礎づくりをしたという点である。友愛訪問員（friendly visitor）によるケース調査，対象者選定の決定を委員会で行っていたこと，そしてその結果としての膨大なケースの蓄積は社会事業の発展に大きく寄与した。友愛訪問員の調査は委員会に公開され，援助に値するかどうか，援助はどのような形で行われるのがいいのか，金銭的援助以外の方法としては何があるのか，そしてクライエントの自立に最もよい条件とは何か，などが検討されたのである。

イギリスの民間社会福祉の歴史を考察したジョンソンは「COSによるケースワークの方法を考察してみると，非常に現代的な姿をもっていて，わずかの表現さえ変えれば，今日の教科書としても使えるほどである」（Johnson, 1981：第3章）と述べている。COSの方式によると，実際の援助はケース調査が行われてから提供することというのが第一の原則であった。調査の目的は援助を必要とする状況を確認し，対象家族が活用できる物質的精神的資源を査定し，最も効果的な解決方法を決定し，対象者が援助に値するかどうかを決定することであった。そして，それに関連するあらゆる資料はケース調査記録部に記録された。とくに，生活問題をつねに家族という場で考慮していたことはCOS活動の特徴のひとつといえる。[57]

社会事業に対するCOSの最も重要な貢献のひとつは，人材の訓練に関することである（Johnson, 1981：52）。貧困家族を直接訪問する友愛訪問員の訓練のために作成された指針書（C. B. P. Bosanquet, *A Handy Book for Visitors of Poor in London*, 1874）には戸別訪問の条件と訪問員の資質，訪問時の注意事項などが緻密に記述されている。たとえば，組織的な戸別訪問の成立基礎は，その訪問が階級間の距離を埋めるための組織的方法でなければならず，教師としてではなく友人としてのコミュニケーションを維持することが必要であるということ，その訪問は規則的に行わなければならないこと，あらゆる地域住民あるいは少なくとも貧困なあらゆる住民をその対象にすることなどが強調されている。訪問員が貧困家庭を訪問するときの行動指針として「訪問員への一般的助言」と題して33項目を提示しているが，そこには現代のケースワークとして遜色のない内容が含まれているのである。[58]

---

57) 実際において，COSは1946年組織の名称が家族福祉協会（Family Welfare Association）と改称され，今日に至っている。
58) その具体的な内容については，高野史郎，1984：第6章を参考すること。

## ■地域福祉の起源としてのセツルメント運動

　現代地域福祉の立場からみるとき，セツルメント運動はいくつかの点において重要な意味をもつ。

　まず，社会福祉の歴史において，地域社会全体を問題の対象にし，地域社会に基づいた社会福祉事業の嚆矢がこのセツルメント運動であるということである。むろん，チャルマーズの活動やCOSの活動も特定の地域社会を対象にした活動ではあったが，コミュニティを活動の基盤にし，コミュニティそのものの生活改善を目的とした活動を試みたのはこのセツルメント運動が最初である。「セツルメント運動は個人の向上よりはむしろ集団の進歩のために努力した。すなわち，セツルメント運動家たちは地域全体，近隣社会全体の問題に焦点を合わせ，理想的な近隣生活の実現のため努力した」(Trattner, 1974：140) のである。

　二番目は，さらに興味深いことであるが，この運動が活動の拠点としてのセンター，すなわち隣保館を確保し，それを中心に地域社会の問題解決能力を高めようとするアプローチをしていたことである。しかも，センターの運営方式はつねに公的組織と地域住民との関係のなかで決定し，それを時代の変化に対応しながらつねに改善していったのである。初期には，イーストエンド地域がきわめて劣悪なところであって，地域住民が自らその問題を自治的に解決するような能力がなく，住民の参加や自治が期待できなかったが，時代の変化につれて地域住民の問題解決能力が向上されるや，隣保館の運営においても次第に地域住民が参加できるように変化していた。『トインビー・ホール50年史』を著したピムロットが，1935年の時点で隣保館を各地域に新設する場合，「建物と設備は国家の責任で，運営は民間の責任で行い，センターの運営は専門家や篤志家に頼ることなく，住民自身の自治的運営によって民主主義を経験するようにするのが望ましい」(Pimlott, 1935) と主張したのは，こうした時代変化に対応しようとした姿勢の表現であると評価できるのである。

　三番目は，地域社会と地域住民に対する見方である。セツルメント運動は援助をする者の立場ではなく，受ける者，地域住民の立場と利益を重視した活動であった。また，すでに言及した通り，隣保館の運営に次第に地域住民を参加させることによって，隣保館の抱える諸目的――たとえば，コミュニティの共同体的性格を高めるための場所，地域住民の問題解決能力を高め，地域社会の問題に対する責任を感じることができるような場所にすること――を達成しようとした点が評価されるのである。

第Ⅲ部　大転換の時代

　こうした点を考慮すると，地域社会に対するセツルメント運動の見方は評価に値するのである。真の地域福祉，真の社会福祉が実現されるためには共同体的精神に満ちた地域社会，共同体的生活様式の地域住民がその前提条件になる。そして，共同体的生活様式の姿は，社会構成員間・社会階層間の葛藤の減少と相互理解の増進である。セツルメント運動の行われた19世紀末のイギリス社会は貧富の格差が激しく，それはウェストエンドの贅沢とイーストエンドの貧困とに象徴されていた。シドニー・ウェッブがロンドンの貧困について言及した論文で，「地獄とはまさにロンドンのような都市であろう」というシェリーの詩を引用した理由は，ロンドンの完全に断絶された社会階層の姿を強調したかったからであった。セツルメント運動は当時のそのような現実を深く洞察し，大学教育の機会を労働者にまで与え，大学と労働者，知識労働と肉体労働の掛け橋のような役割を担っていたのである。現代の地域福祉に関心をもつ研究者たちにとって，セツルメント運動はそれ自体の科学的実践活動に多くの示唆と教訓を内包しているが，さらに注目すべき教訓はその運動がめざした共同体的コミュニティ建設への熱情そのものである。「セツルメント運動は施設ではなく態度である」という有名な言葉はこの運動の精神をあらわしている。

　隣保館は社会改良運動のセンターとしての役割を果たし，アメリカにも影響した。トインビー・ホールに励まされたジェーン・アダムス（Jane Addams）は1889年，アメリカのシカゴにハル・ハウス（Hull House）を設立し，主に移民家族の生活向上に努力した。とくにハル・ハウスは労働組合運動，平和運動，そして児童福祉運動と連携し活動したことに社会的意義をもっていて，社会事業のみならず社会改良にも大いに貢献した。

　また，1987年東京神田に設立された日本最初のセツルメントであるキングスレー館の設立から始まる日本のセツルメント運動にも，このトインビー・ホールを中心としたイギリスのセツルメント運動は大きな影響（阿部志郎編，1986：39）を与えた。

### ■民間社会福祉出現期の特徴

　この時期の民間活動を民間社会福祉の始まりと評価する根拠は二つである。それぞれが本書での社会福祉の概念規定や社会福祉の始まりの意味と深く関わっている。もちろん，その活動が個人的ではなく組織的に行われたことを条件にしているということはいうまでもない。

第一の根拠は，救済対象者を選定するための一定の基準をもっていたということである。COSの場合，その基準は客観的なものではなく，道徳的判断や恣意的要素をもっていたが，その組織が独自の対象者選定基準を明示的にもっていたことは評価できるだろう。セツルメント運動の場合は，社会構造的矛盾から生じた地域社会の貧困問題，地域住民の共同体的認識の不足，地域社会の問題解決能力の不足などがその活動の対象問題であったことは明らかである。

COSとセツルメント運動を民間社会福祉の始まりと評価するもうひとつの根拠はその活動がつねに公的社会福祉との関係のなかで行われたということである。社会福祉の発展過程において民間社会福祉は，公的社会福祉との関係のなかで規定されなければならない。民間がその主体になっている社会福祉活動が公的社会福祉のパートナーとして，あるいはそれとの役割分担によって行われるときに，それを民間社会福祉の始まりとみなすことができるというのが筆者の立場である。したがって，それ以前の活動は民間自助活動とみなされる。

COSは貧民を救済に値する貧民と値しない貧民とに分類し，前者はCOSが対処し，後者は救貧法という公的制度によって対処されなければならないという明確な公私役割分担の考え方をもっていた。一方，セツルメント運動の場合はその役割分担の考え方が鮮明なものではない。とはいえ，貧困は社会問題であり，国家の介入によってのみ効果的に対処できるが，それを待つことのできない人々が現実問題として存在していて，それは階級間の距離を埋めるための知識人の積極的活動によって軽減されるという考え方に基づいて行われていた。しかも，地域住民の組織化という目標は国家ではなく地域住民の一員になった知識人が住民を組織化することによって効果的に達成できることを認識していたのである。

# 第8章
# 大転換の時代
―― 貧困調査と工場法 ――

## 1 意味と時代区分

　大転換の時代とは，社会全体としては資本主義社会の矛盾，そして社会福祉制度としては救貧法の矛盾と限界が露呈された時期であり，新しい社会福祉システム，すなわち，社会保険の導入と福祉国家体制作りへ移行する転換期の性格をもっている時期である。

　大転換期の特徴としてあげられるのは，まず，その時代的範囲がきわめて長期間にわたっているということである。転換期の兆しは19世紀初の工場法の成立にみられたが，王立救貧法委員会の活動とその報告書の理念は，社会保険導入期を越えて，1945年以後の福祉国家の思想と直接つながっているからである。本章で言及する転換期の時代的範囲は，それ以前の新救貧法の時代と，その後の社会保険の時代や福祉国家時代とかなりの部分が重なっているが，それもこの時期の転換期的性格によるものである。

　救貧法は貧困救済の責任が国家にあることを認めてはいたが，貧困は本質的に個人の道徳の問題であるとみなしていた。したがって，貧困問題の解決のために社会改革が必要であるとの認識がなかったのは当然のことである。また，貧困の予防ということについても全く無関心であった。しかし，19世紀中葉以後，貧困が社会問題であるとの認識とともに，貧困問題の解決および予防のためには社会の根本的改革が不可避であるとの認識が徐々に受け入れられるようになり，貧困問題に対する積極的国家介入が要請されるようになった。

　貧民の生活保障のために，国家の積極的介入を要求する圧力が高まったことには，二つの重要な要因とともに三つの副次的要因があり，それらは密接に関連していた（George, 1973 : 13）。前者は労働階級の投票権の拡大と社会主義思想の普及という二つの要因であり，三つの副次的要因とは当時の家父長的人道主義，貧

困の緩和が産業資本家にもむしろ有益な結果をもたらすという現実認識，そして，貧困の実態とその原因を社会に知らせたブースとラウントリーとによる貧困調査であった。こうした諸要因によって，貧困に対する認識転換がおこり，貧困問題に対しては国家の介入が必要であるという認識が広がるようになった。ある研究者はこうした貧困観の転換を「宗教改革に匹敵する社会思想史における大転換」(Woodard, 1962 : 286-328) と表現している。

## 2　背景：社会構造的矛盾の深化

### ■産業革命と労働者

　産業革命が進行するにつれ，農民の生活はきわめて不安定な状態になった。小作農は，借地契約の最後の2，3年間は平年より多くの収穫を上げるために土地の養分を枯渇させることを恐れて，地主は定期の借地契約を拒否し，任意解約制 (tenure at will) をとり，農民はつねに解約の危険にさらされるようになった。高い死亡率の主な原因は食糧不足と伝染病であり，これは18世紀前半までヨーロッパ全体の共通の現象であった（出水和夫，1988 : 226）。

　都市労働者の状況も同様であった。工場で働く労働者は機械の番人になり，賃金労働以外の選択肢はなかったので，完全に経済的弱者に転落し，絶えず動く機械の前で，長時間の単純労働をせざるをえなかった。しかも，労働者は供給過剰の状態であったため，非常に不利な立場におかれていて，低い賃金や劣悪な労働条件を受け入れざるを得なくなっていた。すなわち，農村からの労働力の大量放出，労働人口の増加，機械生産によって女性や子供でも間に合うことなどで，労働者の供給は増加していたのに対して，需要はさほど増加していなかったので，資本家は低賃金で労働者を自由に雇うことができたのである（田代，1969 : 91-92）。

　児童労働の場合はきわめて深刻で悲惨な状態であった。児童はいわば熟練労働者の予備軍であるが，児童に対する深刻な搾取労働は労働再生産を不可能にし，熟練労働者に成長することを阻んでいた。国家の立場からみると，そうした状況は長期的に安定した労働力供給を脅かすものであったので，これが産業界に対する国家介入の間接的な理由となった。

### ■農業および人口の変化

　18世紀前半には荒地に排水を施して，農作物を栽培するいわゆる「ノーフォー

ク農法」などの農業改善が行われた結果，永久的牧地であった地域も耕作可能地域に転換され，開放耕地や荒地に対するエンクロージャーが一層加速された。この時期のエンクロージャーはいわゆる第二次エンクロージャーであって，農業生産性の向上を保障する大規模農地確保のためのものであった。これによって，浮浪者が増加し，彼らは1760年代以後の産業革命によって工場労働者に吸収されるようになった。1793～1815年のナポレオン戦争によって穀物の輸入が不可能になり，食料価格が高騰すると，それが農業への投資を刺激し，エンクロージャーがさらに促進されたので，農地から追い出された貧農が増加した。

　一方，人口の増加は18世紀後半から著しくなり，「農産物の増産―人口増加―農産物増産」の過程を繰り返した。イングランドの人口は1660年の500万人から1760年には700万人に増加し，最初の人口調査が実施された1801年（これ以降，10年ごとに人口調査が行われるようになる）には，900万人になった。そして，1841年に1400万人，1851年には1800万人に急増した。また，児童の死亡率は減少した。5歳以下の児童の死亡率は1700年には75％であったが，1800年には41％に減少した。

■ **ヴィクトリア黄金期の終焉**

　産業革命を最初に経験したイギリスは，19世紀には世界の工場と呼ばれるほど，世界市場を独占的に支配した。しかし，1870年代に入ると，ドイツやアメリカなど後期資本主義国家の経済力が急速に成長し，イギリスの地位は脅かされるようになり，不況に直面することになる。失業が大量に発生し，救貧法では対応しきれないということが明らかになった。失業問題は散発的かつ一時的なものではなく，景気循環と結びついた根本的・長期的問題へとその性格を変え，全産業にみられるようになった。当然，ある特定産業の不況を反映し，特定地域に失業が集中する現象も生じたが，それらに対して救貧法は完全に無力であった。[59]

　1870年代末の時点で，イギリスの長期にわたる繁栄は事実上，終わりを告げたといえる。1872年に2億5600万ポンドに達していた輸出は徐々に減退し，1879年

---

[59] たとえば，アメリカの南北戦争で原綿の輸入が中断されることによって起きた1861年の「綿花飢饉」（cotton famine）の場合がそうであった。1860年，イギリスには2,650か所の綿織工場があり，その雇用者数は44万人，賃金総額は年間1150万ポンドであった。1860年の原綿の輸入は13億9100万ポンドで，その約80％に当たる11億1600万ポンドがアメリカからの輸入であった。原綿の約20％は再輸出されたが，残りの分は加工されていたので，綿花供給の中断は当然大量失業を引き起こしたのである。

には1億9200万ポンドまで落ち込んだ。労働組合の報告によると、失業率が1％から12％までに上昇した。1878～79年には、その深刻さを増して、最悪の不況を迎えた。とくに、スコットランドではグラスゴー市銀行の破産により、産業界の破産と麻痺が連鎖的に起こっていた。このようにして、あらゆる産業で失業者が急増し、最悪のときには全組合員の25％にまで達した（Webbs, 1894: 345）。また、この不況は全産業界における賃金の引き下げをもたらした。

## 3　貧　困　調　査

### (1)　貧困観の転換
#### ▎福祉国家的貧困観へ

　19世紀末の「貧困観の転換」のもつ歴史的意義およびその重要性についてはすでに多くの研究者が強調してきた（たとえば、Marshall, 1968: 22-23, 毛利, 1981）。この頃発生した多様な運動の圧力によって、貧困問題はその根本原因は社会経済構造そのものにあり、国家介入によってのみ解決できる社会問題であるという認識が受け入れられるようになるのである。これは、自由放任的貧困観から福祉国家的貧困観への転換であった。

　ウダードによると、自由放任主義的貧困観（the *laissez-faire* standard toward poverty）の下では、貧困は道徳的問題という観点から、①貧困は人間生活において不可避な条件であり、②人間の現在の生活状態や生活条件は自分の道徳性を反映するものであり、そして③救済に値すると認められる貧民に対する最善の対処方法は私的慈善であり、私的慈善は救貧法より優先し、また効果的であると認識された（Woodard, 1962: 293-303 ; 毛利, 1981 ; 安保, 1987a）。つまり、貧民が自立生活に失敗し、国家の救済を受けるようになったのは、彼らが勤勉で節約する美徳をもった尊敬に値する市民としての資質をもっていなかったからであるとみなされた（Tawney, 1909: 363-366）。

　しかし、19世紀後半に入ってから、こうした貧困観は多様な角度から批判され、次第に福祉国家的貧困観に取って代わられるようになった。それは、①貧困は経済的現象であって、解消されうるし、解消されなければならない問題であり、②貧困を引き起こす要因に対処できる唯一の社会制度は国家であり、③したがって、貧困解消の責任は国家が負うと同時に、国家はその目的を達成するために努力しなければならない、ということであった。その転換の背景には選挙権の拡大、社

会主義思想の普及など多様な原因があったが，自由放任主義に強力な批判を加えた多くの文献とともに，貧困の規模とその原因を数量化した貧困調査もその重要な要因であった。

■ 自由放任に対する批判

19世紀末になると，自由放任主義に対する厳しい批判が数多くあらわれた。[60]批判者たちは，国富の伸長にもかかわらず，重要な社会悪は全く解消されないまま残されていることを大衆に力説し，貧困問題はもはや国家の介入によってのみ効果的に対処できる時代になったことを強調した。個人主義と自助の効能に信念をもっていたヴィクトリア的貧困観を攻撃したのである。

なかでも，スラム地域の生活実態に関する悲惨な事実を暴露したマーンズ牧師のパンフレット『家なきロンドン人民の悲痛な叫び』（1883年）の社会的反響は大きく，1884年3月には労働者階級の住宅に関する王立委員会が設置されるほどであった（安川，1982：27-28；Hennock, 1976：67）。

自由放任主義的貧困観への批判においては，社会改良運動に積極的協力の姿勢を示していたマスコミによる支持も重要な役割を果たした。その代表的なものは「ポール・モール・ガゼット」（*Pall Mall Gazette*）であった。ロンドンの夕刊紙であったこの新聞は，経済不況と政治的変化によって引き起こされた社会的要求を社会に知らせていた（Hennock, 1976：68）。マーンズのパンフレットの内容を紹介する記事とともに，それに対する読者の投稿をも掲載し，しかも社説を通じて国家による根本的な住宅対策の確立を訴えるなど，都市スラム問題解決のためのキャンペーンを行っていた。また，1886年にはビアトリス・ウェッブ（当時はBeatrice Potter）の手紙もこの新聞に載せられ，大きな反響を呼び起こした。

しかし，イギリス貧民の生活状態に関して，科学的分析を伴った正確な資料に基づいて，社会に巨大な貧困が存在していること，貧困の原因が個人の道徳的欠陥ではなく，低賃金や失業など経済体制の欠陥にあるという実状を明確に社会に知らせたのは，ブースとラウントリーによる貧困調査である。それは自由放任的貧困観に決定的な一撃を与え，社会状況にある種の革命を引き起こした（Stevenson, 1984：23）。

60) その代表的なのは次の三つが挙げられる。James Greenwood, *A Night in the Workhouse*, 1866；Andrew Mearns, *The Bitter Cry of Outcast London*, 1883（このパンフレットの内容とその影響などについては，安保則夫，1987a を参照）；William Booth, *In Darkest England and the Way Out*, 1890（山室竹еру訳『最暗期の英国とその出路』相川書房，1987）（Stevenson, 1984：21）。

## （2） ブースの貧困調査

### ■ブースの生涯[61]

　ブースは1840年リヴァプールで3男2女の三男として生まれた。1912年に70年余りの生涯を終えるまでの間，船舶会社のオーナーとして，博愛者として，貧困調査の分野に新しい歴史を切り開いた社会調査家として，そして貧困解決のための多様かつ積極的な提案と運動を行った社会改革者として，多方面に活躍した人物である。

　彼の出生と死亡の時期からみると，ブースはヴィクトリア時代に生まれ，エドワード時代に死亡したことになるが，実際に社会的活動を活発に行っていたのは1870年代から20世紀初頭に至る約30年間のことであった。この時期は社会思想，哲学，労働史など多様な分野で転換の時代と呼ばれているが，社会福祉史の領域においても転換の時代といえる時期であり，しかもこの転換においてブースの貧困調査が重要な役割を演じていたということは異論の余地のないことである。

　ブースは貧困調査と貧困状態の確認ということに留まることなく，貧困解消のためにも努力したが，その代表的な例が老齢年金実現のための活動であった。また，貧困問題解決のため設置された1905～09年の王立救貧法委員会の委員に任命されたが，健康上の理由で辞職し，その後まもなく死亡した。

### ■貧困調査の結果

　19世紀後半には多くの公的調査が計画され，それらによって社会的状況に関する情報が提供されていたが，ブース以前にはどれくらいの貧民が存在しているのかを調べようとした者はなく，科学的にその疑問に答えようとした者もいなかった。ブースの調査は1886年から開始され，その結果は1889年『ロンドンの人々の生活と労働』全17巻（1889-1903年）にまとめられた。これは多様な社会改良政策をもたらした（McGregor, 1957：146）ものとして評価されている。

　ブースは，イーストエンド地域の貧困調査を皮切りに徐々にその調査地域を拡大し，最終的にはロンドンの全地域，400万人以上，100万世帯に及ぶあらゆる住

---

61) ブースの調査結果報告書は，C. Booth, *Life and Labour of the People in London*, 17 Vols. First Series: *Poverty*, Vol. 1-4, Second Series: *Industry*, Vol. 1-5, Third Series: *Religious Influences*, Vol. 1-7, Final Vol.: *Note on Social Influences and Conclusion*であり，この著作はAugustus M. Kelley Publishersの複刻版として1969年出版されている。なお，ブースや彼の調査については，阿部実（1990），安保則夫（1987b），石田忠（1959）などの研究がある。社会福祉学徒にはまず安保則夫（1987b）の研究の読むように勧めたい。

第Ⅲ部　大転換の時代

表8-1　ブースの調査による貧困の原因

| 階級 | 貧困の原因 | | | | |
|---|---|---|---|---|---|
| | 怠け者 | 低賃金・不定期的収入 | 疾病・大家族 | 飲みすぎ・無節約 | 計（100%） |
| A・B | 4 | 55 | 27 | 14 | 100 |
| C・D | | 68 | 19 | 13 | 100 |

＊　ブースは調査対象者を8つの階級（Class）として，次のように分類した。（Booth, 1889, Vol. 2 : 33）この基準に基づいて，ブースはロンドンの全地域に階級Aから階級Dまでの貧困者が全人口の30.7%に達すると証明したのである。
　A：最低階層―臨時労働者，浮浪者，準犯罪者
　B：日雇い労働者―極貧者
　C：不定期的所得者 ─┐
　D：定期的であるが低所得者 ─┘─貧困者
　E：定期的所得者―貧困線以上
　F：上層労働者（higher class labour）
　G：中産階級下層
　H：中産階級上層
資料：Booth, 1889 : 146-147.

民を調査対象にした。調査により様々な事実が明らかになったが，なかでも衝撃的な内容は，ロンドンの全人口の30.7%にあたる129万2737人が階級Aから階級Dに分類される貧困者である（Booth, 1889, Vol. 2 : 21）という事実であった。貧困の原因については，表8-1で示されているように「低賃金・不定期的収入」が圧倒的に多くなっていた。

■意義と評価

　ブース以前にも貧困に関する調査は公的・私的に行われ，貧困に関する情報は多くなりつつあったが，ロンドンの貧困状況を科学的に解明しようとしたのはブースが最初であった。ブース自身が調査結果よりはむしろその結果を導出するために取り入れた調査方法が重要であると強調したように，調査結果だけでなく調査方法も大きな意義をもつものであった。彼は資料収集において1881年と1891年のセンサスを利用したが，より詳しい情報が必要な場合にはその地域の事情に詳しい学校の教職員を対象にし，調査補助員とともに自らが何時間も質問して資料を集めたのである。[62] それは貧困の実態を明らかにするために国家の公式的資料と公務員の意見や知識が活用されたことを意味し（Bruce, 1968 : 166-167），それ自体が集合主義の拡大を象徴することであった。この意味でブースは「事実と意見とを分離して考察する重要性を自覚した最初の人物」（Rodgers, 1969 : 51）と評価できる。ブースの貧困調査について，ギルバートは次のように評価している

(Gilbert, 1966：56)。「ブースの重要性は，貧民の数が莫大なものであるので，貧民の救済が個人的には対処できないという事実を良識あるイギリス人ほとんどに納得させたことである」。

ブースの貧困調査が貧困問題に対する国家の介入にどれほどの影響を及ぼしたのかを正確に測定することは難しい。それがイギリス社会にひとつの革命的転換をもたらしたという評価もあれば（たとえば，Rodgers, 1968：50-52)，社会主義思想の普及や労働者階級の参政権の拡大という要因と比べるとその影響力が副次的であったとの評価（たとえば，Geroge, 1973：15-16）もある。しかし，いずれにしても，ブースの貧困調査は，貧困は広範囲に存在している現象であること，そしてそれが個人の欠陥の結果ではなく社会の構造的欠陥の結果であることを明白にしたというその意義を疑ってはいない。

■ ブースの貧困調査に関する新しい論議

ブースの貧困調査に関しては，新たな争点が提起されて，既存の説明に反論する形の意見が出されている。新たに提起された争点は三つに要約できる。第一は，調査の動機に関することであるが，社会福祉の観点からみて意味深いことではない。第二は，ブースの調査では貧民を幾つかの類型に分類したが，その分類基準が科学的なものであるかそれとも道徳的なものであるかに関する論議である。そして，第三の論議は，その調査の結果，ロンドン市民の30％が貧困状態であったという事実に関わることであるが，そこでブースの用いた貧困の概念が，当時一般的に使われていた貧困概念と同様のものであるか，そして，その概念が現代的意味で一般に受け入れられている貧困概念と一致しているのか，ということをめぐるものである[63]。なかでも，後述するラウントリーの貧困調査と比べるとブースの貧困概念が客観的基準ではなく道徳的規準に基づいていたという指摘はとくに重要である。研究者間の論争を通じて提起された意見であるが，筆者もブースの[64]

---

62) この調査に調査員として参加したビアトリス・ウェッブは，調査対象に関する豊富な知識や経験を持っている人から大量な情報や資料を収集するこのような方法を「卸売り面接方法」(method of wholesale interviewing) と名づけている (Beatrice and Sidney Webb, *The Method of Social Survey*, 1932)。

63) この新しい論議については，朴光駿，ブースの貧困調査をめぐるの三つの新しい論議に関する研究『慎燮重教授回甲記念論文集』1993を参照のこと。

64) この論争の系譜は次の通りである。John Brown, Social Judgements and Social Policy, *Economic History Review*, Vol. 24, 1971 ; Trevor Lummis, Charles Booth: Moralist or Social Scientist ?, *Economic History Review*, Vol. 24, 1971 ; John Brown, Social Judgements and Social Policy, *Economic History Review*, Vol. 24, 1971.

第Ⅲ部　大転換の時代

貧困概念の基準が客観的であったとはみていない。その根拠は二つある。まず，挙げられるのは，貧困線の根拠が示されていないことである。ブースは世帯あたり週18～21シリングの貧困線を提示した（Booth, 1889 : 83）が，その金額がどのような基準によって設定されたのか，その根拠を明らかにしていない。これは，ラウントリーが，貧困線の策定根拠を自分の報告書の1章を割いて詳しく言及している（Rowntree, 1901 : 86-118）のとは対照的である。もうひとつの理由は貧困者を四つの階級に分類したものの，ブース自身も認めているように，その基準が恣意的である点である。

### （3）　ラウントリーの貧困調査
#### ▌ラウントリーの生涯

現代の貧困概念，そして公式的貧困線の規定においてラウントリーの影響力は計り知れない。貧困観の転換に影響した貧困調査を言及する研究者たちはブースとラウントリーを一組で紹介している場合が多いが，調査方法の側面からみるとラウントリーのそれをより高く評価するのが一般的である。[65]

ラウントリーは製菓事業を営む家庭に生まれ，クェーカー教徒の家庭雰囲気のなかで育てられた。父親は事業をする一方で，貧困児童のための学校事業や病院事業，クェーカー教徒のための成人学校を支援していた。ラウントリーもその成人学校の教師になり，自然に労働者と親密な関係を結ぶ機会をもち，労働者の生活や彼らの貧困問題に関心をもつことになった。ブースの貧困調査が初めて発表された時，ラウントリーはまだ18歳だったが，ブースの調査方法に魅了され，ロンドンのような大都市ではなく，人口7万人のヨーク市の場合にも果たしてそのような結果になるのであろうかという疑問をもち，ヨークでの独自の調査に乗り出したのである。

調査は1897年から計画され，1889年，ヨーク市の全労働者世帯を対象にする大規模な調査が開始された。その調査報告は1901年出版され，ブースのそれと同様に巨大な貧困が社会に存在しているという事実を社会に知らせるものであった。そして，それは20世紀初に社会改革の主役として活躍していたロイド・ジョージやチャーチルにも影響し，とくにロイド・ジョージとは生涯を通じて親密な関係

---

65）　たとえば，クーツはイギリス福祉国家発達史に関する著書（R. Cootes, The Making of the Welfare State, 1966）で，ラウントリーの貧困調査についてはひとつの章で詳しく紹介しながらその重要性を強調している反面，ブースの貧困調査に関してはほとんど言及していない。

を維持し，貧困に対処する改革的措置の開発に影響を与えた（Briggs, 1961）。

ラウントリーはその後，1936年に2回目のヨーク市貧困調査，1950年には80歳を超える高齢にもかかわらず，3回目のヨーク市貧困調査を行い，それぞれ調査報告書を出版した。[66]

## ■ 貧困調査の方法

ラウントリーはすでにブースとのつながりをもっていて，しかも自分の調査計画についてブースに相談もしていたので，彼の経験から多くのことを学んでいた。彼は，ブースの場合よりは狭い地域を調査対象にしていたので調査項目については一層正確にすることができたのである。

ラウントリーの調査の重要性はその「貧困線設定方法」にあったといっても過言ではない。また，彼の調査は何十年間の時差をおきながら，3回にわたって行われたが，その過程で調査方法がさらに洗練されていった。

ラウントリーは，世帯所得が単純な肉体的生存のために必要な水準以下の状態を「一次的貧困」（primary poverty）と定義した（Rowntree, 1902 : 86-87）。彼は，栄養摂取と体重との関係を明らかにするために，囚人を対象にして実験をした栄養学者アットワーターの研究方法を利用して，成人と児童の平均栄養必要量を推定し，それを多様な食材料に換算し，その食材料を購入するために必要な現金を算出した。そして，このように算出された食費に，家族規模によって衣類費，燃料費，雑費などの最低必要金額を加算し，それを貧困線とした。成人男子と配偶者，そして児童3人によって構成される家族の貧困線は当時，週17シリング8ペンス，衣類費は2シリング3ペンス，燃料費1シリング10ペンス，そして雑費10ペンスであった。家賃も全額最低生計費に含まれた。したがって，所得から家賃を引いた金額が貧困線を下回る場合には，その家族は貧困状態にあるということになっていたのである（Townsend, 1974 : 21）。最低生活費という概念を取り入れたラウントリーの貧困研究は，以後貧困線の設定に大きな影響を及ぼしたことは，すでによく知られている事実である。

---

66) ラウントリーの3回にかけた貧困調査の報告書は次の通りである。第一次調査, *Poverty: A Study of Town Life*, 1901／長沼弘毅訳『貧乏研究』ダイヤモンド社, 1959, 第二次調査, *Poverty and Progress*, 1941, 第三次調査, *Poverty and Welfare State*, 1951。ラウントリーの紹介書としては, Briggs（1961）, 小沼正（1977）がある。

## ■調査の結果

　ラウントリーは貧困を二つの概念に分けて規定した。すなわち，所得が単純に肉体の維持に必要な最低水準に及ばない生活のことを意味する第一次的貧困と，これよりは所得の水準が高いものの，彼の設定した科学的に妥当とされる家庭生活の水準に及ばない状態をさす第二次的貧困（secondary poverty）がそれである。この基準からみると，ヨーク市人口の9.9％が第一次的貧困であって，17.93％が第二次的貧困になっていた。結局合計28％が貧困になっていたことになるが，それはブースの調査による貧困率にはわずかに及ばなかったものの，ヨーク市の賃金労働者の43.4％にも及ぶ数字であった。ブースの調査より低い貧困率になった理由としては，男性の1日必要カロリーを3500カロリーと設定したこと，そしてこの調査が，ラウントリー自身の表現を借りれば，ヨーク市の好景気のときに調査が行われたことなどが挙げられている（Rowntree, 1902 : 52-53）。

　表8-2はラウントリーによる貧困の原因分析であるが，貧困の原因として低賃金という要因が目立っている。この分析によると，当事者の性格，自制なき生活などによる貧困は全く存在せず，貧困の原因の約52％は低賃金であることが明らかになったのである。これは労働者階層の半分が貧困者であることを意味した。こうした結果からみると，ヴィクトリア時代の美徳であった「倹約の生活態度さえもっていれば貧困になるはずがない」という考え方は全く説得力の欠けたものになる。というのは，人々がこの水準で生活しているときには，貯蓄どころか食費支出にも追われることになってしまうからである。

　低賃金等が貧困の主な原因であるという事実を科学的に証明したこの二つの社会調査は，人間の生活状態は個人の道徳性の反映であるとか，貧困に対処する最善の手段は私的慈善であるという自由放任主義の考え方の限界を明確にし，貧困問題に対する国家の介入，すなわち社会改革を要求する圧力になったのである。

表8-2　ラウントリーによる貧困の原因分析

| 原　　因 | 割　合 |
| --- | --- |
| 1．正規労働に従事しているが低賃金 | 51.96 |
| 2．大家族（子女4人以上） | 22.16 |
| 3．主所得者の死亡 | 15.63 |
| 4．主所得者の老齢あるいは疾病 | 5.11 |
| 5．不正規的労働に従事 | 2.86 |
| 6．主所得者の失業 | 2.31 |

資料：Rountree, 1902 : 120-121 の表およびダイアグラムに基づき再構成。

## 4　工　場　法

### （1）　社会福祉史における工場法の位置づけ[67]
■工場法とは

　工場法（Factory Act）ないし工場立法とは，産業革命を通じて制度化された工場で働く労働者や徒弟の労働条件を法律で強制する立法のことである。工場法成立以前には，労働者の労働条件は工場主と労働者間の自由な契約の結果としてみなされ，国家さえも両者の契約内容に干渉してはならないというのが支配的な考え方であった。たとえば，工場に窓が設置されていないとか，幼い徒弟が夜間労働を強いられるとしても，それは労働者が窓の設置された工場や，夜間労働をさせない工場主と労働契約を結べば済むことであって，国家が工場に対して窓を設置するように，あるいは幼い徒弟の夜間労働を禁止するように強制することはできなかったのである。

　工場法とは，国家がこうした社会秩序の根本的矛盾を認識し，両者の契約関係に介入し，窓の設置や夜間労働の禁止を工場主に強制することによって，社会的弱者である労働者を保護する目的で制定された法律である。その保護の目的については，長期的に安定した労働力の確保をねらったとする見解，労働者の暴動や革命を恐れて労働者に対してアメを与えたとする見解，また労働者の福祉を増進するという純粋な目的によるものであるというさまざまな見解がある。

　工場法は現代社会でいう社会法の嚆矢である。社会法には労働法，経済法，社会保障法が含まれるが，労働法の最初のものが工場法である。これは社会福祉発達史においても言及しなければならない重要な研究領域である。というのは，工場法の動機が徒弟の労働を保護することにあって，その徒弟とは救貧法によって貧困児童として規定されていたので，救貧行政とは切り離しては考えられない関係になっているからであり，しかも，工場法が社会改革の時代を切り開いた画期的な性格をもっていたからである。ただ，社会福祉発達史においては，この工場法の多様な側面のなかでも，徒弟と関連のある側面に研究の範囲をしぼってアプローチする必要があると思われる。

---

67)　工場法に関する詳しい研究は，B. L. Hutchins & A. Harrison, *A History of Factory Legislation*, 1911 がある。社会福祉史関係の文献の中で，工場法を詳しく取り扱っている文献は少ない。社会福祉の歴史書の中で，それについて比較的詳しく紹介している文献としては，Fraser, 1973, Chap. 1；Henriques, 1979：Chap. 4・5，等があげられる。

## ■「社会改革の最初の試み」の意味

ある制度が「社会改革の発端」と評価されるためには，次のようないくつかの条件を整えていなければならないと思われる。

第一に，その制度が既存の社会体制を維持するために形成されていた支配イデオロギーのもつ根本的矛盾を認識したうえで作られたものでなければならないということである。この時代の場合，資本主義社会の形成と維持に決定的役割を果たしてきた近代自由主義のもつ根本的矛盾を認識することから出来上がったものでなければならないことになる。

第二に，そうした社会矛盾を根本的に修正しようとする努力がなされることである。この時期には近代資本主義が夜警国家観に基づいた自由放任を前提にして成立していたので，自由放任に対する修正，すなわち国家の介入が行われなければならず，しかも，それは自由放任によって不利な立場にあった階層を保護するためのものでなければならないことになる。

第三に，その制度が既存社会の根本的矛盾を修正しようとする制度であることを社会構成員がある程度認識し，またその制度を出発点にし，あるいはその制度の影響によって，同様の理念に基づいた制度が継続的に設けられることである。国家の介入が必要であるという社会的認識に基づいて設けられた制度であり，それ以降同様の目的をもつ国家介入が行われるようになるとすれば，それをもって社会改革の始まりとみなすことができるということである。

1802年の工場法は以上のような諸条件を備えた最初の制度であると思われる。というのは，第一に，それが市民法の基本原理であった工場主と労働者間の自由契約が労働者の生活条件を悪化させたという認識に基づいているからである。第二に，劣悪な条件での労働を強いられていた徒弟を保護するために，工場主の反対を押し切って，国家介入を行ったからである。第三には，この立法以降，工場の労働条件改善を目的とする一連の立法が継続的に行われ，国家の規制と干渉の体系が次第に発展していくからである。

## ■市民法から社会法へ

市民法は市民社会，すなわち近代資本主義社会の原理を規定した私法であって，人格者としての個人の私的権利追求を最大限に許容し，それを権利として保障することによって，市民社会の秩序を維持することを目的にした法律である。すべての人間は平等であり，法律による場合を除いては社会的・経済的制約を受けな

いとされた。これは，個人の社会的地位から生じる個別性と具体性とを考慮せず，すべての人間は自由で平等であるという人格者の概念を基礎とする法律である。所有権絶対の原則と契約自由の原理は，市民法の至高の価値であった。

　個人の社会経済的地位の差別性に対する認識，現実と法律理念との乖離に対する認識が高まるにつれて，資本主義社会の社会的要請によって社会政策立法として登場したのが社会法である。したがって，社会法は市民法と共存することによってのみ，その地位が承認される。社会法は現実に存在する社会化された人間の具体的概念に基づいた法で，各自の社会的地位による差別性を大いに考慮し，しかも社会的地位を把握することに留まらず，社会的弱者に対しては保護を，社会的強者に対しては規制をめざす。さらに重要なのは，社会法は個人と個人の間の私的な法律関係についても，私的関係ではなく「社会的関係」として把握し，両者間に介入するということである。社会法には労働法，経済法，社会保障法などがここに含まれるが，現代的意味では，生存権と生活権の制度的保障の実現を目的とする国家法の総称になっている。

　ダイシーは，19世紀には集合主義が個人主義に代わって法的イデオロギーとして浮上したと述べているが，彼は集合主義の内容として，①公権力による社会的弱者の保護，②契約自由の制限，③労働者の団体行動に対する法律の保護，④社会的平等化の志向，の四つを挙げている（Dicey／清水訳，1972）。ところが，ダイシーの挙げた集合主義の内容はまさに工場法の立法精神そのものであった。社会法としての工場法の出現は，私的な生活がある程度社会的生活とみなされるようになったことを意味し，また個人主義優位の法から社会的・集団的公益を重視する法への転換を意味する。というのは，工場法以前には，児童労働者と工場主との契約は自由意志によるものであり，国家が介入してはならないとされたが，これは児童保護のために工場主に労働条件を強制する工場法では，この両者の関係が社会的関係としてみなされるようになったからである。

## （2） 工場法の背景と内容

### ■原生的労働関係

　原生的労働関係とは，封建制の崩壊とともに労働者に対する最小限の保護措置が崩壊し，自由放任主義が始まると労働者の生活条件はさらに悪化し，資本に対する従属関係はその深刻さを増すようになるが，この時期から，国家による労働者保護政策が行われるようになる時期までの労働関係のことをいう。労働の搾取

が極端な形で行われていた。この労働関係に対する国家の積極的介入と干渉は1802年以降の一連の工場立法と1824年の団結禁止法廃止法としてあらわれる。

最初の工場法,「徒弟の健康と道徳維持に関する法律」(*The Act for the Preservation of the Health and Morals of Apprentices of 1802*) は, 当時自由党政府の商務大臣ピール (Robert Peel) によって成立されたが, その背景としては次の三つの要因が挙げられる。

まず, 機械の発明をその特徴とする産業革命の影響である。とくにアークライト (R. Arkwright) による水力紡績機の発明 (1768年) は人間や家畜ではなく水力を原動力とする機械であり, 工場制度の助産婦といっても過言ではない。というのは, 機械による生産力の向上はいうまでもなく, それが高価であったので資本家の独占が成立し, また水力の豊富な渓流沿いに設置され都市から隔離されるようになり, 教区の貧困児童が最も都合のよい労働力として利用されたからである。教区や救貧院で児童が大量に移送され, それがまた工場制度を促進したのである。[68] 当然, 隔離された徒弟の労働条件は次第に悪化した。

第二に, 児童労働の改善運動が挙げられる。18世紀の児童労働と教区徒弟の生活に対する改善運動の代表的人物であったパーシバル (Dr. T. Percival) は同僚の医師とともに, 工場労働に対する法律の必要性を力説し, 1802年工場法の成立にもピールを援助する形で寄与した。彼は, 1784年ラドクリプの綿織工場で伝染性の熱病が発生したときに現地調査をしたが, その調査結果を根拠に労働条件の改善を主張した。[69] パーシバル以外にも, 当時の教区児童の労働については, その改善を要求する意見が多く提起されていた。

第三に, より直接的な背景として1801年の徒弟虐待事件がある。事件担当の判

---

68) 機械の発明はハーグリヴスのジェニー紡績機の発明 (1864年), クロンプトンのミュール紡績機の発明 (1779年) などもあったが, それらは小費用で設置が可能であるということで独占にならなかったし, その原動力が人間や家畜であったので, 工場制度をゆっくり促進したのであった。

69) 彼は熱病の発生原因を突き止めることはできなかったものの, 多くの人々が密集している所に伝染病が広がること, それは換気ができていない空気から発生する病原菌によるものと推定し, 工場で休憩なしで長時間働かせたことが年少者に害を与えたという結論を下し, その改善のための勧告文で次のように述べている (Hutchinson & Harrison, 1911 : 7)。「われわれは綿織工場で働くあらゆる人々に対して, より多く休憩をとらせ, 夜にはより早く作業を済ませるように強力に勧告する。われわれは現在の健康と将来の労働力を確保するために, とくに14歳未満の児童にこのような特権を与えることは絶対に必要なことであると考えている。なぜなら, 幼年期と青年期での積極的な休憩は, 人間の身体を発育させ, 体力を保たせ, バランスのとれた健全な成長を成し遂げるのに不可欠だからである。この機会にわれわれは公共福祉の守護者であるあなたたちにより一層重要なアイディアを提供したい。それは, 若い人間を健全に成長させうる人生での唯一の時期に, 彼らからいかなる教育的機会を奪ってはいけないということである」。

事はその工場主に徒弟の虐待や酷使の罪で重労働12か月の刑を言い渡したが，その罪名は刺繍労働に雇用された16人の徒弟に対する虐待や酷使，そして賃金の着服であった。判決記録には，その工場の労働条件が記述されているが，16人の徒弟が働く工場にベッドはただ二つだけであって，長時間労働や劣悪な労働条件によって生涯にわたる障害を負わせた場合もあり，暴力をふるい，体力の限界を超えた作業を強要する一方，徒弟に提供するべき衣服や生活用品を提供せず，健康に深刻な害を与えたとされている。さらに，そうした状況に対して，徒弟に出された貧困児童の監督者である救貧監督官が職務を怠り，彼らが貧困児童を援助するどころか，破滅に導いていると強く非難したのである。

最後に，工場法の背景として挙げられるのはいわゆる「飴と鞭の政策」である。1789年のフランス革命はイギリスにも重大な影響を与え，革命に対する恐怖から，一方では1800年の団結禁止法による統制と，もう一方では労働者に対する飴として労働者保護法である工場法を制定したのである。

## ■最初の工場法

最初の工場法である1802年法は，工場に雇われた貧民の子供を対象として，3人以上の徒弟，20人以上の労働者を雇用するすべての工場に適用されるようになっていたが，その内容は次の三つの部分からなる（Hutchins & Harrison, 1911：第1章）。

第一に，作業環境に関する規制である。工場では，工場とそれに付属した建物を少なくとも年2回は石灰水と水で洗うこと，風通しや換気が十分できるように窓を設置すること（第2条），等が規定されている。

第二に，徒弟の労働条件に対する保護や規制，そしてその教育規定である。徒弟期間中にはつねに2着の衣服を支給し，さらに毎年1着を支給すること（3条），食事時間を除いて最長労働時間は12時間とすること（4条），1803年6月1日以降は，いかなる場合でも夜9時以後朝6時までの夜間作業を禁止すること（4条），男女の寝室を区分して設置すること，ひとつのベッドを2人以上が使ってはならないこと（7条），徒弟は労働期間中一定時間を利用し，読み，書き，数えの教育を受けなければならず，工場主は適切な人物を教師として任用すること，少なくとも月1回は従業員を教会に通わせること（8条），等が規定されている。

第三に，この規制の実施に関する規定である。治安判事は工場に利害関係をも

たない2人の監督官を任命し，その監督官には時間に関わりなく工場に立ち入り，監督できる権限を付与すること（9条），あらゆる工場主は治安書記に登録すること（14条），この法律のコピーを徒弟あるいは労働者の目に届くところに掲示すること（12条），違反者には40シリング以上5ポンド以下の罰金を課し，その罰金は通報者と救貧当局に二分してそれぞれ支給すること（13条），などが規定されている。

### ▎以降の発展

1802年以降，労働者保護政策は次第に強化され，1819年には10歳未満児童の労働が禁止され，16歳未満の児童全員には食事時間を除いて1日12時間以上の労働が禁じられた。その後も断片的改善が行われ，1833年工場法が成立する。

1833年工場法，「工場の児童，年少者の労働を規制する法律」は，すべての工場で18歳未満の年少者による午後8：30～午前5：30間の労働を禁止し（1条），労働時間は1日12時間，週69時間に限定し（2条），9歳未満児童の雇用を禁止し（7条），9～13歳児童の労働時間を1日8時間，週48時間に制限（8条）する措置が含まれた。この法律の特徴は児童の保護に重点を置きながらも，その監督や規制のために工場監督官という新たな中央集権的機構を創設したことにある。4人の有給工場監督官が任命され，彼らはイギリス全域の工場法施行の監督責任が与えられた。彼らには，作業中の工場に自由に出入りできるような権限が付与され（17条），その法律の実行のための規定を作り，命令を下す権限も与えられた。この工場監督官の公務執行を妨害することに対する罰金制度も定められていたので，この法律の施行に関する限り，工場監督官は治安判事と同等な権限が付与されたのである（Hutchins & Harrison, 1911：第1章）。これに対し，工場主は「工場監督官に与えられた権限はかつて個人に付与されたいかなる権限よりも大きいものである」と非難した。

また，工場児童の教育に関する規定を設け，工場で働くときには同時に学校にも通えるようにした。工場児童は毎週月曜日の朝，その前週に少なくとも1日2時間，学校に出席したことを証明する学校長の証明書を工場主に提出すること，その学校は子供の両親が選択するのが望ましいが，親がそれを怠っていたときには代わりに監督官が指定し，その場合，工場主は児童の賃金から週1ペニーを教育費として控除することができる（21条）と規定されていたのである。

第8章 大転換の時代

## ■ロバート・オーウェンと工場法

　オーウェン（Robert Owen：1771-1858）は生涯，理想的共同体の建設に献身した人物といっても過言ではない。彼は事業を通じて蓄積した巨額の財産を多様な共同体実験と教育の発展などに投入しながら，つねに新しい社会建設の夢をもって活躍した人物である。ニュー・ラナーク（New Lanark）での実験，アメリカのインディアナ州での大規模共同体実験であるニュー・ハーモニー（New Harmony），オビストン（Orbiston）実験，クインウッド（Queenwood）の農場を中心とした共同体実験，共同体学校の実験など，彼が試みた共同体実験は多様でかつ生涯をかけた実験であった（Joad, 1928：13-15）。

　オーウェンは仲間の繊維製造業者，時には政府官吏や議員を説得し，徒弟を含む工場労働者の労働環境の改善に努力し，工場立法の成立と発展に最も貢献した人物である。その思想は独創的かつ実際的で，工場法研究者のハチンズは「産業革命の悪影響，利潤のみを追求する工場主がほとんどであった陰鬱な時代に，誇りをもって紹介できる人物，しかも将来の発展という希望の観点から紹介できる唯一の物語はロバート・オーウェンの事業である」（Hutchins & Harrison, 1911：22）と評価している。

　オーウェンは児童の労働時間を短縮するために多様な実験を行い，その結果をもとに同僚の工場主たちを説得した。彼は10歳未満の児童は雇用せず，労働時間は昼食時間の1時間15分を含めて12時間にする実験事業を自分の工場で始めた。当時の一般的慣行は14時間労働であった。彼は労働時間を短縮することによって，労働者の健康の相当な改善，子供世代における教育の大きな改善をもたらし，さらに国家救貧費用もかなり節減できると確信していた。彼は子供に教育機会を与えることが必要であると力説し，10～12歳の児童は一般労働者の半分だけ働いてもよいと考えていた。そして，自分が実際に行った労働時間短縮の効果を仲間の工場主たちに次のように述べている。

> 工場主の立場からみて労働時間短縮から損をすることはない。1日10時間45分働くことと11時間45分働くことの間には生産性の面での差はない。目に見える損失とは1シリング8ペンスあたり多くて1/4ペンスである。これを換算すると生産量の1/80にあたる。しかし，このような微々たる生産量の減少は，その代わりに労働者の体力が強化され，活力が補充されることによって十分に埋められる。また，労働者が不良品の防止のためにより真剣になること，労働時間帯には時間の無駄使いをせず，真面目に働くことによって埋められてあまるほどである。しかも，こうした方式は労働者をより良心的な

人間にし，無理やりに働かせることよりは，有益なことが多いのである（Hutchins & Harrison, 1911：21-24，から要約）．

## ■工場監督官ホーナー

1833年法によって，工場法の実行機構として工場監督官制度が誕生したが，その1人として立派な業績を残したホーナー（Leonard Horner：1785-1864）の活動は特記に値する．彼の活動を考察することは，当時の工場法の施行状況を明確にするだけでなく，工場法の実施においてその制度管理者の質がいかに大きな影響を与えていたのかを明らかにしてくれる[70]．

彼は1833年の工場監督官任命以降，1859年退任するまでの26年間に，労働者とくに児童労働者の保護に努力した．彼は最初スコットランド担当，1836年からはマンチェスターなどの北部工業地域を担当した．初期の工場監督官にはさまざまな困難があった．第一に初めて施行される制度であっただけに，監督官自らの力量と判断で法律の運用方式を開拓していかなければならなかったこと，第二に工場監督官制度に対しては多くの工場主の抵抗や反発があったこと，第三に法規定が完璧に整っていなかったことである（武田, 1979）．しかし，ホーナーはこの難しい状況にもかかわらず，雇用主を啓蒙・説得し，時には協力を求めた．とくに，彼の最大の関心は児童の教育であったので，工場の周辺に学校がない場合，工場主が教育施設を設置するようにする啓蒙活動を持続的に推進した．彼は法律の不完全性や制度的欠陥を正しながら，新しい規則と慣行を積み重ねて，制度の改善に実際的に貢献した．

ホーナーのとった措置は，児童の年齢確認のための医者の任命[71]，機械の故障による労働損失時間を埋める方法に関する規定，食事時間の規定と土曜日の半日労働制度，休日に関する規定，児童の労働時間を確認するための作業時間表，それを厳格に施行するための公認時計の設置などであった．彼の活動は規則的労働，進んで「1日標準労働時間」の思想へと発展し，午前の労働開始時刻を規定した

---

70) ホーナーの生涯と思想に関しては次の伝記のような論文が比較的詳しい．武田文詳，イギリス工場法思想の源流（その1・2）（1979, 1980）, Benice Martin, 'Leonard Horner; A Portrait of an Inspector of Factories', *International Review of Social History*, Vol. 14, 1969．

71) 児童の年齢を確認することは当初から難しい問題であった．1833年法では医師が発行した証明書に治安判事あるいは監督官が署名する方法をとっていたが，医師が自分の顧客である工場主や労働者が要求する通り，証明書を出す場合が多く，署名も形式的に行われることが少なくなかった．これを解決するためにホーナーは年齢証明業務を遂行する医者は工場監督官の任命した者に限定するという措置をとったが，それは1844年法に成文化されるようになった．

1844年工場法の成立に思想的にも，そして実際的で実行可能な法条文を設けることにも大きな影響を与えたのである。

### （3） 工場法の意義

1802年工場法はほぼ実施されないまま放置されたが，この法のもつ意義は大きい。立法府によって労働時間の制限がひとつの原則として採用され，それが成人や婦人徒弟にも同等に適用され，あらゆる人に同一の規則が課せられたからである。

イギリス工場法史を著したハチンズは次のように述べている。「1802年は労働時間および労働条件を規制する一連の法律が可決された画期的な年である。この工場法は過度な労働や劣悪な労働条件による危害から年少労働者の健康を保護するという目的で制定された。この1802年法がイギリス工場立法史の嚆矢であることは通説になっている。確かに，この立法以後，工場の労働条件に対する国家の規制と干渉の体系が次第に発展していく」。

しかし，これ以前にも国家が国民間の契約，あるいは産業界に介入する前例がなかったわけではない。問題はその規制と介入の目的がどこにあったのかである。ハチンズの言葉を借りると，工場立法がそれ以前の立法とは異なる新しい出発点と特徴づけられたのは，その法律の規制と内容ではなく，むしろその動機と意図であった（Hutchins & Harrison, 1911：1）のである。

工場法は，一方では1802年以後1833年法を経て，1844年法，そして1日の労働時間を10時間以内に規制する法（1847年）に発展し，もう一方では，社会的強者を規制し，弱者を保護するための国家の干渉が次第に保健衛生，住宅などの領域にまで拡大していく契機を提供したのである。

## 5　大転換期の特徴

この時期を社会福祉史上の大転換期と規定するのは，この時期を通じて貧困問題をはじめとする社会構造的問題に対する国家および社会構成員の態度に根本的変化がみられるからである。

まず，国家の立場からは，資本主義社会の存立基盤である自由放任の社会原理が，労働者などの社会的弱者をさらに追い込み，その弊害が深刻化し，それ以上放任できなくなっていた。その弊害に対する憂慮は二つに集約できる。ひとつは，

労働者に対する深刻な労働搾取が長期的にみて安定的労働力の供給を不可能にするという国家の憂慮である。もうひとつは、労働者の貧困や生活不安が増すにつれて、労働者の反発も組織化され、しかも労働者による政治的勢力化が促進されるようになり、社会や支配階級にとって脅威の存在になりつつあったことに対する憂慮であった。

　国家介入という観点からみると、根本的な改革は社会保険の導入である。社会保険は19世紀末に初めてあらわれることになるが、資本主義社会の原理に対する根本的修正はすでに1802年の工場法によって初めて出現したといえる。つまり、資本主義社会を根本的に修正する措置の皮切りになったのがこの工場法である。しかし、この時期は産業革命のさなかであったので、こうした根本的修正とは正反対の方向をめざす自由放任的政策が一層強化される傾向が示されるなど、互いに相容れない方向の政策が混在する時期であった。工場法が成立された後に、自由放任主義的貧困観の結晶といわれる新救貧法が成立したのはその例といえる。

　自由放任社会の原理を根本的に修正した工場法が最初に成立したのは19世紀初頭であったが、そうした措置の必要性が社会全体にアピールできたのは19世紀末になってからである。労働者階級の参政権の拡大、社会主義思想の普及、貧困の実状を明らかにした社会調査等によって資本主義社会の根本的改革の必要性が社会全般に受け入れられるようになったのである。一方、救貧法体制においても、救貧行政の緩和とともにその根本的変化の兆しがこの時期からあらわれるようになる。

# 第⑨章
# 大転換の戦場
―― 1905～09年救貧法委員会 ――

## 1 意味と時代区分

　1905年，保守党のバルフォア（Arthur Balfour）首相が退任直前に救貧法に関する王立調査委員会（Royal Commission on the Poor Laws and the Relief of Distress）を任命した。この委員会の公式的目的は，①救貧法の実施状況を調査すること，②救貧法以外に，不況の時，雇用不足から生じる貧困に対処する目的で施行されている諸制度の状況，改善方向，そして新しい制度の提案などを行うこと（Webbs, 1929 : 471）であった。
　委員会は，大半が貧困担当の官僚，社会事業や社会調査の専門家たち18人からなっていた。具体的には救貧委員や地方自治庁の官僚たち，6人のCOS会員，経済学者と宗教人，フェビアン協会の会員，労働界の代表などであった。歴史家たちはこの委員会の構成を「イギリス社会の意見対立の縮図」（Mackenzie, 1977 : 318），「社会福祉に関する古い考え方と新しい考え方の対決の戦場，貧困を救済する救貧法と貧困を予防するための社会福祉サービスとの戦場」（Mowat, 1952 : 58）と表現している。
　対立する立場とは，すでに貧困救済に無力であることが証明された救貧法を廃止し，予防をめざす新しい救貧システムの構築が必要であると主張する立場と，救貧法は貧民の国家への依存を抑制する効果があるので存続しなければならないと主張する立場の2つである。前者はフェビアン協会，後者はCOSがその代表格であった。この意見対立のため，委員会は調査の結果についての意見を一致させることができず，14人の署名した多数派報告書と4人の署名した少数派報告書を提出することになる。この二つの報告書には後に，福祉国家と呼ばれる国家体制の基礎になる重要な内容や思想が盛り込まれていた。
　3年間にわたる調査活動の結果は，1909年2月『救貧法および失業救済に関す

る王立委員会の報告書』と『分離報告書』(*Separate Report*) という二つの報告書として提出された。両報告書は貧困や失業の概念とその原因、そしてその対策に関しても対立していた。通常、前者は多数派報告書、後者は少数派報告書と呼ばれるものであるが、それらとともに両報告書共通の30冊に達する資料集も提出された。この報告書とくに少数派報告書は福祉国家の制度的および思想的基盤を提供する青写真として評価されている。

少数派報告書の理念を考察するためには、その報告書の執筆者であったウェッブ夫妻が属していたフェビアン協会に関する理解が必要であるので、まずそれについて言及したい。

## 2　背景：フェビアン社会主義とウェッブ夫妻[72]

### (1) フェビアン協会の思想

■フェビアンの由来

フェビアン協会は1884年に少数の進歩的知識人グループによって設立されたが、漸進的社会改革を通じて社会主義を志向する団体であった。フェビアン (Fibian) という名称は、ローマの将軍ファビウス (Fabius) にちなんでいる。ファビウスがカルタゴ戦争でハンニバルの大軍と戦った際、ローマ市民に戦争の遅滞を非難されるなか、持久戦によりハンニバル軍を破り、ローマを救った故事にちなんだのである。この名称にはフェビアン主義の理念が漸進的社会改革を志向していることが示されているといえる。同協会のロゴは亀であるがそれは「急がず、そして休まず」社会改革を推進するということを意味している。協会の名称を提案したポードモア (Frank Podmore) の引用した一句にもその性格があらわれている。

> ハンニバルに対抗して戦った時、市民の非難にもかかわらず、ファビウスがそうしたように、好機がくるまで待たなければならない。しかし、その好機が到来すれば、激しく戦わなければならない。ファビウスがそうしたように。さもなければ、長期間待機したことが無駄で無益の結果となるのであるから (Pease, 1918 : 38)。

当時は、より過激な社会主義運動が盛んになっていたので、こうしたフェビアン協会の穏健路線は批判の的になった。フェビアン協会の批判者たちは、ファビ

---

72) 第2節は、朴光駿「フェビアン協会の形成とその救貧法改革活動に関する研究」佛教大学社会学博士論文、1990を参考にした。

ウスが全力でハンニバルと戦ったことは一度もなく，ファビウスが戦争で勝利したのは，ハンニバルが自滅したおかげであると指摘した。つまり，好機を待っての社会改革は，結局その相手がなくなる時まで待たなければならないことを意味するだけで，自らの力で社会改革をめざすような姿勢ではないという皮肉な指摘であった。これは，非常に意味深いのであるが，しかし，フェビアン協会の思想はその設立の段階から確立されていたのではなく，設立以後，徐々に確立されていったことに注意しなければならない。

### ■フェビアン社会主義

フェビアン協会の思想は，フェビアン主義（Fabianism）あるいはフェビアン社会主義（Fabian Socialism）と呼ばれている。それは1889年，いわゆる6人の論客によって発表された『フェビアン社会主義論集』（1889）に濃縮されている。

同協会の指導者，シドニー・ウェッブは社会改革を推進するための条件として次の4点を挙げている（Shaw, 1889 : 35-36）。

① 民主的であること。国民大多数の承認が得られること。そして，国民がその社会改革に対して心の準備ができていること
② 漸進主義的であること。その進歩の速度がいくら速いものであっても，社会混乱を引き起こすようなものではないこと
③ 大衆に不道徳的であるとみなされるものではないこと。彼らの立場から主観的にみても，堕落したようなものではないこと
④ いかなる改革も立憲的で，平和的であること

彼はこうした方法によってのみ社会の伝統を社会発展に活かすことができるとみて，そうすることによって社会進歩はたとえその速度が遅いということはあっても，失敗はありえない（S. Webb, 1890 : 10）とみなした。

フェビアン協会の路線は，自分と考え方を異にする政治集団や社会団体，そして多くの個人に対して敵対的姿勢をもつのではなく，継続的に接触し，相手がフェビアン的な考え方に同調するように説得することであった。フェビアン協会の戦略として有名な「浸透（permeation）と説得（persuasion）」は，自分たちの社会改革活動の阻害になっている相手が誰であれ，考えを決して変えることのない敵ではなく，説得の対象とみる，柔軟で経験主義的な態度を示しているのである。

## ■フェビアン協会の影響力

　事実に基づいた正確な資料を社会に提示することはフェビアン協会の重要な路線であった。したがって，同協会は貧困，失業などの社会問題に対する客観的な実状を社会に知らせるため，多くのパンフレットを発行したが，これによりフェビアン協会の影響力も増大した。その寄与ないし影響として評価されているのは，1894年のロンドン大学経済学部（LSE）の設立，ロンドン議会改革，産業国有化，国営医療サービスの構築，救貧法改革などである。同協会は数多くの小論文（tract）を発表し，「貧民を救済し，貧困を解消するという，その動機においては何よりも人道的な制度でありながら，その運営においては何よりも非人間的で恥辱感を与えるゆえに，貧民をその救済に頼らせるよりはむしろ餓死を選ばせるようにする救貧法」（Wheeler, 1893：1）の改革の必要性を論じ，世論を動かした。フェビアン協会の福祉国家形成に及ぼした影響を論ずることはきわめて困難なことであるが，その影響力の大きさを疑う論者はほとんどいない。

　第二次世界大戦後，1945年の総選挙で勝利して成立した労働党政権が包括的社会保障制度の実施，完全雇用政策の維持などのプログラムを通じて福祉国家体制を確立したことはもはや常識になっている。労働党は同選挙で384議席を獲得し，保守党の216議席を抜いて多数党になった。かつて，労働党のブレーンはフェビアン協会，その心臓は独立労働党，その胴体は労働組合といわれたが，労働党の社会改革政策に理論を提供し，主役を演じてきたのがフェビアン協会であった。1945年の労働党政府に対するフェビアン協会の影響については，次のような事実で明らかにされる。すなわち，「1945年労働党政府の精神的柱はフェビアン協会であった。この政府はフェビアン主義者の総理大臣，9人のフェビアン官僚，そして労働党議員の絶対多数がフェビアン協会の会員であった」（Lee ＆ Raban, 1988：39-40）。

## （2）ウェッブ夫妻[73]

### ■ビアトリス・ウェッブ

　初期フェビアン協会の人物としては，ピース（Edward Pease），ブランド

---

[73] ウェッブ夫妻の生涯や思想については多くの伝記や研究書がなされている。ビアトリスの伝記は日本語で訳されている（M. Cole／久保まち子訳，『ウェッブ夫人の生涯』1982）。また，金子の著作（『ビアトリス・ウェッブの福祉思想』，1997）においても詳しく考察されている。彼らの生涯と思想を概略に理解しようとする社会福祉学徒には，まず小山路男『ウェッブ夫妻』社会保障研究所編（1977）を勧めたい。

(Hubert Bland),オリビエ(Sidney Olivier),ショー(George Bernard Shaw)など の多くの有名人がいたが,その代表的人物はやはりウェッブ夫妻であろう。

　ビアトリス・ウェッブ(Beatrice Webb：1858-1943)は,鉄道資本家ポッター家 の1男9女の八女として生まれた。父親の友人であったスペンサーの影響を強く 受けながら,1876年以後ロンドンの社交界に進出し,1880年代初めにはCOSで 活動したこともあった。しかし,その後徐々にCOSから離れ,1880年代末には 従兄のブースの貧困調査に参加し,その調査結果を独自に発表しながら[74],新しい 社会観を築き上げた。彼女が自分の日記に「やがて私は社会主義者になった」と 記録したのは1890年2月1日のことである。

　彼女は幼い頃,きわめて内省的性格が強く,いわゆる「肯定する自我と否定す る自我」(the Ego which affirms and the Ego which denies)は彼女の精神的苦悩を 代表する言葉になっている。彼女は,本能によってあるいは無意識的な精神過程 の結果として行動する人々とは異なって,自分の追求すべき方針や意見に関して, 自問自答し結論を出すという習慣を生涯にわたってもっていた。とくに,彼女は 主に自分の日記を通じて苦悩し,表現した。彼女の生涯にわたる日記は膨大な量 になっていて,その大部分が印刷・出版されているが,この日記には,彼女と夫 のシドニー,そしてフェビアン協会の行った活動がきめ細かく記録されているの で,社会史を研究する者にとって,彼女の日記[75]は重要な資料になっている。

■シドニー・ウェッブ

　シドニー(Sidney James Webb：1859-1947)はロンドンで婦人用品小売店を経営 した母親と会計士の仕事をしながら公共事業について強い関心を示していた父親 の間に生まれ,庶民的な雰囲気のなかで成長した。彼は私立の中産階級の学校を 出た後,ドイツやスイスに留学し,ドイツ語やフランス語を習得し,1878年に文 官試験に,そして高等文官試験に次々と合格し,以後1891年結婚する時まで植民 省で働いていた。

　彼はフェビアン協会が結成された翌年1885年に入会したが,すぐに協会の最も

---

74) ビアトリスは当時ポッター(Beatrice Potter)の名前で,権威ある雑誌であった *The Nineteenth Century* 誌に1888年から1890年まで3回にわたって調査論文を発表し,労働者生活に関する権威と しての地位を得た。その論文は,*East London Labour* (Aug. 1888); *Pages from a Working-Girl's Diary* (Sep. 1888); *The Lords and the Sweating System* (June 1890) である。
75) 彼女の日記は次のように出版されている。N. & J. Mackenzie ed., The Diary of Beatrice Webb. Vol. I・II・III・IV (London: Virago Press, 1983).

有名な論客になった。実際，彼は「抽象的理念を追求する小さい団体であったフェビアン協会が，実践的社会理念をもった強力な知識人団体にまで成長するうえで最も決定的に貢献した人物」(Cole, M. 1954：107) であり，フェビアン主義の真の開拓者であった。

フェビアン協会の重要な初期文書や論文の作成にはほとんどシドニーが関わっていた。救貧法の少数派報告書も事実上は彼によって作成されたものである。政府に提出されたその報告書を個人的に出版しようとしたときに，国王の著作権の問題に引っかかったことがあったが，シドニーはそれが自分の原稿であること，そしてその刊行が大衆にとって有益であることを示すことによって，出版が認められたことは有名なエピソードになっている。

### ■パートナーシップ：1＋1＝11

ビアトリスとシドニーが初めて出会ったのは1890年のことである。ビアトリスはシドニーの紹介で同年にフェビアン協会に加入した。その後，シドニーの熱烈な求愛をビアトリスがやがて受け入れるという形で，1892年に結婚する。そして2人は生涯を著述活動とともに，自分の理念を制度化するために，政治家たちに接触し，彼らを説得することに費やした。ビアトリスは年収1千ポンドが保障される財産をもっていたので，シドニーは公職を辞めて，著述と理念の浸透に専念することになった。パートナーシップの主導権はシドニーに握られていた。「1＋1＝11」という有名な言葉はこの2人の結婚が互いに自分の力量を最大限に発揮する契機になったことを表現している。

結婚後，約30年間にわたる彼らの情熱的な活動は，研究と実践とに分けてみることができる。研究においては，労働組合の歴史に関する研究，救貧法の歴史に関する膨大な研究等がある[76]。晩年にはソビエト共産主義に魅了され，資本主義の害悪とソビエト体制を賛美する研究書も著した。

社会改革のための実践活動としては，救貧法改革を除けば，まずLSEの創設が挙げられる。フェビアン協会の会員であったハチンソン（Henry Hutchinson）が1894年シドニーに寄付した10万ポンドの遺産を，経済的知識の普及，社会主義宣伝の手段，社会主義理念を具体的政策に移行する人物の養成を目的にして，大

---

76) 労働組合の研究としては，*The History of Trade Unionism*（1894），*Industrial Democracy*（1897）の著作がある。救貧法に関する研究書としては，*English Poor Law History*, Part I, II (3Vols)（1927），*English Poor Law Policy*（1910），*The Minority Report of the Poor Law Commission*（1909），がある。

学を設立したのである。[77]

　もうひとつの実践領域はイギリスの教育改革のための活動であった。当時は教育の中央機構が設立されておらず，教育法も初等教育にのみ適用されていたので，中等教育の必要性が主張されていた。そのため，ウェッブ夫妻は主に保守党の議員たちと連合して活動した。最後に挙げられる彼らの重要な実践活動としては救貧法撤廃のための活動があげられる。

## ■イギリス労働党との関係

　既存の政党に対する浸透や説得を通じて，社会改革を実現しようとしたウェッブ夫妻の努力は，目にみえる成果をあげることができなかった。その挫折を経験した後，世界一周旅行に出かけたが，それを境にして，社会主義政党の必要性を痛感し，労働階級の政党づくりに努力した。[78]

　労働党は1900年の労働代表委員会をその前身にして1906年に結成されたが，1906年の総選挙では29議席を獲得する政治勢力として成長した。そして，1918年ノッティンガム大会で労働党が社会主義政策を約束する政党であることを宣言した。その綱領「労働党と新社会秩序」はシドニーが作成したものであった。1922年，23年の総選挙では労働党が第一野党で浮上し，シドニーは下院議員に当選し，2回にわたって入閣した。

　しかし，1930年代に入ると，ウェッブ夫妻は西欧資本主義社会に対する深い失望から，ソビエト体制に対する憧れをもつようになった。政治的には，マクドナルド（R. McDonald）の挙国一致内閣をめぐる労働党の内紛とそれによる政治的敗北があって，経済的にも深刻な不況が全く改善されないでいた。また，ドイツ

---

77) ハチンソンは遺産をフェビアン協会に寄付しながら，それを必ず数年以内で使いきること，遺産使用のための委員会を作って，その委員長はシドニーが担うことなどをその条件にした。当時はフェビアン協会の政治勢力化が模索されていたので，多くの人々がその寄付金を政治政党の結成に使うべきであると主張したが，シドニーはこの要求を退けて，大学の設立に全額使うことにしたのである。この大学ではラッセルとアトリーなどが講義し，その後4人のノーベル経済学賞の受賞者をもつ名門として成長した。その受賞者には，大学に18年間も在職したハイエク（A. Hyek）が含まれている。彼が福祉国家に対する最も厳しい批判者の1人であることを考慮すれば，この大学が決して社会主義一辺倒ではなかったことを物語っている。教授の中では保守党や自由党系列の人物も多かった。しかも，初代学長であったヒュインズ（W. A. S. Hewins）は「われわれの大学は政治問題を取り扱うことなく，いかなる社会主義的な傾向も受け入れない」と宣言したので，それがフェビアン協会の内紛の原因になった。
78) この旅行（1911.6-1912.4）中に，ウェッブ夫妻は日本を訪れ，約2か月間滞在した。滞在中には大都市のスラム，長岡油田の労働現場の観察，日光から長野までの10日間の山道歩き，高野山などさまざまな体験をしていた。その後，韓国，中国，インドも訪問した。

ではナチスが政権を握って，国際的緊張が高まるに伴い西欧民主主義に対する失望も大きくなっていた。彼らは資本主義体制が経済的にも道徳的にも破産したと判断した。そして，新しい社会秩序を模索するために1932年以後，2回にかけてソビエトを訪問し，ソビエト体制を新しい文明として賛美することになる[79]。しかし，彼らが新文明と評価したソビエト体制の特徴——生産手段の共有による搾取の廃絶，社会的消費のための計画的生産，社会的平等の実現と普遍主義，指導力を発揮する共産党の存在，科学の崇拝など——はあまりにも楽観的見解であったというのが歴史家たちの一般的指摘である[80]。しかしながら，夫妻のソビエト賛美はフェビアン思想からの脱却を意味するのではない。

## 3　救貧法委員会の報告書に関する先行研究

### ■日本での先行研究

「多数派・少数派報告書」に関しては，日本においても早くからかなりの研究がなされてきた。筆者の知る限りでは，1930年から『社会事業』誌に小島幸治，山田節男によってその内容が紹介されている[81]。そして，両報告書の内容の紹介や比較分析などの研究が多くなされてきた。小山路男（1978），樫原明（1973），小川喜一（1961），田代不二男（1969），梶原武雄（1977）などがそれである。これらの研究によって両報告書の内容はほぼ紹介されていると思われる。

以上の研究を踏まえて，さらに次元を広げた研究としては大沢真理（1986）と金子光一（1997）による研究を挙げたい[82]。金子の研究は少数派報告書の改革勧告案の形成過程を明らかにし，それに基づいて両報告書の提言内容の比較を行った

---

79) 資本主義文明を批判した著書としては，The Decay of Capitalist Civilization (1923), ソビエト体制を賛美したものとしては *Soviet Communism : A New Civilization ?* (1935) がある。とくに後者の筆者は，1937年再版では『ソビエト共産主義：新しい文明？』から「？」を外し，「新しい文明」としたことでよく知られている。ウェッブ夫妻が晩年にソビエト体制に対し，思想的にかなり傾いていたことを示す証拠になっている。
80) むろん，ウェッブ夫妻もソビエト体制に対するいくつかの疑問を提起している。たとえば，新しい社会秩序を作り出すための手段，すなわち，暴力革命の問題，精神的自由が抑圧される思想自由の問題，そして官僚主義やモスクワ裁判の無慈悲性などを言及してはいるが，しかし，彼らはそれらをソビエト体制の本質理解に関連させて取り扱わなかった。
81) 小島幸治「1909年英国救貧法少数派報告について」『社会事業』第14巻第5号，1930；山田節男「英国救貧法改正に関する1909年の勅命調査委員会報告と勧告案（上・下）」『社会事業』第19巻第6・8号，1935。
82) 大沢真理『イギリス社会政策史』第4章；金子光一『ビアトリス・ウェッブの福祉思想』第Ⅲ編。

ものである。大沢の研究は自らその研究目的を明らかにしているように，少数派報告書の経緯に関するウェッブ夫妻の解説には歪曲された面があるというハリスの指摘（Harris, J., 1972 : 249）を発端とし，ウェッブの解説と両報告書の論述自体を対比する方法によって，いわゆる「通説」に対する検証を行うとともに両報告書の考え方には本質的相違があったことを証明している。大沢は次のように結論づけている。

> 1909年の多数派・少数派の真の相違は'right to relief'を廃しつつ公的扶助の「包括性」を回復しようとする，つまり救貧法外での多様な公的給付の展開を廃止しようとする道徳主義的救貧システムか（＝多数派），あるいは'right to relief'もろとも救貧法を清算したうえで諸施設を再編・創始し，全社会成員の「健全な生活」を確保しようとする社会サービス＝統制システムか（＝少数派）という点に集約しうる。対立は本質的であり，妥協の余地は極小であった（大沢，1986 : 234）。

■ **報告書分離に関する説明**

　委員会の報告書が分離された形で提出された理由については，しばしばウェッブ夫妻の非妥協的態度も影響していると指摘されてきた。ウェッブ夫妻が救貧法の廃止という前もって準備された考え方を前面に押し立てて，同僚委員たちを脅かしたりせきたてたりしたことはウェッブの強力な支持者さえも（たとえば，Cole, M., 1943）指摘していることである。しかし，それは委員会分離の根本的原因ではなく，両者の立場には本質的な相違があったのである。

　しかし，委員会の活動結果として出された二つの報告書の内容を比較することによって，意見対立の本質を究明しようとする研究方法にも明白な限界があることを指摘することがきわめて重要であると思われる。つまり，同時代の意見対立の縮図ともいわれた委員会の対立点は両報告書の勧告内容を比較するだけでは明らかにはならないのである。というのは，こうしたアプローチには，委員会の発足から報告書の提出に至るまでの過程のなかから生じる意見やアイデアの変化に関する考慮に欠ける危険性があるからである。したがって，意見対立の本質は，委員会活動に対する過程分析[83]を加えることによってこそ明らかになるのである。

---

83）この意味において，マクブライアの研究（A. M. McBriar, *An Edwardian Mixed Doubles*, 1987）は意味深いものである。この研究は同委員会の委員であったビアトリスとCOSのボザンケー（Helen Bosanquet）が，それぞれ夫とチームを組んでたたかう過程をテニスのミクスト・ダブル競技に喩えて，この委員会活動のプロセスを明快に分析している。両側の意見対立の内容については，朴光駿（1990）を参照のこと。

## ▍両派の根本的差異

　報告書分離の根本的理由は多数派と少数派の根本的考え方に起因する。この委員会が発足した時，COS は「この委員会の調査範囲は貧困の実態に限定されるべきであり，貧困の原因が何かについてまでその調査の範囲を拡大してはならない」（Woodroofe, 1977：141）との論評を出した。これは同委員会のメンバーであったビアトリスが「委員会の活動を通じて貧困の原因が資本主義社会の構造的矛盾にあることを明らかにし，根本的改革を提言しようとした立場」に立っていたこととは鮮明に対立するものであり，常識的にみても報告書を一本にまとめることは不可能だと思われる。

　同委員会の発足後，1年もたたないうちに委員会は分裂の兆しを見せ始めた。1年後には分離報告書を出すことが公式に決定されたが，委員会の活動をめぐる最初の意見対立を詳しくみれば両者の対立がいかに根本的であったのかが明白になるであろう。

　委員会が始まって間もない頃，ビアトリスは委員会が行うべき調査の種類と範囲，各委員間の役割分担を論議するために救貧法委員会内に小委員会の設置を提案したが，COS のメンバー6人がそれに反対した。それが救貧体制に対する全面的調査につながりかねないとみなし，憂慮していたのである。修正案などを経て，妥協された形として小委員会が設置されたのは1906年2月のことであり，それが最初の意見対立であったが，これはそれからの意見分離の必然性を予告しているのである。このような事情を考慮すると，多数派と少数派との意見対立の本質を，両報告書の内容に基づいた「社会保険体制（多数派）と社会サービス体制（少数派）の対立」とみなすのは論理の飛躍である。さらなる研究が必要な分野であるが，COS は委員会発足の段階で，多数派報告書の提案した社会保険に賛成していたのではない。社会保険の提案は少数派との意見対立，そして自由党政府によって社会保険が現実化していたことに影響を受け，態度の変化につながったのではないかと思われるのである。過程分析が必要な理由はここにある。

　以下の内容は，両報告書とともに上記した多くの研究などを参考にして整理したものである。

## 4　多数派報告書

### （1）　救貧法体制の問題と代案

多数派報告書が指摘した救貧法の欠陥を要約すれば次のようになる。
① 救貧法が地方自治団体の他の法令との協力体制をもっていないこと
② 救貧法の原則の適用や行政管理に統一性が不足していること
③ 救済申請者に対する適切な調査の欠乏，院外救済が無計画的に行われていること
④ ワークハウスが労働能力者の労働テストの場として機能していないこと
⑤ ワークハウス収容者に対する更生指向的援助制度の不在
⑥ 救貧法と慈善団体との協力体制の不足

多数派報告書は，このような欠陥があるゆえに，自治体が救貧法を管理することに対する不信を招き，救済が対象者にいかなる変化も与えられない原因になっていると指摘し，次のような改革勧告案を提示している。

多数派報告書は救貧法という言葉が苛酷さと絶望を連想させる用語になっているので，それに代わって公的扶助（public assistance）という言葉を使うのが望ましいとした。救貧法委員会を廃止し，それを二つの責務に分けて，その仕事を遂行する組織をそれぞれ設ける。ひとつは，各地域に公的扶助当局を設置し，それが制度の全般的管理や統制を担うようにする。その当局の職員の半分は地方議会の人にし，残りは学者や経験者などから議会が任命する。女性も含まれるべきである。もうひとつの組織は地区委員会である。扶助申請に対処し，ケースを調査・指導することをその任務とするが，その委員は公的扶助当局によって任命するとされた。

一般混合ワークハウスを廃止し，それは次の七つの対象者分類によってそれぞれに対応する施設を設置する。すなわち，①児童，②老人および虚弱者，③病者，④男性の労働能力者，⑤女性の労働能力者，⑥浮浪者，⑦精神障害者である。施設入所措置の権限は公的扶助当局にある。

### （2）　失業問題とその代案

多数派報告書は，慢性的就業難は周期的貿易量の変化と生産方式の変化によって一層深刻になり，そのための特別な機構や組織を必要とするとし，失業問題に

対処するため，失業保険の設立などを勧告した。失業保険とともに提案された施策は次の通りである。

- 職業紹介所──失業に対する正確な情報を収集し，職場探しを促進するために全国的に職業紹介所を創設する[84]。
- 青少年の教育と訓練──報告書は職業生活のための青少年教育と訓練を強調した。すなわち，公立小学校での教育は一般的教養を減らし，実際的な側面から児童が将来の職業により適応しやすいように企画されなければならないとされた。16歳までは義務教育にし，この時期までは技術の習得という目的に限って退学を認めるが，この場合，適切な技術習得が行われるのかどうかをチェックし，もしそうでないと判断されれば，学校に復帰させる。
- 公共就業の創出──中央政府と自治体は可能な限り職場の組織化に努め，職場が不足している場合，臨時的就業の創出に協力しなければならない。
- 労働者集団居留地（Labour Colonies）──常習の浮浪者は国内に労働者集団居留地を設置し，それを活用する。

## （3）　多数派報告書の理念
■貧民に対する道徳的判断

　多数派報告書の限界として，まず指摘されているのは，この報告書が貧民を道徳的に判断している点であるが，これは多数派報告書のひとつの理念でもあった。

　多数派報告書は労働能力者に対する国家援助の方法を三つに分類した。それは労働能力者を三つのグループに分類し，各グループにみあったかたちで扶助を差別化するためであった。すなわち，第一に在宅で保護すること，第二に，施設に入所させて保護すること，第三に，内務省の集団居留地（colony）で保護することであるが，救済対象者は第一に，一時的雇用だけを必要とする者として，よき性格の持ち主，二番目は，今までの労働経歴がよくないか，より長期的保護を必要とする者，そして，三番目の対処方法に値するものは，意図的な怠け者や非行で社会に負担になっている者，と規定された。

　こうした分類の仕方によると，たとえ一時的でも働き場さえ提供されれば自立できる者であっても，よき性格の持ち主ではないと判断される経歴があるとしたら，在宅救済の対象から除外され，施設に入所しなければならないとされた。し

---

[84]　1909年に全国的に職業紹介所を設置することを骨子とする「職業紹介所法」（Labour Exchange Act）が成立した。

かも，二番目の分類である「労働経歴のよくない者」という概念は，実質的には国家救済申請の窓口での履歴による差別を意味した。そして，三番目の「意図的怠けと非行」で社会に負担になっている者と分類される場合は，6か月から3年間抑留されたまま訓練を受けることとなっていた。自分と家族の扶養を意図的に拒否するか怠けることによって，本人や家族が国家の負担になったものが代表的ケースとされた。むろん，人間の性格を客観的に把握することは不可能であるから，結果的には，道徳的かつ恣意的な貧民の分類が行われるようになっていたのである。

## ▌条件つき援助と差別的援助

　多数派報告書の理念は，貧民に対する条件つき援助（conditional relief）であった。これは国家の援助は，それを受給する人々が自ら自立しようとする生活態度を受け入れることを条件にして提供されなければならないという考え方であった。歴史的にみると，1834年新救貧法の最も著しい特徴のひとつがこの条件つき援助であったが，多数派報告書はこの原則を支持した。同報告書は，この条件つき援助の原則が守られない限り，それ以上の治療的あるいは予防的措置は不可能だとみなしていたのである。

　ところが，多数派報告書の勧告内容を検討してみると，同報告書が「条件つき」という概念を「差別的」（discriminative）と解釈していたので，ウェッブ夫妻のいう1834年原則への回帰を主張したとみなすことができるのである。このため，1834年原則よりも厳しい1819年救貧法改正による道徳的差別の水準程度であると指摘されることもある（たとえば，大沢，1986：220-221）。多数派報告書は1834年原則を言及しながら，この法律が設けられた当時の救貧体制が直面していた危機的状況とは，労働能力者に対する無差別的援助が行われ，その結果，社会全体を堕落させたことであったと判断していた。そのような認識に基づいて多数派報告書は労働能力者に対する処遇原則として，協同，回復，そして差別を勧告した。これは多数派報告書が主張した条件つき援助が事実上差別的援助であることをあらわしている。

## ▌民間社会福祉との協力

　多数派報告書は，公的扶助制度が民間の慈善活動と密接な協力体制を構築しなければならないと勧告した。国家の援助と私的援助を区分してそれぞれの領域の

管理運営組織(公的扶助当局と民間援助委員会)を整え,各組織が互いに役割分担をしながら協力体制を維持しなければならないと主張したのである。

ところが,多数派報告書は労働能力あるものに対する扶助が公的扶助当局によって提供される場合,それが民間援助委員会によって提供される扶助より劣等なものでなければならないとされた。いい換えれば,民間援助委員会が提供する援助は公的援助よりまさるべきであり,そのようなことが保障されない限り,公・私の協力関係は成り立たないと主張したのである。多数派報告書が民間社会福祉との協力を主張したことは,事実上,貧困救済において民間機関がより主導的役割をしなければならないことを意味した。この点において,多数派報告書はCOS の考え方が反映されている。社会の構造的矛盾による大規模の貧困が発生していた20世紀に入った時点でさえ,貧困救済に対して国家の責任よりは私的慈善団体の役割を強調したのは,多数派報告書の限界であると指摘されているのである。

しかし,多数派報告書が民間社会福祉の活動分野を認めて,その活動の余地を残し,そして自分なりの公・私間社会福祉関係の方向を設定し提示していることは注目に値する。これは,少数派報告書が社会事業活動に対する理解や考慮を欠いていたこととは明確に対比されるところである。[85]

## 5　少数派報告書

### (1)　救貧法体制の問題と代案

少数派報告書は,ウェッブ夫妻が「罪なき者の監獄」と表現した一般混合ワークハウスに対する批判から始まっている。ワークハウス収容による弊害は同施設内での幼児死亡率において明らかに示されている。ウェッブ夫妻の調査によると,1907年に彼らの調査に回答した450の教区連合のワークハウスで生まれた幼児は8483人であったが,そのうち1歳未満で死亡した幼児は1050人に及んでいた。これはイギリスの平均幼児死亡率の2～3倍に達する数値であった。彼らは一般貧

---

[85] しかし,ウェッブ夫妻は民間社会福祉の領域そのものを否定したのではない。彼らは,基本的生活保障はあくまでも国家の責任で行われるべきであり,国家が生活困窮者に対して普遍的で,継続的援助を提供することが前提になっていた。ウェッブ夫妻はこのような国家の役割を前提にして,民間社会福祉の領域が必要であると主張したが,その理由は民間社会福祉が新しい試みを通じて創意を発揮し,特定のケースに対して十分な保護を提供できるし,個人の性格にまで影響を与えるほどの強力な宗教的感化力をもっているからであるとしている。

困家庭，慈善助産病院，そして救貧法施設での幼児死亡率を比較調査し，救貧法施設の劣悪さを明らかにした。

　救貧行政は専門性を欠いた官僚によって運営され，しかも彼らの影響力が非常に強いことが指摘された。ワークハウスの場合もそうであったが，救貧法による医療救済において，そのような傾向はとくに著しくなっていた。[86] 救済対象者に対する行政の重複も深刻であって，それが救済費用増加の原因になっていた。

　以上のような問題の解決策として，少数派報告書は，救貧法を廃止し，窮乏当局の権限と義務を地方議会に移管することを勧告した。救貧に関する権限の分散と委譲という観点から，労働能力のない貧民を四つに分類し（①学齢児童，②病者および永久的廃疾者，学齢未満の幼児，施設収容保護を要する高齢者，③精神障害者，④年金受給高齢者），それぞれのグループに対しては，地方議会の監督下にある①教育委員会，②保健委員会，③精神病院委員会，そして④年金委員会という四つの委員会に各グループの救済を担当させることによって，救貧法を解体するという構想であった。

　救済の重複や混乱を防ぐためには，慈善機関による救済を含めて，あらゆる種類の国家扶助に対する体系的な調整が不可欠とされた。この調整のための新しいシステムが公的扶助登録官（The Register of Public Assistance）制度であった。

（2）　失業者救済の実態とその代案

　少数派報告書は，失業問題に対処するための従来の，①救貧法による失業者救済，②私的慈善による救済，そして③1905年の失業労働者法による救済という三つの施策を検討し，いずれの場合も，失業対策としては適切ではなかったとした。

　少数派報告書によると，労働能力のある貧民のために救貧法が行ってきた救済は，ワークハウスへの収容，院外救済，院外労働テスト（Outdoor Labour Test），労働能力者テストワークハウス（Able-bodied Test Workhouse），そして浮浪者収容所（Casual Ward）の五つがあったが，そのすべてが怠け者の巣になって，被救済者の道徳的堕落を促す結果になったとされたのである。

---

86)　院外の医療救済が抑制されていた根底には，貧民の医療を担当する医療官（medical officer）に対する不十分な処遇，それによる劣悪な質の医療，看護婦の不足などの問題が存在していた。しかし，院外の医療救済を抑制した要因として最も注目しなければならないのは，医療官がいかなる医学的知識をももっていない救貧監督官の統制下に置かれていた救貧法体制の問題であった。可能な限り医療救済を抑制し，救貧税を軽減することに関心をもっていた救貧監督官が医療官の助言なしでも，医療救済の申請者に受診の機会を与えるかどうかを決定する権限をもっていたのである。

同報告書は「失業の予防と窮乏への援助」という観点から，①永続的職業からの失業者，②不連続的失業による失業者，③不完全就業者（the Under-Employed），そして，④雇用不能者という四つのグループに分類し，それぞれのグループのニーズに対応する対策を勧告した。勧告案の核心は「労働市場の公的組織化という政策システムとして，日雇い雇用構造の改革（Decasualisation）を行うこと」であったが，より具体的な改革案として，少数派報告書の勧告した内容は次の通りである。「①失業者が『早く，無償で，そして確実に』職場をみつけるように，全国に職業紹介所を設置すること，②過剰労働力を吸収するための措置（たとえば，青少年労働の制限，1日12時間以上労働している鉄道・地下鉄労働者の労働時間短縮など），③公共事業を景気循環の周期に合わせ，弾力的に配分するなどの国民的労働需要の調節，④任意的に運用される失業保険と職業訓練を条件とする，選挙権剥奪を伴わない公的扶助という二つの失業給付，⑤失業を予防・最小化するために労働市場を組織化するための労働省（Ministry of Labour）の創設」。

## （3）　少数派報告書の理念
### ■基本仮定と貧困の予防

少数派報告書は，窮乏担当機構の諸機能を多くの専門的な地方当局に分散・委譲することによって，救貧法は自動的に解体・撤廃されると考えていたが，そのような救貧法撤廃案は次の三つの基本的仮定に基づいている。それは，まず，貧困は個人的欠陥によるものではなく社会そのものの病理であることである。したがって，貧困に伴うスティグマは排除されなければならず，社会が貧困に対処する責任を負わなければならないということである。第二の仮定は，貧困の原因は単一のものではなく，多様であるということであった。したがって，最終的に貧困そのものを解決するためには貧民をまず個別化し，1人1人の固有の貧困原因を突き止め，原因に相応する対策を模索することが必要であるということであった（Clarke, 1949：108-109）。そして，第三の仮定は専門的知識や技術をもっている諸委員会の対処によって，貧困をただ救済することだけでなく，それを予防することも可能であるということである。

貧困の予防は，行政的機能主義とともに少数派報告書を貫く代表的思想であった。同報告書は問題が被救済貧民にあるのではなく貧困そのものにあること，救貧ではなく貧困の予防に政策の焦点をあわせるべきであることを主張した。予防は治療より勝るものであるだけでなく，むしろ経済的でもあると仮定されていた

が，少数派報告書は救貧法体制が貧困の予防にはほとんど無用であると強く批判した。救貧法体制は酒癖などの社会悪が社会に蔓延し，深刻な状況になってからはじめて対処するような体制であったので，それを予防的機構としての性格をもっていた地方当局のサービスに委譲することが，救貧法改革の論理であったのである。

## ▍ナショナル・ミニマム

　予防とは年齢に関わりなくあらゆる人々が貧困にならないように，社会的資源が投入されることを意味する。子供は適切な保護や教育を受け，成人は疾病や廃疾および失業から保護され，老人も適切な所得を保障されなければならないという考え方，要するにいかなる者も，最低生活水準，すなわちナショナル・ミニマム（National Minimum）が保障されるべきであるという考え方が少数派報告書の理念であった。[87]

　ナショナル・ミニマムという用語は，今日において社会保障と関連し，国家が保障すべき最低限の生活水準を意味する言葉として知られているが，それはウェッブ夫妻の著書『産業民主主義論』（1897）で，初めて使われた。この用語の意味は今日の意味と一致してはいない。しかも，ウェッブ夫妻自身も一貫して同じ意味で使っていたのでもない。ナショナル・ミニマムを論じたウェッブ夫妻のいくつかの著作をみると，その概念が時期によって発展的に変化していくことが確認できる。すなわち，「搾取産業の問題に対する克服策としてのナショナル・ミニマム政策」（Webbs, 1897：766-784）から，社会において最も取り残された人々を保護するための政策体系を意味するものへと，その概念の変化があった。ここにおいて，ナショナル・ミニマムはそうした論理をもつようになり，労働者，老人や児童の生活を維持し，あらゆる人々の健康を守ること自体がナショナル・ミニマムの目的になっていたのである。

　ビアトリスは，次のように述べている（B. Webb, 1948：481）。「少数派報告書の唯一の目的は全国民に文明生活のナショナル・ミニマムを確保することであった。その意味は，若い時期には十分な栄養と訓練が，働いている間には生活賃金が，疾病にかかったときには医療サービスが，そして身体障害者あるいは高齢者にな

---

87) ウェッブ夫妻が救貧法をナショナル・ミニマムという観点から言及した書物は次のようである。Sidney and Beatrice Webb, *English Poor Law History*, 1927：545-6, *Minority Report*, 1909：526, Sidney Webb, The End of the Poor Law, 『*The Sociological Review*』Vol. II, No. 2（1909）．

ったときには，適切で安定した生活が保障されることである」。

■ 福祉受給者の協力義務

　社会問題に対する国家の責任を拡大することによって，全国民に健康な生活を保障するという思想が少数派報告書に充満していたことを強調する際に注意しなければならない点が二つある。ひとつは最低生活を保障するためのサービスが無料であるべきなのか，ということである。二つ目は国家救済の対象者に対する「道徳的判断」が完全に排除されていたのかということである。

　第一の問題に対して少数派報告書は，受給者の資産や支払能力に基づいて支払う体制を好んでいた。そこには国家救済の福祉受給者に対する協力義務が強調されていた。さまざまな扶助を調整する任務をもっていた公的扶助登録官は，受給者の救済あるいは処遇の費用負担能力を査定し，支払能力をもつ人々に対しては，その費用の負担を要求するという義務をももっていたのである。

　二番目の問題に対して，少数派報告書は多数派報告書と同様に，福祉受給者の道徳の問題を重視した。たとえば，少数派報告書には困窮者の処遇において「条件つき国家救済」が強調されている。少数派報告書は従来，さまざまな救済が完全に無条件的に提供されてきたことを批判し，受給者自らが困窮防止に主体的に努力することをその条件にして，公的扶助が提供されるシステムを確立しようとした。したがって，ウェッブ夫妻はすべての救済が条件つきのものでなければならないと主張したのである。たとえば，職業訓練時に訓練所内での規律に服従すること，職業紹介所が斡旋した職場につくことなどが含まれていた。事実，ウェッブ夫妻がチャーチルの失業保険に反対した理由も，その強制的社会保険案が無条件的救済を提供するものとみなされたからであった。国民は国家援助を受ける場合，それに対する反対給付として失業からできる限り早く抜け出すように自ら努力し，労働を通じて社会に寄与しなければならないとされていて，ウェッブ夫妻はそれを期待していた。

■ 限界と批判

　少数派報告書の諸改革案が，全国民に健全な生活水準を保障するというナショナル・ミニマムに基づいていたことが幅広く受け入れられ，評価されているとはいえ，いくつかの点においては批判が寄せられていることも事実である。なかでも最も批判されているのは，彼らの社会保険に対する態度に関してであろう。

ウェッブ夫妻は当時，自由党政府が強力に進めていた社会保険に対しては，一貫して冷淡な反応を示していた。社会保険反対はウェッブ夫妻をはじめとする多くのフェビアン協会会員および多数の社会主義者たちによって主張されたが，それは主に一律的な人頭税とみなされた拠出主義に対する反対であった。失業保険は少数派報告書にも勧告されていたが，それはあくまでも労働組合の運営による任意的失業保険であった。

　社会保険は少数派報告書に強調されていた条件つき救済という理念に矛盾するものであった。彼らの立場からみると強制的社会保険は，国家が保険給付に対する反対給付として被救済者の行動に対しいかなることも強制することができないシステムであった。いい換えれば，社会保険は経済的要因以外の窮乏要因に対しては何の考慮もしていない体制とみなされたのである（Gilbert, 1966：855）。ウェッブ夫妻はチャーチルの強制的失業保険と任意的職業紹介所の計画に反対したが，それは仮に社会保険のように無条件的給付がなされると，失業者に対する統制が不可能になると考えたからである。「もし，雇用主が職業紹介所を通じてのみ労働者を雇用することが可能になる体制，労働者は職業紹介所を通じてのみ就業できる体制が確立されると，政府は労働市場を組織する手段を手にすることになり，しかも，怠け者を容易に統制することができる」というのがウェッブ夫妻の考え方であった。彼らが道徳的な観点から，失業者をどう統制するかについて苦心したのはいうまでもあるまい。

　ウェッブ夫妻の見解と行動には矛盾するところが少なからずみられる。社会主義を標榜しながらもイギリス帝国主義を容認したことは，多くの批判を浴びたところである。また，漸進主義を主張しながらも晩年には革命によって成立したソビエト体制を賛美し，多くの研究者を戸惑わせた。この二重的態度は貧民に対する考え方にも反映されている。彼らは社会福祉に対する貧民の権利性については厳しい態度をもっていて，ある種の道徳的判断を下していた。国家救済を受けることに対する受給者の義務を強調していたのである。つまり，社会福祉の社会統制機能に対する信念を強くもっていたのではないかということである。ビアトリスはかつて女性の参政権に反対する署名をしたことがあるが（後に誤りであったことを自ら認めた），それは彼女の根強い優越意識から発するものであり，こうした態度は貧困に対してもみられるというのが筆者の見解である。

　少数派報告書が社会事業（Social Work）の存在する余地をほとんど残していなかったことも批判の余地がある。同報告書の関心は制度改革に向けられていて，

訓練されたソーシャルワーカーの必要性をほとんど認識していなかった。ウェッブ夫妻には今日われわれがソーシャルワーカーと呼んでいる専門職の必要性に対する理解がなかったのであろう。

## 6　両報告書の帰結

　すでに指摘した通り，両報告書は既存の救貧法体制が多くの問題を抱えていて，改革が必要であり，それは貧困に対して予防的・治療的なものでなければならないことについては意見が一致していた。その決定的な相違は多数派報告書が救貧法の拡充と強化，そしてより人道主義的な改善という手段を通じて，予防的・治療的効果を高めようとした反面，少数派告書は救貧法を解体し，その機能をそれぞれ専門の当局委員会に移管することによって，問題の解決が可能とみていたことである。

　しかしながら，自由党政府は，両報告書の勧告のいずれも法制化しようとはしなかった。両報告書が提出された1909年の状況は，王立委員会発足当時とは違って，すでに多くの変化があらわれていた。次章で具体的に論議されるようになるが，1906年の自由党政府は，独自の路線で社会改革に踏み出していたのである。1906年に貧困児童に給食を行う教育（児童給食）法を，1908年には70歳以上の老人を対象にする無拠出老齢年金法を成立させていた。そして，すでにチャーチルやロイド・ジョージといった自由党政府の核心官僚たちは，社会保険制度の導入を通じて社会改革をめざしていた。結局，「福祉国家と呼ばれる国家体制を展望した偉大な文書」（Rodgers, 1969：67）であった少数派報告書の勧告は制度化されず，その理念の実現は労働党政権が誕生する第二次世界大戦後まで待たなければならなかったのである。

# 第IV部

## 社会保障と福祉国家
──福祉国家体制の成立・再編・選択──

# 第10章
# 社会保険誕生の二つの道
―― ドイツとイギリスの比較 ――

## 1　意味と時代区分

### ▎社会的リスクと社会保険

　社会保険とは，社会的に定型化された社会的リスクから国民の生活保障を図るための制度であり，保険の原理によって運営される。社会的リスク（Social Risks）とは，貧困の原因となるリスクである。その代表的なものは，老齢，疾病，失業，労働災害であり，それぞれに対処するのが，国民年金，健康保険，失業（雇用）保険，労働災害補償保険の四大社会保険である。最近，ドイツと日本で導入された介護保険は，こうした四つの典型的なリスク以外に，「長期的に介護が必要とされる状態」を社会的リスクとして認めることによって成立した五番目の社会保険である。社会保険は社会保障の中心をなす制度であるため，現代の福祉制度に占める社会保険の位置はきわめて重要である。

　本章での関心は社会保険導入のもつ歴史的意味を探ることにあるため，社会保険がどのような背景から，どのような過程を通じて形成されたのか，また誰が社会保険に賛成し，誰が反対したのかに対する一般的傾向を把握することを重視する。

　社会保険は加入者の保険料支払いがその前提になっている制度であり，加入者，使用者，国家という三者負担によって財源が賄われる。歴史的にみると，社会保険に加入者の負担が前提されるということは，保険給付に対する国家援助が単なる慈恵ではなく，国民の権利として認められていることを意味した。そしてそれが加入者の立場からみたときに，ひとつの魅力であった。その一方，社会保険は本人の加入意思とは関わりなく，一定の条件を満たしている者すべてが加入させられる強制保険である。こうした特性のため社会保険は，多方面からの反対を受けることになった。保険料の増加をいやがる使用者は当然反対したし，医療保険

の場合，専門職の自律性が脅かされることを恐れた医師団体からの反対もあった。さらには，国家に対し従属的な地位を強いられるため労働者の自発的な相互扶助組織の破壊につながりかねないと判断した労働者自身によって，反対が行われる場合が少なくなかった。

このため，社会保険に関わる多くの利益集団に，その正当性を認めさせるのには，かなりの時間が要された。社会保険導入の必要性が提起されてから実際に導入されるまでにかかる時間は，自由主義の伝統の強い国家であればあるほど長くかかり，家父長主義（paternalism）伝統の強い国家の場合には，より容易に成立したといえる。

## ■社会保険の機能と運営方式

社会保険同様，民間保険も保険の原理に基づいて運営されるので，リスク分散の効果とともに所得の水平的再分配の効果ももつ。しかし，この二つの効果は保険加入者の人数が多くなるほど高まることになっているので，強制加入の社会保険がその効果を最大限に発揮するのは当然のことである。それに加えて社会保険は，所得の垂直的再分配という重要な機能をもっている。それは高所得層から低所得層への再分配のことをいう。

社会保険のもつこうした再分配機能は，租税や社会保障負担の増加を前提としているため，その負担増加を恐れる富裕な階層からはつねに抵抗された。また，社会保険に対する賛成もしくは反対の論理は，社会保険そのものの正当性よりも，社会保険の運営方式に集中する傾向があった。給付水準をどの程度にするか，保険運営に使用者と労働者がどの程度の権限を取り合って参加するのか，その運営方式がどんな集団により多くの権力を与えるようになるのか，などをめぐるものであった。そしてそれは，社会保険導入を試みた国の社会的，経済的，政治的，文化的特性を反映するものであった。したがって，社会保険導入の意味は，国によって異なるのは当然のことであり，各国に共通するある意味を一律的に導出することは困難である。

## ■時代区分

社会保障制度は福祉国家の尺度といわれているが，その社会保障の核心をなすものが社会保険であるため，事実上，社会保険が福祉国家の尺度といえよう。しかし，社会保険が直ちに社会保障を意味するわけではない。本書で使われる社会

保障の概念については，次の章でより詳しく述べるが，社会保障とは，社会的リスクに対する総合システム的な保障を意味するものであるため，断片的な形で社会保険がひとつ，二つ導入されることが社会保障の成立を意味するわけではない。

本章で論議する「社会保険の誕生期」は，19世紀末から20世紀初頭に至る時期である。社会保険は1880年代にドイツで最初に導入されて以降，20世紀初頭には，多くのヨーロッパ諸国でも導入されるようになった。本章では，最初の社会保険が成立したドイツとともにイギリスの国民保険を考察する。ドイツのビスマルクの三大社会保険は1880年代に導入され，イギリスの国民保険は1906年～14年のいわゆる「自由改良の時代」に導入された。社会保険導入の動機と過程，そして導入過程における賛成・反対の論議などを理解することは，社会保険の内容そのものの理解より意味深いことである。そのため，19世紀にその弊害がピークになった産業化と労働者の生活，労働者の選挙権獲得，政党の構造，労働組合及び労働政党の誕生なども本章で検討される。

## 2 背景：労働者階級の成長と自由主義修正の思想

■社会保険導入の一般的背景

イギリスとドイツの社会保険立法過程を比較研究したリッターは，19世紀末，社会保険誕生を基本的に理解するためには，人口増加，産業化，都市化がもたらした社会経済的変化の過程を検討する必要があるという。彼は社会保険導入の背景たるその変化をより細分化して次のように列挙している（Ritter, 1983：2-3）。

- 財産やギルドシステムに基づいた伝統社会の崩壊
- 比較的安定的であった農村生活者の都市移住の増加
- 生産単位としての伝統的な家族の解体と貧困救済提供者としての家族機能の低下
- 伝統的な手工業と農村地域における共同体社会の崩壊
- 資本主義的労働市場の発展と，それに伴う労働者の必要によってではなく，市場原則によって行われる賃金決定
- 伝統的，そして法律的な雇用主温情主義の基盤喪失
- 産業無産階級の登場
- 機械の登場による産業現場での災害危険の増加
- 産業現場での高齢労働者に対する配慮の低下

こうした要因は社会保険の成立に関する理解だけではなく，社会福祉制度全般の理解のためには欠かせない考察項目であろう。しかし，国家の保護方法としての社会保険が何故19世紀末に誕生したのかを理解するためには，少なくとも次のような三つの要因をあらかじめ考察しておく必要がある。それは，選挙権の拡大，社会主義政党の誕生，そして国家介入を正当化する思想の登場である。

## ▎選挙権の拡大

社会保険は社会問題に対する国家の積極的な介入を意味し，導入された当時には社会改革そのものを意味していた。その重要な背景になったのが労働者の参政権拡大である。社会保険の導入と発展に関する体系的な研究を行ったリムリンガーは次のように述べている。すなわち，「大体において，社会保障は，選挙権を獲得するようになった労働者階級の支持を得るために行われた重要政治政党間の競争の結果としてあらわれたといえる」(George, 1973 : 14から再引用)。

1832年，1867年，1884年の3回にわたって行われた選挙法改正を通じて，イギリス社会には大衆民主主義が定着することになった。とくに，第三次選挙法改正では無記名投票が実施され，肉体労働者がはじめて有権者の過半数を占めるようになり（Gamble, 1981 : 132），大衆民主主義が確立段階に入ったといえる。1832年の第一次選挙法改正により参政権は拡大されたが，労働者層は排除され，選挙権をもつことができたのは全人口の3％に過ぎなかった。しかし，第二次選挙法改正は「労働者階級にまで選挙権が拡大される民主主義の飛躍的発展」（Tholfson, 1961 : 226）といえるものであった。その後，1884年の第三次選挙法改正によって，農業労働者及び鉱山労働者にまで選挙権が拡大され，ほぼ普通選挙権に近い形態になった[88]。

ドイツの場合も同じく，労働者階級にまで選挙権が拡大され，それによって労働者を代表する社会主義政党が結成され，社会保険の導入が促進された。当時のドイツでは社会保険は，「社会改革」の同意語として使われていた。ドイツの社会保険立法の代表的な研究者であるラムペルトは，次のように述べている。「1867年，ビスマルクが普通・秘密・直接選挙を導入したのは，社会保険を導入するためでもあった。ドイツの社会政策発展において，この選挙権確立のもつ意

---

88) 第一次選挙法改正による有権者総数は1833年に65万人（総人口の約3％），第二次選挙法改正が行われた次の年となる1868年には約200万人（総人口の約8％）となり（都市の小市民及び労働者階級まで），第三次選挙法改正の次の年である1885年には総有権者数が440万人で増加した（朴光駿，1990b : 40-41）。

味は大きい。なぜなら，これを通じて民主主義の原理がドイツで最初に導入されたのみならず，この新しい選挙権のおかげで，社会主義政党が議会に進出し，自らの社会政策的目標を社会立法することによって段階的に実現することができるようになったからである」(ユンヨドク訳，1995)。

## ▎労働政党の誕生

イギリスの場合，1880年代のいわゆる社会主義復活以降，労働者の政治的な影響力は増加しつつあったが，1893年の独立労働党の結成は，労働者の力を労働者政党の結成にまで発展させた例といえる。この独立労働党は創立当時から党綱領をもっていたが[89]，これは1900年の労働代表委員会の結成に決定的な役割を果たし，ついに1906年イギリス労働党として発展したのである。

労働党は1906年29人の議員をもつほどに急成長し，徐々に保守党とともにイギリスの二大政党のひとつとして発展し，社会保険の導入に大きな影響を与えた。イギリスにおいて社会保険を導入した政治勢力は自由党であったが，自由党にその社会改革を行うように圧力をかけたのは労働者の政治勢力化，すなわち労働党の創設とその活動であった。

ドイツの場合，1863年ラサール (Ferdinand Lassalle) を議長とするドイツ労働者協会が結成され，1875年にドイツ社会主義労働党が結成された (1890年「ドイツ社会民主党」に改称)。ドイツにおける社会民主党は，ヨーロッパのなかで最も強力な組織として評価されるほど大きな政治的影響力をもっていた。そしてその活動が労働者保護制度としての社会保険の導入を余儀なくさせた要因のひとつになっていたのである。

## ▎国家介入を正当化する思想の登場

社会保険は強制加入を特徴とする制度である。それゆえに，自由放任になじんでいた社会において社会保険を導入することは，さまざまな立場からの反対を呼び起こした。国民の自由を束縛するのではないかという懸念，熟練労働者の場合は，自分らの伝統的自助組織であった友愛組合を崩壊させるかもしれないという憂慮から反対した。より過激な労働者たちはそれが社会主義の到来を遅らせるた

---

89) その綱領には，労働時間の1日8時間法制化，児童労働の廃止，不労所得への課税を通じて貧困階層に対する国家保護の実施，失業者に対する国家給付，選挙権の拡大と税制改革が含まれている (Pelling, 1967 : 26)。

めの欺瞞に過ぎないと批判した。他方，支配階級の多くは社会保険制度の導入が資本主義の放棄と社会主義の受け入れを意味するという理由から反対した。こうした多くの反対を押し切って社会保険を成立させるには，それが社会主義の脅威から資本主義体制を守るための不可避な選択であることを国民に納得させなければならなかった。

19世紀末においては，国民生活に対する国家の介入は，多数の国民の権利を保護するために個人の権利が制約される場合があるが，それが決して国民の束縛を意味するのではなく，あるいは自由主義社会の放棄を意味するのではなく，自由主義社会を維持するための選択であること，そして社会主義の脅威から資本主義体制を守るための選択であることを理論的に正当化する思想があらわれた。ドイツの講壇社会主義，そしてイギリスの新自由主義や積極国家論はその代表といえる。

## 3　ドイツのビスマルク社会保険立法

### （1）　最初の社会保険
#### ▎比較的観点からみたドイツ

ドイツは，長い間，経済的発展が比較的遅れた国家といわれてきた。プロシアの指導のもと，ドイツ帝国が国家的統一を完了したのは1871年になってからであった。国家建設をめぐっては分裂と挫折を経験し，それが以降，ドイツが東ドイツと西ドイツで分離される結果につながった。産業化と民主化の側面からみると，ドイツはヨーロッパの他国に比べて立ち遅れていた。ロストウのいう経済の離陸段階は，イギリスが1783〜1802年，フランスが1830〜1860年，アメリカは1843〜1860年であったが，ドイツの場合は1850〜1873年であった。民主的憲法は，1919年になってはじめて導入されたが，ワイマール共和国は1933年にナチスによって崩壊し，第二次世界大戦が起こった。こうした事情によって，社会福祉の実施は遅れていた。後に，西ドイツがヨーロッパの民主主義国家と肩を並べることができたのは，1960年になってからである（Zapt, 1986：126-127）。

ドイツは，世界で最も早い時期に社会保険を導入したが，それ以降，強制的社会保険を中心に社会福祉が発展してきた。所得保障は，今日でも労働者間の負担格差の解消をめざしている。ドイツの社会保険は，水平的分配を維持することを重んじているため，垂直的再分配の要素や家族に対する考慮は弱い。ワイマール

共和国と連邦共和国が改革を行ったが，基本的な社会保険の枠，医療サービスなどの制度，学校制度などにおいては進展がなかった。しかし均等負担の原則をそのまま堅持しながら，1960年代以後は社会福祉支出において西欧福祉国家の先頭グループを形成する発展をみせている。

## ■産業化と労働者の生活

　産業化が遅れていたドイツが他国よりも先立って社会保険を導入しなければならなかった事情を理解するためには，ドイツの産業化過程とその特徴を考察する必要がある。

　ドイツの産業革命は，1840年代から急速に進められた。1820～1840年の間に工業生産は75％増加したが，依然として封建主義的性向の強い農業国であり，イギリス，フランスに比べて後進的であった。こうした状況のなかでブルジョアが生み出されるが，経済的な側面では影響力を発揮したものの，政治的には無力であった（柴田嘉彦，1996：111）。工業の発展とともに労働者階級，とりわけ工業労働者階級も成長した。1832年の工業および鉱業労働者数は約32万人であったが，1848年には70万人へ増加した。他国同様，工業労働者形成期における労働者の生活はきわめて劣悪なものであった。そのため，ストライキなど各地で労働者の抵抗が相次いでいた。19世紀後半期の産業化によって実質賃金が上昇し，労働者の物質的生活条件が向上されたにもかかわらず，大半の労働収入は最低生計費の水準にすぎなかった。男性はもちろん児童と女性の労働状況も劣悪であった。家長の低賃金のため，女性も経済活動参加を余儀なくされ，夜間労働に従事する者もいた。女性の賃金は男性の約50～60％であった。児童は大抵 8 ～ 9 歳で労働を始めた。1850年，プロイセンでは 8 ～10歳の児童 3 万2000人が一日10～14時間働いていた（Lampert／ユンヨドク訳，1995）。

## ■社会保険以前の社会保護と共済組合

　産業化初期のドイツでは社会保護の焦点は労働者保護にあった。1802年から1847年にかけて成立したイギリスの工場法に鼓舞され，1839年プロイセンにおいて，青少年労働者を対象とした条例が制定され，労働者保護制度が開始された。その背景には過度な工場労働に伴う青少年の健康の悪化，兵役合格の減少などがあった。以降，児童労働と女性労働の保護政策も推進されたが，一般労働者や貧民の生活保障のための施策はほとんど行われなかった。

貧民救済の責任は自治体に属していた。1855年,公的貧民救済は新しい住居地に定着して1年以上になる者をその対象としていたが,その保護水準は微々たるものであった。1845年,地方自治体が,疾病から発生する生活不安を解消するために,地域の職人や徒弟が地方保険に加入させる措置がとられ,これは後に,社会保険の基礎となった(Lampert/ユンヨドク訳, 1980:104)。

共済組合が法律によって制度化されたこともドイツの特徴である。共済組合はもともと労働者の自主的な共済制度であったが,その設立,使用者と労働者の組合費支払いが,法律によって強制的に行われたのである。たとえば,プロイセンでは,工場主に対して各工場の扶助金庫を設置するようにした(1845年)[90]。さらに,同年,鉱業労働者共済組合法を制定して,すべての鉱業労働者の保険強制と鉱山所有主の拠出分担義務が課されたのである(柴田嘉彦, 1996:112)。1876年の時点で,ドイツでは約1万2000の共済組合が存在し,組合員数が200万人に達したが,それが1880年代における社会保険成立の土台になったのである。

### ■ビスマルクの三大社会保険

ビスマルクの「三大社会保険」は,世界最初の社会保険制度として知られている。1883年に制定された疾病保険法は,肉体労働者と低賃金ホワイトカラー労働者全員を対象としていた。1884年の労働災害保険法は,疾病保険と同一の集団を適用対象として使用者のみの保険料負担で運営された。さらに,労働災害の場合は,遺族に対しても年金が提供された。1889年の廃疾及び老齢年金法も肉体労働者と低賃金ホワイトカラー労働者全員を対象とした保険制度である。この制度は,労働者と使用者が同一の保険料を支払い,廃疾の場合あるいは70歳以上の場合,保険料支払い期間に応じた勤労所得の15〜40%にあたる年金を支払うものであった(Zapt, 1986:129-130)。この社会保険が19世紀末から20世紀初頭にわたってヨーロッパ各国であらわれる社会保険制度のモデルを提供したということは疑いの余地がない(Ritter, 1983:5)[91]。社会保険の成立に理論的背景を提供したシュモー

---

90) 1854年4月10日,成立されたこの法によって,共済組合が組合員に提供する給付には次のような内容が含まれるようになった。疾病に対して無料で医療給付及び薬剤給付を行うこと,重大な過失によらずに労働能力を失った場合,廃疾年金を支給すること,葬儀費補助など。

91) たとえば,デンマークは1891〜1898年に,ベルギーは1894〜1903年に,ドイツの社会保険の三部作をそのまま導入し,スイスは,憲法を改正して1890年に連邦政府が国民保険を組織できるようにした(Briggs, 1965:60)。イギリスも社会保険の導入において,ドイツモデルの影響を受けた。ロイド・ジョージは,国民保険を推進するために直接ドイツを訪問して調査した。ドイツの社会保険が,イギリス国民保険に与えた影響については,Hennock(1987)の研究が体系的に詳しい。

ラー (Gustav von Schmoller) が指摘したように，ビスマルク社会保険は世界的に歴史的重要性をもつものであった。

この社会保険の成立に決定的に重要な役割をしたのは，ビスマルク (Otto von Bismarck：1815-1898) である。プロイセン地主階級 (ユンカー) 出身として政界に転身して以来，ドイツ国民の宿願であった民族国家の統一を「鉄と血」で達成するとともに，優れた外交政策によって新生のドイツ帝国を，ヨーロッパ列強諸国のなかで指導的な地位にした功績をもつ人物であった (太陽寺，1977：19)。ビスマルクの努力と権力がなければ，ドイツ社会保険が立法化することはなかったという主張 (Ritter, 1983：60) には説得力がある。もちろん，こうしたことの背景には，労働者の深刻な生活不安とそれによる体制への脅威があった。

(2) 社会保険の導入背景
■労働運動と社会民主党

1850～1860年代のドイツ産業資本主義展開の時期，封建的農業国から資本主義的工業国への移行の時期においては，労働者は法律によって団結を禁止されていた。にもかかわらず，労働者は労働組織の結成に努め，労働者集団は全国労働者会議を召集し，1863年ライプチヒで開かれた会議でラサールを議長とするドイツ労働者協会を結成した。ラサールの思想は，社会主義が政府の補助金を受ける経済的協同組合という手段を通じて実現できるし，そのために労働者は選挙権を獲得せねばならないということであった。

1867年の団結禁止法の廃止以降，組織は左派と右派とに分裂したが，ドイツ帝国の結成 (1871年) 後，社会改良主義という穏健な路線で改めて統合され (1875年)，ドイツ社会主義労働党が結成され，労働者階級の政党が誕生したのである。この組織は，全国労働組合の組織化に努めて1875年には労働組合会議が召集され，すべての労働組合の活動を調整するための中央委員会が選出された。中央委員会は社会民主党の影響の下で自由労働組合といわれるようになった。

「1870年以降30年間，ヨーロッパのなかで最も強力な社会主義運動が行われた国がドイツであった」(Mackenzie, 1983：129) という指摘のように，ドイツ労働者の社会主義活動は体制に対する深刻な脅威となった。それが社会保険の導入の重要な背景をなしている。

## 第10章 社会保険誕生の二つの道

■「敵の敵」としてのブルジョア

　ドイツ社会保険の成立背景には，上層階級と統治体制の安定確保のためにも労働者階級の生活を向上させなければならないという事情があった。そして，こうした解釈は，他のヨーロッパ大陸国家の社会保険導入からも確認できる。権威主義的政府にとって，社会保険の導入は体制維持に有利であると判断されたからである。この点に関連して，アルベル（Alber, 1988）は，西ヨーロッパ国家の初期社会保険導入を理解するための鍵は，労働運動の改革要求のなかからではなく，支配エリートの社会保険「合法化戦略」（legitimation strategy）から求められなければならないと主張する（Zapt, 1986：131）。

　こうした見解を理解するためには，ドイツの支配エリートの特質を検討しなければならない。ドイツの場合，支配エリートは地主貴族階級，すなわちユンカー（Junker）であり，その象徴はヴィルヘルム皇帝（Wilhelm I）とビスマルクであった。イギリスとは異なって，新しく浮上した新興資本家階級は，経済的な側面では強い勢力を形成したものの，政治的な支配勢力にはなっていなかった。ユンカーは，ドイツの統一を通じてブルジョアよりは優越な政治的権力の確保に成功したが，彼らにとってブルジョアは依然として政治的ライバルであった。ユンカーたるビスマルクの立場からみると，社会主義的性向に傾いていた労働者階級は，社会体制を脅かす「自分の敵」であるのみならず，国家の支配権力の維持という側面からみると，自分の政治的な競争者である「ブルジョアの敵」でもあった。したがって，ビスマルクの立場では，労働者階級に権力を配分することは，国家に対する労働者の忠誠心を確保するという本来の立法意図以外に，ブルジョアを牽制するという政治的な思惑が盛り込まれていたことになる。

　ビスマルクにとって労働者は「敵の敵」であったという有名な言葉は，こうした事情を説明しているのである。これは，「君主と無産者の同盟」という用語としても表現されている。1867年，ビスマルクが普通・秘密・直接選挙を導入したのもこうした政治的計算に基づいていたものである。

■ドイツ社会政策学会と講壇社会主義

　当時のドイツにおいて，社会改革や社会政策（Sozialpolitik）という用語が社会保険を意味したというのは，社会保険導入が社会体制を維持するための社会改革のレベルで行われたということを強く示唆している。社会政策という用語は，ドイツ社会政策学会の創設（1873年）[92]以降，広く使われたといわれている。ドイツ

187

社会政策学会の創立に主導的な役割を担ったシュモーラーは，社会改革の目的はあらゆる社会階級間の友誼的関係の再建と不正の排除，分配的正義の実現，下層階級の道徳的・物質的生活の向上を可能にする社会立法の創設にあると主張した。大学教授がその構成員として積極的な活動をしていたことから「講壇社会主義」と呼ばれるようになったこの教義は，ドイツ社会保険を思想的に裏づけるものであった。

最初の社会保険が労働者保護立法の形であらわれたということは，労働者の生活状況の深刻さと，それによる保護立法の切迫さを暗示している。ドイツにおける社会保険中心の社会政策は，自由放任主義と社会主義といった両者の矛盾と対立の緩衝装置としての役割を果たした。社会政策は，資本主義の矛盾を認めることから出発し，その矛盾が解決されなければならないということについては妥協の余地がなかったが，社会主義ではなく社会保険という方法でそうした矛盾を克服しようとしたのである。

### ■福祉君主としての国家

国家の支配エリートの立場からみると，一方では自由主義とブルジョアの政治的挑戦を退けながら，もう一方では，労働階級による社会主義的革命をも防止するためには二つの態度が必要であった。そのひとつは，ドイツの伝統的な形の保護方法であった強制的ギルド制を復活することであり，もうひとつは，いわゆる「福祉君主制」(Welfare Monarchy) という，より政治的な手段であった。後者は国家が無産階級の福祉提供者の役割を果たすかわりに，それを受給する労働者はその君主に忠誠を尽くさなければならないという考え方であった。したがって，ビスマルクにとって労働者への権利付与は，下からの労働者の要求ではなく，上から与えるもの，つまり国家の義務という家父長的概念に基づいたものであった。こうした観念は，社会保険の運営方式にも大きな影響を与えた。ビスマルクが推し進めた社会保険運営方式は，雇用主でも労働者でもない国家がその統制権を握る運営体系であった。それは福祉君主制を強調する主張にすでに内在していたのである。というのは，福祉君主制の主な目的のひとつが，労働者の忠誠心を雇用主や労働者組織にではなく，「国家へ」と向かわせることであったからである。

---

92) この学会は，ナチス政権の弾圧によって1936年解散され，1948年に再建されたが，副題であった経済社会科学学会を正式名称とし，社会政策学会を副題とした。現在はドイツの経済学会全体を代表する学会として存在している。

ビスマルクがもっていた関心は「社会保険が労働者の生活保障に与える効果ではなく，労働者の国家に対する態度に与える効果」（Rimlinger, 1971：138）にあったのである。これは，福祉君主制の性格を簡潔に説明している文章である。

## （3） 社会保険の争点
### ▌社会保険の導入の争点

ビスマルクが社会保険を導入しようとした時点において，社会保険導入の必要性や労働者保護の正当性に関しては，すでにある程度の国家的合意が形成されていた。使用者側も労働者保護の正当性を認めていた。[93] ただひとつ，意見対立が生じたのはその社会保険をいかに運営するか，つまり「社会保険の運営方式」をめぐってのことであった。ビスマルクは社会保険を社会的・政治的統制の手段として活用しようとしたが，労働者の考え方はそれに対抗するものであったのである。

ビスマルクが自分の目的を達成するために必要であると考えていた保険運営原則は，「強制保険，国家保険庁による中央集権的統制，民間保険会社の排除及び国家による補助金支給」であった。国家補助金支給の目的は，雇用主に対する追加負担なしに労働者負担を減らすことであった。もし，労働者が費用を自ら負担しなければならないことになると，社会保険の効果が半減されると考えていたのである。

社会民主党は，それが社会主義を抑圧する目的で定められた法律と緊密な関わりをもっていたという理由，そして，その給付が一部の人口層だけをカバーするという理由で社会保険法案を拒否した。また，多くの社会民主主義者は，積み立てられた老齢年金基金が保険以外の目的で運用されることに対する憂慮を表明した（Ritter, 1983：73）。しかし，社会民主党はビスマルクの力に押さえられていて，それに歯止めをかけるような力をもっていなかったのである（Thane, 1982：109）。

「自由な労働者運動に足枷をはめる意図」，「労働者を国家奴隷にする変容社会主義」という厳しい批判が労働組合や左派自由主義者から出されていた。ほとんどの政治政党は，労働者の負担を減らすことを目的とする国家扶助を反対した。

---

[93] 農業経営者と鉄鋼業界の指導者も国家社会保険を支持したことが，社会保険の成立に大きな影響を与えた。彼らの労使関係観は封建的かつ家父長的であったが，その代表的な人物で下院議長であったシュトームは次のように述べている。「雇用主は労働者からの忠誠を確保しなければならないので，その反対給付として労働者を雇用契約の範囲以上に保護すべき義務が神と法律によって雇用主に課せられている。雇用主は自分を巨大な家族の家長としてみなすべきであり，その家族は自分が役に立つ存在であることさえ証明すれば，家長の世話と保護を受けるに値する」（Rimlinger, 1971：128-129）。

ビスマルク法案に対しては左派内でも立場が分かれ，最初の計画とは異なった形で社会保険が成立することになる。

### ■ビスマルクの意図と現実

保険計画はその立法過程において，地方分権と労使による自主的管理が強調されることによって，保険組織や運営に国家の介入する余地が非常に狭まってしまい，ビスマルクの政治的意図どおりには実現しなかった。

ビスマルクが社会保険に対する労働者の参加を通じて，コーポラティズム的国家（Corporative State）を志向する性向を示していたことは興味深い。[94]彼は労災保険法の運営において，国家の帝国保険庁と労働者との間に直接的つながりをもつコーポラティズム的保険機構を構想したが，議会の反対によって実現できず，労働者はその運営から排除されるようになった。彼の関心は労災保険法案の内容そのものよりは，それをコーポラティズム的方式で運営することにあったのである。[95]

また，保険体系が一元化されなかったことから，労働者保険を通じて国家と社会の連帯を確保しようとしたビスマルクの意図も実現不可能になった。そして，何よりも重要なことは，労働者さえもこの社会保険に好意的ではなかったという事実である。当時の労働者は，社会保険が貧困の原因を制度的に解消し，市民の法的権利としての扶助を確保するという長所を認識していなかった（慎編，2001：139）。労働者の関心は，国家からの小さい譲歩よりは，完全雇用や高賃金，そして政治権力の獲得にあった。しかし，否定的な態度を示していた労働者と社会主義者は双方とも，時間が経つにつれて，社会保険が自分たちのためになる制度であるということを理解し，社会保険の拡充に対する積極的要求と保険管理への参加を通じて，資本主義体制内での改革可能性を発見するようになるのである。

ビスマルクは社会保険が社会主義の原理を受容したはずであると考えていた。社会主義を受け入れることによって国家の社会主義化を防止しようとした彼の意図は，ビスマルクの次の言葉に鮮明にあらわれている。

今までに打ち出された多くの施策は，社会主義的性格をもっているものである。そして，

---

94） コーポラティズム的国家については本書第13章を参照。
95） ビスマルクは，1883年，次のように述べている。「労災保険は，私にとって副次的な問題である。重要なのは，コーポラティズム的機構を創設することである。この機構を漸次拡大し，すべての生産的社会階級を包括することによって，究極的には議会を代替するかまたは，議会と共に立法権を共有する民衆的代表機構の基礎づくりができるのであろう」。

わが帝国は社会主義にさらに親しむべきである。もし，あなたたちが社会主義という言葉で誰かを驚かせると信じているならば，あなたたちは，私がむかし捨てた旧態依然とした見解を，いまだにそのまま保っていることになる（Rimlinger, 1971：133から再引用）。

## （4） ビスマルク社会保険の評価

　ビスマルクが全力を尽くして社会保険を成立させたその「意図」がどこにあったのかについては，「飴と鞭」という両面性の政策として導入されたという解釈が一般的な見解になっている。これは，急進的になりつつあった労働階級に対応し，1878年社会主義者鎮圧法を制定して労働運動の社会主義化を防ぎながらも，そうした統制に対するひとつの譲歩として三つの社会保険を成立させて労働者を懐柔しようとしたことがその背景にあるという説明である。ビスマルクは，1878年の皇帝狙撃事件をきっかけに，労働者の支持を得て勢力を伸張していた社会民主党を中心とした社会主義運動を弾圧するために，国家の社会秩序を転覆しようとする社会主義運動を支持する印刷文書の禁止，集会結社の解散権を認める社会主義者鎮圧法を制定した。しかし，労働者に対するこうした抑圧政策だけでは不十分であると認識して，労働者に対する懐柔策として社会保険法案を導入したということである。

　社会保険立法は皇帝ヴィルヘルムの勅令として発表された（1881年11月）。労働災害保険法案を議会に提出する勅書には，「社会的害悪を解消するためには労働者の社会主義的性向をたんに鎮圧することだけではもの足りなく，貧困層にはより安全で十分な扶助を提供することが重要である」との見解が述べられていた。

　ビスマルクの社会保険導入が，第一に社会保険制度の典型であり，第二にいわゆる「飴と鞭」の一環として形成されたという見解は，広い意味でみると事実であり，異論の余地がないと思われる。[96] しかし，こうした見解が多少安易なものであるという指摘もある。たとえば，太陽寺順一は，ビスマルクの社会立法が社会主義者鎮圧法というムチに対する懐柔策として成立したのではなく，疾病保険法も社会主義者鎮圧法を補うムチとして役割を果たしたものである（太陽寺, 1977：36-37）と指摘している。[97]

---

96）こうした見解は，ビスマルクの社会保険を紹介するほぼすべての文献に言及されている内容である。ドイツの社会保険の教科書を著述したラムペートも，それが「アメとムチ」政策の一環であったと説明している。
97）太陽寺順一が，ビスマルク社会保険の性格と背景に関する一般的見解に対して，論理的に学問／

## 4 イギリスの自由改良立法

### (1) 自由主義の修正と T. H. グリーン
■古典的自由主義の衰退とその修正

　ある思想をあらわす用語は，時代によってその内容や意味が異なる場合が多い。自由主義という言葉もその典型的なケースである。歴史的にみると，近代自由主義といわれる古典的自由主義は，近代西欧社会の発展過程のなかで，貴族的封建制度と絶対主義王権に対抗して形成された理念であって，ブルジョアによって主導された。この古典的自由主義は，封建制度のもつ身分的束縛から個人を解放しようとしたものであり，反封建的解放理念としての役割を果たした。個人には自らの意思によって自由に行動できる基本的権利があるという考え方がその根底に前提されていた。そして，人間の基本権と所有権を恣意的に制限した絶対主義国家体制との闘争過程のなかで，国家そのものが個人の自由実現に対する最も大きな妨害物と想定された（呉, 2000：379）。それゆえに，経済に対する国家の介入は市場の自律的な機能を害するものとみなされたのである。

　しかし，古典的自由主義に基づいて形成された社会は決して理想的社会ではなく，多くの弊害と根本的矛盾を抱えていることが明らかになるにつれて，19世紀末には，近代自由主義に対する懐疑が幅広く拡散された。[98]

　古典的自由主義をそのまま維持しようとする勢力とその体制を完全に否定する社会主義という二つの流れを論外とすれば，近代自由主義の修正の試みは，おおむね次の三つに分類できる。第一に，国民生活に対する国家の干渉を拡大して，大衆を体制内に吸収すると共に，大衆の要求を上から充足させる政策を実現しようとする思想であり，これは理想主義学派，オックスフォード学派といわれる。第二は，政治的多元主義であって，大衆自らが集団を形成し，雇用者や政府に対して生活改善や地位向上を要求する動きである。これは権力の再分配をめざして

---

　的根拠を提示して，批判的見解を提示したのは重要な指摘のように思われる。しかし，このような見解はドイツの研究者の間にもみられるものの，少数意見であるようである。ドイツでもこうした解釈はあるが，一般的な見解にはなっていないという。

[98] 例えば，1900年，『ネーション（*Nation*）』誌に載せられた論文には，「自由主義は衰退してほぼ消滅している。時代遅れの人，大半の老人だけがいまだに自由主義の教義を支持している。彼らがいなくなると自由主義擁護者はもはや存在しなくなるはずである」と述べられている（Hobhouse／崔ジェヒ訳, 1971）。

巨大な国家権力に対抗するためには，個人よりは威力ある集団に依存しなければならないという考え方に基づいた思想であった。代表的な人物は，ラスキ（Herald Laski）である。第三には，新自由主義（New Liberalism）と呼ばれるもので，近代自由主義の欠陥を認識し，その伝統を維持しながらも自由主義の理論そのものの再構成を図ろうとした。ホブハウス，ホブソン（J. A. Hobson）などが，その代表的な理論家である。イギリス理想主義については後述するが，まず，注目に値するホブハウスの新自由主義の影響について簡単に言及しておきたい。

## ホブハウスの新自由主義

歴史的にみると，新自由主義という用語は二つの思想を意味しているが，それは自由主義という言葉そのものが歴史的に多様な意味で使われてきたことに起因する。まず，19世紀末の新自由主義は，「New Liberalism」と表記されるが，これは，近代自由主義＝自由放任的自由主義を修正し，社会的弱者を保護するために国家介入の拡大を主張した思想であって，自由党社会改革立法に大きな影響を与えたのである。この「New Liberalism」は約100年を経て1980年代にあらわれ，現代社会経済思想の重要な思想のひとつとなっている新自由主義は「Neo Liberalism」と表記される。これは，1980年代いわゆる福祉国家の危機論以降，通貨主義（Monetarism）の総帥ともいわれるフリードマン（Milton Friedman），経済理論よりは社会哲学的な側面で大きな影響を与えたハイエク（F. A. Hayek）などの人物をその思想的支柱とする思想である。したがって，この両者は，「新自由主義」と通用されているものの，歴史的起源や内容においても相当異なる内容を含めているということを予め認識しておく必要がある。

ホブハウス（L. T. Hobhouse : 1864-1922）は，「文閥」家門で生まれ，オックスフォードで修学した後，ロンドン大学の最初の社会学教授となった人物である。

---

99) この新自由主義とは，もちろん古典的自由主義と区別される思想を意味するが，当時，イギリスで古典的自由主義ないし自由放任的自由主義の主唱者は，いわゆる「マンチェスター学派」であった。そして，こうした伝統は，今日にも残っており，1980年代，サッチャー政府が新保守主義ないし新自由主義の政策を強力に推進した時，ケインズ学派の本拠地であるケンブリッジ大学の教授らが反対声明を出したこととは対照的に，マンチェスター学派は，サッチャー政策の理論的支持者になった。
100) これに加えて，福祉国家の発達と関連してみて，意味深いもうひとつの類型は1950年代のケインズ主義的国家介入の根拠を提供した社会的自由主義（Social Liberalism）である。自由主義は19世紀末の新自由主義（New Liberalism）を出発点として，より大きい国家介入の正当性を提供した「社会的自由主義」を経て，国家介入の縮小をめざす「新自由主義」（Neo Liberalism）へと変わってきたといえる。

彼は，基本的に社会主義的な原理が導入された経済体制のなかで，個人主義の本質の保存をめざす自由主義的社会主義（Liberal Socialism）の理論を構築した。彼は自由放任主義的自由主義も教条主義的社会主義も拒否する自由主義的福祉国家体制を弁護しようとしたが，彼の教説は約半世紀を経てイギリスで実現されるようになった。福祉国家の観点からみると，その思想の核心はほかならず「国家と個人との関係」に関する考え方である。

## 国家と個人の関係

ラジエロ（G. Ruggiero）が「20世紀初頭，新自由主義の最も典型的な姿は，ホブハウスの新自由主義にみられる。彼の自由主義にはミルとグリーンの教えを現代化した姿が発見できる」と評価している（Hobhouse／崔ジェヒ訳，1971に序文）ように，ホブハウスは個人の自由を尊重しながらも国家介入の拡大を通じて，19世紀の自由主義を20世紀の社会改良へと転向させることに寄与した。

ホブハウスの国家観は，彼の名著『自由主義』（1911）の第7章「国家と個人」のなかに鮮明に集約されているが，個人の自由に国家が干渉する根拠について次のように述べられている（Hobhouse／崔訳，1971：Chap. 7 要約）。

- 社会的自由は相互制限に基づいたものである。名目上の自由すなわち，法的制裁のない自由は，真の自由を制約する結果をもたらす。
- 国家介入の影響は二面的である。一方では個人の自由を制限し，もう一方では，個人の自由を拡大するのである。
- 個人の自由と国家の統制は互いに矛盾しない。個人の精神と人格が発達できるような条件づくりが国家の機能である。
- ミルは，自分自身に関わる（self-regarding）行為と他人に関わる（other-regarding）行為とを区分して，後者の場合に国家介入の余地があると認めた。しかし，こうした区分は意味のないことである。なぜならば，第一に他人に直接かつ間接的に影響を与えない行為はありえないからであり，第二にたとえそのような行為があるとしても，共同体的関心が存在するからである。

## 福祉国家思想家としてのT. H. グリーン[101]

オックスフォード学派の最も代表的な研究者であるグリーン（Thomas Hill

---

101）T. H. Green についての以下の内容は，日下喜一（1977），行安茂・藤原保信編（1982），若松繁信（1991），Hoover（1973）などを参考にした。

Green：1836-1882）は，牧師の家門に生まれ，オックスフォードのベイリオール・コレッジ（Balliol College）でゾウェトーの指導の下でギリシア哲学を研究し，母校の道徳哲学教授になった。彼は45歳で夭折したが，講義と人格的な感化によってオックスフォード出身の多くの思想家や政治家に多大な影響を与えた。また，彼は全国禁酒同盟などを通じて市民運動にも積極的に従事したり，当時の改革政党であった自由党の選挙活動を応援したりしていた。

哲学者たるグリーンが福祉国家研究者から注目される理由は，グリーンが人間の自我意識が要求する自由という観念を発端とし，国家の存在理由を解明しようとしたからであると思われる。彼は自由，権利，国家などの概念を再検討し，独自の政治哲学の確立を試みた。当時は，自由放任社会に対する国家介入が要求されていたので，彼の理論は国家の役割拡大に関する理論的背景を提供し，自由党社会改革に援用され，実際の社会改革にまで導かれたのである。つまり，彼は近代自由主義の修正を理論的にかつ実際的に成し遂げた人物であったといえる。[102]

■ グリーン思想のキーワード

社会思想と国家の機能を論ずるグリーンの論理を理解するためには，彼が使う核心的な概念のいくつかを理解する必要がある。

人格の成長——グリーンにとって，最高の価値は「人格の成長」であり，人間の目的は人格の成長にある。人格の成長とは，「人間を，人間らしく生きるように保障すること」を意味する。グリーンにとってこれは国家の任務であった。たとえば，自由権としての財産権保障の理念が財産をもっている人々のみに利益をあたえるならば，多数の貧困な社会的弱者の人格の成長を保障するためには，財産権の制限が不可避になるとされた。

権利——権利とは，人間が最善の存在になるために所有する力であって，一方では，自己成長の条件であり，もう一方では，その人格を国家や社会に適応させなければならない義務を含んでいる。したがって，権利の行使は，他人の権利行使と相互的に承認されるべきであり，権利の相互性が認められることによってはじめてあらゆる人格の成長が可能になる。

公共の善——制度とは，人格の成長という価値理念を促進する手段的価値であ

---

[102] グリーンについては，河合栄次郎に代表される研究者グループによって深層的に研究されたことが知られている。韓国においても，1950年代に当時ソウル大学政治学科のミンビョンテ教授を中心とした研究会，「政治文化研究会」で主にグリーンが研究されていたのである。

る。この制度をつくる原動力が「公共の善」である。グリーンによると，人間は公共の善を認識しているが，これは，制度，習慣，社会的判断，社会的憧れの母体であり，それによって，人間の生活は改善されてきた。また社会がめざすべき方向性を示してくれるのもこの制度に他ならない。したがって，制度はその機能によって価値が承認される。

### ■国家の積極的機能と消極的義務

グリーンは，人格の成長という至高の理念にしたがって，国家の機能を積極的機能と消極的機能とに分類し，それぞれの限界を設定しようとした。

グリーンによれば，国家の積極的機能とは国民の人格の成長に障害となっている要素を取り除くことにある。むろん，社会は絶えまなく変化・発展するため，時代によって障害の内容も異なってくる。したがって，人格成長の障害とそれを取り除くための国家の救済策は，その時代の社会状況によって判断されなければならないとされた。教育制度を例としていうと，子供を教育しないことは，その子供が自分の権利を有効に行使する能力の成長を阻むことであるゆえ，教育は親の道徳的義務としてではなく，子供たちの権利の伸長の障害を取り除くという趣旨に基づいて，国家によって強制されなければならないということになる。19世紀末の時点において，イギリス社会に存在するさまざまな障害を取り除くためには，契約自由の制限，義務教育法の実施，酒類販売の制限，土地財産権行使に対する特別な規制などが有用であるとされた（行安・藤原編，1982）。

1881年，グリーンは自由党会議で「自由立法と契約の自由」という題目の講演を行ったが，それは，積極的自由主義者の綱領となるものであった。ここで彼は，積極国家の理論と政策を提案して，自由党の政策転換に大きな影響を与えた。

グリーンは，国家の役割拡大は不可避かつ必要であるが，もう一方では，国民生活に対する国家介入が行き過ぎると個人の自由を過度に制限する危険性も認識していた。つまり，個人の人格成長を阻害するような国家干渉を排除することを意味する国家の消極的義務の重要性に対しても認識していたのである。

### （2） 自由改良の時代と労働党
### ■自由改良の時代と自由党

イギリスにおいて1906年から1914年までの時期は「自由党改革政策の時代」もしくは「自由改良の時代」（Liberal Reform）と呼ばれている。この時期に社会保

険が導入されたことをはじめ，福祉国家発達からみて重要な意味をもつさまざまな制度が集中的に導入・施行された。すなわち，老齢年金や失業及び健康保険が導入され，学校給食と児童に対する医療サービスが提供されるようになった。また，特定産業部門では最低賃金制度が施行され，イギリス社会の富と所得構造を改革しようとする試みもあった（Hay, 1975 : 11）。こうした改革政策が福祉国家発達におけるひとつの画期的な契機となったのは事実である。ただ，これを福祉国家の起源としてみることができるかどうかについては，研究者間で意見が分かれている。

　一般的に，1906～1914年がひとつの時期としてみなされている理由はこの期間中に自由党政権によって一連の改革が行われたからである。1905年12月，保守党の辞退による1906年の総選挙で，自由党は圧倒的な多数党となり，キャンベル－バナマン（Henry Campbell-Bannerman）内閣が出帆した。1908年には，キャンベル－バナマンの辞任によってアスキス（Henry Asquith）が首相となり，以降1910年の2回にかけての総選挙を勝利し，政権を維持した。1914年は，周知のように第一次世界大戦が勃発した年であって，戦争は1918年まで続いた。

　当時の二大政党は保守党と自由党であった。両党は競争関係にあったが，その争点は社会改革ではなかった。両政党間にはつねに社会立法をめぐって公開的に競争しないという暗黙の合意（Gilbert, 1966 : 449）が存在していたが，同時代人は自由党を改革政党として認識していた。[103]

### ▎労働党の影響

　1906年の総選挙は，バルフォア首相の辞任によって行われたが，その辞任が社会改革の要求とは全く関係のない理由によるものであったことは興味深い。また，社会改革は全く総選挙の争点になっていなかった（Thane, 1982 : 74）。しかも，自由党が同選挙に臨んで，社会改革政策の綱領といえるものを何ひとつ提示しなかった。この総選挙の結果成立した自由党政権によって，直ちに広範囲な改革政策が推進されたことはときに不可解とまでいわれている。同選挙での重要な争点の

---

103) こうした合意以外に，両党の間で行われた包括的な合意をギャンブルは，次のように要約している。「どの政党も，他の政党が根本的に反対する政策を実施してはいけない，選挙での敗北はそのまま受容しなければならない，新しい政府は，前政府が成立させた立法を撤回してはいけない」。こうした合意によって政権政党は，政治的に実行可能な範囲内で政策を追求しなければならなかったし，他の政党の反対によって実行が難しくなるような政策を推進しようとしなかったのである（Gamble, 1981 : 133-134）。

ひとつは，自由貿易か保護貿易かということであり（Gamble, 1981：134），また，その問題が総選挙の原因でもあった。ギルバートの指摘（Gilbert, 1966：450）の通り，社会福祉立法がこの総選挙の争点ではなかったのである。

では，自由党政府が，社会改革に積極的に取り組んだ理由は何なのか。これに対する答えは，新興左派政治勢力である労働党や労働組合の活動と自由党との関係のなかから究明されなければならない。

自由改良時代の社会立法の背景には，労働党の圧力と社会改革を要求する労働者のストライキや抗議デモの影響があった。すでに，1906年の総選挙を通じて労働党は，下院で29議席を占めるほど急成長していた。また，この時期，労働者の社会改革要求も強力なものであった。たとえば，1905年失業労働者法が成立したのは，それに対する労働者の直接な圧力によるもの（Brown, 1971：316）であったといわれている。

### （3） 自由党社会保険立法の内容
#### ▌自由党社会改革立法の概観

1906～14年にかけて自由党政府によって行われた社会改革の内容は，次の通りである（Hay, 1975；Bruce, 1968；Thane, 1982の要約）。

① 労働争議法（Trade Disputers Act, 1906）――ストライキの民法上の合法性を認定。労働組合のストライキによる経営上の損失に対する損害賠償免責を与えた

② 教育（児童給食）法（Education — Provision of Meals — Act, 1906）――地方当局が小学校の学校給食を実施し，貧困児童には無料で提供された。財源は慈善団体の寄付に大きく依存したが，一般児童にも学校給食が行われることによって，「学校給食＝貧困」というスティグマが排除された

③ 教育（児童保健）法（Education-Administrative Provision-Act, 1907）――小学生の身体検査を義務化し，発見された疾病には医療サービスを提供

④ 老齢年金（Old Age Pensions Act, 1908）――70歳以上の低所得高齢者（年所得31ポンド10シリング以下の所得者）に対する無拠出年金

⑤ 児童法（Children Act, 1908）――親による児童の健康放置を不法として児童保健を確保し，道路での児童喫煙が禁止され，児童に対するタバコ販売は犯罪として規定。16歳以下の非行少年は成人刑務所ではなく非行少年刑務所（borstals）に収監

⑥ 炭鉱労働規制（8時間労働）法（Eight Hours Act, 1908）──炭鉱労働者の労働時間を8時間に規定。鉱山労働の1日2交替を3交替へと転換

⑦ 職業紹介所法（Labour Exchange Act, 1909）──未熟練，組織化されていない下層労働者の不完全就業の減少とその正規雇用をめざし，失業者の就業斡旋のための職業紹介所を設置（1910年に83か所）

⑧ 最低賃金法（Trade Boards Act, 1909）──団体交渉能力をもたない労働者を保護するため賃金委員会を設置し，最低賃金制を確立

⑨ 住宅及び都市開発法（Housing and Town Planning Act, 1909）──労働者階級のためのより良い住宅供給を行うために，住宅建設に融資金を支給

⑩ 国民保険法（National Insurance, 1911）──国民健康保険（第1部）と失業保険（第2部）

一連の改革すべてが1906〜1914年の自由党政府の産物とはいいにくい。なぜなら，国民保険を除いては自由党社会改革の時代以前から論議されていたものであり，またすでに施行した制度を拡充する形の改革もあったからである。ここでは，社会改革の最も代表的な制度といえる無拠出老齢年金と国民年金について言及し，「国民と予算」についても検討することにしたい。

### ■無拠出老齢年金（1908年）

強制保険としての年金の必要性は，デフォー（Daniel Defoe）によってはじめて提起されたと知られているが，イギリス社会で，政府が年金制度導入を考慮するように圧力をかけるかたちで年金制度が主張されたのは，その後ほぼ200年の時間が経った1878年，ブラックリー（W. L. Blackerly）によってであった。それ以降，多くの年金案が提案されたが，主に友愛組合（friendly societies）の反対によって実現できなかった。当時の最も強力な利害集団であった友愛組合は，[104]年金が拠出制で運用される場合，労働者の賃金から保険料を強制的に拠出するようになるため，友愛組合運動の破壊につながりかねないという懸念から強力に反対したのである。

1908年に労働者の拠出を強制しない無拠出老齢年金法案は，絶対多数の賛成で下院を通過し，同年8月1日老齢年金法が成立した。イギリスでの居住歴20年以上の男女70歳以上の者のなかで，年間所得31ポンド10シリング以下の貧困者がそ

---

[104] たとえば，組合員数を見ると，1900年の場合，労働組合員数が120万人であったことに対して，友愛組合員数は560万人に達していた（Thane, 1982: 278）。

の対象となったが，1909年1月，はじめて年金が支給された時の有資格者は49万人であった。彼らには週1シリングから5シリングまでの年金が支給された。

この制度は，権利としての年金受給という側面が退色し，援助に値する貧民に対する貧困手当の性格をもっているに過ぎないと批判された。厳しい受給資格喪失規定があったためである。[105]

## ■国民健康保険（国民保険第1部）

1911年の国民保険法は，後述する「国民の予算」が成立することによってその実施が可能になった制度であるが，ロイド・ジョージがこの国民保険への意思を明らかにしたのは1908年のことであった。しかし，当時はそれを管理する事務機構が準備されていなかったし，予算確保も不明の状況にあった（Peden, 1985）ため，準備に時間がかかった。ロイド・ジョージが，多くの反対を押し切って国民の予算を成立させたのは，この国民保険の財源を確保するためであった。

国民保険は二部構成で，第1部は国民健康保険，第2部は失業保険である。この両者を直接に推進した人物が，それぞれロイド・ジョージとチャーチルであり，彼らは互いに連携をもたずに独立して活動していたこと，それぞれの管理機構が異なっていたこと，などの点から異質的であったが，ひとつの法律で統合された。[106]

国民健康保険は，ドイツの健康保険をモデルにして構想されたものであった。ロイド・ジョージは，1908年夏，自らドイツの社会保険の運用を調査して以来，熱烈な社会保険主義者になった。彼は，ドイツでの調査から，少ない財政負担で国民の生活状態が改善できるという社会保険の長所をみつけ出していた。

この健康保険計画には医師からの協力が決定的に重要であった。当時のイギリスでは，友愛組合との業務契約を希望する医師たちの間に激しい競争があったため，診療費が引下げられる場合が多くなっていた。したがって，医師会は国家の医療サービスが自分たちの高い所得を安定的に保障してくれるという思惑から，健康保険の対象者を年間所得100ポンド以下の者に限定し，それ以上の所得者は

---

105) 次のような者は受給資格がないと規定された。受給申請前の10年間，酒乱を含む犯罪によって刑務所に収容されたことのある者，自分と法定扶養者のために，能力と機会と必要があったにもかかわらず，職場をもつことを常習的に怠った者（ただし，60歳以前の10年間，友愛組合や労働組合を通じて保険に加入した者は除外）など。
106) この二つの制度が国民保険というひとつの法で統合されたことは，労働組合の圧力によるものであると主張されている（Brown, 1971 : 144）。というのは，失業保険の成立を希望していた労働組合側は，失業保険と健康保険を一体化した法案が，より成立しやすいと考えており，こうした労働組合の戦略が反映されたからである。

保険適用除外にすべきだと主張したが，適用対象者を年間所得160ポンド以下の者までにするというロイド・ジョージの案が成立した。

## ■失業保険（国民保険第2部）

　強制的失業保険は，ほぼ前例のないイギリス独特の試みであった。これは，従来の救貧法や老齢年金にとって代わる新しい所得保障原則を確立したものとして，イギリス社会保障発達史において重要な意味をもつものである。

　失業保険法案が健康保険とともに議会に上程されたのは，1911年5月のことであった。議会での審議は健康保険に集中され，健康保険は大幅な修正を受けたが，失業保険には大きな関心が寄せられず，ほぼ原案通りに成立した。

　この法案を作成したのは，チャーチル（Winston Churchill），ベヴァリッジ，そしてスミス（H. Llewellyn Smith）の3人であったが，失業保険をひとつのアイデアから制度として成立させた主役はチャーチルであった。これに関連して，ベヴァリッジは後に，「1人の大臣のパーソナリティーが，わずか数か月の期間中に社会立法の進路を大きく変えることができるということを示してくれる事例」（Harris, 1972：264）という表現で，チャーチルの役割を認めた。[107] チャーチルは，自ら「政治分野においてこの偉大な失業保険制度ほど私が関心を寄せているものはない」（Bruce, 1968から再引用）と言っている。

　失業保険の対象者は，低賃金で不安定な雇用形態として知られている職域，すなわち建築・土木・造船・機械などの業種の労働者であり，その総数は225万人であった。争議による解雇者は給付対象者から除外され，不当行為（misconduct）あるいは正当な理由なしに自発的に退職した者に対しては，失業後6週間給付支払いが停止されることになっていた（Rayne, 1960：190-191）。

　保険料負担は三者負担方式であった。労働者と雇用主が各2.5ペンス，この合計の3分の1を国家が補助した。強制適用に含まれていないが，国家的失業保険と同一の事業を遂行するすべての組織体（労働組合）には，国家が補助金を支払うように規定された。したがって，任意的な失業手当を支給していた労働組合は，国家の補助を受けるようになったのである。

---

107）　失業保険法の成立におけるチャーチルの役割については，Gilbert（1966）の研究が詳しい。

## （4） 社会保険の財源

### ■ロイド・ジョージと「国民の予算」

1908年，アスキスが首相を承継し，その後任として大蔵大臣になったのがロイド・ジョージであった。彼は，1908年以降，あるいは自由党社会改革の時代を通じて，社会保険と国民健康保険の成立に最も重要な役割を果たした人物であった。

彼はウェールズ地方で生まれ，地主の横暴を経験しながら成長したが，社会改革推進過程のなかでみられる情熱の原動力は，「貧民に対する同情というよりは既得権勢力に対する怒り」であったといわれている。健康保険導入に必要な財源確保のために準備された国民の予算案について，彼は同僚の閣僚や大蔵官僚をも説得しなければならない状況におかれていたが，それはこの予算の成立が彼の個人的創造物（Peden, 1985 : 29）であることを示している。彼は，世の中には土地所有主の階級とその他の階級というただ二つの階級だけがあるというような認識のもとに成長したことから，「彼の主張は土地独占の打破にあり，その政治活動は土地所有主に対する攻撃からはじまった」（Gilbert, 1976 : 1061 ; Bruce, 1968 : 170-172）という指摘があるほどである[108]。

国民の予算を成立させるための活動の一環として，カーナボンで行われた演説で，嵐の後，暖房のための枝を拾い集めていた子供の頃の記憶に触れ，「この嵐が終わると，老人や貧しい人々の部屋を暖かくしてくれる多くの枝が残る」（Bruce, 1968 : 170-171）と語ったことはあまりにも有名である。

### ■国民の予算の意義

国民健康保険を成立させるためには，莫大な財源が必要であった。その財政を賄うために編成した予算が1909年議会に提出した国民の予算（People's Budget）である。しかし，国民の予算は社会保険の導入に必要な財源確保の手段という次元を超えて，税制改革，ひいては議会改革という性格をもっていて，それ自体がひとつの社会改革であったのである。

ロイド・ジョージが提出した予算の財源確保内訳は，表10-1に示されている通りである。彼の表現を借りると，その予算は数百万人の苦痛を軽減するために，

---

[108] ロイド・ジョージは，地主階級の上院議員のぜいたくを，一人の公爵の完全礼装にかかる費用がドレードノート（Dreadnought）2隻を建造する費用に達することを指摘（Newcastle での演説，Bruce, 1968 : 212）し，上院議員を「失業者のなかから運よく選出された500人の普通以下の連中」（Lloyd George and the People's Budget, *The Times*, 11 Oct 1909, Fraser, Document 7A : 256）と描いたことがある。

第10章　社会保険誕生の二つの道

表10-1　国民の予算の財源内容

| 対象者 | 税　制 | 内　容 |
|---|---|---|
| 高所得者 | 基本税率引き上げ | ポンド当たり1シリング2ペンスへ引き上げ（既存1シリング） |
| | 累進賦課税 | 年間3千ポンド以上の所得に賦課 |
| | 相続税増額 | 5千万ポンド以上の財産に増額賦課 |
| | 土地税 | 土地売却時売買代金の2% |
| 低所得者 | 基本税率引下げ | ポンド当たり9ペンスへ（既存1シリング） |
| | 児童手当 | 年所得500ポンド以下家族の場合、16歳未満児童一人当たり10ポンド手当（1914年に20ポンド） |
| | 開発基金（20万ポンド） | 植林、自作農地供給による就業機会を増大するための措置に使う |

資料：Thane, 1982：87-88；Bruce, 1968：211-212；Fraser, 1973：144；Peden, 1985：chap. 2；Gilbert, 1976：1063-4 などを参考にして作成。

少数人の快楽に課税することによって、貧困に対する妥協のない戦争を完遂するための予算であった。そして、その財源は、基本的に土地所有者に対する課税の新設あるいは累進制の適用と、低所得者に対する税金軽減から構成されていた（Gilbert, 1976；Peden, 1985：Chap. 2）。

予算が成立すると、重い負担を強いられる大地主側は予算反対同盟（Budget Protest League）を結成し、予算案の阻止運動を展開した。以降、この同盟とロイド・ジョージの間には激しい攻防があったが、国民の予算は成立し、予算計画は土地税を除いてすべて実行された。この予算は、第一次世界大戦による財源の拡大によって社会改革の手段としての意味は希釈されてしまったが、土地問題を除くと、それの樹立した原則は社会発展の原動力になった。フレージャー（Fraser, 1973：144）が主張した通り、この予算は、明らかに税制を通じて富の再分配を志向する性格をもっていて、イギリスの現代的予算編成の嚆矢として評価されるものである。

（5）　自由党社会改革の評価

自由党社会改革は、イギリス社会に社会保険制度を定着させ、それが福祉国家成立への基礎になったことは評価に値することである。しかし、自由党の社会立法は制約性と保守性を強く帯びていた。たとえば、1908年の老齢年金制度は、特定の人々に対して給付を保障するという側面よりは、むしろ特定の人々をその受給対象から取り除くことに重点がおかれていた（*Minority Report*, 1909：913）。また、1908年の無拠出老齢年金の施行によって、1910年末には救貧法による院外救

済者の少なくとも26％が減少した（Webbs, 1927 : 805）という事実は，それが救貧法の院外救済を代替する性格をもっていたことを間接的に証明している。

　国民健康保険の場合，低賃金労働者には保険料拠出の負担が相対的に大きく，それによって保険料を支払えない場合が続出した。均一拠出というその拠出方法に対しては労働党からも反対があった。保険料は高所得者には低負担，低所得者には高負担になっていた（Harris, 1972 : 380）。保険給付においても同様であった。労働と貯蓄の誘因を働かせるという理由で，保険給付をきわめて低い水準で維持していたが，これによって低賃金や非正規雇用形態の労働者は最も少ない給付となった。無拠出老齢年金の給付額は，完全給付額が5シリングであったが，制度施行の10年前に行われたラウントリーの貧困調査においても，最低生計費が7シリングに設定されていた事実を考慮すると，週5シリングの年金が生活保障にはとても不十分な水準であったことは明らかである。

## 5　社会保険導入時期の決定要因

### ■比較研究のねらい

　最初の社会保険は19世紀末にドイツで導入され，イギリスの場合は1908年以降一連の社会保険が成立した。両国の導入時期には25年の差があることになる。社会保険の一般的背景としては人口増加，産業化，都市化などによる社会経済的変化を基本的要因とし，労働者への選挙権の拡大，労働法制等の誕生，そして国家介入を正当化する理論の登場といった三つの要因があげられることは前述の通りである。ところが，こうした一般的背景からみると，ドイツよりはむしろイギリスの方がそうした条件を早くから整えていた。にもかかわらず，実際における社会保険の導入は，ドイツの方が早かった理由は何であろうか。

　この質問は比較研究のための「よき質問」[109]である。これに対する答えは両国における社会保険形成過程に関する比較研究を通じてのみ明らかになるのであり，福祉国家発達に関する比較研究は，「なぜ福祉国家の発達が国家によって異なる時期に行われ，異なる内容になっているのか」という質問に対する解明に他ならないということである。

---

109）よき質問（good question）という言葉は「社会政策研究において重要なのは多くのよき研究道具ではなく，よき質問である」といったレイン（Martin Rein, 1970）以来，比較社会政策研究者のヒギンズ（Higgins, 1978）などによって愛用されている。

こうした質問に答えるために多くの研究がなされてきた。たとえば Heidenheimer *et al*（1975），Heclo（1974），Mishra（1977），Flora and Heidenheimer（1981），Ritter（1983）などの研究がある。ここでは，先行研究を参考にしながら，ドイツとイギリスにおいて社会保険の導入時期が異なる理由は何か，その導入時期の決定要因は何かについて，概略的な説明を試みたい。この説明によって，社会保険形成における普遍性と特殊性，すなわち，社会保険導入の一般的背景とともに，その導入過程において各国の特殊な事情が明らかにされるであろう。筆者は決定要因として，産業化の推進勢力，国家の性格，労働者の性向という三つの要因をあげたい。

## ▌産業化の推進勢力

産業化と資本主義の発展が自由放任体制の限界を明らかにし，社会福祉の発展に大きく影響したことは再論するまでもない。しかし，国家間の差異を説明するためには経済発展と階級構造間の交互作用を考慮しなければならない（Mishra, 1977：114）のである。ドイツとイギリスは共通した経済的体制を維持していたものの，全く異なる背景で産業化を進めた。このことは，どの階級が産業化の主導権を握っていたのかというのが両国の福祉国家発展の違いをもたらしたひとつの要因であったのである。

資本主義の産業化はおおむね中産階級と伝統的貴族階級といった二つの階級によって進められてきた。商人，手工業者，企業家からなる中産階級は，イギリスやアメリカにおいて産業化の主役であった。それに対して，ドイツやオーストリア，後年の日本は伝統的貴族階級によって産業化が主導された。一般的には，中産階級は個人主義的かつ反国家主義であり，残余的福祉モデルを好み，伝統的貴族階級は制度的福祉モデルを選択しようとする傾向をもっていた。

イギリスは長期間にわたる自然発生的産業化を経験し，中産階級はいうまでもなく，労働者階級にも自助イデオロギーが幅広く浸透していて，国家による生活保障には消極的な態度を示していた。しかし，ドイツの場合，保守主義的土地貴族によって急速な産業化政策が進められたが，彼らの社会福祉観はドイツの家父長的社会理念が反映された国家による労働者保護であった。しかも産業化の期間が圧縮されただけにその弊害も深刻であり，労働者の反発も強かったので，体制維持のために新しい社会保険制度が社会改革の次元で導入されたのである。

## ■国家の性格と官僚制

ヨーロッパの場合，国王と官僚制の権力が議会を圧倒する「立憲的二元的君主制」（constitutional-dualistic monarchy）を維持する国家（代表的ケースはドイツ）が代議的民主制（parliamentary democracy）の国家（イギリス）より社会保険の導入など国家介入の時期が早い傾向にあるということはフローラなどの研究で指摘された（Flora and Heidenheimer, 1981：70）。その理由としては，非代議的政治体制の場合，政治体制の正当性を脅かす労働者階級の忠誠の確保が緊要の課題であること，国家介入政策を管理できる強力な国家官僚制が存在すること，社会支出の費用を中産階級や労働者により容易に転嫁できること，などが挙げられた。

イギリスの場合，19世紀以降の公共行政は国家介入が始まってはいたものの，最小限の規制的機能に限られていて，議会の決定に従う形で日常的業務に臨んでいるだけで，官僚たちは自らの主導で新しい制度を計画したり実施したりする能力をもっていなかった。こうした理由で，「19世紀のイギリスでは国家が存在していなかった」という極端な表現がなされるのである。

それに対して，ドイツの官僚制は国家集合主義的伝統の強いプロイセン官僚制の伝統を継承し，社会保険の管理に必要な合理的官僚制を構築していた。自由主義的市民階級が成長しなかったため，政府官僚制のリーダーシップが強調されていて，高位官僚は保守的土地貴族と固い同伴者関係を結んでいた。実際に19世紀における重要な社会経済的改革は議会や政治政党によって行われたのでなく，ビスマルクなど官僚によるものであったし，社会保険も例外ではなかった。19世紀後半になると大衆民主主義の進展とともに議会や政党の役割も増大していたが，主要なその政策決定は君主の下で働く官僚たちによって行われたのである。彼らは労働者階級を包摂するためには福祉君主制をめざさなければならないと信じていて，社会改革の動機と実際の管理能力とを兼備した勢力であった。それが社会保険の早期導入につながったのである。

## ■労働運動および労働者の性向

ドイツとイギリスにおいて，社会保険導入時期に影響した三番目の決定要因は労働運動および労働者の性向の違いであると思われる。

労働者の組織化は多くの面において福祉水準の発達と関わっている。国家の支配階層は労働運動を体制への挑戦とみなし，その脅威を和らげることに社会福祉が大いに寄与すると判断していたからである。結論からいうと，イギリスと比べ

て，ドイツの労働運動はより過激であり，社会体制に対してもより脅威であったので，ドイツは社会保険を急いで導入する必要に迫られていたということである。

イギリスの場合，ヴィクトリア朝の価値であった自助は中産階級のみならず，労働者階級にまで波及し，その影響で労働運動も穏健な改良主義的性格を帯びていた。労働者階級も経済生活に対する国家の干渉は最小限に留まるべきであるという考え方をもっていて，国家による社会保険は労働者の自助救済機構である友愛組合を破壊するという理由で長期間反対していたのである。労働運動は1880年代のいわゆる社会主義復活の時代までは温健な労働組合運動であった。むろん，その背景にはヴィクトリア黄金期による労働者の生活改善があった。

しかし，ドイツの労働運動は1870年代からマルクス主義がドイツ社会民主主義運動に対する影響力を強め，労働者政党である社会民主党の勢力も急激に伸張した。イギリスでは労働階級の選挙権が長期間にかけて漸進的に確保されたが，ドイツの場合，普通選挙が行われるようになった1871年の時点で，すでに25歳以上のすべての男性が普通選挙権を獲得していたのである。これは反体制的労働階級の急速な台頭を意味するが，それだけに彼らに対する譲歩策をださなければならない切迫した状況であったのである。むろん，労働者は社会保険ではなく，より根本的に権力の再分配を要求していた。社会保険はその折衝案であったのである。

## 6 社会保険誕生期の特徴

### ■社会的背景

19世紀末に社会保険が誕生した事情を理解するためにはまず，人口増加と産業化，そして都市化のもたらした社会経済的変化過程を考察しなければならない。とくに，国家の労働者保護立法であった社会保険がなぜ19世紀末という時期に誕生したかを解明するためには，その対象になっていた階層が定期的所得をもつ労働者たちであったことに注目する必要がある。社会保険は労働者に対する国家の保護政策であったが，労働者たちは社会保険の導入に対し，一貫した態度を示したのではない。彼らは時には社会保険の導入を主張し，時には反対したのである。

社会保険誕生期の最も特徴的な現象は，労働者たちが選挙権の拡大と社会主義政党の誕生を通じてより強い政治的権力を手にしたことを背景にして，国家社会保険に対して，自分なりの利害関係者としての反応を示していたということである。社会保険が最初に導入されたドイツの場合，労働者階級は社会保険の導入そ

のものよりは，主に社会保険の運営方式に関して利害関係者として介入したし，イギリスの場合は，社会保険の導入が労働者の伝統的相互扶助システムであった友愛組合の自立性を阻害するのではないかという恐れから，社会保険の導入に反対したのである。

　社会保険制度の発達をみると，ドイツや日本のように封建主義的伝統の強い国家の場合には，強制適用の社会保険が国家からの配慮ないし恩恵であるという認識が形成されていたので，国民からの大きな反対なしで導入された。反面，市民社会の伝統の強いアメリカとイギリスでは社会保険に対する反対が根強く，導入が遅れる要因になった。社会保険反対の主役は友愛組合であり，社会保険が導入されたとしても，膨大な組合員を抱えている友愛組合との意見調整の過程で，友愛組合の意見が大きく反映され，社会保障の理念が大きく後退する場合もあった。また，社会保険の導入をその主な内容にしていたアメリカの1935年社会保障法が大きな反対に直面したことは，よく知られている。

## ▌福祉国家体制の起源？

　社会保険の導入が福祉国家体制の起源として評価できるのかについては，研究者間にも見解の一致はない。評価する見解もあれば，[110] 福祉国家の起源は1920年代末の不況とそれを乗り越えるための国家政策にその起源があるという見解もある。

　ある制度が福祉国家の起源として評価されるためには，まず，福祉国家体制をいかに定義するかという問題が明らかにされる必要があり，次に，その内容が福祉国家を志向する最初の改革であることが証明されなければならない。しかも，より根本的な問題として，制度としての福祉国家体制と思想としての福祉国家思想の時間的ギャップをいかに解釈するのかという論理が提示されなければならない。この点については，次の章で論議することにする。

　何をもって福祉国家の起源とみなすのかについては，おおむね三つの見解がある。第一は，自由放任社会での国家介入の始まりをその起源とみなすことであり，第二は，1880年代以後の社会改良，そして，第三は，戦間期とくに1929年世界恐慌による大規模の失業と生活不安の克服策をその起源とみる観点である（木村，1981：3-6）。筆者は，三番目の観点が妥当であると評価している。すなわち，福祉国家は資本主義体制の根本的な矛盾や弱点を経験してから成立した体制である

---

110）　イギリス自由改良時代の社会保険の導入を福祉国家の起源として評価する代表的な見解はGilbert（1966）の見解である。

ということである。福祉国家の起源を社会保険に見出すこともできるだろうが，しかし，社会保険の導入が福祉国家の形成の決定的な要因にはならないことを認識する必要がある。現代福祉国家において社会保険がその核心的制度であることが広く受け入れられている理由としては，それが社会的リスクの予防と所得再分配を通じて，より平等な社会を志向するということが強調されなければならない。

# 第11章
# 社会保障の成立と三つの典型
―― ソビエト・アメリカ・イギリス ――

## 1 意味と時代区分

### (1) 社会保障の意味
■用語の誕生と普及

　社会保障という言葉は，ロシア革命以降ソビエトの社会保障プログラムにおいて初めて使用された。ロシア革命直後の1918年にソビエト政府は「労働者社会保障規則」という法律を公表したが，この法律において社会保障という用語がはじめて使われたのである。

　英語 "Social Security" の翻訳用語として使われる社会保障が公式に使われた最初のケースは1935年のアメリカの社会保障法（Social Security Act）においてであり，それが一般に通用されたのは1941年8月の大西洋憲章以降のことであった。大西洋憲章は社会保障の確保のため各国が協力するように呼びかけたのである。

　また，現実の制度としての社会保障，すなわちさまざまな社会的リスクから国民生活を保障するシステムとしての社会保障は，アメリカをはじめとしてニュージーランドの社会保障法（1938年），フランス（1945年），スウェーデン（1946年），イギリスなどでの社会保障関連法（1945～48年）によって成立した。とくに，ベヴァリッジ報告書の勧告を立法化し成立したイギリスの社会保障システムは，社会保障の典型であり，福祉国家の基礎をなすものであったことには異論がないであろう。

　しかし，社会保障の制度的範囲については必ずしも意見一致がみられず，また国家によってその意味が異なる場合があることを指摘しなければならない。たとえば，イギリスで「Social Security」というのは国民健康サービスという医療保障制度が含まれておらず，社会保障省が提供する所得保障プログラムを意味するのである。しかし，現代社会において社会保障というときには，通常社会保険と

公的扶助で構成されているか，あるいは所得保障と医療保障を含む制度という意味で受け入れられているので，本章では社会保障の広義の概念に基づいて論議することにする。

■生活保障のシステム化としての社会保障

　福祉国家の核心は，理念的にも現実的にも，国民の最低限の生活を国家が保障することにあり，しかも最低生活の保障を国家に要求する権利が国民に保障されているということにある。最低生活の保障は，具体的には社会保障プログラムに頼ることになるので，社会保障は福祉国家の最も核心的要素だといえる。

　社会保障は社会保険と公的扶助からなり，社会保険も年金保険，医療（健康）保険，雇用保険，労災保険などいくつかの制度に分かれていて，それぞれが固有の歴史をもっている。したがって，何をもって社会保障の成立とみるのかという問題を解明するためには，まず，次のような二つの質問が必要である。

① 社会保障の構成要素である公的扶助の成立をもって，社会保障の始まりないし成立とみなすことができるのか
② 多様な社会保険制度のなかで，あるひとつの社会保険の成立をもって社会保障の始まりと評価することができるのか

　社会保障のあるひとつの構成要素が成立したことを根拠にして，それを社会保障の始まりと評価することはできないというのが本書の立場である。社会保障はそれぞれの構成要素がひとつのシステムとして体系化されたことにその特徴があり，システム化ということが社会保障の核心的性格である。わかりやすくいえば，老齢，疾病，労働災害，失業などの社会的リスクを定型化し，各リスクに対処するため多様な社会保険が総合的システムとして計画され，施行されることを社会保障の始まりとみなさなければならないのである。

　社会保障の出発は社会保険の制度化にある。しかし，初期の社会保険立法はシステムとしての社会保障に対する認識に欠けていた。無拠出年金制度の場合は事実上，公的扶助の性格をもっていた。したがって，社会保障の始まりを考察するとき，各国における社会保険導入の背景やその内容などに関する考察を前提としなければならない。

（2）　社会保障成立の三つの典型

　本章においては，社会保障の成立過程をソビエト，アメリカ，イギリスの3国

に区分し，考察することにする。これらの国は社会保障成立の三つの典型といえるものである。

　第一の典型は，社会主義型社会保障であり，ソビエトの社会保障がそれである。社会主義体制は分配の社会的公平を志向する傾向をもっていることから，社会革命によるソビエト体制の成立段階から社会保障制度の充実を進めた。それはソビエト体制の正当性をあらわすものでもあった。しかし，国家が労働者に対する生活保障を提供するみかえりとして，労働による国家への義務を厳しく強制する。さらに，共産党の命令や指針によって法定の国家給付が停止される場合があるという特徴をもつ。

　第二の典型は，社会改革としての社会保障の成立であり，アメリカの社会保障法がそれである。ここで社会改革という言葉は労働者の権利を充実させ保障すること，国民の生活保障を国家の責任で行うことを意味する。資本主義の限界を明らかにした大恐慌を乗り越える方法として，国民により大きな権利を保障する社会改革を行わずに，その反対の道を選択した国家もある。ファシズムがその典型であり，資本主義の危機を国民のより一層の犠牲と労働権の制約を通じて乗り切ろうとしたのである。

　第三の典型は，福祉国家の建設という明確な目標をもって，社会保障制度をその手段として導入したケースであって，イギリスの社会保障制度がその代表的なのケースである。この場合は，社会保障の包括性とともに社会的平等を促進する機能が強調される。イギリスではいわゆる「福祉国家宣布日」から50年たった1998年に社会保障改革のためのグリーン・ペーパーを発刊した。その冒頭でブレア首相はイギリスの社会保障は失敗していると明言しているが，その根拠としてまず，「多くの資源が投入されてきたにもかかわらず，社会的不平等が改善されていない」(Welfare Reform Green Paper, 1998 : Introduction) ことを挙げている。これは，社会的平等の促進がイギリス社会保障の重要な目標になっていることを明確に示しているのである。

（3）　福祉国家の概念

　福祉国家 (Welfare State) がどのような国家を意味するのかについては，研究者間に完全な合意があるわけではなく，福祉国家発展過程の各段階によってもそれぞれの意味が異なる場合もある。そのため，福祉国家という用語をより細分化して概念規定する研究者もいる。たとえば，ファーニスとティルトンは社会福祉

分野に対する国家の介入方式に基づいて福祉国家を積極国家（Positive State），社会保障国家（Social Security State），社会福祉国家（Social Welfare State）に分類した（Furniss & Tilton, 1977）。

彼らによると，積極国家とは資本主義を維持し，再分配を要求する勢力から資本家を保護するという大前提の下で，社会保険を通じての所得再分配を試みる。垂直的再分配よりは水平的再分配が強調され，保護対象を自由市場のなかでは自立できない人々のみに限定し，彼らに対しては最小限かつスティグマ付きの福祉給付を提供する類型の国家を意味する。こうした国家においては，社会福祉は市場経済の機能を強化するための社会統制的な性格をもっているが，その代表はアメリカであり，積極国家は福祉国家とはいえないとされている。イギリスがその典型とされる社会保障国家とは，国家の重要な目標が国民の最低生活を保障することにあり，機会の平等が強調される国家である。そして，社会福祉国家とは政府と労働組合との協力が強調され，政策決定において権力を労働者と国民に付与することが重要な目標になっている国家であり，その代表的な国家はスウェーデンとしている。

こうした指摘は興味深いが，しかし，本章での関心は福祉国家を厳密に概念規定すること，あるいはその定義に基づいて多くの国家を類型化することにあるのではなく，社会福祉史の発展過程で福祉国家が出現する歴史的経緯を論ずることにある。したがって，本章では福祉国家の一般的原理や性格をもってその概念を規定したブリッグスの次のような定義を援用することにする。

> 福祉国家とは，市場メカニズムから生じる社会問題を修正する努力の一環として，次のような三つの方向をめざして，政治と行政の組織された権力を意図的に使う国家のことをいう。すなわち，①市場における個人の能力と資産に関わりなく，あらゆる個人と家族に最低限の所得を保証する，②個人と家族の危機をもたらす社会的リスクに対応できるように，社会的保護を通じてリスクを減少させる，③地位や階層に関わりなくすべての国民に一定範囲の社会的サービスを可能な限り最高の水準で保障する（Briggs, 1965 : 43）。

## （4） 時代区分

19世紀末の社会保険制度の導入以降，1920年代の深刻な恐慌を経験し，第二次世界大戦を経て福祉国家が成立するまでの時期，各国ではさまざまな社会的リスクに対して断片的に施行されていた公的扶助や社会保険制度をひとつのシステム

として統合し，総合的社会保障システムを確立することがめざされた。この時期に誕生した世界最初の社会主義国家ソビエトでは1917年以降，一連の社会保障プログラムを施行した。アメリカは大恐慌を経験し，社会改革の次元で社会保障制度を導入した。そしてイギリスは戦争の経験から，新しい社会体制——福祉国家——を達成するための手段として包括的社会保障を実施した。

本章で論議する社会保障の成立が直ちに福祉国家の成立を意味するのではない。たとえば，アメリカの場合，1935年の社会保障法の成立を福祉国家の成立とみなすことはできない。この法律の成立以降，1960年代における重要な改革が補完されることによって福祉国家体制の基盤が整ったのである。

## 2　背景：社会主義革命・資本主義の構造改革・大戦の経験

### (1)　生存権保障思想の台頭
■生存権と市民権

権利とは「相手にある作為あるいは不作為を要求する権能」であり，相手を前提にした概念である。また，もしそれが侵害された場合には裁判所に保護や救済を要求するなど国家の法的強制の存在を前提にすることに権利の特質がある。したがって，権利という概念には国家の強制措置を背景にした請求権的性格が強調される。要約すると，「権利とはある社会において一定の利益あるいは価値と考えられるものであって，対等な当事者間の社会関係を前提にし，それが侵害される場合には国家の強制措置による回復を請求することのできる基本的特質をもつもの」である。

国民が自分の権利保障のため，国家権力に対して作為を要求するかあるい不作為を要求するかによって社会権と自由権とに分類される。社会権は国家の行為を要求する権利で，いわゆる「国家への自由」によって保障された人権であり，自由権は国家が個人生活に干渉しないように保障することであって，いわゆる「国家からの自由」によって保障された人権である。社会権には労働権，教育権，生存権などがあるが，そのなかでも国家に対して一定の措置を請求する社会権の本質的属性を最も強くもっている人権は生存権である。福祉国家であるか否かは生存権が社会保障の具体的権利として承認されているか否かによって決定されるといっても過言ではない。

社会保障を市民権（citizenship）として把握しようとする見解もある。その代表

的論者がマーシャル（T. H. Marshall）である[111]。彼によると，市民権には三つの要素，すなわち司法的要素，政治的要素，そして社会的要素が含まれている。司法的要素とは法律の下での個人の自由と平等を意味し，政治的要素とは選挙権を中心とした政治的権利を意味し，社会的要素は経済的福祉の保障と一般的水準の文化的生活を営む権利を含んでいる。社会保障とはいうまでもなく三番目の社会的権利と密接に関わっているのである。もちろん，文化的生活を享有する権利とは多様な解釈の余地を残しているが，最低生活以上の水準を保障するという意味が強い。

## ■生存権保障の思想

生存権思想は，人間はいかなる場合においても人間らしい生活を営む権利をもつというものであり，啓蒙主義思想とのつながりをもっている。啓蒙主義思想とともに発生した自由法学においては，実定法を超越した自然法が存在し，自然法としての人間には天賦の，人間として生きていく固有の権利があるとされた。

モンテスキューは1748年，国家は国民に対し，食料，適切な衣服，そして健康に反しない生活様式を保障しなければならないといい，1793年にはロベスピエールが万人の生活を保障することは国家の義務であり，そのためには社会がすべての国民に対して年齢や体力に相応しい職場と生活保障を行わなければならないと主張した。

その後，マルクスとエンゲルスは生存権が国民の当然の権利であることを科学的に証明した。エンゲルスは『イギリス労働者階級の状態』（1845年）において，マルクスは『ドイツにおける共産党の要求』（1848年）において社会保障に対する労働者階級の要求を最初に記述した。

1919年8月14日に公布・施行されたワイマール憲法は，経済生活の部分で，生存権と社会保障との関係について規定し，生存権の保障が国家の責務であることを明示した。これは生存権を憲法上はじめて承認したものである。

また，アメリカのルーズベルト大統領は1941年1月の年頭教書において言論，信仰，脅威からの自由とともに欠乏からの自由が国民の基本的自由のひとつであることを強調した。同年8月には，戦後世界の再建方針に関する大西洋憲章を発

---

[111] マーシャルの市民権という概念は社会福祉の本質を理解するためにもきわめて重要である。彼の思想については，*Social Policy*（1972）；*The Rights to Welfare and Other Essays*，岡田藤太郎訳『福祉国家・福祉社会の基礎理論』1989；*Citizenship and Social Class*／岩崎信彦・中村健吾訳『シティズンシップと社会的階級』1993；伊藤周平『福祉国家と市民権』1996，などを参照のこと。

表したが，社会保障という用語もこれを期して普遍化された。英米両国政府は8項目の共通原則に基づいた国内政策に合意したが，その第5項において「よりよい労働基準，経済的進歩および社会保障をすべての者に保障するという目的をもって，国民の協力を確保する」と規定した。これによって，よりよい労働条件と社会保障の権利がはじめて国際文書にあらわれるようになったのである。

(2) 社会経済的状況

■社会主義国家の誕生と資本主義体制の限界

第一次世界大戦中の1917年10月，ソビエトで世界最初の社会主義革命が起き，ソビエト革命政府は社会主義体制による生存権保障を試みることになった。そして，こうした動きは西欧諸国に社会保障の確立を促す圧力要因になった。

ソビエト体制は社会保障の領域のみならず，西側諸国の全般的経済運用においても大きな影響を及ぼした。その代表的ケースが計画経済化の傾向である。ソビエト体制の下で1928年から始まった一連の計画経済が明確な成功を収めたことが西欧諸国に知られるようになると，1930年代からは西欧国家においても計画経済政策がみられるようになるのである。

その一方，この時期は資本主義社会の根本的矛盾が著しくなった時期でもあった。この時期における資本主義社会の末期的症状は次のように要約できる（上田，1975：13-14）。

① 大量の失業，慢性的失業の存在
② 労働者および国民大衆の労働条件や生活条件が著しく悪化し，大衆の貧困化が一層進行したこと
③ 階級間の対立と闘争が激しくなり，労働組合の組織化が進むにつれて，それが政府や資本への大きな圧力になったこと
④ 世界各国で社会主義政党が政権党になる国家が増加し，革命を通じて社会主義国家が誕生したこと

■戦争の経験

戦争の経験は社会全般に大きな変化をもたらした。第一次世界大戦の経験は労働者勢力の増大をもたらした。第二次世界大戦は総力戦であったために，産業に対する国家の統制が容易になり，国家は産業を国有化せずに産業界統制する方法を見出したのである。

一方，戦争は国民生活に直接的被害と犠牲を与えたが，戦争が長引くにつれて国家は国民に将来に対する希望を与える新しい社会の青写真を必要とした。新しい社会とは社会保障制度が完備された理想的社会であった。

イギリスではベヴァリッジ委員会が設立され，ベヴァリッジ報告書は生活保障の三大支柱として所得保障，完全雇用とともに平和（Peace）をあげた。この事実は安定した生活を維持するうえで平和がいかに重要なものなのかを示しており，またそれが戦争の産物であることを示唆している。フランスの「ラロック計画」（Laroque Plan）やドイツの「ロバート・レイ計画」（Robert-Ley Plan）も同じような性格のものであった。

戦争の経験が社会福祉の拡充の世論に直接影響し，さらに社会福祉の制度的発展をもたらすドラマティックな契機を提供した事例もあるが，それはイーストエンド地域における児童の疎開であった。

ロンドンの慢性的貧困地域であったイーストエンドは，テムズ川の埠頭が並ぶ地域でもあり，多くの日雇い労働を提供し，またそれが都市スラム形成の背景でもあった。この埠頭地域には，ドイツの空爆が頻繁に行われたので，当局は同地域の児童を他地域の家庭に避難させたのであった（Palmer, 1989：139）。この児童を受け入れた一般家庭はその子供たちの衣服，衛生ないし栄養状態から，児童の貧困がきわめて深刻であることを認識するようになり，それが貧困問題に対する大規模な国家介入のきっかけになった。[112]

## 3 ソビエトの社会保障制度

### （1） 社会保障成立の背景
■革命以前の帝政ロシア

ロシア革命は3世紀にわたるロマノフ王朝を打倒し，ソビエト社会主義共和国連邦を誕生させたが，ロシア革命以前の帝政ロシアは，イギリスなどに比べると

---

[112] 1939年9月1日から3日間，イーストエンドの125万人が，1941年までには300万人が他地域に避難したが，その大部分は児童であった。この子供たちの衛生と文明から離れた惨めな姿は，比較的裕福な生活をしていた国民たちに大きな衝撃を与えた。ある診療所の記録によると，避難してきた320人の子供のうち2/3が体にしらみを持っていた。社会保険制度がスタートしてすでに30年も経っていた時期であったが，「二つの国民」は依然として存在していたのである。このことは，住宅の改善，無料医療サービス，家族手当，保育施設，無料給食などが必要であるとの世論を形成した（Cootes, 1966 ; Bruce, 1968：30）。これがイギリス社会福祉発展にいかに大きな影響を及ぼしたのかについては，『イギリス福祉国家史』を著したクーツが「児童の避難」に1章を割いていることからも想像できる。

遅れていたものの，産業化が大規模に行われていた。

ロシアはイギリス，ドイツ，フランス，アメリカと比べて後進国であったが，1913年の時点で世界第5位の工業国家であった。そしてこの時期には工業総生産が農業総生産を上回り，すでにロシアの国民経済は工業を主流にしていた。こうした経済力を基盤にしてロシアはフィンランド，ポーランド，バルト海沿岸からコーカサス，中央アジアとシベリアにかけての広大な地域を植民地にし，その地域の人々に対しては抑圧的姿勢をとっていた。さらに，バルカン半島，中央アジア，そして極東地域へと絶え間ない領土拡大を図っていた。ロシアもまた帝国主義だったのである（『社会科学大事典』，1971：63-64）。

革命以前のロシア社会はヨーロッパの他の国家に比べて，社会発展が遅れていた。貧困と飢餓はきわめて深刻であって，文盲も著しいものであった。農奴制が廃止されたのは1861年のことであって，農村の貧困は極端な状態であり，農村人口の80％は小作農であった。多くの都市労働者は農村地域から都市へ移住し，劣悪な居住地で密集して暮らしていた（Thane, 1982：120-121）。

### ■急速な産業化の影響

ロシアの支配階層は，急速な産業化を通じてこうした後進性を脱皮しようとした。とくに，自国の後進性を自覚せしめたクリミア戦争の敗戦後，ロシアは工業化政策を強力に推進した。しかし，19世紀末から20世紀初の帝国主義国家間の競争と対立のなかで，国家主導の急速な産業化はロシア社会の内部矛盾をさらに深化させた。

急速な産業化は労働者に深刻な弊害を与えた。当時のロシア労働者は低賃金と長時間労働など劣悪な労働条件を強いられていて，工場管理者は労働者に対しては封建的支配者のような高圧的姿勢で一貫していた。1905年革命[113]以前には，労働者には団結権と争議権が与えられていなかった。農民は封建の悪習が残っている

---

113) この革命では労働者解雇に対する抗議ストライキがきっかけになって，ペテルブルクの労働者たちが皇帝への請願行進をしたが，それに対しいわゆる「血の日曜日」と呼ばれる軍隊による流血鎮圧が行われたことから触発された革命である。以降，流血を伴う労働者のストライキが全国に波及し，農業労働者のストライキも発生した。また軍隊内部で反乱がおこるなど軍隊も動揺した。ロシア軍隊は封建的支配関係が強かったので，兵士の不満が爆発したのである。政府は8月7日，国会の設置を余儀なくしたが，ストライキは止まらず，「10月宣言」で国民の言論・集会・結社の自由が認められ，国会には部分的立法権が付与されるなどの改善があった。以降，1917年の2月革命と，ソビエトが誕生した10月革命にいたる期間は国家支配構造の大変化が起きた激変期であった（『社会科学大事典』，1971：26）。

農業制度の下で苦しい生活をしていて，労働力の過剰は再び低賃金の圧力要因になった。産業化が進行するこの時期においても，封建制的考え方は根強く残っていて，ツァーリ（Tsar）は最高の権威でかつ国民の父親というイメージが強く残っていた。[114]

貧困農民と労働者たちのこうした不満を抑制するために，ロシアは専制国家体制を維持した。1905年の革命までに，国家権力は完全にツァーリとその官僚たちに集中していて，国民には政治的権利が保障されず，教育水準も低く，成人の73％が文盲の状態であった。

## 伝統的社会保護とその特徴

ロシアで貧民の救済が公的責任であることが認められたのはピョートル大帝の在位中のことであった。彼は重商主義的考え方の持ち主で，労働可能な貧民の浮浪を抑制しながらも，もう一方で彼らの扶養責任が国家にあることを認めた。農村地域では労働可能な貧民に職場を提供し，労働不可能な者に衣食住を提供することは領主と土地所有者の義務になった。都市では病院や慈善機関の設立と維持が市当局の責任になっていた。これは，貧民救済のための公的組織の設立はなかったものの，貧民に対する社会的義務を国家が最初に認めたものであった（Rimlinger, 1971 : 248）。農奴制の廃止によって貧民に対する公的救済は不可避になり，社会福祉の発展もあったが，その効果はきわめて微々たるものであった。社会保険の分野において，第一次世界大戦以前までに成立した法律は次の三つである。①すべての工場が労働者のための無料の医療措置を提供するように要求した1866年法，②1903年の労働災害保障法，③1912年社会保険法（労働災害保障法および疾病保険）である。しかし，これらの制度はきわめて不十分な内容になっていた。

社会福祉発達過程でみられるロシア的特徴は次のように要約できる（柴田嘉彦，1996 : 169-170）。①年金制度が軍人や高級官僚のみを対象にして早くから発達したこと，②実効性のほとんどなかった制度として，奴隷的労働形態に置かれてい

---

114) ロシア人の封建主義的考え方は，1905年革命の際の皇帝への次のような請願書にあらわれている。「陛下，我らペテスブルクの労働者と庶民は，陛下に正義と保護を要請するためにきたのであります。我らすべては貧乏であり，抑圧され，過度な労働に苦しんでいます。何の理由もなしに屈辱を受け，人間ではなく奴隷として扱われています」（Rimlinger, 1971 : 246）。この請願書には，彼らがツァーリには服従するが，その代わりに自分たちを保護し，苦痛から救ってくれるように訴えている姿が描かれている。

た労働者のための無料診療を提供する病院の設置を義務つける法律，③工場主が労働者の罰金によって助成された基金で，労働者が労働能力を失ったときに手当を支給する制度，④労働者の自発的共済組合ではなく，政府による上からの共済組合育成，⑤レーニンの指導によって社会保障への闘争が革命運動と連携され，積極的に推進されたこと，などである。

## ▍差別主義

制度化された国家的努力のほとんどは一部の階層に限定的にそして差別的に適用されていたが，それはロシア社会保障の重要な特徴のひとつであると思われる。教育制度と保険制度は，ほぼすべての小作農と都市女性を除外していた。小作農を配慮した政策としては1905年革命以降導入された土地改革が挙げられるが，それも主に比較的裕福な小作人だけに利益をもたらしたものであった。この時期の小作農は「国家の援助活動によりは異国への移民やシベリアへの移住によってより多くの利益を得ていた」(Thane, 1982 : 121)。

社会福祉制度の適用拡大過程をみると，比較的安定した階層から適用されたことがロシアの特徴であるといえる。福祉に関する国家の関心は少数の工業労働者に限定されていた。1903年に労働災害保障法が実施され，1912年には社会保険としての労災保険と健康保険が導入されたが，それは労働者の約20％，すなわち，工業の発展に重要な存在として後援を受けていた大企業の労働者のみをその対象にしたものであった。

人種による差別もひどく，教育制度と保健医療はロシア人以外の人々には提供されなかった。ユダヤ人は1905年になって初めて投票権を獲得した。大々的なユダヤ人虐殺が行われ，1906年バルティック地方の場合，ロシア語を使わない人々は虐殺だけは免れたものの，教育や貧民救済の対象からは外されていた。

## （2） 社会保障の成立
### ▍社会主義革命と社会保障の誕生

1917年10月の社会主義革命によって世界最初の社会主義国家が誕生した。すでに，革命以前からレーニンの指導の下で社会保障のための闘争が革命と連携されていたので，労働者たちは相当な経験の蓄積とともに社会保障に関する明確な方

---

115) ボリシェヴィキにとって社会保障とは労働者解放のための闘争力を強化するひとつの手段／

針をもっていて，社会保障実施の準備は整っていた。革命後4日目に世界で初めて1日8時間労働を決定し，6日目には完全な社会保障制度の構築を公約し，社会保険に関する政府指針を発表した。この指針は「ロシアのプロレタリアートは，自分の旗に賃金労働者，そして都市と農村の貧困者の完全な社会保険を提起する。労働者，兵士および農民の代議員ソビエトに立脚した労農政府は，全ロシアの労働者階級および都市と農村の貧困者に対し，完全な社会保険の発足に即刻，着手する」と表明したが，その社会保険の原則は次の五つに要約できる（柴田嘉彦，1996：170-171 ; Rimlinger, 1965：109）。

① 例外なくすべての賃労働者，および都市と農村の貧困者に保険を適用すること
② 業務上の理由か否かに関わりなく，労働能力喪失のすべてのリスク（疾病，障害，老齢，妊娠，出産，寡婦，孤児，失業など）に保険を適用すること
③ 社会保険の費用負担は全額企業主に負わせること
④ 労働力喪失および失業の場合，少なくとも稼得賃金全額を補償すること
⑤ 社会保険の管理運営は被保険者の完全な自治によって行われること

その後，同年12月には失業保険が新設され，新しい疾病保険も実現した。そして1918年には慈善組織の施設がすべて国の管理に移され，社会保障（social'noe obespechenie）という用語が世界でも初めて使用されるようになり，社会保障の管掌機構である国家保護人民委員部は社会保障人民委員部と変更された。ここには，権利としての社会保障という理解が，すでに明確にあったことが示されている（柴田嘉彦，1996：171）。

その後，1921年3月，レーニンの新経済政策（New Economic Policy: NEP）の下で，ソビエトの社会保障は社会保険がその中心的役割を果たしていた。そして，社会保障の権利性の強化，社会保険適用範囲の包括化をめざして多くの制度改善や創設が継続的に行われていった。

## ■社会主義社会保険の理念

ソビエトの研究者や社会主義者たちは，完全な社会保障制度の提供は労働者のために存在する社会主義体制によってのみ可能になると主張する。「資本主義体制の下では社会保障の必要性が資本主義経済体制の欠陥，労働者の将来生活への

---

であった。レーニンは資本主義体制と真の社会保障とは両立不可能であると信じていて，ツァーリによって導入されたいくつかの社会保険は欺瞞的なものに過ぎないと主張した。

不安,過度な労働,失業に対する不安と早期退職などの結果として提起される。しかし,利潤の追求という動機ではなく,人間のニーズの充足という社会原理によって支配される社会主義社会においてのみ,労働力のない者のための適切な社会保障が可能になる」という主張がそれである。資本主義社会と社会主義社会の社会保障制度の目的が異なっていると主張する論理は,あるソビエト研究者の次の文章に明らかに示されている。

> ソビエトと資本主義国家の社会保障制度を比較してみれば,両者の目的が異なることがわかる。ソビエトの社会保障体系は労働大衆の物質的および文化的生活という重要な側面を包括していて,それが労働階級の生活の地位,物質的・文化的地位向上のための要素として作用する。つまり,ソビエトでは社会保障が労働者の生活の質を向上させるための手段のひとつになっている。
> 一方,資本主義体制における社会保障の本質は,貧民の脅威から資本家の財産を守るための緩衝装置になっている。資本主義国家の社会保障の根底には,人間の必要や老後保障の権利に対する関心がなく,利潤に対する関心だけがある。つまり,労働者に対する部分的譲歩を通じて,資本主義の生産様式を強化することにその関心があるのである (Lantsev, 1958, Rimlinger, 1971 : 253 から再引用)。

## (3) ソビエト社会保障の特徴

### ■社会保障の理念と現実

ソビエトの社会保障体制が,国家と企業の全面的責任と負担で実施されたこと,労働者の社会保障給付に対する権利が保障されていたこと,働く国民とその家族に対しては例外なくすべて適用されたことなどは評価に値する。しかし,それが資本主義の社会保障と全く異なる理念に基づいたものであるという主張は,二つの側面から疑問の余地を残している。

まず,ソビエトは全国民に対する完全な社会保障をその理念として掲げていたが,現実に社会保障がその理念どおり実現されたのかという点についてである。というのは,すでに指摘したロシア社会の社会保護における差別主義の伝統は,社会保障が成立した後も依然として存在していたからである。ソビエトは,教育・保険サービスと社会保障給付とを区分し,前者は全国民の権利として提供されていたが,社会保障は伝統的に労働者のみに適用された。農民が公的年金プログラムに適用されるようになったのは,革命後ほぼ半世紀が経った1964年のことであって,彼らはその時期までに相互扶助に頼っていたのである。しかも,情報

の不足と情報への接近が難しいという事情によって，ソビエトの外部からソビエトの社会保障を研究する研究者たちは，主に関連法律を根拠に福祉制度の内容を考察せざるを得ない場合が多いのであるが，その法律が実際にどの程度まで実現されていたのかを客観的に評価することは容易ではない。

もうひとつの疑問として，資本主義社会においては社会保障が資本家の財産保護のための手段に過ぎないとか，資本主義生産様式を強化することに社会保障の本質があるという主張も，客観的根拠に基づいたものとはいえない。確かに，資本主義初期においてはそのような性格を色濃くもっていた。しかし，社会保障制度そのものも社会経済的環境，国民の福祉意識の成熟によってその性格が変化していくことを考慮しなければならない。

1995年ソ連の共産党書記長ゴルバチョフは情報公開と改革を推進したのであるが，それによって，保健制度と年金が遅れていて，多くの制度的欠陥を抱えていることが明らかになった。たとえば，保健の分野においては低い平均寿命，高い幼児死亡率，劣悪な医療サービスが大問題になっていた。また，年金制度においては低額年金受給者の増加とそれに伴う生活困難などの年金水準の問題などが深刻であった (柴田嘉彦, 1996 : 178)。こうした事実は，社会保障制度は制度化されたという事実だけによって評価されてはならず，その制度の施行状況と質的水準などに対する考慮のうえで評価・解釈されなければならないという教訓を与えているのである。

## ▌前提条件としての労働の義務

労働者の福祉に関する限り，それは共産党の特別な配慮であり，それに対して労働者は国家や共産党に対して忠誠心を示すべきであるということは，ソビエトをはじめ，ほぼすべての社会主義国家の社会保障制度に内在している基本前提である。もちろん，社会福祉給付が国家に対する忠誠心を高める役割を果たす側面があることは，ビスマルク社会保険においても確認できるが，社会主義国家の場合には，徹底した形をとっていた。その忠誠心とは労働の義務である。

ソビエトでは国家と労働者の相互的権利と義務が憲法に明示されていた。1936年憲法では，ソビエトの国民は老齢と疾病，廃疾の場合，生計維持の権利をもつと規定した一方で，「ソ連における労働は，働かざる者は食うべからずという原則による義務事項であり，すべての労働可能な市民の名誉である」(Rimlinger, 1971 : 255) と規定している。労働の権利と労働者の生活保障を規定した憲法にお

いて，同時に労働の義務も賦課しているのである。こうした規定から明らかになることは，ソビエト社会においては社会福祉の充実が経済成長の前提条件としてみなされているということである。それは次の文章から確認できる。

> ソビエト社会において社会保険からの恩恵を受ける労働者と被雇用者は，よりまじめに働き，労働生産性を向上することによってその恩恵に報いている。社会主義の下で，個人の利益と社会の利益がバランスのとれた形で実現されているこうした事例は，ソビエトの社会と政治秩序の優越性を具体的に示している数多くの証拠のひとつである（Krasnopolskii, *Osnovnye Printsipy*, Rimlinger, 1971 : 256 から再引用）。

## 4　アメリカの社会保障

### (1)　立ち遅れた国家介入

　アメリカはその経済水準に比べて，社会福祉のレベルが低いというのは研究者のほぼ一致した見解である。個人主義と自由に対する価値が強調されていたため，国家の福祉分野への介入は遅れていた。アメリカ自由主義の転換において最大のきっかけになった大恐慌以降，貧困救済に対する国家の責任が明示された（1935年）。アメリカでは万民救済思想が弱く，一貫性のある社会的分配システムを国家の責任で確立しようという努力があまりされてこなかったが，その理由は次の五つに要約できる（白鳥令・ロース編，1990 : 67-68）。

① 連邦主義
② 民族と宗教の多様性
③ 黒人問題
④ 個人主義的，自由主義的傾向
⑤ 問題の解決を国家ではなく独立機関や営利事業によって行う傾向

■ボランタリズム・フロンティア・社会主義勢力の不在

　アメリカ特有のボランタリズムが実際には社会保障の役割を果たしたため，国家介入が遅れたと指摘（たとえば，Lubove, 1986 : 2）されるように，アメリカのボランタリズムは積極的には自由と個人主義，自助，契約の原理などによる問題解決を意味するが，ネガティブには国家の介入主義の拒否としてあらわれるのである（小林，1999 : 241）。貧困は個人の責任であって，国家が直接貧民救済に携わる

必要はないという意識につながるからである。

歴史的背景においても社会福祉の発展を遅らせた要因があった。フロンティア（frontier：辺境地）の存在である。独立戦争後，西部への進出運動が活発になり，移民をはじめ，生活苦に直面した者，一攫千金を夢見る者などがフロンティアに向けて移住を始めたのである。フロンティアの存在は，自助の精神と労働能力さえあれば自活できるという夢を提供した。不況のときには西部をめざせ，という風潮を背景にしたフロンティアの存在は東部の沿岸工業地帯とは離れたアメリカ労働者に，1世紀間にわたって事実上公的救済を提供したことと同じ役割を果たしていたことは多くの研究によって指摘されている（たとえば，足立・樫原編，1983：135；社会保障研究所編，1989a：9）。1800年に政府が辺境地の地価を引き下げたことが，そのような意味で最初の社会保障であったという指摘（Schottland, 1963：第1章）もされている。

自由主義的伝統は，アメリカ社会に社会主義勢力が根づく余地をきわめて狭めた。西欧諸国の場合とは違って，政治勢力としての社会主義はアメリカでは1950年以前にすでになくなっていた。そのような影響で，アメリカの労働運動は社会主義者をその組織のなかに含んでいたものの，社会主義的ではなかったし，社会主義的であったこともなかった。その傾向を明らかにしている例としては，アメリカ労働運動の基礎を築き上げたゴンパース（Samuel Gompers）が社会保険としての国民健康保険に反対した事実が挙げられる。彼は，国家が国民の健康を管理する制度を作るというきわめて過保護的な政策は必要でないと主張した（Starr, 白鳥令・ロース編，1990：64から再引用）。1916年に議会の聴聞会において，ゴンパースは労働者の福祉を確保するためには政府の援助が必要であるとの社会主義者の考え方を攻撃する一方で，労働者の生活水準を向上することに役立ったということを理由に，労働組合の役割を熱烈に弁護したのである。

## ■国家の性格と官僚組織

19世紀末まで，アメリカでは中央集権的国民国家が存在していなかったことも，アメリカの社会福祉の後進性を説明する重要な要因である（林・加藤編，1992）。アメリカはヨーロッパに比べて地政学的な理由から軍事的緊張が少なく，封建的過去をもたなかったため，また土地その他の豊富な資源のおかげで社会的紛争が最小限に押えられていたため，権力集中型の強力な国家をさほど必要としなかったのである。この初期の国家形成の不十分性が，さまざまな文化的背景をもつ移

民の子孫からアメリカ国家が構成されたという歴史的後遺症とあいまって，国民的一体感の欠如すなわち国民形成の不十分性へと連なっていった。

国民的一体感の欠如が福祉国家発展にとって致命的であるというのは容易に推測できる。アメリカでは国民的一体感の最も高まる戦時でなければ税金の引き上げができないといわれるほど，社会福祉支出の財源の確保が難しい。しかし，これとともに国家形成が不十分であることも福祉国家としての発展にとって致命的影響を及ぼす。なぜなら，新しい社会福祉プログラムが成功するためには，国家行政府が複雑なプログラムを計画し管理する能力をもっていなければならないからである。アメリカの場合は，選挙制度の民主化が国家の官僚制化よりも先行していたので，国家の公的行政組織が党派的な利用関係から保護されることなく，政党は政府の組織と資源を選挙対策として直接利用することができた（林・加藤編，1992：60-61）。各政党は綱領的アピールやイデオロギー的アピールに頼るよりも官職提供，すなわちパトロネッジに頼る傾向に陥りがちである。こうしたことによって，市民社会に対する国家の自律的な介入能力は一層低下し，多様な制度と関わる社会保障制度を管理運営できるような官僚組織が育たなかったのである。

## ■革新主義時代の社会保険立法

アメリカの繁栄期でもあった革新主義時代（Progressive Era：1900年から第一次世界大戦までの期間）には，さまざまな社会保障プログラムが提案されたが，社会保障制度としては発展していかなかった。アメリカ社会のさまざまな弊害と社会問題に対処するために多様な革新的試みが行われた。

政治においては，市民参加が拡大され，1913年に上院議員の直接選挙が行われ，1919年には女性に参政権が与えられた。また，社会福祉行政部署が新設され，ソーシャルワーカーたちも貧困階層のための社会保護の拡充と社会立法に積極的に参加した。こうした活動のなかには，社会保険立法のための運動もあり，それによって多くの州において社会保険プログラムが導入され，後年の社会保障法の成立につながるのである。

アメリカ最初の社会保険制度は，ワシントン州において1911年に成立した労働者災害補償法（Workmen's Compensation Law）であった。この法律は企業主たちにも支持され，1920年には43州で導入された。1911年にはイリノイ州で母子扶助法（Mother's Aid Law）が成立し，1913年には19の州が，そして1926年には40の

州が同法を導入した。同法は母子家庭に厳しい資産調査を課し，貧困であることが証明されれば扶助を支給する制度であった。多くの州ではこの扶助を「年金」(pension) と表現していたが，実際には公的扶助制度であった。老齢扶助を推進する運動は最も遅く行われ，1927年には高齢者福祉立法に対する国家的関心を高めるためにアメリカ高齢者協会が組織された。1929年の時点で11の州が公的高齢者扶助制度をもっていたが，いくつかの州においてはそれが憲法に反するという理由で拒否された。こうした諸制度は大恐慌を契機にして新しく成立した社会保障制度へ統合されるようになるのである。

(2) 大恐慌の経験とニューディール

■大恐慌の衝撃と社会不安

　1929年の大恐慌によりアメリカ経済は大混乱に陥った。いくつかの都市では失業率が40％に達し，90％におよぶ都市もあった。1929年に1030億ドルに達していたGNPは1933年に556億ドルに低下し，再び1929年の水準にまで回復したのは1941年になってからであった。製造業は1933年に1929年水準の80％であった。平均賃金は1929年のそれより35％下落し，1929年の総法人受益金は87億ドルであったが，1933年には27億ドルに激減した。失業者は急増し，1930年5月に460万人，そして9月には500万人を超え，1931年の春には800万人を超えるようになった。雇用されていた者の25％が失業者になり，社会福祉制度に依存する者は20％に達した。ブルッキングス研究所の1929年の調査によると，最低生活を営むためには2000ドルが必要であったが，全人口の40％にあたる約1200万世帯が月150ドル，すなわち年1800ドル以下の所得であった。[116] 農業労働者は失業者として認められることはなかったが，大きな打撃を受けた。国民所得に占める農家所得の割合は1929年の10.4％から1933年には7.5％に減少した。

　不況が悪化するにつれて，デモやストライキ，そして暴動が全国的に起きた。1930年3月，多くの都市において100万人以上が救済を要求するデモに参加した。各地域から組織された失業協議会はリストラや福祉給付の削減に対抗して闘争し，

---

[116] より深刻な衝撃を受けたのはヒスパニック系およびアフリカ系の男性たちであった。1932年にはアフリカ系男性の59％が失業者になり，1933年には約18％の世帯主が被救済者として確認された。白人家庭に家政婦として雇用されていた黒人女性，次に白人のブルーカラー労働者，そして食品産業と衣類産業に従事する白人女性の順にその打撃をうけていた。1935年の時点で黒人の30％が救済登録者であったが，それは白人の2倍に当たる数値である。黒人は比較的救済を受けやすかったが，救済の水準は白人に比べて低いものであった（Day, 2000 : 260-261）。

救済のための大規模な政府プログラムを要求した。全国を通じて200万人以上の人々が失業者運動に参加し、そのうち数千人が逮捕あるいは負傷し、14人が死亡した（Day, 2000：262）。

こうした危機的状況に対応するために、ニューディール以前にタウンゼントの老齢年金運動など民間レベルでの試みも行われた。[117]

## ■ニューディール政策

ルーズベルトのニューディール政策は「3R」＝救済・経済回復・改革（Relief・Recovery・Reform）の政策として知られている。

1933年3月、大統領に就任した民主党のルーズベルト（Franklin Roosevelt）は経済危機と社会不安の解消のために新しいアプローチを試みた。それは、当時までの支配的理念であった自由放任主義を放棄し、積極的国家介入を図ることであった。ルーズベルトは経済回復の鍵はケインズ経済学（Keynesian Economics）＝需要側面の消費者主義（demand-side consumerism）にあると信じていた。購買力が国家のすべての国民によく分配されないとしたら、アメリカ経済は存続できないとみていたのである。

ルーズベルトはアメリカの消費者に金を与え、購買力を向上させることが経済回復の出発点であるという信念をもっていた。購買力が増加すると製品の生産が増え、それによって工場の生産ラインが拡大され、雇用が創出され、雇用された者は賃金で製品を購買するという景気回復のサイクルを想定していた。彼は、政府が自ら大規模な公共事業を起こし、大量の失業者を雇用することによってそのような効果が期待できると考えた。

アメリカにおいて連邦政府が直接公共事業を起こし、民間企業を支援するという考え方は、19世紀的な個人主義と自由放任主義的伝統を放棄すること、すなわち「最小限に支配する政府が最もよい政府」であるとのジェファソン以来の理念を修正することであり、アメリカ的考え方の方向転換を試みたことであった。ま

---

117) タウンゼント（Francis Townsend）の老齢年金計画の概略は次のようである。「連邦政府が60歳以上のすべての老人に月200ドルの年金を支給する。ただし、それには2つの条件がある。ひとつは受給した月200ドルの年金全額を使いきること（使い残した分があれば返納すること）、もうひとつは、就職している場合、仕事をやめることであった。財源は販売税」（Day, 2000：263；Rimlinger, 1971：201）。老人が仕事を辞めるとその分、失業者のための職場が増えるし、年金受給者が月200ドルと全額消費すると、それが経済に活力をもたらし、経済回復に役立つと考えられたのであった。タウンゼントの提案は立法化されなかったが、アメリカ社会福祉の発展において重要な示唆を与えている。

た、これは大恐慌当時の大統領であり、1932年大統領選挙における共和党候補であったフーバーの考え方とは対照的である。1931年3月、フーバーは電力と肥料の生産を政府が直営する必要があるという主張に対して、次のように述べた。「連邦政府が電力と肥料の生産と分配を始めることは、アメリカ人の創意と企業を破壊する行為であるばかりでなく、アメリカ国民の機会均等を破壊することである。それはアメリカ文明の基礎にある理想を否定することである」。

### ■大きな政府の登場とケインズ理論

ニューディールの思想的背景はケインズ主義であった。資本主義の根本的修正の動きは、第一次世界大戦後の不況の深化とそれに伴う失業者の急増によって促進された。19世紀の資本主義は不況のときにもある程度自己調節機能をもっていたが、大戦後の不況下では、供給は自ら需要を創出するという「セーの法則」(Say's Law)[118]はもはや通用しなくなり、資本主義の自己回復能力は完全に喪失したのである。

イギリスの経済学者ケインズ (John Maynard Keynes : 1883-1946) は資本主義体制には自己調節能力がないこと、しかし、資本主義は調節が可能であるし、また調節されなければならないということを主張し、国家の経済への介入と計画経済化を力説した。ケインズ理論の革命的意義は自由放任を掲げるすべての思想を否定することにあったと評価されるほど、彼は自由放任主義的資本主義に対しては厳しく批判した。かつて、ロイド・ジョージは失業救済のための大規模な公共事業を提唱したが (1924年)、ケインズはそれに賛成する意見を発表し、失業対策として住宅建設、道路整備、大規模な送電計画を勧告し、不況対策として公共投資政策を提唱した。彼は著書『自由放任の終焉』(1926年) において、自由放任放棄後の社会における政策原理を論じたが、彼の主張は失業克服の手段としての公共就労と計画経済化、そして産業国有化に大きな影響を及ぼした[119]。そしてそれがアメリカのニューディール政策の思想的背景をなしていたことはよく知られていることである。たとえば、初期ニューディール政策の理論家であったモルトン (Harold Moulton) はケインズ理論を継承した人物であった。

---

118) 大陸のアダム・スミスと呼ばれる古典派経済学者、セー (J. B. Say) の主張した「供給が需要を創出する」というものである。その考え方は次のようである。「資本主義体制は干渉が加わらない限り、つねに自己適応的 (self-adjusting) であり、また自己規制的 (self-regulating) である。なぜなら、あらゆる生産行為はつねにその生産物を購買するのに必要な有効需要を作り出すからである。したがって、過剰生産はありえず、経済は完全雇用を達成することに決まっている」。

国民生活に対する国家の積極的干渉を前提にする福祉国家の財政運用に思想的支柱を提供したケインズ政策の施行は，必然的に「大きな政府」（maximum government）の登場をもたらした。それは1970年代末，福祉国家危機論が台頭したときには福祉国家批判者からは「肥大政府」（fatty government）と批判されるようになる。

## ▌緊急救済プログラムと労使の反応

　ルーズベルトによる緊急救済は，主に失業者に対する公共就労事業として行われた。政府は失業者の約70％がこの事業の対象になると推計し，彼らが雇用市場に吸収されるまでの期間中，公共就労を提供するとしていた。

　1933年に始まった連邦緊急救済（FERA）は，連邦政府の財政から5億ドルを確保し，各州が行う救済事業に補助金を支払う制度であった。これは，失業に対する国家救済は労働者の権利であり，たとえ公共就労の内容が使いようもない穴を掘るような仕事であっても，失業者に対する直接的救済よりは公共就労の方が望ましいという考え方に基づいていた（Hefferman, 1979 : 194）。最初は現金や食料品など直接救済の方法で配分されたが，次第に公共就労（Work Relief）の方式に転換された。

　全国産業復興法（NIRA）は生産，価格および産業での労働者の権利を連邦政府の統制の下に行おうとする試みであった。この措置によって労働組合の結成が増加し，1935年にはその組合員は370万人に達した。また，この法律には失業者を直接雇用するプログラムが含まれていたため，国家は最終的雇用主となった。労働政策に介入するために国家労働委員会が設置されたが，それは「ワグナー法」として知られている1938年の全国労働関係法（NLIA）によって代替される（Axinn and Levin, 1982 : 185）。この法律によって労働基本権が完全に保障され，最低賃金制，最長労働時間制限，児童労働の禁止などが実施され，労働者の地位向上と労働条件の改善につながった。

　使用者側は国家による公共就労制度を非難した。彼らにとって国家救済の拡大は税金負担の増加を意味したからである。とくに，公共就労は私的企業と競争になるような事業を行う可能性があり，企業の活動領域を侵害するものとみなされ

---

119）　しかし，ケインズ本人は産業国有化問題と関連して，生産手段の国有化には反対し，同政策を推進していたイギリス労働党には政治的偏見をもっていた。彼は労働党が階級政党であること，それゆえ社会問題および経済問題に適切に対処する能力が乏しいことなどを理由に労働党への入党を拒否したのである。

ていたのである。

　労働側が連邦の救済に大賛成するのは当然のことであるが，彼らは直接救済よりは公共就労をより強く支持した。なぜなら，多くの就業者たちにとって巨大な失業者群は自分たちの雇用を脅かす競争相手であったからである[120]。

　FERA と NIRA は1935年5月，最高裁によって違憲の判決が下された。産業界に対する国家統制計画に大きな制約がつけられたのである。これをきっかけにして政府は産業に対する直接的統制よりは労働者の権益をより積極的に保護する政策へと転換する。しかし，判決が下されるまでに，上記の緊急プログラムの果たした役割は否定できない。

　1933年は大恐慌が始まって以来，最も深刻な状態の時期であり，農業部門を除いた失業率は35.3%に至り，その冬をどう乗り越えるかが重要な社会的課題になっていた。FERA だけで1933年末まで2000万人の救済登録者があり，3億ドル以上が支援された。土木事業などに投入された公共就労者数は400万人を上回っていた。また，NIRA による救済も，違憲判決が下されるまでの2年足らずの期間に，250万人の雇用主と1600万人の労働者に職場を提供していた（Day, 2000：264-265；Ehrenreich, 1985：96）。

## （3）社会保障法の成立
### ▍社会保障法

　1934年6月8日，経済保障委員会（Committee on Economic Security：CES）の勧告によって起草された社会保障法（Social Security Act）案は，使用者側の反対と7か月におよぶ議会討論を経た後，下院と上院で圧倒的多数の賛成で通過し，1935年8月14日から施行された。

　ニューディール政策のなかでも最も長期的事業であり，社会改革次元の政策が社会保障法であった。また，英語圏で社会保障という用語が初めて使われた法律でもあった。同法律は次のように構成されていた。

　①　老齢年金（Old Age Insurance：OAI）――連邦直営
　②　失業保険（Unemployment Insurance：UI）――州営
　③　公的扶助――老人扶助（Old Age Assistance：OAA）

---

[120] 解雇されることなく職場に就いていた労働者たちは，彼らの賃金水準よりも低い水準でも喜んで働きたがる失業者たちの存在のため，賃金下落の圧力を受けていた。アメリカ労働連盟（American Federation of Labor）が公共就労プログラムを歓迎した背景にはこのような事情があった。

　　　　　──視覚障害者扶助（Aid to Blind: AB）
　　　　　──貧困児童扶助（Aid to Dependent Children: ADC）
　　　　　──社会福祉サービス（母子保健，身体障害児，児童福祉サービス）
　　　　　　への連邦補助金

## ■老齢年金と失業保険

　アメリカでは1910年代から社会保険導入が検討されはじめたが，当時の主な関心は，健康保険の導入にあった。1920年代には老齢年金に対する関心も高まり，八つの州において老齢年金プログラムが立法化された。社会保障法の成立直前の1934年末には28州で老齢年金が実施されていた。大恐慌以前に老齢年金に対する関心が高まった背景には老人人口の増加があったが，もうひとつ皮肉ともいえる理由があった。それは，身寄りのない老人を保護するためのほぼ唯一の公的救済制度であった救貧院による老人保護が，老齢年金水準をはるかに上回っていたことであり，老齢年金支持の世論が高まったのである[121]。それまで，使用者側は温情主義的であるとの理由で老齢年金に反対していた。

　社会保障法によって成立した老齢年金は連邦直営の方式であった。年金の受給資格は1936年12月31日以降，適用職種に5年以上雇用された者で離職した65歳以上の者であった。年金の水準は，雇用当時の賃金を基準に算定された。財政は長期的積立方式を採り，1人あたり3000ドルまでの所得に課される保険料によって賄われた。保険料率は労使とも各1％とし，将来3％まで引き上げられることになっていた。この制度は1939年に大幅に改正され，修正積立方式への転換，遺族年金の導入などに伴って，年金支給開始も当初の1942年から1940年1月1日に繰り上げられるようになった。

　失業保険は老齢年金とは違って，州の責任で施行される形で創設された。社会保障法は州による制度創設を促すために税制優遇制度を活用した。それは各州が失業保険制度を創設すれば，少なくとも年間20週以上にわたって8人以上の労働者を雇用する企業に対しては，連邦失業保険料の90％を免除するというものであ

---

[121]　アメリカ労働調査局の調査（Rimlinger, 1971 : 210）によると，1930年老齢年金生活者の1人あたり全国平均費用は月14.32ドルになっている。その数年前の労働統計局の調べによると，救貧院入所者の平均保護費用は，施設設備の資本費用を除いて計算しても月27.88ドルになっていた。これはエプスタイン（A. Epstein）の1930年代の調査結果とも一致する。すなわち，老齢年金を実施していた11州の老齢年金額と，その州の救貧院での老人1人あたり保護費用を比較した結果をみると，救貧院での保護費用が平均2倍以上高くなっていたのである。

った。連邦失業保険料は1人あたり最高300ドルを課税限度とし，年間給与に課することになっていたが，保険料率は1936年1％，1937年2％，1938年以降3％になっていた。こうした方式をとっていたので，失業保険の適用範囲，保険料率，積み立ての仕方，給付内容などが州によって異なっていた。

### ■公的扶助

社会保障法は上記の二つの社会保険とともに3種類の特別扶助（special aid または categorical aid）と特定の社会福祉サービスに対する連邦補助金支給を規定した。

特別扶助は，老人扶助，貧困児童扶助，視覚障害者扶助の3種類であった。連邦政府は1936年以降社会保障法の定めた一定の要件を満たすことを条件にして，上記の扶助を実施する州に補助金を支給した。連邦政府の補助金は，老人および視覚障害者の場合，1人あたり15ドルを最高限度にし，州が対象者に支給する金額の2分の1であった。貧困児童に対しては第一子6ドル，第二子からは各3ドルを最高限度にし，州が支給する金額の3分の1を連邦政府が負担した。

その他，社会保障法は一定の条件を前提にし，州の施行する母子保健サービス，身体障害児福祉サービス，児童福祉サービスなどの社会福祉サービスに連邦の補助金を提供した。ただ，その補助金は特別扶助の場合とは違って，全体的サービス運営費に対する補助であった。この制度は主に社会福祉サービスの遅れた農業地域に配分された。

### （4） 社会保障法の意義と限界
### ■社会保障法の意義

社会保障法は革新性と保守性の両面をもっていたが，その革新性とはいわゆる「ピアス原則」の放棄であった。ピアス（Franklin Pierce：アメリカの14代大統領）原則とは公的救済関連予算の財源を州が連邦に要求した場合，連邦政府がそれを拒否できるという原則であり，アメリカの地方分権の象徴であった。それはユニテリアン社会運動家として知られるディックス（Dorothea Dix）などが精神障害者施設と聾児施設を建設するために連邦の土地を州に提供するように要求する運動（1848年）によって連邦議会を通った法案をピアス大統領が拒否権を発動し，それを廃案にしたことに由来する原則であった（社会保障研究所編，1989a：25-26）。しかし，ルーズベルトは，アメリカの歴史上初めて，憲法は個人の経済的安定に

対する権利を含んでいることを大統領として公式に認定したのである。

　社会保障法は国民の生活保障に対する連邦政府の責任を明白にした。また，それは多くの欠陥や限界をもっていたにもかかわらず，アメリカで社会保障の大転換の契機になった。「公的福祉と救済に関する限り，アメリカ建国以来の300年の間に行われた進歩よりも，1929～1939年の10年間の進歩がより大きい」（Patterson, 1981：56）といわれている。この社会保障法はアメリカ国内の社会権の発展，社会保障の発展にはもちろんのこと，他国にも少なからぬ影響を与えたのである。

　社会保障法を含むニューディール政策が社会事業の成長に寄与したことは注目すべきことである。専門職としての社会事業が社会的介入の正当な方法としての直接救済に携わるようになったことから，社会事業の立場と社会的地位が上昇した（Day, 2000：264 ; Axinn and Levin, 1982：204）のである。

　資産調査を除いては，救済決定において定められた指針がなかったので，ソーシャルワーカーの判断で受給資格，給付水準，公共就労の可否が決定された。ワーカーたちは申請者の不動産や銀行口座を確認し，前職の雇用主と面談し，家族，親戚，友達，援助を受ける教会などを調査し，月1回受給者の家を訪問した。そうした活動は主に民間機関で働いていたソーシャルワーカーたちを公的な貧困救済事業に引きつける効果をもっていた。結局，それが社会事業とソーシャルワーカーの活動領域を画期的に拡張する効果をもっていたのである。また，社会保障法は公共機関や施設によるソーシャルワーカーの雇用を促進した。

### ▍社会保障法の保守性と制限性

　社会保障法は，多くの面において画期的社会保障制度とは評価しにくい要素を含んでいた。その核心的欠点は，何よりも医療保障が含まれていなかったことである。疾病は重要な社会的リスクであり，ほとんどの西欧先進国家やソビエトが早くから医療保障のプログラムを確立していたことと対比される。

　社会保障法はその出発から保守性を強く帯びていて，またその法案が成立する過程でその改革性が薄められたところもあった。それゆえ，適用対象が制限されていて，包括的リスクに対する保障という側面からみても決して十分な内容ではなかった。そして，社会保障法の実施に不平等，とりわけ州間の不平等が存在していた。地域の広さ，生活水準の格差，地方的利害関係と人口構成の違いなどが平等な救済を妨げていたのである。

社会保障給付の最低基準が設定されていなかったことも社会保障法の重要な欠陥のひとつであった。議会がそれを拒否したからである。最初の社会保障法案には，公的扶助において文化的で健康な生活を営むための適切な水準を保障しなければならないと明示されていたが，法案の成立過程で削除された。ある研究者は法案からその文句を削除したのは，保守性の強い南部州の議員たちが，南部州で黒人の福祉受給が当然視されることを恐れたために反対したからである（Douglas, 1936：100）と主張した。リムリンガーはこれを「あるひとつの国家内の社会的不平等が，平等で適切な社会的保護の形成をどう妨げるのかを明確に示している事例」と表現しているのである。

## 5　イギリスの社会保障と福祉国家の成立

### (1)　戦間期の経験
■福祉国家成立における戦間期の意味

　戦間期（第一次世界大戦の終わりから第二次世界大戦までの期間）は，福祉国家の発展においてきわめて重要な期間である。前章において，筆者は両大戦間，とりわけ1929年の大恐慌による大規模の失業と生活不安に対する克服策を福祉国家の起源として評価していると述べた。

　イギリスの福祉国家発展においては，この時期が決定的な重要性をもつ。というのも，労働党がはじめて2回にわたって政権党となり，きわめて深刻な産業不況の結果，1926年のゼネストに代表される資本主義秩序に対する深刻な挑戦があったからである（George, 1973：26）。

　世界大戦により徴兵制度が実施され，国有化を行わずに産業界を統制する機会を国家は得た。また，食料配給制が実施され，国民の生活に国家が深く介入するという画期的機会がおとずれた。この戦間期はしばしば「不況の時代」（Thane, 1982：163）と特徴づけられているが，そのような不況は貧困や失業などの生活不安に対して，既存の制度は無力であることを明白にした。

　一般に国家サービスの拡大には第二次世界大戦によるところが大きいとされている。国民はすすんで自ら国家の介入を受け入れようとしていて，貧富間の葛藤も目立たなかった。ナチズムに対抗して戦った多くの国家においては社会保障に対する国民の要求が強く，国内的あるいは国際的宣言などはそうした要求をさらに高めた。たとえば，1941年の大西洋憲章は，同盟諸国の経済政策の目標は，す

べての国民のために改善された労働基準,経済的進歩,そして社会保障を獲得することをめざして互いに協力することにあると宣言した。

■生活保障のシステム化の要求

　戦間期に新しい社会保障制度が施行されるなどの発展がみられたわけではないが,ばらばらに存在していた公的扶助制度と社会保険制度の限界が明らかになった。その限界とは,まず,それらの制度の適用範囲があまりにも限定されていたことであり,そしてそれらが生活問題の原因ではなくその結果のみに対処していたことである。

　しかし,戦間期を経験しながら,社会保険の適用範囲は徐々に拡大され,1938年に至っては大半の国民が適用され,保障されるリスクの範囲もかなり包括的になった。しかも,社会保障の目標も貧困の予防という側面が強調され,名実ともに社会保障の姿と機能を整えたのである。「社会保障は1930年代初の経済不況の産物」(George, 1968：1) といわれるごとく,この時期を境にして社会保障はその適用範囲だけでなく概念そのものも拡大され,現代的社会保障の範囲と概念として確立されたのである。

　第一次大戦後の大量失業は,失業保険の財政破綻をもたらした。失業保険によって生活保障される失業者数は,1920年12月69万人 (5.8%) から1921年3月130万人,同年12月に190万人 (16.2%) にまで急増したため,既存の給付制限期限制では対処しきれない事態に直面し,これに対して1921年には失業保険法が制定され,失業給付が延長 (当時の給付上限は15週) されることになったが,不況が続いたため財政は破綻に追い込まれた。失業して6か月以上になる失業者は,実業給付を打ち切られることによって,資産調査を前提にした救貧制度に頼らざるを得なくなったのである。そのため,失業者の資産調査に対する嫌悪も深まった。しかも,相対的に多くの失業者を抱えていた地方当局は財政負担に耐えられなくなっていたため,失業者救済に対しては中央政府の責任が強調され,1934年には全国の失業者に対する扶助の責任をもつ失業扶助局が創設された。

　制度の内容だけでなく,制度管理運営においても既存体制の限界が明らかになった。1928年の未亡人・孤児・老齢年金法によって社会保険の適用範囲は広がったが,その管理は一層複雑になった。社会保険がひとつのシステムをなすことなく,それぞれの制度がそれぞれの目的や基準をもって施行されていて,その限界が明らかになった。この時期はひとつのシステムとしての社会保障に対する要求

が強まった時期でもある。

■労働党政権

　戦間期において社会保障の成立と推進がほとんど左派政府によって行われたということは注目に値する。デンマークの社会民主党による1933年の社会改革法，社会保障という言葉をはじめて公式に使用したアメリカの民主党，ニュージーランドの労働党政府による1938年社会保障法などがその例である（George, 1968：2）。こうした傾向は第二次世界大戦によってさらに促進された。

　イギリスの場合，戦間期に労働党が政権に就いたことは画期的な出来事であったが，必ずしも社会保障の画期的発展があったわけではない。というのも，2回にわたる労働党政府は，社会保障制度に関するいかなる根本的変化ないし改革を試みたことがなかったばかりか，労働党の目標は保守党や崩壊直前の状態であった自由党のそれと何ら異なることはなかった。労働党は資本主義そのものは否定せず，資本主義の矛盾に反対するという立場で一貫して，完全雇用と正規賃金，包括的社会福祉サービスから構成される資本主義体制の積極的賛成者であった。[122]

　労働党は，支配階級の利害に反する一方，労働階級の利益になるような政策を実行しようとはしなかった。労働党は労働階級の政党ではなく国民の政党であること，支配階級の立場からみても労働党が危険な政党ではないことを印象づけるために努力し，それは労働組合を議会主義的路線に誘導する役割を果たした（Miliband, 1961：148）。これが，福祉国家体制に対する国民の違和感を和らげ，戦後の総選挙で労働党政権と福祉国家政策の全面実施につながるようになったという意味で，福祉国家成立の背景のひとつといえるのである。

■社会福祉の観念の変化

　戦争期には社会福祉制度のみならず，国民の社会福祉意識にも変化があらわれた。社会福祉が低所得者だけのための制度であるという社会的認識の変化である。長い歴史のなかで，社会福祉の対象が低所得者に限定され，救貧法による救済を求める場合は厳しい資産調査が前提とされていたため，社会福祉にはつねにスティグマがつきまとった。しかし，こうした意識は，次のような戦争中の二つの経験

---

122）このような考え方は，1922年の労働党の選挙綱領に明らかに示されている。そこでは「イギリスにおいては流血や暴力を通じなくても民主的政府が可能である。労働党の政策は合法的手段によって国富のより公平な分配を達成しようとするものである」とされていた。

によって変化した（Kincaid, 1984 : 116-117）。

まず，普遍的基準による福祉サービスが提供されるようになったことである。空爆による住宅の破損や人命の殺傷は，貧富を問わずにみられ，それに対処する政府の医療的そして財政的援助は社会的差別なしに普遍的に行われたのである。それは貧民の福祉受給にともなう劣等意識を和らげる反面，中産階級には国民誰もが社会福祉の対象者になるという認識の変換をもたらし，それが戦後の普遍的福祉国家体制づくりの基盤になったのである。中産階級を福祉の対象に含むことによって普遍的福祉国家が成立したことを考慮すると，戦争中のこうした経験はとても意味深い。

もうひとつの経験は戦争中の危機状況が救貧法の資産調査をなくすようにしたことである。空爆に苦しんでいる貧困家庭に入り，資産調査を行おうとした救貧法当局に対して厳しい批判が寄せられ，結局資産調査が廃止されるようになったのである。それは非差別的社会政策の発展においてはきわめて重大な進展であった。

## （2） ベヴァリッジ報告書とその原則
### ▍ベヴァリッジ委員会

ベヴァリッジ（William Beveridge : 1879-1963）は植民地インドで，判事の父親と前職教師の母親との間に生まれ，インドで裕福な幼い時期を過ごした。帰国後，オックスフォードのベイリオル・コレッジに入学し，オックスフォード学派の一員になった。

彼はセツルメント運動に関心をもち，1903年にはトインビー・ホールの副館長として社会活動を始めた。その後，ジャーナリズムに従事し，社会問題とりわけ失業問題の専門家として活躍していたが，その実績がかわれて1905～09年王立委員会では失業問題に関する非公式小委員会の一員としてビアトリス・ウェッブとともに活動した。ウェッブ夫妻はベヴァリッジを当時の商務大臣で失業保険の創設者であったチャーチルに紹介し，職業紹介所の創設に協力するようにした。また，王立委員会の少数派報告書には職業紹介所の創設が提案されていたが，それはベヴァリッジの影響によるものであった。[123]

---

[123] ベヴァリッジの失業問題に関する代表的著書は，*Unemployment: A Problem of Industry*（1909），*Full Employment in a Free Society*（1944）がある。彼の活動については，回顧録，*Power and Influence*／伊部英男訳『強制と説得』，1975を参照のこと。

1919年にはロンドン経済大学（LSE）の学長に就任し，大学発展に寄与し，1937年まで勤めた。その間，彼は失業問題の専門家として多くの委員会活動を行っていた。戦争中の1941年6月，連立内閣はベヴァリッジを委員長にし，既存の国民保険と関連サービスの改善策を勧告するように委員会を任命した。同委員会の報告書は翌年発表されたが，それが『ベヴァリッジ報告書（*Social Insurance and Allied Services*, 1942)』であり，イギリス福祉国家の青写真ともいえるものであった。この報告書の勧告が1945年労働党政府によって立法化されることによってイギリス福祉国家が誕生することになるのである。

## ベヴァリッジ報告書の原理

ベヴァリッジ報告書の社会保障計画は次のような六つの原理に基づいて考案されていた（Beveridge, 1942 ; George, 1973 : 29-31）。第一に，普遍性（universality）の原理。これは成人の収入の中断を引き起こすすべての社会的リスクに対し，強制的社会保険で対処しなければならないという原理である。その社会的リスクとは疾病，失業，労働能力喪失，老齢，死亡，出産などであった。

第二に，保険（insurance）の原理。すべての保険給付は被雇用者と雇用者，そして国家によって拠出される保険料徴収による基金から支給されるということである。

第三に，定額拠出・定額給付（flat rate contribution, flat rate benefit）の原理。所得の格差があっても同一の保険料を出し，同一水準の給付を受けることである。同報告書はこうした方式が逆進的であることを認めたが，1911年以来こうした方式に慣れているという理由でこの方式を採択した。

第四に，最低生計（subsistence）の原理。給付額は物理的に生存するに必要な最低生活費のみを支給するということである。報告書が提案した水準は既存の給付からはやや改善されたとはいえ，非常に低いのであった。その水準以上の生活を希望する者は民間保険などの利用による私的な生活設計が必要とされた。

第五に，最低生活保障（National Minimum）の原理。国民であれば誰でも必要が生じた時，社会保険あるいは資産調査を前提にした給付を受けることができるということである。

第六に，行政管理の統一性（administrative uniformity）の原理。社会保障を管掌する中央部局の下に，地域ごとに社会保険の運営事務所を設置し，それをもって，当時まで社会保険の運営主体であった保険組合を代替する。

こうした原理の大半は自由改良時代からはじまった改善をまとめたものに過ぎなかったが、にもかかわらず、そこには社会福祉思想からみて重要な進展が示されている。その進展とは、今までの諸制度を体系化し、全国民をその対象にして、すべての社会的リスクに対処できるようにしたことであった。

## ■包括的社会保障プログラム

ベヴァリッジは社会保障計画の基本原則を次の三つにまとめている（*Beveridge Report*, 1942：6-7）。第一は、未来のためのいかなる提案も利害関係者集団によって制約されてはならないということである。第二は、社会保険の組織は社会進歩のための包括的な政策の一部分としてみなされなければならないということである。[124] なぜなら、社会保険は欠乏（want）に対する対策に過ぎなく、いわゆる五大悪（five giant evils）の残りのもの、すなわち、疾病（disease）、無知（ignorance）、不潔（squalor）、無為（idleness）まで解決できるようなものではないとみなされたからである。この四つの悪を取り除くために、それぞれの悪に対処する四つのサービス体系——医療・教育・住宅・雇用サービス——が、包括的社会保険プログラムとともに提供されてはじめて、社会進歩が完成されるとみていたのである。第三の原則は、社会保障は政府と民間の協力によって行われなければならないということである。その計画体系は表11-1に示されている。

ベヴァリッジによると、社会保障の最も中核的制度が社会保険であり、それは六つの原則に基づいて施行されるようになっていた。そして、その前提として児童手当、包括的医療サービス、完全雇用の三つを挙げている。

## ■社会保障における国家と民間の役割

ベヴァリッジの社会保障の原則のひとつとして、社会保障体制が国家と民間団体の協力によって行わなければならないということが挙げられていたことは注目に値する。ベヴァリッジは社会保障において国家の役割が重要ではあるが、国家による社会保障によって個人の誘因（incentive）や機会、そして責任感を低下させてはならないことを強調し、国家によるナショナル・ミニマムのレベル以上の

---

124）社会保険がその適用人口においても、そしてそのニーズの保障においても、その範囲が包括的でなければならないという考え方がベヴァリッジ報告書の特徴である。同報告書の提示した原理や思想は、すでにその以前から、とくに少数派報告書において提示されていたものである。にもかかわらず、同報告書が評価される理由はその思想と提案の独創性のためではなく、その適用の包括性にあるといってよいであろう。

表11-1 ベヴァリッジの社会保障計画

| 主制度 | 補助制度 |
| --- | --- |
| 強制的社会保険（Compulsory Social Insurances）<br>基本原則<br>(1) 定額生計費支援<br>(2) 定額拠出<br>(3) 行政責任の統一<br>(4) 給付の適切性<br>(5) 包括性<br>(6) 対象者の分類 | 国家扶助<br>（National Assistance）<br><br><br>民間保険<br>（Voluntary Insurance） |
| 三つの前提　児童手当<br>　　　　　　包括的医療サービス<br>　　　　　　完全雇用 | |

資料：*Beveridge Report*, 1942, para. 300-309：120-122 に基づいて作成。

豊かな生活を営むためには，個人の私的な対策を奨励するような余地を残さなければならないと考えていた。同報告書は次のように記述している。

> 社会保障制度は国家と個人の協力によって確立されなければならない。国家はサービスと生活保障を提供しなければならない。社会保障制度を組織するにあたって，国家は国民の個々人がもっている動機，機会，責任を低下させてはならない。ナショナル・ミニマムを設定する際，各個人が自発的に自分や家族のためにそのレベル以上の生活水準を準備できるような余地を残して，そしてそれを奨励しなければならない（*Beveridge Report*, 1942：7）。

(3) ベヴァリッジ報告書の立法化とその意義

　当時の首相であったチャーチルをはじめ，保守党はベヴァリッジ報告書があまりにもユートピア的で，現実性に欠けているとみなしたが，1945年の総選挙によって労働党が単独で政権についた事実は，イギリス社会にはすでに急進的社会政策を受け入れる準備ができていたこと，社会改革に対する国民的コンセンサスが成立していたことを意味する。平和が戻るとすべての国民にとってより公平な社会が達成できるという希望や期待が国民の間に広がっていて，その希望こそ戦時の犠牲に耐え切る背景になっていたことがこの総選挙を通じて明らかになったのである。

　1945年，労働党政権は社会保障制度の完成に努め，1945年家族手当法，1946年国民保険──労働災害──法，1946年には医療保障の新しい地平を開いた国民保健サービス法，そして1948年国民扶助法を成立させた。そのような努力によって

社会保障制度が完成され，福祉国家が誕生することになるのである。

むろん，社会保障制度の完成が直ちに福祉国家の成立を意味するのではない。イギリス福祉国家は福祉国家の三つの構成要素といえる社会保障の確立，完全雇用政策の維持，そして基幹産業と基礎的独占的サービスの社会所有化[125]が同時に推進されることによって実現されたのである。

### （4） 救貧法の解体
#### ▋救貧法解体の過程

ベヴァリッジの新しい社会保障体制の下では，公的扶助制度は社会保障の中核をなす社会保険制度を補充する補助的制度として規定された。貧困に対処する第一線の制度として300年以上も存在してきた救貧法は，新しい社会保障体制がスタートすることによって自然に解体され，その長い歴史を終えた。むろん，救貧法の解体が公式に行われたのは1948年の国民扶助法の成立によることであるが，それ以前からも事実上救貧法の解体過程はすでにはじまっていた。それは次のようないくつかの段階で行われた（田代，1969：153-155）。

救貧法の解体を促進した最初の重要な試みは，自由改良時代の自由党政府によって行われたが，1908年の老齢年金法と1911年の国民保険法の施行はその代表的なものであった。すでに述べたように，老齢年金法は，男女70歳以上の者のなかで一定所得以下の者をその対象にし，彼らに定額の年金を支給するものであった。この制度は1920年と1938年にその内容が拡充された。それは，明らかに救済に値する者を厳しい救貧法の適用から外し，新しい制度に吸収することによって，救貧法体制を間接的に外部から解体するのに寄与したのである。

国民保険制度も救貧法の解体を促進した。国民保険の第一部，国民健康保険は16歳から70歳までのすべての肉体労働者および年収160ポンド以下の者が強制的に適用されるようになったが，その人数は1400万人に達した。第二部失業保険の加入者も225万人であった。この制度によって，失業と疾病は，救貧法ではなく社会保険で対処されるようになり，救貧法の機能と適用範囲はさらに狭まったのである。

1925年に創設された未亡人・孤児・老齢拠出年金法はすべての未亡人と孤児，

---

125) 国有化政策によって国有化された重要産業をみると，イングランド銀行（1946年），炭鉱（1946年），電気（1947年），ガス（1948年），鉄道（1948年）などがある。郵便，航空，BBC放送も国有化された。鉄鋼業は1949年に国有化されたが，1953年に民営化されたが，1966年に再び国有化された。

老人に対し，拠出制給付を提供する制度であったが，それによって被保険者の死傷時に，その被扶養者に対し給付が提供されるようになり，救貧法の立地はさらに狭くなった。

### ▍国民扶助法（1948年）

社会保険の成立は救貧法の適用人口を外部から減らし救貧法の解体を促進したが，抑制政策のシンボルになっていた救貧法に対してより哲学的な側面から改善が行われるようになり，救貧法の象徴性も退色した。その代表的な措置は1918年救貧法による保護を受ける被救済貧民に対して適用していた選挙権剥奪の措置を廃止したことである。新救貧法はいわゆる劣等処遇の原則を確立し，劣等処遇とはポーパーというスティグマによる個人的名誉の剥奪，ワークハウス入所による移住自由の剥奪，そして政治的自由の象徴である選挙権の剥奪をその内容としていることはすでに述べた通りである。19世紀末に，救貧法病院を利用した者の選挙権を取り上げることは廃止されていたが，1918年に，すべての救貧法の対象者に一般市民と同様に選挙権を保障した措置は，被人間的処遇のシンボルであった救貧法の象徴性を退色させることであったのである。

1929年には地方自治法（Local Government Act）が成立され，救貧委員会が廃止されるようになり，救貧法は形式上廃止された。やがて1948年の国民扶助法の成立によって救貧法はその長い歴史の幕をとじることになった。

## 6　社会保障成立期の特徴

福祉国家成立期の特徴は，社会保障が出現したことにある。社会保障の構成要素は社会保険と公的扶助とされるが，その組み合わせが直ちに社会保障とはいえない。社会保障とは生活を脅かす多様な社会的リスクを列挙し，そのひとつひとつの危険に対処するための社会保険と公的扶助がシステム化された制度のことを意味する。社会保障の核心的構成要素が社会保険であることはいうまでもないが，本書で社会保険出現と社会保障の出現を，それぞれ別途の章で取り扱っている理由はここにある。

社会保障は新しい社会に対するひとつの希望として登場した。その登場背景と時期は国によって異なるが，それは大きな社会経済的危機を経験した後に，新しい社会における最も重要な制度として提示され，実現されたのである。

ソビエトの場合，社会主義革命過程で，労働者たちの生活が完全に保障される新しい社会像が社会保障という名で提示され，革命後，直ちに制度化された。アメリカの場合，大恐慌を乗り越える社会改革のレベルで導入されたのが社会保障であった。イギリスでは第二次世界大戦後に建設されるべき新しい社会として，社会保障の充実した福祉国家体制が提示され，戦争終結後にそれが法制化され，福祉国家が成立することになるのである。

　福祉国家の成立が親労働・親福祉的政治政党による政権と深く関わっていることは否定できない事実である。社会保障が画期的発展を成し遂げた場合，その時期はおおむね親福祉政党の政権期と一致している。したがって，福祉国家成立期は親福祉的政党が，周期的に政権につく時期とほぼ一致しているとみてよいのであろう。

# 第12章
# 福祉国家の拡充
―― イギリス・アメリカ・日本の経験 ――

## 1 意味と時代区分

　福祉国家拡充期は，第二次世界大戦が終わった時期から世界的不況の合図になった1973年の第一次石油危機を前後した時期までである。この時期には，政治政党の性向を問わず，福祉国家体制が必要であり，さらに拡充されなければならないという合意が形成されていた。この時期の政権党は，左派・右派を問わず福祉国家政策の拡充に努力した。1950～60年代を福祉国家拡充期とみる研究者もいるが（たとえば Flora & Heidenheimer ed., 1984 : 386），ほぼ同じ見解である。こうした福祉国家コンセンサスが形成された背景に経済成長があったことは疑う余地のないことである。戦後，約30年間は持続的経済成長の時期であり，それが福祉国家拡充に伴う社会福祉支出増加を支えていたのである。
　福祉国家体制の持続的な拡充が行われた背景には，理論的・実証的研究に基づいて福祉拡充を要求する一端の研究グループがあった。これらのグループは福祉国家体制が成立したものの，依然として貧困は解消されないまま存在していて，社会的平等も改善されていないことを実証的に提示し，福祉国家の制度的補完と所得再分配政策の強化を要求した。その典型が社会行政学派（Social Administration）である。
　本章では，福祉国家拡充の背景としての経済成長と政治的合意，社会行政学派，そしてその代表的人物であったティトマスの思想を考察し，この期間中に拡充された福祉国家の内容を考察する。この時期における福祉拡充の内容や方法には国家間の差異はほとんどみられず，その差異が著しくなったのは1970年代の経済危機以後，福祉国家再編が行われるようになってからである。本章では，1980年代以降，いわゆる新自由主義的福祉国家再編を行った代表的な 3 国――イギリス・アメリカ・日本――のケースを取りあげ，その福祉国家拡充の内容を考察する。

第Ⅳ部　社会保障と福祉国家

なお，この3国に共通する福祉国家再編の内容は次章で論議することにする。

## 2　背景：経済成長と福祉国家コンセンサス

### (1)　経済成長

　福祉国家の黄金期と呼ばれるこの時期は，高度経済成長期と一致していて，またそれは福祉国家の拡充を可能にした重要な要因のひとつであった。たとえばOECD諸国の1950年代の経済成長率は年間平均4.4%であったが，1950年代には5%を記録するまでになった。また，西欧7か国の1963〜72年の経済関連指標をみると（表12-1），高い経済成長率と低い失業率という理想的な組み合わせになっていて，重い社会福祉支出に耐えるような条件が整っていたことがわかる。こうしたなか社会福祉支出は増加し，1960年代には対GDP社会福祉費支出は約10%を上回る水準であったが，1975年にはスウェーデンの場合には34.8%にまで至っていて，大半の国家が20%水準かそれ以上になっていたのである。

　社会福祉支出が急増した原因はいくつかに分類できる。まず，社会保険を含む社会福祉費用の自然増加が挙げられる。たとえば，年金制度はその成熟につれ，年金受給者の数と全額年金受給者が増加し，それによって支出も増加する。二番目の要因は社会福祉制度の適用範囲の拡大である。適用範囲の拡大というのは，適用対象が全国民に拡大されるという意味とともに，社会保険がカバーする社会

表12-1　欧米各国の経済・福祉関連指標（年間平均，%）

| 国家 | 経済成長率 | | インフレ | | 失業率 | | 対GDP福祉支出 | |
|---|---|---|---|---|---|---|---|---|
|  | 1962〜72 | 1973〜81 | 1962〜72 | 1973〜81 | 1962〜72 | 1973〜81 | 1960 | 1975 |
| スウェーデン | 3.9 | 1.8 | 5.4 | 10.0 | 1.9 | 2.2 | 12.3 | 34.8 |
| 西ドイツ | 4.4 | 2.4 | 3.2 | 5.2 | 1.1 | 3.8 | 17.1 | 27.8 |
| フランス | 5.5 | 2.8 | 4.7 | 11.1 | 1.9 | 5.1 | 14.4 | 26.3 |
| オーストリア | 5.1 | 2.9 | 3.9 | 6.4 | 2.6 | 1.9 | 10.1 | 20.1 |
| イギリス | 2.9 | 1.3 | 5.9 | 14.2 | 2.0 | 5.4 | 12.4 | 19.6 |
| アメリカ | 3.9 | 2.6 | 3.7 | 8.8 | 4.7 | 6.0 | 9.9 | 18.8 |
| 日本 | 9.9 | 4.6 | 6.0 | 8.8 | 1.2 | 2.0 | 7.6 | 13.7 |

注：1）スウェーデンの福祉支出は1962年と1983年の数値。
　　2）オーストリアの福祉支出は1950年と1977年の数値。
資料：金テスン他，1995：114。

的リスクの範囲を拡大するという 2 つの意味がある。主要先進国においては，この期間に国民皆保険が達成され，カバーされるリスクの範囲も拡大された。社会福祉費支出増加の三番目の要因は，新しい社会福祉制度の導入である。とくに，高齢者の長期療養ニーズに対応する新しい財政補助システムの導入は，支出の相当な増加をもたらした。最後に挙げられる要因は人口構造の変化としての人口高齢化の影響，とりわけ年金および医療財政の圧迫である。

### (2) 福祉国家コンセンサス
#### ▎合意の政治構造の成立

「国家―資本―労働」間に和解的政治構造が持続され，「経済成長―完全雇用―福祉国家」をワンセットとしてみる合意の政治が実現されたのはこの時期のことである。和解的政治構造は国家によっては社会民主党，労働党あるいは民主党政権下で確立されたが，この構造的特徴は以下のようにまとめることができる（金テスン他，1993：112-113）。第一に，国家と労働階級は経営に関する資本家階級の特権的地位を剥奪しないこと，第二に，労働階級は資本家との合意の下で，経営と分配過程に部分的に参加するが，所有と生産領域を社会所有化しようとする急進的な試みは行わないこと，第三に，国家―資本―労働間の協力の結果である経済成長は，資本家階級に利益を保証するのはもちろんのこと，労働階級にも完全雇用と質の高い福祉サービスを保障し，国家にも財政収入の増加を保障するので，三者の協力は三者それぞれの利益になる，という考え方であった。

こうした合意の政治は持続的経済成長を背景として生まれたものであった。というのは，福祉国家政策への合意は課税を通じての福祉財政の拡充が前提とされていて，経済成長こそが福祉財政の拡充を可能にしたからであった。しかし，増税に対する国民の態度は国によって異なる形をとっていた。一般に，ヨーロッパ諸国の場合，質の高い福祉サービスを維持するためには増税が不可避であるが，国民がそれを負担する用意があることが世論調査の結果明らかになった。これとは対照的に，アメリカや日本の場合，伝統的に税負担の増加への抵抗が強く国民の理解は容易に得られなかった。両国におけるこの時期の財政赤字の深刻化（白鳥令・ロース編，1990：16）は，こうした傾向を裏づけているといえる。

しかし，この時期の政治的合意は，互いに福祉国家に対する根本的に立場の異なる政治政党が一時的，戦略的に福祉国家体制を承認しただけであって，福祉国家体制を心底から承認あるいは同意したのではなかった（Pierson, 1991：130）。そ

## 第Ⅳ部　社会保障と福祉国家

れゆえこの政治的合意は，1973年以降の経済危機を契機にして，すぐに崩壊することになる。[126]

### ▌革新政治勢力の制度化

　政治状況からみると，戦後のコンセンサスの形成は，親労働・親福祉の政党の制度化によって可能になった。イギリスの場合，労働党が保守党と政権を取りあうことになった。アメリカの場合，親福祉政党である民主党の政権期に福祉が拡大される傾向を示した。日本の場合，自由民主党が単独で長期間政権を握っていたため，経済優先政策に対する国民の不満が野党への支持としてあらわれ，福祉国家政策の推進の圧力要因になっていた。

　イギリスの例でみると，このコンセンサスは三つのレベルで検討することができる。第一は政治的変化である。1945年に政権党になった労働党政府は1920〜30年代の政治パターンから離れていた。[127]労働党は40％以上の支持率を確保し，それ以降新しい二大政党制度が確立された。二番目のコンセンサスは政策の変化を含むものである。ベヴァリッジ報告書の提案した所得保障政策，ケインズによって勧告された完全雇用，新しい国民保健サービス，良質の教育サービスなどが社会的不平等を解消するという目的で施行された。三番目は，労働と資本間の権力における変化である。労働党は労働組合の重要性と新しい役割を認め，それは次第に保守党によっても受け入れられ，国家と労働組合の新しいパートナーシップが成立したのである（Gamble, 1981：189-190）。

　産業の国有化も推進されたが，主に赤字産業と公益事業に限定されていたので私企業の地位や組織には大きな変化がなかった。最も著しい変化といえば労働組合が相対的に強力な力をもつことになったことであろう。労働組合は組合員数の増加と政府との交渉力の強化を背景にして，政府により大きな影響力を与えるこ

---

[126] 事実，イギリスの場合，1960年代に入ってから保守党は福祉国家批判を本格的に展開し，福祉分野における私的市場の復活と選別主義制度の導入を主張した。その根拠としては既存の普遍主義給付とサービスが貧困の解決に無力であったことが明らかになったという事実が提示された。保守党は1970年以降，選別主義重視の政策方向をより鮮明にした。1970年に誕生した保守党政府（1970〜74）は家族所得補助，家賃補助，賃貸住宅手当，地方税補助などを導入したが，これらはすべて資産調査を前提にした福祉給付である。

[127] 1945年選挙において，保守党と労働党の二大政党はともに福祉国家改革の完成を有権者に訴えた。労働党は正義ある社会を掲げていて，社会問題や産業問題に成功的に対処しているという新しいイメージをもつようになった。つまり，既存の労働組合の理解と密接な関わりを維持しながらも，中産階級の利害を積極的に考慮する改良主義的性格も兼備した穏健な改革政党として認識されたのである。

とができたのである。労働階級を制度的に抱擁することによって社会革命を避けることはできたが，政府からみると，それは経済部門の順調な運用を阻害する結果をもたらし，後年の大きな社会葛藤の原因になるのである。

(3) 社会行政学派の福祉思想
■社会行政学派の特性
　社会行政学派は社会福祉に対する経験的で実用的見解で知られている。ティットマスによって代表されるこの学派は，ブース，ウェッブ夫妻，ベヴァリッジなどの思想と密接なつながりをもっている。社会行政学派の関心事は社会福祉制度そのものの理解にあるのではなく，貧困やスラムなど具体的な社会問題の性格と規模を明らかにすることにあった。言い換えれば，「社会福祉研究を介入主義的観点（interventionist point of view）から理解すること」（Mishra, 1977 : 3）である。そして，研究の第一次的目的は制度改善のための勧告を行うことや社会問題に対して社会がある種の介入を行うように促すことにあった。つまり，検証された知識体系を蓄積するとか理論を精密化することよりは，実際における福祉の改善が社会行政学派の関心事であった。それゆえ，社会行政は正義と社会連帯の価値に基づいた行政的介入主義，社会工学（Social Engineering）の学問（Donnison, 1965 ; Mishra, 1977 : 5）と呼ばれている。

　社会行政学派が実用主義と介入主義を志向したので，その第一次的関心は国家の社会福祉政策にあった。というのは，現代の社会福祉においては公的福祉がその核心をなしているからである。しかし，こうした傾向から，非公式的福祉ないし民間福祉に対する関心や研究はきわめて薄いものになった。

　ミシュラはこの社会行政学派の特徴を次のように要約している。すなわち，①国家政策に対する関心，②介入主義的で規範的アプローチ，③福祉の立法的側面に対する関心の集中，④学問本位よりは分野本位，そして⑤経験主義と福祉関連事実に対する関心の集中，などである。研究の理論的構成に相対的に少ない関心を示すこうした傾向は，イギリスの経験主義的伝統に起因するという見解もあるが（たとえば，Pinker, 1971 : 第1章），福祉国家の拡充が行われるこの時期には，他国における研究傾向もイギリスと同様に，理論的傾向から脱皮する傾向を示しているので，それがイギリス特有の傾向ではないという指摘もある（たとえば，Mishra, 1977 : 第1章）。

## 論駁を通じての関心の喚起

 社会行政学派の研究者たちが理論化に全く無関心であったわけではない。科学哲学者のポパーも指摘するように,彼らは既存の社会理論や社会的観念を修正し,論駁することに関心をおくことによって社会と福祉の関係に対する理解を高めたことに寄与したといえる。これは社会行政学派の福祉国家拡充において社会行政学派が果たした役割を考えるうえできわめて重要な指摘である。

 たとえば,イギリスにおいては,すべての国民に支払能力に関わりなく原則的に無料の医療サービスを保障する国民保健サービス (National Health Service : NHS) が1948年に制度化された。この制度は,①NHSの実施によってすべての国民が所得水準に関わりなく医療サービスを平等に利用することになる,②階層間の医療サービス利用に格差がなくなる,ということを仮定しており,それが一般的社会通念であった。しかし,社会行政学派の多くの実証的研究は,その仮定は現実化されたのではなく,依然として上級階層の人々が保健医療サービスをより多く利用するという社会的不平等が存在していることを明らかにし,国家に対してそれを是正するための新たな福祉施策に取り組むように圧力をかけたのである。

 貧困研究においても例外ではない。福祉国家体制の構築による社会的分配構造の改善が期待されたが,依然として深刻な貧困が存在していて,社会的不平等がむしろ悪化しているという実証的研究結果を提示することによって,国家による制度改善を訴えたのである。

 むろん,福祉国家拡充の世論形成に寄与したのは中道左派の性向をもつ研究者たちの成果のみによるものではなく,時にはジャーナリズムによる提言や社会調査の発表による場合もあった。たとえば,アメリカでは社会主義者のハリントン (M. Harrington) がその著書『もうひとつのアメリカ』(*The Other America*, 1961) で,アメリカの経済的繁栄から取り残された巨大な貧困集団がもうひとつのアメリカを形成していることを明らかにし,福祉拡充の世論を形成した。

## 国際比較分析の不足

 社会行政学派の研究には国際比較研究が非常に少ないが,それは同学派の研究傾向が比較研究方法そのものを拒否したからというよりは,比較の基礎になる信

---

128) しかし,ピンカーは社会行政学派の関心は国家内の状況であるので,比較研究の余地がなく,↗

頼性の高い他国の資料が不足していたことにその理由があるように思われる。[128]

　ある社会福祉領域における比較分析の欠如は，自国の社会福祉問題特有の性格を強調しすぎる傾向をもたらすという指摘（Pinker, 1971：11）は意味深い。ここでは福祉国家体制の確立を主張した研究集団として社会行政学派を紹介するが，むろん社会行政学派だけが福祉国家体制を擁護したわけではない。社会行政学派は経験主義的で実用主義的であると評価されているが，イギリスが他国に比べて学問の領域においてもかなり発展しているという指摘（Mishra, 1977：4）もあるので，それを紹介するだけのことである。ただ，残念ながらこの学派の関心はほとんどイギリスの国家政策に限られていたので，この研究者たちの研究からはイギリス以外の国家の福祉に関する情報がえられないことを付け加えねばならない。

（4）　リチャード・ティトマス[129]

■生　涯

　ティトマス（Richard Morris Titmuss, 1907-1973）はベヴァリッジ方式の福祉制度，すなわちすべての国民を対象にする包括的な国家的福祉制度を強力に擁護した人物である（Kinkaid, 1984：114）。

　ティトマスは1907年ウェールズの農家で生まれた。病弱と経済的事情により幼い頃の教育はほとんど独学に頼っていた。青年時代に至るまで正規教育の機会はほとんどなかった。早い時期から家系の経済的支柱になり，家族を扶養する立場になった。

　彼は，長い間保険業務のサラリーマンとして働いていたが，人生の伴侶として，時には共同研究者として，彼を支えることになるケイ（Kay）との結婚（1937年）以降，社会問題や政治問題に関心をもち，研究に励むことになる。ティトマスは保険実務から習得した保険統計技術を活用し，出生率や貧困，そして疾病に関する研究をはじめ，『貧困と人口』（1938年）と題する最初の著書を出版した。この本において，彼はイングランドとウェールズの疾病および死亡統計を地域別に比較し，貧困地域ほど疾病率や死亡率が高いという事実，人口と貧困の間には明確な関係があるということを実証した。この著書にあらわれたティトマスの統計的

---

↗ しかもこの学派が比較研究を拒否する傾向があると主張している（Pinker, 1971：48）。
129）　ティトマスの研究と思想に対する概略的な紹介としては，三浦文夫（1977）『リチャード・M. ティトマス』社会保障研究所編が参考になる。Reissman, *Richard Titmuss*（1977）; Kincaid, *Richard Titmuss 1907-1973*, Barker ed.（1984）; Wilding, *Titmuss*, Vic George and Robert Page ed.（1995）などもある。

知識と分析力はラウントリーなどの多くの研究者から賞賛された（三浦, 1977：171)。「ある社会現象がなぜ地域別, 階層別に異なる形をもっているのか」を研究の出発点とする彼の研究傾向は, この本から確認できるのである。

1950年, ティトマスはロンドン・スクール・オブ・エコノミクス（LSE）の社会行政講座担当教授として招聘された。学歴も学位もない彼が碩学として知られていたマーシャル（T. H. Marshall）についで社会科学部の主任教授として就任することになったのである。それ以降, 死亡するまで20年余りの期間中, 研究と教育に大いに活躍した。

1973年, ティトマスは65歳でなくなった。癌と闘いながら, 彼の著書『社会政策』（1974年）のポストスクリプトには, 彼の福祉国家制度に対する深い愛情があらわれている。彼は毎日自分と同じ時間に放射線治療をうけることになった西インド諸島出身のある若者を紹介しながら, 先にその治療を受けるのが誰なのかは, 交通事情のような偶然なことによって決定されることであり, 人種や所得, 階層などによって決定されるものではないと述べ, 社会的平等を志向するイギリスの医療制度を賛美している。

■ 研究の倫理的立場

ティトマスと面談した経験のあるジャーナリストは, 彼の禁欲主義者のような顔を回想しながら次のように述べている。「私はティトマスが高潔な人格をもっていると同時に, 欲しい資料については, それを手に入れる方法を知っている相当な手腕家でもあるという印象を強く受けた。成功的開拓者になるためにはその二つの側面がともに必要になるのであろう」（Barker ed., 1984：序文)。まさしく研究者としてのティトマスはこの二つの側面, つまり, 研究の倫理的立場を堅持し規範的主張をしながらも, つねに実証的資料の分析によってその主張を裏づけるという両面の研究傾向をもっていた。

ティトマスは科学的洞察力と実証的分析を兼備した数多くの著作をとおして社会的認知を得ていたが, そこには一貫した研究のモチーフが明確にあらわれている。それは, 理想的社会とはどのようなものなのか, 資本主義的社会秩序に取っ

---

130) 彼に対する社会的認知は当代の碩学によっても行われた。彼の戦史研究,『社会政策の諸問題』（*Problems of Social Policy*, 1950）に対して, マーシャルは「完璧な傑作」と評価した。また, 経済的扶養という側面から親子関係を分析し, 資本主義のもつ貪欲を辛辣に批判した『親子関係の終焉』（*The End of Parenthood*, 1941）という論文に対して, ビアトリス・ウェッブはティトマスに賛辞の手紙を出している（三浦, 1977：174-175)。ティトマスの著作としては, *Essays on*／

て代わる体制は何かという問題意識であった。彼は資本主義に批判的であったが，マルキスト的社会主義にも反対した。ティトマス自身認めるように，彼にとって社会主義とは経済体制ではなく，むしろ道徳的動機に基づいた社会体制に近かった。

　こうした哲学的立場が最も鮮明にあらわれているのが『贈与関係』(1970年)である。この本は，イギリス，アメリカ，ソビエトなどの輸血組織を比較検討し，価格では表示できない血液供給システムのあり方について論じているのである。彼は，血液が売買されるシステムによって血液が供給される場合の限界と短所を明らかにする一方で，利他主義的で自発的な献血システムがいかに重要であるかを提示した（Titmuss, 1970 : 220-226）。ここには，商品交換ではなく「贈与交換」が行われる社会が，道徳的に優れた社会体制であるという彼の倫理的立場が明白に示されている。彼は，ソルジュニーチン（Solzhenitsyn）の「われわれが望んでいる社会は，すべての交互関係，基本原則，諸法律が道徳的倫理そのものに基づいている社会である」という言葉を好んで引用している。

■社会的不平等としての貧困

　ティトマスの研究におけるもうひとつのモチーフは貧困と社会的不平等の問題である。1930～40年代に彼は，貧困地域であるほど疾病率と死亡率が高いという事実，幼児死亡率においても貧困層と富裕層の間にはかなりの格差があって，しかもその格差は深化する傾向を示しているという事実を実証する研究を次々と発表し，貧困が社会にいかに悪い影響を与え，社会的浪費をもたらすのかを明らかにした。

　社会的不平等が深刻に存在していること，社会変動がつねに社会的不平等を生み出している事実を解明しようとした著作としては『所得分配と社会変動』(1962年) がある。この著作において彼は，貧困というのは生計費の不足とか経済的欠乏という観点からではなく，不平等という観点から把握しなければならないと主張した。彼は次のように述べている。

　物質的生計水準の向上，現代社会における社会問題の原因とその結果に関する知識の普

---

＼ *the Welfare State*／谷昌恒訳『福祉国家の理想と現実』1967，*Commitment to Welfare*／三浦文夫監訳『社会福祉と社会保障』1971），*Income Distribution and Social Change* (1962)，*The Gift Relationship* (1970)，そしてティトマスの死後出版された *Social Policy: An Introduction*／三友雅夫監訳『社会福祉政策』1981などがある。

及など，諸社会制度の構造や機能に影響を与える広範な社会変動によって，貧困の再定義が要求されている。最低生計という観念はもはや科学的に意味あるものでもなければ，政治的にみて建設的な考え方でもない。われわれは貧困の概念を社会変動のコンテキストのなかで把握しなければならず，また権力，権威，特権などより複雑で専門化された諸制度との関連のなかから貧困を再解釈しなければならない。つまり，社会変動と不平等の特徴などに関する考慮がなされない限り，貧困の新しい領域は明らかになりえないのである（Titmuss, 1962 : 187）。

■ 研究方法としての批判的統計分析

　ティトマスは社会的不平等の観点から労働者階級の子女の大学入学率が著しく低いという事実を明らかにし，女性の社会的不平等問題も取り上げた。さらに彼は不平等の弊害を実証しようと努力した。たとえば，彼は労働階級の幼児および産婦死亡率が上流階級の水準と同じであるとしたら，どれくらいの命が救われることになるのかを精密に計算した。結論は毎年9万人の生命が無駄に亡くなっているということであった。

　批判的統計分析（Critical Social Accounting）という独自の分析方法を利用し，こうした社会階級間の生活格差が政府政策によって助長されている（Kincaid, 1984）ということを明らかにしたのは，社会政策研究方法に対するティトマスの最も重要な貢献であると思われる。彼によると，国民の税金で高齢者に医療サービスを提供するというシステムにおいて，もし黒人の高齢者比率がきわめて低いとすれば，黒人納税者が白人に補助金を出していることを意味するのであり，子供の養育と家事労働に対する支援が正規雇用者のそれより非常に低いとすれば，国家政策は男性が女性を搾取する社会構造の形成に手助けをしていることになる，というのが彼の主張であった。ティトマスは以上のような実態を具体的な数字であらわした。また，国際的援助に対しても同様の研究方法を通じて，先進国から第三世界へ与えられる援助額は，先進国に流入する第三世界の訓練された人材の価値より少ないということ，などを計算し，提示した。

　こうしたティトマスの研究方法は現代の社会政策研究の分野に，そして社会行政という学問の確立に大いに寄与した。国家権力が福祉資源の社会的分配に対して，いかに，そしてなぜ影響を与えているのかを明らかにしようとする分析的研究はティトマスの学問的貢献の一面である。

## ■福祉国家に対する二重的態度

　キンケードが指摘するように，ティトマスの著作には二つの相互矛盾的要素が混在している。そのひとつは，イギリス福祉国家が利他主義（altruism）と社会統合が活かされている国家体制であると賛美する立場であり，もうひとつの要素は，福祉国家の権力は貪欲で無責任な支配階級によって掌握されているという見方である。ティトマスは福祉国家政策が社会サービスの本来の宣言的目標を達成すること，つまり社会統合をもたらすことを現実的に実現しようとする努力であり，その意味においては優れた政策が実施されていることをイギリスの誇りとして考えていた。その反面，その政策の本来の趣旨が実現せず，むしろ貧困と社会的不平等が深化しているという事実を暴露することによって，その改善策を求めたのである。したがって，後者の見解は福祉国家体制の否定ではなく，制度改善を前提にした批判であった。社会権力を握っている社会勢力（たとえば，不動産会社や年金基金管理勢力）を攻撃することもあったが，その政治的解決策としては「その集団が道徳的指導力や社会的責任の模範を若年世代に示さなければならない」と提言することに留まっていた。というのは，ティトマスは彼らを統制するために国家権力が使われることや国家権力が拡大することには反対する立場にあったからである。ティトマスは福祉供給における国家の主導的役割を強調しながらも，国家権力の肥大化にはつねに牽制する立場をとっていた。彼は個人の自由，善意，利他心などの価値を堅持していて，特権層を統制するような活動においてすら国家権力は制限的に行使されなければならないと考えていた。これが，国家と個人に対する彼の考え方が，時々二重的にみられる所以である。

　ティトマスの苦悩には，福祉国家の理想と現実のギャップから生じる現代福祉国家体制の苦悩がそのまま反映されている。社会サービスの配分における普遍主義（Universalism）と選別主義（Selectivism）の問題もティトマスの重要な関心事であり，スティグマを伴う選別主義を批判したが，他方，資産調査による福祉給付を管掌する国家委員会である「補充給付委員会」では委員長代理の役を務めていた。それも矛盾する態度としてみなされる場合もある。しかし，彼の関心は選別主義と普遍主義を区別することとか，二者択一のような立場ではなく，社会平等を促進する普遍主義の長所を活かしながら，選別主義の弊害を減らすことにあったのである。[131]

---

131) 福祉資源の分配原則としての選別主義と普遍主義に関する論議において，何よりも重要なのはその志向性である。つまり，普遍主義を志向するかそれとも選別主義を志向するかのことであり，↗

## 3 福祉国家拡充の内容

表12-2は福祉国家の形態を規定する基準，そしてその基準を国家政策の優先順位にする程度という二つの要因からみた福祉国家の形態を示している。福祉国家拡充期においては，先進諸国がこの基準を満たすことを志向して，福祉制度の改革や導入を推進した。たとえば，サービス範囲においてはより普遍主義的方向を志向し，サービスの利用人口を拡大し，国家によって提供される社会サービスの質は最低限の水準から最適水準を重視する方向へと福祉国家体制を拡充したのである。

表12-2 福祉国家の形態を規定する諸基準

| 基準（criteria） | 福祉国家の形態 |
| --- | --- |
| サービス範囲 | 普遍主義的／選別主義的 |
| 適用人口範囲 | 拡張的／限定的 |
| サービスの質 | 最適水準／最低水準 |
| 主な政策手段 | 公的消費／社会的移転 |
| 財源調達の方式 | 公費（税金）負担／社会保険料 |
| 給付の形態 | 所得比例／定額制 |
| 再分配の程度 | 累進的／逆進的 |

資料：Alber, 1988：452.

### （1） イギリス

■福祉国家のコンセンサス

イギリスにおいては，福祉国家体制は政治を超越したもの（Titmuss, 1958：34）としてみなされた。マーシャルも福祉国家の社会哲学にふれ，「福祉国家はすべての政党の重複した政治領域になった。福祉国家は保守党員にも進歩的自由党員にも，そして多くの急進主義者たちや穏健な社会主義者にもアピールできる何かをもっている」と述べている。

政治家は，福祉国家体制に対する国民的合意を意識して，福祉国家から脱皮し

---

＼ その言葉に執着して二者択一的に考えるのはその論議の本筋から離れてしまう。ティトマスが，普遍主義を制度的基盤にしながら，貧困や不平等の問題については積極的差別（positive discrimination）政策を施行すべきであると主張したことは，こうした認識の表現であると思われる。彼の選別主義批判の内容については，平岡公一，「普遍主義‐選別主議論の展開と検討課題」（社会保障研究所編, 1989b：90-93）に比較的詳しく紹介されている。

ようとする政策や政治公約を示唆することはなく,自分の所属する政党こそ真の社会福祉の創始者で,擁護者であると主張する傾向があった。各政党の公約には多少の差異が発見できるものの,すべての政党が福祉国家政策の維持に対する合意をもっていたのである。「イギリスの政治においては,イデオロギーの終焉という結論が出されており,福祉国家の目的と組織に関する合意は実用主義的イギリス政治に受け入れられていることは明白であって,近い将来にこのような政治的潮流に大きな変化はない」(Hancock and Sjoberg／萩野浩基訳,1987：104-5)という見解が一般的であった。

福祉国家コンセンサスの具体的内容は,次の四つに要約できる(Donnison,1987：237-238)。①貧困層を援助することは政府の第一の義務である,②社会福祉サービスは拡充し続けなければならない,③社会福祉サービスを拡充することによってイギリスはより平等な社会になる,④合理的かつ進歩的な研究者が社会福祉の拡充をめざす研究を行い,社会福祉サービスの開発と維持に貢献し,サービス担当人材を教育する。

■ トーリー・コレクティビズム

戦後の保守党は,保守党なりの集合主義政策,すなわちトーリー・コレクティビズム(Tory Collectivism)をもっていた。保守党のチャーチルは1945年の総選挙の際に,福祉国家体制の確立をめざす労働党の政策を批判したが,大敗したので,1951年の総選挙においては福祉国家体制を批判しようとしなかった。その結果,保守党の政権が成立しても,労働党の政策を真正面から否定するような政策を推進しなかった。保守党は福祉国家体制を維持しながらも経済繁栄をも確保できる最善の政党というイメージを作り出し,1950年代の3回にわたる選挙で連勝した。

表12-3に示されているように,戦後の労働党政権の樹立以降,1979年サッチャーの保守党政府が誕生するまで,保守党への政権交代が2回あったが,その間には労働党の活動と同じく社会福祉の拡充施策を実行していたのである。

■ 社会福祉の質的拡充

社会福祉の拡充は社会福祉支出の増加を伴っていた。当然のことながら,支出増加は社会福祉の量的拡大だけでなく質的拡充にも寄与した。それは福祉国家政策が住宅部門の質的な向上をどのようにもたらしたのかをみることによって明らかになるのであろう。

第Ⅳ部　社会保障と福祉国家

表12-3　戦後,政権政党別社会福祉の拡充の内容

| 政権政党 | 首　相 | 社会福祉の拡充の内容 |
|---|---|---|
| 労働党<br>1945-1951 | C. Attlee | 国民保険法<br>家族手当法<br>国民保健サービス法<br>国民扶助法 |
| 保守党<br>1951-1964 | W. Churchill (1951-1955)<br>A. Eden (1955-1957)<br>H. Macmillan (1957-1963)<br>A. D. Home (1963-1964) | 社会保障給付の引き上げ<br>家族手当の増額<br>国民保険法の改正<br>所得比例年金の導入 |
| 労働党<br>1964-1970 | H. Wilson | 短期給付に所得補足<br>社会保障省（DHHS）の設立<br>国人扶助を補足給付への転換<br>家族手当の増額 |
| 保守党<br>1970-1974 | E. Heath | 世帯所得補足（FIS）の制定<br>年金生活者にクリスマスボーナス |
| 労働党 | H. Wilson (1974-1975)<br>J. Callaghan (1975-1979) | 年金改善,新年金法<br>児童給付の施行 |

資料：Lowe (1993) ; Peden (1985) などを参考にして作成。

　国家プログラムとしてのイギリスの公営住宅は,第一次世界大戦以降始まった。当時は90％の世帯が住宅所有主から私的に賃貸する形で居住していた。戦争の勝利や社会的期待に応じて公営住宅が誕生したが,私的賃貸は依然として大半を占めていて,第二次世界大戦後の1947年の時点においても私的賃貸が全居住の60％を占めていた（Griffiths and Holmes, 1985 : 2）。

　戦後,労働党は快適な公営住宅政策を協力に進めた。公営住宅は質の高いものであって,19世紀に建設され,屋内トイレや浴室などを備えていない数百万戸の住宅はこの時期に完全に撤去され,快適な基準の住宅に取って代わったのである（白鳥令・ロース編,1990 : 112-113）。表12-4に示されているように,公営住宅の

表12-4　公営住宅の増加と居住形態の変化

| 年度 | 総住宅数(千戸) | 個人所有(％) | 公営住宅(％) | 民間賃貸住宅等(％) |
|---|---|---|---|---|
| 1911 | 8,943 | 10 | 1 | 89 |
| 1951 | 13,831 | 29.5 | 18 | 57.4 |
| 1965 | 17,387 | 46.5 | 28.2 | 24.3 |
| 1970 | 18,731 | 49.5 | 30.5 | 20.0 |
| 1975 | 19,873 | 53.5 | 31.1 | 15.5 |

資料：*Annual Abstract of Statistics*, 1973 ; Griffiths and Holmes, 1985 : 2 ; Pope ed., 1986 : 251に基づいて作成。

普及は政策優先事業として受け継がれ，公営住宅が着実に増加し，1970年代には全住宅に占める公営住宅の比率が30％にまでになった。一方，私的賃貸住宅は全体の10％までに低下した。住宅の個人所有をめざす政策は保守党政府によってより積極的に推し進められ，1970年代末には，全居住形態の60％を占めるようになった。

## ■経済状況と労働組合

1950年代は経済的繁栄の時期であり，完全雇用，持続的成長，低物価，国際収支の黒字という四つの目標はほぼ達成され，それが社会支出の増加を支えた（Peden, 1985：156）。経済状況が社会福祉にとって重要であるということは財政調達に限ることではない。生活水準の上昇と社会保障に対する期待水準の間には内的相関関係がある（George, 1973：235）ので，それが再び社会支出に対する圧力要因になったと思われる。[132]

同期間中の労働組合はいわゆる「第四府」として莫大な力をふるい，自分の言い分をほとんど通していた。労働組合のストライキは政権党に大きな政治的危機をもたらし，とくに炭鉱組合のストライキは直ちに政権交代につながるというジンクスができるほどであった。1970年の保守党政府はそのような労働組合を牽制する政策を採った。ヒース政府は労使関係法（1971年）を制定し，産業界が賃金コストを抑制するように奨励した。同法の主要内容には労働者の権利の限定，労働組合の登録，ストライキに対しては労働大臣が緊急事態を宣言し，従業員の秘密投票を命じる特別な権限の明示などが含まれていた。ところが，そのような政策がまた炭鉱労働者のストライキを誘発し，その影響で政権が交代されるようになったのは皮肉なことである。

しかし，1970年代に入ると労働組合に対する国民の不満が高まり，社会福祉制度について何かの変化がなされなければならないという国民的な意識が形成されるようになった。結局，労働組合に対する不満は1970年代末「不満の冬」によ

---

132) しかし，これは外形的な成功に過ぎないものであって，1950年代からイギリス経済の衰退が始まっていたという見解もなされている。たとえば，ギャンブル（Gamble, 1981：191）によると，イギリスの指導者たちはヨーロッパの競争国や日本に比べて遅れているという事実を察知し，1959年の総選挙で保守党が勝利した後には，福祉国家志向の政策を転換する準備を急いでいた。1964年以降の政権が，経済構造の建て直しに莫大な努力と公共資金を投入したにもかかわらず，イギリス経済のストップ・ゴーのサイクルを脱皮することはできなかった。このような経済の脆弱性によってイギリスは，1973年の第一次石油危機から最も深刻な打撃をうける国家のひとつになるのである。

って爆発し、それは福祉国家コンセンサスの崩壊の決定的要因になったのである[133]。

## （2） アメリカ

### ▌不完全な福祉国家

アメリカでは1930年代に社会保障法が成立し、多くの社会的リスクに対応する社会保障体制が成立したが、それ以降、社会福祉分野における進展がみられず、1990年代からみると、むしろ社会保障が後退したという指摘がされるなど[134]、福祉国家体制を志向するような傾向は示されなかった。1935年の社会保障法も医療保障を欠いたきわめて不完全な形でスタートしたことは周知の事実である。

アメリカには全国民をカバーする公的医療保険がなく、公的な医療保険制度や医療扶助制度に適用される人口が非常に限定されていて、代わりに全国民の4分の3が民間医療保険の加入者になっている。65歳以上の高齢者のみを対象とする公的医療保険であるメディケアがあるが、給付の範囲が限定されているうえに自己負担が多いため、別途民間医療保険に加入するのが一般的である。1984年の時点で、メディケア加入者の70％以上が民間医療保険に加入している。

福祉国家の発展のレベルは、国家によって保障される社会権が、国民の市場に対する依存性をどれほど減らすのか、すなわち脱商品化（decommodification）のレベルがどの程度であるのかによる（Esping-Andersen, 1990 : 3）という主張を考慮すると、こうした事実はアメリカが脱商品化のレベルがきわめて低い不完全な福祉国家であることを示しているといえる。

しかし、福祉国家の発展段階からみると、1960年代には次のような三つの点において重要な進展があった。それは、①メディケアとメディケイドという医療制度が創設されたこと、②貧困を画期的に解消するための多様なプログラムが実行されたこと、そして③公民権法と投票権法という二つの重要な法律が制定されることによって、雇用および教育における人種差別を禁止する新しい社会立法の道を切り開いたということである（白鳥令・ロース編、1990 : 53）。

---

[133]　政府の立場からみると、1970年代を通じて政府の活動や計画に最も大きな阻害物になっていたのが労働組合であった（Loney et al., 1987 : 150）といわれている。それはサッチャーが首相に就任するや着手したのが労働組合の弱体化を図る措置であったことからもあらわれている。1979年の選挙綱領は選挙後の政府の最優先課題のひとつとして「労働組合において権利と義務の公平なバランスの追求」を挙げていた（*The Conservative Manifesto*, 1979）。

[134]　このような見解を示している文献は次のようである。Nathan Glazer, *Welfare and "Welfare" in America*, 白鳥令・ロース編（1990）.

## 第12章 福祉国家の拡充

■ 福祉政策空白期とその原因

　1935年に社会保障法が成立し、欠陥を抱えたまま社会保障制度が出帆して以来、アメリカは1960年代のいわゆる「偉大なる社会」（The Great Society）プログラムを通じて社会保障に多くの資源を投入するまでの期間には、社会保障拡充のための努力がほとんどみられないので、この期間は福祉政策空白期ともいえるであろう。こうした空白期の存在理由は何だろうか。その理由はアメリカが軍事的盟主としての役割を果たしていたこと、経済成長、納税者意識の成長、人種問題などの要因（林・加藤編，1992：62-63）で説明できる。

　戦後アメリカが西側諸国の軍事的盟主としての役割を担うことになったことは、社会主義的社会原理の性格を帯びている福祉国家政策の展開に大きな制約をもたらした。トルーマンの時代には福祉国家政策の試みが共産主義問題と関わり窮地に陥ったこともあり、後述する貧困戦争プログラムもベトナム戦争によって大きく制限されたのである。

　着実な経済成長もあった。1940年に1000億ドルであったがGNPは、1950年には2865億ドルに、1960年には4000億ドルに増加し、失業率はほぼ5％に維持された（Day, 2000：297）。経済成長は失業問題の深刻さを緩和する機能を果たした。一般労働者の場合、一時的失業に対しては失業保険で対処し、老後生活保障の問題は公的年金と企業年金によって対処できた。こうした環境が、福祉国家体制を拡充することに重点をおく政策の代わりに、税金の引き下げを通じて経済成長を刺激する政策を選択させたのである。

　税金の引き下げはアメリカにおいて政治的に最も人気があるものである。第二次世界大戦中に源泉徴収制度が採用されることによって、所得税が大衆課税の性格をもつようになったが、これは一般大衆や労働組合の納税意識の変化をもたらした。労働者が金融制度を利用し住宅所有者になると、財産税と所得税をともに負担することになり、税金の引き上げには抵抗していた。税金や社会保障負担に対する国民の抵抗は福祉拡充の阻害になる。こうした要因によって、1935年社会保障制度の成立以降、持続的に社会保障を拡充することはできなかったのである。

■ メディケアとメディケイド

　メディケア（Medicare）は65歳以上の高齢者と障害者をその対象にする公的医療保険であり、1965年に社会保障法タイトルⅩⅧとして立法化され、1966年7月から試行された制度である。この制度の誕生によって既存の国民年金OASDIは

OASDHI (Old Age, Survivors, Disability and Health Insurance) になった。この制度はパートAとパートBという二つのプログラムをもっている。パートAは強制的加入部分で，OASDHIの保険料は自動的に徴収され，パートBはさらに付加的サービスのために選択的に加入するものである (Day, 2000: 319)。

メディケアの立法化は1957年から試みられたが，主に医師会の反対によって遅滞した。やがて1960年の民主党のケネディ大統領の就任以降，医療保障制度の確立に関する論議が本格化し，次のジョンソン大統領のときに成立した。導入に反対していたアメリカ医師会と共和党との意見調整を経て，政府案のパートAに医者の診療報酬，外来診療に対する保険であるパートBを加えたワンセットとして成立したのである。

メディケイド (Medicaid) は低所得者に対する医療保護制度である。1942年に低所得者に医療費を支給する制度が州によって提案されたことはあったが拒否され，1954年と1960年にも同様の制度が提案された。医療保障制度に関しては大半の関心がメディケアに集中していたので，大きな論議なしにメディケアとともに成立した。

メディケアは医療保障において非常に重要な役割をもっている制度である。表12-5は高齢者に対する連邦政府の支出とその比率を示しているが，1986年の基準で，65歳以上の高齢者に対する連邦政府の福祉支出総額の23.5％を占めているほどである。

表12-5 高齢者に対する部門別連邦政府支出

|  |  | 支出額(百万ドル) | 比率(％) |
|---|---|---|---|
| 医療制度 | メディケア | 60,907 | 23.5 |
|  | メディケイド | 8,057 | 3.1 |
|  | その他 | 4,573 | 1.7 |
|  | 計 | 73,537 | 28.3 |
| 所得保障 | OASDI | 127,852 | 53.2 |
|  | SSI | 3,649 | 1.4 |
|  | その他 | 30,379 | 11.7 |
|  | 計 | 171,880 | 66.3 |
| 福祉サービス |  | 13,906 | 5.4 |
| 高齢者給付総額 |  | 259,322 | 100.0 |

資料：Executive Office of the President, Feb. 1986, 社会保障研究所編，1989a : 269 から再引用。

## ■貧困戦争

　貧困戦争（War on Poverty）[135]は1964年民主党のジョンソン（L. B. Johnson）大統領が「偉大なる社会」計画の一環として宣布した大規模な貧困政策であり，既存政策の単なる拡大ではなく，貧困の原因を除去することを標榜していた。

　この貧困プログラムはおおむね地域社会活動プログラム（Community Action Program）と経済機会プログラム（Economic Opportunity Program）に大別される。前者には3〜5歳の低所得児童の小学校への入学準備を内容とするプログラム（Head Start），法律救済プログラム，貧困の黒人学生を対象にして大学進学の機会を提供するプログラム（Upward Bound）などが含まれていた。

　雇用機会プログラムは都市部の学校中退青少年を対象にする職業訓練プログラム，青少年のための職業訓練プログラムなどが含まれていた。なお，こうしたプログラムは社会事業実践と密接な関わりをもって実施されていた。

　しかし，貧困の根源を除去するというこの試みは，貧困の原因が主に個人にあるという貧困文化論（Culture of Poverty）の観点に立っていたため，望ましい成果をもたらすことはできなかった。たとえば，黒人の中退青少年を対象にして多くの時間と資源を投入して職業訓練を行ったが，就職にまでつながらなかった。失業の原因は，プログラムが想定した「技術力のなさ」ではなく，黒人に対する雇用差別，しかも中退青少年を対象にした職業訓練修了者に対する雇用差別にあったのである。これは，誤った仮定に基づいた政策がいかに失敗に終わるかを示すよい事例になっている。

　1969年に事実上失敗に終わったこの貧困戦争は，国家政策における貧困解消と戦争という二つの優先順位の変化過程を理解するうえでよい研究材料でもある。「経済成長を促進しながら，多くの貧民に職場を提供してくれたのは，貧困戦争ではなくベトナム戦争であった」（Day, 2000：315）という指摘には意味深いものがある。貧困戦争に成果がみられなくなり，ベトナム戦争（1967-1975）が拡大されるにつれて，貧困戦争のための国家財政がベトナム戦争に回ってしまう結果になり，貧困戦争プログラムは打ち切られるようになった。1965〜1973年までに貧困戦争に費やされた国家予算は155億ドルであったが，ベトナム戦争の予算は1200億ドルに及んだ。

---

135) この内容は拙稿，「1960年代におけるアメリカの貧困政策」（1989）を主に参考した。

■民権法の制定

　社会保障法において，公的扶助プログラムは連邦の直営事業ではなく，州が給付水準やその資格基準を裁量に適用する連邦補助事業として出発したが，その理由は，黒人の低い賃金構造がそのまま維持されることを願っていた南部州の経済的利益を優先的に考慮したからであった。

　貧困戦争は黒人社会の生活向上を目的にしていたが，黒人社会は一歩進んで，参政権の保障を要求し，1964年の公民権法（The Civil Rights Act）と1965年の投票権法（The Voting Rights Act）によって達成された。アメリカで黒人の投票権が完全に保障されたのは1960年代半ばになってからのことである。

　この二つの法律は，民主党の選挙戦略に利用されたという理由で批判されたこともあったが，人種差別を禁止する法律であり，これによって教育，雇用，福祉などにおける差別が禁止されるようになった。新しい福祉文化の道が切り開かれたという点においては，福祉国家を実現するための重要な成果のひとつであったといえよう。

■政治的状況

　アメリカの場合，ヨーロッパ諸国と比べて行政組織に対する政治政党の影響力が大きいということはすでに指摘した。アメリカの政治は民主党と共和党という二党によって行われるが，民主党が親福祉・親労働政党である。したがって，アメリカにおいては明確な傾向とはいえないが，民主党政権期に社会福祉が拡大する傾向がある。社会保障法を成立させたのも民主党のルーズベルトであった。その後，1952年の共和党のアイゼンハワー（D. Eisenhower）政権期を経て，1960年に民主党のケネディ政権が成立した。ケネディ暗殺後はジョンソンが1968年までに大統領に就任し，以降，政権は共和党のニクソン（R. Nixon）政府（1969～1974）に移った。

　ニクソン政権は，第一次石油危機以前に社会福祉を縮小する方向の政策基調を示していた。したがって，アメリカの社会福祉は1935年の社会保障法以降の空白期を経て，1960年代の民主党政権によって第二の社会福祉の拡充が行われたが，共和党のニクソン政権によって福祉縮小の道に入ることになったといってよいであろう。

　アメリカの社会福祉の歴史書ではニクソン政権時代を「過去への回帰」，「福祉国家からの後退」と表現している（たとえば，Day, 2000 : 330）。ニクソン以降，民

## 第12章　福祉国家の拡充

主党のカーター政権が成立するが，1980年の共和党のレーガン政権成立以降，アメリカの福祉国家体制は，きわめて急進的な攻撃を受けるようになるのである。

### （3）日　　本[136]

#### ▍前　　史

日本で，労働運動に対応する制度として社会保険が最初に検討されたのは1898年のことである。社会保険で労働者を懐柔するというドイツのビスマルク式社会保険計画案が紹介され，それに基づいて疾病保険法案が推進されたが，時期尚早との理由で否決された。その後，社会保険導入の論議は1920年代になってから再び行われるようになった。その間，日本においても資本主義的産業化の弊害が深刻化し，1911年には日本最初の工場法が制定された。この工場法は工場や炭鉱労働者に対する保護規定をもっていて産業災害による負傷や死亡には，事業主の負担で本人あるいはその家族に対する扶助が行われるようになっていた。

最初の社会保険である健康保険法案は1920年に提案され，1922年に成立した。準備過程から成立まで，きわめて短い期間で成立したのである。健康保険法は肉体労働者をその対象にし，10人未満事業所の労働者のほかに，年収1200円以上の者，官業共済組合に加入している者は適用除外になっていた。[137]これは職域保険の性格をもっていて，労働災害もこの保険の適用範囲に含まれていた（横山・多田編，1991：46）。

その後，第二次世界大戦中の1941年に労働者年金保険法案が成立した。社会保険を導入した動機は，労働力の確保と軍人の健康および体力の維持・再生にあったことは一般的な見解である（たとえば，白鳥令・ロース編，1990：86）。しかし，その動機がどこにあったにせよ，社会保険を導入し，国家の統制下でそれを全国民に適用したこと，戦後の社会保障制度の確立に大きな示唆を与えるものであったことには疑いの余地はない。[138]

---

136）日本の場合，1945年から1970年代初期までの期間は福祉国家形成期であった。この章は，福祉国家拡充期の内容を考察しているので，日本の福祉国家形成過程を紹介するのは多少問題があると思われるが，この時期に社会福祉制度が画期的に拡充され，福祉国家としての体制が整ったので，ここで言及することにする。

137）この健康保険法は1924年から実施される予定であったが，1927年から施行された。その間に関東大地震が発生した事情もあったが，この制度に対する反対もあった。その反対とは自由開業制度を採択していた医師会の反対，給付内容が貧弱であり医者による差別診療を憂慮した労働者の反対，そして負担の増加などに対する使用者の反対があったからである。

138）日本の福祉国家発達段階からみて，社会保険が成立したこの時期は福祉国家の基盤づくりの時期であった。丸尾直美（1984）は，この時期を第1段階，戦後から1973年までを第二段階，そして

## ■敗戦の影響と社会福祉制度の拡充

　日本では戦争によって未曾有の死傷者が発生し，国富の4分の1が破壊された。社会・経済はきわめて混乱な状況に陥り，除隊した軍人や移住者の帰還などによって失業者は最高で1300万人に達した。日本の社会保障の成立過程において，敗戦が重要な役割を演じたことは皮肉である。敗戦国となった日本は連合国総司令部（GHQ）の統治下におかれることになったが，このGHQの政策は，社会福祉の分野のみならず，封建的で家父長的な性格を色濃く帯びていた日本社会全体に民主主義的な雰囲気をもたらすことに大きな役割を果たした。

　GHQは，日本のファシズムと軍国主義の復活を阻止するために「非軍事化と民主化」を基本方針としており，労働基本権の保障，政治犯の釈放などを実行した。農業に直接従事していない農業地主は1ヘクタールだけを残し，それ以外の農地を小作人に譲り渡すこととなり，これにより伝統的階級区分は完全に撤廃された。三井・三菱・住友などの独占的財閥は多くの独立の会社や金融機関に分解され，同時に厳格な独占禁止法が制定された。労働組合が組織され，大部分の大企業では労使協議制が設置されるようになった（白鳥令・ロース編，1990：87-88）。

　結果的に，GHQの政策は，社会福祉の発展に役立つような望ましい指針を提供した。すなわち，1946年にGHQは生活困窮者に対する緊急な救済を行うに際して三つの原則――①保護の無差別平等，②保護の国家責任の明確化，③最低生活の保障――を日本政府に強制したことである。そして，こうした諸原則に基づいて1946年生活保護法が成立し，生活困窮者はこの法律によって，統一的に保護されるようになった（横山・多田編，1991：71-73）。この生活保護法とともに福祉三法といわれる児童福祉法，身体障害者福祉法が同様の原則に基づいて制定されるようになった。

　戦後から1950年1970年代までに行われた社会福祉制度拡充の内容は次の表12-6の通りである。

## ■社会福祉の独自的発展と二重性

　日本の社会福祉発展過程をみると，西欧諸国ではみられない日本独自の経験が

---

＼　福祉元年体制の完成した1973年以降を第三段階としている。各発展段階の性格を示している時代区分としては，横山・多田編（1991）がある。これによると，社会保険が導入される段階を社会保障前史，戦後から1960年代初めまでの期間を社会保障確立期，1973年福祉元年体制の成立までを社会保障拡充期，それ以降を社会保障改革期と名づけている。

表12-6 戦後から福祉元年までに成立した社会福祉立法

| 年度 | 内　容 |
| --- | --- |
| 1946 | 生活保護法の成立 |
| 1947 | 新憲法が制定され，国民の健康で文化的な生活を営む権利が明示される。日本最初の失業保険法，労働災害補償保険法，児童福祉法 |
| 1948 | 身体障害者法，社会保障制度審議委員会の設置 |
| 1949 | 身体障害者福祉法 |
| 1951 | 社会福祉事業法 |
| 1953 | 日雇労働者健康保険 |
| 1954 | 厚生年金保険改正 |
| 1958 | 新・国民健康保険法（全国民健康保険） |
| 1960 | 精神薄弱者福祉法 |
| 1961 | 国民年金法（全国民年金） |
| 1963 | 老人福祉法 |
| 1964 | 母子福祉法（福祉六法完成） |
| 1969 | 東京都，65歳以上高齢者の医療無料化実施 |
| 1970 | 心身障害者対策基本法 |
| 1971 | 児童手当法 |
| 1973 | 国民年金改正，70歳以上高齢者に対する無料医療制度 |

明らかになっている。それは「家父長的特徴が家族や企業，そして地域社会に強く残っている前近代的国家に，民主的で平等的な改革がいきなり行われた経験」（白鳥令・ロース編，1990：88）であった。封建的な風土が根強く残っていた日本社会に，民主主義を原則とする占領軍政策が強制されるようになり，家父長的な性格とともに民主的な性格が同時にみられるという意味での二重性をもたせたのである。こうした二重性は社会福祉体制のみならず労使関係などにも存在した。こうした歴史的背景から，日本は家父長的慣行が残っていながらも，西欧社会にみられるような平等的で民主的な社会体制をもつようになったのである。[139]

　図12-1はそうした日本の社会福祉の独自の発展を説明している。Ⅰは近代化以前の日本社会であって，政治的には非民主的であり，社会組織は家父長的・半封建的共同体である。これは近代以前のヨーロッパ社会（たとえば，スウェーデン）Ⅱとはその性格を異にする。したがって，Ⅰの性格からⅢの性格に発展した日本社会は，民主化を維持しながらも，社会関係においては高度の合理化が行わ

---

[139] 日本の階級区分や階級意識はヨーロッパ諸国ほど著しくない。日本人の中流階級帰属意識は80％以上であり，会社では通常ホワイトカラーとブルーカラーがともに労働組合に加入している。使用者と労働者との区別もヨーロッパよりは目立たない。日本経営者連盟の行ったある調査によると，大企業の理事会メンバーの約16％は，以前に労働組合の三役（委員長，副委員長，書記長）の経験があるとされているが（白鳥令・ロース編，1990：88），これは日本独自の労使関係を何よりも明確に示しているものと思われる。

図12-1 ヨーロッパ諸国と日本の社会発展の形態

|  | 非民主的 | 民主的 |
|---|---|---|
| 共同体<br>(ゲマインシャフト) | I<br>半封建的社会 | III<br>強い共同体的要素をもつ民主的社会（日本） |
| 利益社会<br>(ゲゼルシャフト) | II<br>合理的な専制社会 | IV<br>民主的で高度に合理的な社会（スウェーデン） |

資料：白鳥令・ロース編, 1990：89.

れることなく, 伝統的な共同体的特性が依然として家庭と企業, そして地域社会に残されているのである。

## ▌高度経済成長[140]

　1950年代以降, 日本が社会保障制度を確立することができたその背景には, まず高度経済成長があった。1960年の池田内閣成立から1972年の佐藤内閣辞職までの時期は, 高度経済成長期かつ国家の安定期であり, いわゆる「企業国家」として特徴づけられる（たとえば, 田口富久治編, 1989：202）。

　1965年10月から1970年7月まで続いた「いざなぎ景気」があり, その後も1972年まで5％を超える高いGNP伸び率を記録した。これに伴って, 実質賃金指数も1971年8.1％, 1972年11.0％という高い上昇率となった。高度経済成長の結果インフレが進み, 消費者物価指数は1971～72年に5.9％と5.7％という高い上昇率となった。このため, 厚生年金保険と国民年金は, 賃金との格差が拡大し, その実質的な価値もつねに低下することになり, 年金制度の高齢者生活保障機能がほとんど期待できなくなった。この状況を認識した政府は福祉向上に関心と意欲を示していた。むろん, ここには高度経済成長による政府歳入の増加がその前提になっていた。すなわち, 一般会計歳入に占める税金および印紙収入は1969年22.1％, 1970年に20.9％, 1971年19.6％, 1972年6.7％, そして1973年25.2％になっていた。

　一方, 社会福祉給付の引き上げの財源として, 公的年金の場合, 莫大な積立金があったことも指摘しておかなければならない。当時の公的年金制度は財政方式

---

140) 高度経済成長については, 主に横山・多田編, 1991：208-213, を参考した。

として積立方式をとっていて，まるで強制貯蓄のような役割を果たしていた。1960年代の後半になると高度経済成長と賃金上昇によって積立金が急増したので，年金給付水準を引き上げることができたのである。積立金は1972年末を基準に，厚生年金保険6兆6736億円，国民年金1兆1761億円に達していた。

## ■革新自治体の出現

　日本では自由民主党が戦後ほとんどの期間を独走した。自民党政権は社会保障支出を拡大したが，その基本的政策基調は経済成長優先主義であった。民社党と公明党はヨーロッパ型の福祉国家をめざしていたが，有権者の支持が得られなかった。やがて，1973年に自民党は社会福祉を画期的に拡大する政策を推進するが，その直接的背景には革新自治体の登場があった。革新自治体とは自治体の長が革新政党所属かあるいはそのような性向であることを意味する。

　1960年代になると，自民党が政権を維持しているとはいえ，市民運動や住民運動が活発に生じ，都市部を中心とする自治体に革新勢力の市長や知事が当選する場合が著しく増えた。国会においては野党の勢力が急激に浮上することを背景にして，革新連合政権の樹立を志向する動きがあった。1963年の地方総選挙において，多くの革新市長が誕生すると，1964年には22市の市長からなる全国革新市長会が結成され，1966年には革新自治体の数は81に急増した。しかも，1967年には東京で，1971年には大阪府で革新知事が生まれることになった。

　一方，中央の政治動向をみると，1972年選挙で自民党が後退し（議席率は62.3％から57.8％へ），社会党と共産党の伸長（議席率はあわせて21.4％から32.1％へ）によって，国会で与野勢力の伯仲が実現しようとしていた。[141]

　要するに，高度経済成長の結果，国民所得水準は世界のトップレベルに達していたにもかかわらず，経済水準にふさわしい福祉水準が実現できていないまま，さらに経済発展優先政策を推進しようとした自民党に対する国民の不満が，その対抗野党への支持としてあらわれ，そうした状況への憂慮ないし反省から自民党の福祉充実政策が打ち出されることになったといえよう。

　こうした政治的要素が福祉元年体制成立の決定的背景であったことは，社会福

---

141) このような動向の原動力として特記に値する事実は，爆発的ともいえる住民運動の展開であった。1972年1月1日から1973年12月31日までに各種の文献になんらかの形で紹介された住民運動を整理した結果によると，総数で1,566回の住民運動があり，その4割強が大都市圏に集中していた。また，直接に開発政策と関連するものが約3分の1，生活環境に関するものが3分の2であった（田口編，1989：208-209）。

祉の拡大を強調した1970年代初の政府文書からも裏づけられる。たとえば，1970年に内閣の決定で公表された新経済社会発展計画は，社会的緊張の高まりを指摘し，その解消のためにも経済発展にふさわしい福祉の充実ないし拡大が必要であると述べていた。

### ■福祉元年体制の成立

1973年には社会福祉が一気に拡充されたので，社会福祉の新しい時代を切り開いた最初の年という意味で「福祉元年」といわれている。この年には，老人福祉法の改正と老人医療費無料化の実施など社会福祉の画期的拡充が行われた。予算編成段階から先進国なみの福祉水準として宣伝されていたが，その内容を要約すると次のようである（横山和彦，1988：31-33）。

① 生活保護の生活扶助基準のひきあげ
② 年金制度の拡充
③ 家族手当，児童手当の発足
④ 老人医療費支給制度の新設
⑤ 健康保険を中心とした医療保険の改善
⑥ 失業保険の改正による雇用保険の発足
⑦ 老人福祉を拡充し，老人福祉支出の53.7％増加

## 4　福祉国家拡充期の特徴

この時期は福祉国家体制を確立する時期，あるいは確立された体制の内容をより拡充する時期であった。「福祉国家コンセンサス」が存在し，福祉国家体制は資本主義と社会主義という理念的枠組みを超越したひとつの理想的国家体制とみなされた。国家によっては，福祉国家の登場が「イデオロギーの終焉」を意味するものとして理解された。

福祉国家の成立と拡充において，親福祉政権の成立が重要な役割を演じていたことは事実である。イギリスでは労働党が保守党と政権を競う政党にまで成長した。アメリカの場合，イデオロギー的性格は比較的弱かったものの，民主党が社会保障制度の成立や福祉国家政策により積極的であった。日本では戦後，保守性向の自民党が長期間政権についていたが，政党のレベルで福祉国家政策を擁護・志向する社会党や民社党の影響というよりは，むしろ経済水準に相応しい福祉水

準が行われていないことに対する国民の不満を背景にして，自治体の選挙を通じて多くの革新自治体が誕生したことが，福祉国家拡充政策の重要な背景になった。その意味で，日本の福祉拡充においても政治的背景がより強調されなければならない。

　福祉国家の拡充には莫大な財源が必要であるが，それは高度経済成長によって支えられた。経済成長は共通の現象であったが，経済構造や内部事情は国によって異なっていた。1973年のオイルショックから始まる世界的経済不況からの衝撃が，各国家によって異なる形をとってあらわれたことにはそのような背景があった。福祉国家体制において，労働組合がいかに重要な要素であるかは，イギリスの事例によって明らかにされている。

　福祉国家拡充のための財源調達の方法には各国の社会文化的伝統が反映された。西欧ヨーロッパの場合，高質の社会保障には高いレベルの国民負担が不可避であるとの国民認識が普及していたので，国民負担増加を通じて福祉国家が拡充された。しかし，国民負担の増加に対して抵抗する文化をもっているといわれるアメリカと日本の場合には，政権党が有権者の支持を確保するためには国民負担を最小限に抑制する必要があったため，国民負担の増加を回避し，国債発行などを通じて福祉支出に対応した。赤字財政をともなうアメリカと日本の福祉国家拡充政策は，深刻な財政問題の背景になった。

# 第13章
# 福祉国家の再編と選択
―― 福祉国家体制をめぐる応酬 ――

## 1 意味と時代区分

　1973年の石油危機を契機にして，社会経済的側面，政治的側面，そして福祉文化的側面から既存の福祉国家体制が批判され，その修正が行われることになる。その修正は，根本的な側面，あるいは単なる制度改善という側面から多様に行われたが，それが福祉国家再編と呼ばれているのである。福祉国家の再編は，現在も行われているので，本章で取り上げる範囲は1970年代中頃以降現在までの時期になる。

　福祉国家の黄金期といわれる戦後から1970年代初頭までに，先進諸国は福祉国家コンセンサスに基づいて，自国の歴史的伝統，社会文化，経済構造，政治的状況などを反映しながら国家体制を確立した。しかし，1970年代以降，福祉国家コンセンサスは重大な試練に直面し，福祉国家再編につながるようになるが，その再編の内容も各国の事情が反映され，多様な形としてあらわれた。

　福祉国家コンセンサスの崩壊の決定的な背景に経済不況があるということには異論の余地がない。しかし，経済不況の原因については，意見が分かれている。福祉国家体制に対しては，それを根本的に疑問視してきた二つの両極端の説明がなされてきた。ひとつはマルキストの説明であって，彼らは資本主義体制の下ではいかなる制度改善が行われても，国民の完全な生活保障は不可能であると主張した。もうひとつは自由放任主義者によるもので，彼らは，国民生活に国家による介入を強化する福祉国家体制は，必然的に国家財政の破綻をもたらすと主張した。とくに，自由主義者による福祉国家批判は1970年代に入ってから，大衆の支持を得て，福祉国家体制を思想面から脅かした。しかも，上記のような両極端の説明以外にも，経済不況の原因が福祉国家の制度的欠陥にあるという主張も提起されるようになり，以上の批判者たちと福祉国家擁護者たちの間に論争が繰り返

されるようになった。一方では，福祉国家体制が過度の財政支出とそれに伴う過重な税金および社会保障負担，そして労働意欲の減退をもたらし，それが経済不況の原因になったという主張と，もう一方で，経済不況は経済政策失敗の結果であるだけで，社会福祉の拡大の結果ではないという主張が対立した。福祉国家再編が行われることになったということは，前者の主張がある程度受け入れられたということを意味するのである。

　福祉国家擁護者たちにとって最大の痛手になったのは，福祉国家が長期間にわたって莫大な社会資源を投入したにもかかわらず，依然として貧困が存在していることが明らかになり，しかも，社会的不平等も改善するどころかむしろ悪化する傾向を示しているという事実であった。結局，「市場の失敗」を解決するための福祉国家体制が「国家の失敗」をもたらしたのではないかという認識が社会に拡散されることになって，福祉国家体制に対する修正が行われたのである。

　福祉国家の再編は大きく，新保守主義的（新自由主義的）再編と，コーポラティズム的再編とに大別できる。その再編の内容については，すでにかなりの研究もあり，また本書の範囲を超えるものである。多様な再編の内容から共通の要素を抽出することは容易ではないが，民営化（Privatisation）の傾向が福祉国家再編のひとつであるので，ここでは福祉国家再編期の内容については民営化を簡単に紹介することにしたい。

## 2　背景：福祉国家における理想と現実の乖離

### ■福祉国家危機論

　多くの福祉国家の場合，1970年代をさかいに福祉支出の増加率が鈍化するかあるいは縮小されるようになる。ドイツの場合をみると，1960年代にGNPの約20％を社会福祉部門に支出していて，1975年には32.6％に増加したが，1981年には約31.5％に減少した。OECD諸国の平均をみると，1960年代から1975年までの社会福祉支出は毎年8％増加していたが，1975～1981年間においては4％に減少した。この社会福祉支出の停滞あるいは減少は，その数字以上の意味がある。というのは，福祉国家の社会支出には構造的に増加要因が内在しているからであるが，それは高齢化と深く関わっている。

　年金制度においては，給付水準が凍結されて，その成熟にともなう年金受給者の増加，高額年金受給者の増加によって年金支出は増加することになる。また，

高齢者に対する医療費支出も急増する。こうした増加は福祉国家支出の自然増加分であって，直接的な給付改善による支出増加ではないのである。多くの国家において年金支出が停滞していることは，実際にはその給付水準の低下を意味する場合もある。

こうした福祉国家拡大の停滞や縮小現象と福祉国家危機と呼ぶが，その意味は研究者によって多様に解釈されている。一般的には，福祉国家の危機とは福祉国家体制を疑問視するかあるいはその崩壊をもたらすような兆し，過程，現象などを表現する概念である（玄外成・朴光駿他，1992：24）。ところが，この現象をどう解釈するかについては多様な見方が存在していて，互いに対立する場合も少なくない。というのは，それぞれの見方が独自のイデオロギーを反映しているからである。[142]

## ▎福祉国家危機の症候群

福祉国家危機と呼ばれるような状況を，福祉国家の研究者ミシュラは次のようにまとめている（Mishra, 1984：序文）。

① スタグフレーション（Stagflation）の出現と経済成長の終焉
② 完全雇用の終焉と大量失業
③ 政府収入の減少と財政支出の増加による財政危機
④ 社会サービス予算の削減
⑤ 福祉国家社会体制に対する信頼の喪失

ミシュラが提示した現象は福祉国家の経済的側面に焦点を合わせているが，福祉国家危機の兆しは，経済分野に限らず，政治的・社会文化的側面においてもあらわれた。政治的側面からみると，政府活動に対する信頼の低下，官僚的行政機構の非効率性，利益集団中心の多元主義的政治風土の加速化，国粋主義的国際関係などがその兆しとして挙げられる。社会文化的側面からは，社会的アノミー現象，社会統合の弛緩現象，階層間・男女間葛藤，社会的連帯の弱化，福祉国家正当性の弱化などの現象が挙げられる（Taylor-Goodby, 1985：6-13；玄外成・朴光駿他，1992：28-29）。

福祉国家は社会統合に満ちた国家共同体ないし「ひとつの国家」の理想を代弁

---

142) 福祉国家危機に対する観点はさまざまである。おおむね，自由放任主義や新自由主義的観点，マルキスト的観点，そして社会民主主義的観点などに分類できる。それぞれの内容に対しては，Mishra, 1984；玄外成・朴光駿他，1992：31-36，等を参照のこと。

する (Marshall, 1972) といわれるように，福祉国家の目標は社会統合にあるが，その正当性も疑問視されるようになった。その証拠としては，何よりも，福祉国家体制を志向する政治政党に対する支持が低下した現象がある。一般的な傾向として，社会民主党や労働党，社会党など伝統的に福祉国家を支持する政党に対する支持率が1970年代以降低下した。その意味で，1979年イギリスにおける保守党のサッチャー政権の成立は，福祉国家の正当性の危機を意味するもの（たとえば，Lee and Raban, 1988：89)，コンセンサスの崩壊を意味するものであるといわれている[143]。社会福祉不正受給に対する世論の悪化，国民の徴税への抵抗などは，福祉国家の正当性が弱化されたことをあらわす重要な指標になった。

## ■経済成長の終焉

福祉国家危機の症候群として最も著しいのが経済問題であり，具体的には低成長である。1960～81年におけるOECD国家の巨視経済指標をみると（表13-1），1973年までとそれ以降1981年までの期間にはかなり格差がみられる。失業率は3.2％から5.5％に増加したにもかかわらず，インフレは同期間中3.9％から10.4％にまで増加し，不況とインフレが同時に進行するスタグフレーション現象が示されているのである。また，GNPの成長率も著しく低下し，生産性増加率も急激に低下している。

こうした経済問題は二つの方向で国家財政に直接的衝撃を与えた。まず，失業者の増加による直接的財政支出の増加である[144]。失業者の増加は失業手当の増加をもたらし，それが国家財政の圧迫要因になった。もうひとつは，経済不況による所得税と法人税などを含む税収と社会保険料収入の全般的減少であり，これは国家財政をさらに危機的状況に追い込んだのである。

## ■ケインズ主義福祉国家の限界

戦後の福祉国家体制であるケインズ主義福祉国家（Keynesian Welfare State）は，経済の側面ではケインズ主義，社会の側面ではベヴァリッジの社会保障体系をそ

---

143) Nevil Johnson, *The Break-up of Consensus*, Lonely et al ed., 1987：155-156 を参照のこと。このコンセンサスの崩壊に関する多くの説明に関しては，同書に収録されている論文，Andrew Gamble, *The Weakening of Social Democracy* を参照。
144) たとえば，ヘアー (Hare, 1984) は当時イギリスの約200万人の失業者に対する社会費用は，失業手当や特別雇用経費などの直接的福祉支出が38.5億ポンド，税収減少32.7億ポンドで，合計71.2億ポンドに達しているとした。

表13-1　1960～1981年，OECD国家の巨視経済指標
(％)

| 経済指標 | 1960～1973年 | 1973～1981年 |
|---|---|---|
| 失業率 | 3.2 | 5.5 |
| インフレ | 3.9 | 10.4 |
| GNP成長率 | 4.9 | 2.4 |
| 生産性増加率 | 3.9 | 1.4 |

資料：Pierson, 1991：145.

の基礎にして構築された体制であった。ケインズ主義は公共支出を通じて完全雇用を達成するという，政府の政策調整者としての役割を前提にしていた。したがって，完全雇用は福祉国家体制における最も核心的な要素であり，また政策要素でもあった。その意味で，ケインズ主義は需要側面の経済学（Demand-Side Economics）と呼ばれている。ところが，表13-1に示されているスタグフレーション現象はケインズ主義福祉国家にとって不本意な出来事であった。

ケインズ理論によると，失業率とインフレはトレード・オフ（trade-off）関係と想定された。不況の時，国家的投資（たとえば，大規模の公共事業）を行えば，若干のインフレが誘発されるが，インフレの抑制よりは完全雇用の確保がより重要であり，しかも完全雇用が達成されるとインフレは最小限の水準で抑制されるとされ，逆に失業が増加すれば購買力の低下によってインフレは起こりえないとされていたのである。しかし，1970年代の現実は，その理論とは違って，失業とインフレが同時に深化するスタグフレーション現象が長期間にわたって発生していた。

こうした事態は福祉国家批判者，とくに新保守主義者ないし新自由主義者たちにとって，ケインズ主義福祉国家を批判する格好の根拠となった。彼らは，経済政策の優先順位は完全雇用の達成にではなく，インフレの抑制におくべきであり，インフレの抑制に伴う失業の拡大はやむをえないと主張した。マネタリズムと特徴づけられる供給側面の経済学（Supply-Side Economics）の登場である。

ミシュラが指摘するように（Mishra, 1984：21），ケインズ主義福祉国家の限界を正確に認識するためには，まず，福祉国家が「1930年代における資本主義社会の問題を対決するための体制」（下線：引用者）であって，当時の時点で，20世紀末の福祉国家体制の限界と不適切な結果を予測することは不可能であったという事実を考慮する必要がある。ケインズは経済学者であって，彼の理論体系におい

て政治的要素は重要なものではなかったが，国内外の政治状況に大きく影響される現代の福祉国家体制は，ケインズには予測できなかった多くの問題の発生によって左右されることになったのである。

## ▌福祉国家制度上の問題

福祉国家体制は制度運営上にも矛盾する要素を抱えていたが，その代表的な問題のひとつが，失業者と就業者との所得の格差がないこと，はなはだしい場合は失業者の方が高い場合もあるということであった。たとえば，表13-2においては二つの現象が示されている。ひとつは，就業者Cの場合，週給80ポンドの就業者Bに比べて20ポンドも高い収入にもかかわらず，福祉国家体制の複雑な社会保障負担や税制などによって，純所得はむしろ就業者Bより低くなるということである。もうひとつの問題は失業者Aと就業者Cとの間に，純所得の格差がほとんどないという事実である。これは，失業期間の中で，失業手当を受給する短期間だけの現象ではあるが，国民からは制度上の矛盾のようにみられ，社会的公平，制度の複雑さなどに対する疑問が表出され，それが福祉国家体制に対する国民の信頼を薄める要因になっていたといえる。

表13-2 就業者と失業者の総所得，純所得の比較（イギリス）

|  | 失業者A | 就業者B<br>（週給80ポンド） | 就業者C<br>（週給100ポンド） |
| --- | --- | --- | --- |
| 雇用所得 | — | 80.00 | 100.00 |
| 失業手当 | 46.00 | — | — |
| 補充手当 | 8.45 | — | — |
| 育児手当 | 13.70 | 13.70 | 13.70 |
| 住宅手当 | 22.95 | 14.69 | 11.17 |
| 家族手当 | — | 10.00 | — |
| 学校無料給食費 | 2.60 | 2.60 | — |
| 無料牛乳 | 1.54 | 1.54 | — |
| 税金・社会保険料 | — | －5.65 | －20.80 |
| その他 | — | －5.65 | －5.65 |
| 純所得 | 95.44ポンド | 103.88ポンド | 98.42ポンド |

注：1985年3月基準，夫婦および子女2人の家族の場合
資料：NEDO, Economic Working Paper, No. 18, 1985，林堅太郎，1990：73から再引用。

## 3　福祉国家に対する思想的挑戦とその影響

■「イデオロギーの終焉」の終焉？

　戦後の福祉国家拡充期においては，経済的豊かさと福祉国家体制という組み合わせは社会主義体制に対する西欧社会体制の勝利とみなされた。福祉国家は社会保障と自由，生活安定と企業活動，社会改革と経済成長をバランスよく成し遂げた体制として評価されたのである。この時期は冷戦の時期であったが，福祉国家体制の登場によって「資本主義が優越なのかそれとも社会主義が優越なのか」という理念論争は払拭された。つまり，イデオロギーの優越性に関する論議は福祉国家体制に収斂する傾向を示していたのである。クロスマン（R. Crossman）が一時「福祉資本主義」（Welfare Capitalism）と表現したこの体制は，資本主義でも社会主義でもなかった。両側の社会原理が混合された福祉国家体制は，そのいずれかの体制よりも優越な国家体制として認められた。1960年代の社会問題には，イデオロギーに関わるものがほとんどなかった（Marshall, 1972 : 97）という指摘は，まさにこうした社会雰囲気をあらわしている。こうした現象が「イデオロギーの終焉」と表現された。「福祉国家体制への収斂」という言葉も同じような意味である。

　しかし，1970年代の福祉国家危機は福祉国家に対するイデオロギー的論議を再び呼び起こす契機になった。福祉国家体制と経済不況がワンセットとして認識され，福祉国家体制には根本的矛盾が存在するという批判が，右翼と左翼の両側から提起されるようになったのである。福祉国家体制に対する思想的攻撃が行われるこうした現象は「イデオロギーの終焉の終焉」と表現できるであろう。

■イデオロギー的諸観点

　社会福祉に対するイデオロギー的観点の多様性とその内容については，多くの研究者が独自の主張を行ってきた。その理念的立場を，反集合主義者（The Anti-Collectivists），消極的集合主義者（The Reluctant Collectivists），フェビアン社会主義者，マルキストに分類し説明したジョージなどの研究がその代表的なものであり，また明確な分類でもある（George & Wilding, 1985）。

　ウィリアムズは福祉国家に対する態度を中心にして，反集合主義，社会改革主義，そして福祉の政治経済といった三つに分類し，それぞれの考え方の内容と人

物を提示している（表13-3）。

■ 福祉国家体制と福祉思想との両立可能性

表13-3で示されている三つのイデオロギーと，福祉国家体制との両立可能性をあらわしているのが図13-1である。これによると，反集合主義と福祉の政治

表13-3 社会福祉に対する多様な観点

| 類型 | | 福祉国家に対する態度 | 政治的伝統，人物 |
|---|---|---|---|
| 反集合主義 | | 社会福祉は個人の自由，創意，選択を制限し，過度な福祉需要を生み出す。福祉には家族などの非公式部門と民間部門の役割が重要である。 | 右翼，市場の自由，経済的自由主義，新右翼<br>（Hayek, Friedman, Joseph, Boyson） |
| 社会改革主義の3形態 | 非社会主義的福祉集合主義 | 国家による福祉給付は国民的効率，剥奪の軽減のためにも必要である。しかし，福祉には民間部門の役割も重要である。福祉の混合経済，福祉多元主義。 | 政治的自由主義，社会民主主義<br>（Beveridge, Keynes, Hadley & Hatch, Pinker, Owen） |
| | フェビアン社会主義 | 福祉国家は富の再分配を通じて，より平等で公正な社会づくりのための，そして私的市場の不平等現象に対処するための体制である。 | 社会民主主義，フェビアン社会主義<br>（Tawney, Titmuss, Crosland） |
| | 急進的社会行政 | 福祉国家は富と資源の急進的再分配と平等を追求する，計画された社会体制である。 | フェビアン社会主義，民主的社会主義，マルキシズム<br>（Townsend, Walker） |
| 福祉の政治経済 | | 福祉国家は資本と労働階級との根本的な葛藤の結果であるが，資本主義体制の下では福祉ニーズに対処することが不可能である。 | マルキシズム<br>（Gough, Ginsburg, Offe） |

資料：Williams, 1989：16.

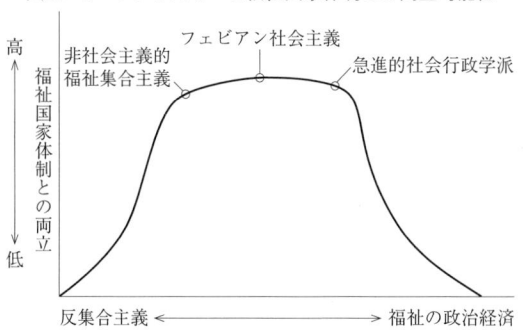

図13-1 イデオロギーと福祉国家体制との両立可能性

資料：Mishra（1984），Williams（1989）などを参考.

経済は，福祉国家体制との両立可能性はほとんどなく，社会改革主義の三つの形態は同じ程度の高いレベルの両立可能性を示している。両極端の二つのイデオロギーは，福祉国家危機以降，福祉国家体制に対する思想的批判を積極的に行っていた。ここでは，その批判が実際の国家政策にも大きく影響することになった，反集合主義者たちの思想的攻撃をより詳しく検討することにしたい。

## ▎新保守主義ないし新自由主義の登場

　1970年代の後半になってから反集合主義は新保守主義ないし新自由主義という名で登場し，思想的にも実際の国家政策にも大きな影響を与え，新自由主義者の主張に基づいた福祉国家再編は，福祉国家体制の深刻な動揺や部分的崩壊をもたらした。

　新保守主義という用語は，1979年に誕生したイギリスのサッチャー政権の政策，すなわちサッチャリズム（Thatcherism），1980年に誕生したアメリカのレーガン政権による政策，レーガノミクス（Reagonomics）を契機とする社会経済政策の思想的潮流のことを意味するものとして理解されている。1970年代半ば以降の日本の自民党政権，とくに中曽根内閣の社会経済政策，ナカソネリズム（Nakasonerism）もその典型的ケースになる。

　保守主義の特徴は現在の社会秩序を維持しようとする傾向である。しかし，前述したように，福祉国家拡充期には保守的政党も福祉国家体制を承認していたので，社会改革に反対する意味での保守主義は褪色していた。1970年代に入ってから，ケインズ主義福祉国家体制を認めるような保守主義を拒否し，19世紀の保守主義のような思想が著しくなったが，それが新保守主義というものである。新保守主義とは，社会経済分野に対する国家の積極的介入に反対し，国民生活に対する国家の干渉を最小限にしながら，資本主義市場経済体制を強化しようとする思想を意味する。

　新保守主義は，1990年代初までは新自由主義とほぼ同じ意味で使用された。ここでいう新自由主義とは「Neo Liberalism」と表記されるのであり，第10章で言及した新自由主義「New Liberalism」とは異なる。「Neo Liberalism」としての新自由主義は，現在地球資本主義の深化ないしグローバリゼーションの進行に伴ってより強力になった，資本主義的市場秩序を代表する用語である。福祉国家再編に関わる限り，最近は新保守主義という言葉よりは新自由主義の用語がひろく使われているように思われる。

## ■新自由主義の社会福祉観

1970年代末から，とくにイギリス，アメリカ，日本において，新自由主義政策が積極的に推進されたが，その政策に内在されていた社会福祉に対する考え方は次のように要約できる（玄外成・朴光駿他，1992）。

- 多くの先進諸国でみられる不況の主な原因は福祉国家体制の失敗，すなわち国家の失敗にある。
- 福祉国家が登場した当時の前提は，福祉政策による援助を必要とする少数の人々と彼らを支援する多くの納税者の存在であったが，福祉政策が行き過ぎて，誰もが国家給付の受給者になっている。国家財政の破綻，労働意欲の喪失，経済不況はその当然の帰結である。
- ケインズ主義に基づいた大きな政府の福祉政策は，本質的に財政破綻をもたらすので，国家財政の健全化を図るためには小さな政府を志向しなければならない。
- 大多数の人々は国家の支援や保護なしでも生活問題に対処できる。したがって，国家援助を受ける者は真の生活困難者に限定しなければならない。
- すべての改革は，今まで国家が担ってきた多くの仕事を市場経済に移管することにその焦点をおかなければならない。

こうした考え方に基づいた新自由主義政策に理論的，哲学的根拠を提供した人物としては，通貨主義の総帥ともいえるフリードマン，経済理論の側面よりは社会哲学的側面から大きい影響を及ぼしたハイエク，そして逆進的税制再編に理論的根拠を提供したラッファー（A. B. Laffer）などがいる。

## ■「二つの国民」という戦略

新自由主義的政策の推進は必然的に社会不平等を深化する結果をもたらす。ところが，新自由主義者たちにとって，福祉国家再編過程であらわれる社会的不平等は予測できなかった結果ではなく，最初から計算された戦略であった（Johnson, 1990：26）ことに注目する必要がある。つまり，社会的不平等は活気ある社会づくりの必要条件とされていたのである。したがって，そうした福祉国家再編によって社会的不平等や貧困の悪化が生じることを新自由主義的政府に警告することは無意味なのである。

貧困の深化にもかかわらず，新自由主義政府が1970年代末以降，そのような政策を持続的に推進することができたのは，その政策に含まれていたいわゆる「二

つの国民」という政治的戦略によるものであった。福祉国家体制は社会統合，つまり，ひとつの国家づくりがその政策目標であったが，新自由主義的政府は国民を二つのグループに分解して，自分の政権維持に必要なグループのみの支持を得ることによって，その政権を維持しようとしていた。これが「二つの国民」という戦略である。

この戦略が成功するか否かは労働者階層と中間階級の態度によって決定される。中間階級に新自由主義政策の経済的利益を提供することによって，彼らの支持を獲得することができるとしたら，社会福祉の縮小によって生活保障が脅かされる貧困層と労働者が政権政党の反対勢力になるとしても，政権を維持するには問題がないのである。政権政党の立場からみると，政権維持に必要な支持が確保できたので，もはや貧困層の支持を得ようとする努力はしなくてよい。イギリスの場合，この戦略が成功したのは，サッチャー政府が住宅政策を通じて，少ない負担で持ち家層になった中産階級の支持を得ることができたからであった。しかし，スウェーデンの場合，同様の戦略は失敗に終わり，福祉国家体制は大きな打撃を受けずに維持されるようになったが，それはスウェーデンの中産階級がこうした国民分離戦略を支持しなかったからである。

## ■小さな政府と「選択の自由」

小さな政府は新右翼（New Right）とも呼ばれる新自由主義の政策理念である。自由市場の尊重，規制緩和等を追求する政策は基本的に政府の役割が小さいほど望ましいとの考え方に基づいている。ケインズ主義の観点は，政府が完全雇用を維持するために総需要を管理しなければならないということであるが，供給中心経済学によると，政府のそうした役割は実現不可能であるとされる。もし国家からの干渉が最小限になると，企業の投資や技術革新を促進し，必要需要が創出できるという論理であり，基本的にインセンティブに注目しているのである。

こうした立場は，通貨供給管理によるインフレ抑制と小さな政府を志向する通貨主義の提唱者であるフリードマンによって代弁される。彼は，福祉国家が家父長的かつ権威的であるゆえ，人間の選択の自由ひいては個人の自由を脅かすものであると規定し，選択の機会を最も効果的に提供できるのは市場にほかならないと主張した。

福祉国家の浪費的で非効率的側面を強調するために，フリードマンは次のような説明を活用した（図13 - 2）。社会福祉は他人のお金を他人のために使う「組み

合わせⅢ・Ⅳ」の場合が大部分であるゆえに，支出を抑えようとする誘因が全くなく，それによって財政の浪費とやがて財政破綻をもたらすとされたのである。

図13-2 福祉支出の浪費要因

誰のためにつかうのか

|  |  | 自 分 | 他 人 |
|---|---|---|---|
| 誰のお金なのか | 自分 | Ⅰ<br>費用節減誘因＋<br>費用効果誘因＋ | Ⅱ<br>費用節減誘因＋<br>費用効果誘因－ |
|  | 他人 | Ⅲ<br>費用節減誘因－<br>費用効果誘因＋ | Ⅳ<br>費用節減誘因－<br>費用効果誘因－ |

注：「＋」と「－」はその誘因（incentive）の有無を表す。
資料：Friedman／西山千明訳，1980に基づいて作成。

## ■ハイエクと「隷従への道」

社会哲学側面のおいて新自由主義的福祉国家再編にハイエクによって裏付けられた。彼によると，福祉国家は個人の自由を制限し，個人生活に対する国家の干渉は国家権力の肥大化をもたらし，国民を国家への隷従状態に転落させるとされた。彼は「各個人の活動を調整するのは，国家ではなく，個々人のもつ競争力である」とし，次のように主張した。

> 自由主義的主張は，物事をあるがまま放任しておこうという主張ではなく，人間の努力を調整する手段として，競争力を最大限に利用しようとする立場である。この主張は，競争が効果的に行われる条件の下では，個人の努力を促進する方法が他のいかなるものよりも優れた方法であるという確信に基づいている。
> 経済的自由主義は競争以外の方法によって，個々人の努力を調整しようとする試みに反対する。そして，競争こそが知られている方法のなかで最も有効なものであるだけでなく，国家による強制的で恣意的な干渉に頼らず人間の活動を調整できる唯一の方法であるとみなす。実に，競争を支持する最も重要な根拠のひとつは，それが意識的な社会統制を不用にするとともに，ある営業活動に対する期待がその活動による損失と危険を十分補償できるかどうかを判断する機会を，ほかならぬ当事者個人に与えているということである（Hyek／鄭ドヨン訳，1973『隷従への道』（上）：65-66）。

ハイエクは晩年，東洋思想，とくに老荘思想に自分の思想との類似性を見いだし，それを引用したりしていたことでも知られている。老荘思想における「タオ（道）は人間が作るものではない。人間はそれを発見するだけである」という考

え方が，個人の知恵と能力の限界を明らかにする貴重な教えであるということであった。この考え方には，人間は人間の活動を調整し，ある意図された結果をもたらすように社会を計画する能力を持ち得ないという，人間の知恵や能力の限界が想定されている。これは，人間の計画能力に対する深い信頼をもっているケインズ主義の人間観とは対照的である。

## 4 福祉国家再編の類型

### ▎福祉国家類型による再編への影響

　福祉国家はある画一的な国家形態ではなく，その成立過程や条件のみならず，国家政策の優先順位をどこにおくのかによって，さまざまに類型化することができる。次の図13-3は「完全雇用政策をどれくらい優先させて進めているのか」という基準と，「国民と社会福祉受給者にどの程度社会的権利が付与されているのか」という二つの基準の組み合わせによって，四つの形の福祉国家が存在することをあらわしている。1980年代を基準にしたこの類型化をみると，完全雇用政策を強力に推進しながらも国民に高いレベルの社会的権利を付与する「強力な介入主義福祉国家」（スウェーデン，ノルウェー）がある反面，アメリカのようにその正反対の形の「市場志向の福祉国家」も存在することが示されているのである。

　福祉国家再編の内容は，福祉国家の類型によって異なる形をとっていた。一般に，完全雇用政策を志向するほど，そして社会的権利付与の傾向が強いほど，福祉国家に対する愛着が強いとされているので，スウェーデンのような国家は，福祉国家再編が行われたにもかかわらず福祉国家の体制をそのまま保持できた反面，完全雇用政策や社会的権利付与のレベルの低い国家は，もともと福祉国家の基盤が脆弱であったため，福祉国家再編の結果，福祉国家体制に深刻な崩壊がおきたのである。

---

145) 日本において福祉国家研究というテーマについては，「福祉国家研究において最も主流をなしていたマルクス的アプローチから脱却した最初のアプローチとして評価される東京大学社会科学研究所の研究」(Esping-Andersen ed., 1996 : 216)（『福祉国家』，全6巻）以来，とくに1990年代以降多くの研究がなされている。ただ，福祉国家類型研究の観点から日本的特質を明らかにしようとするアプローチはまれのように思われる。その意味で，埋橋孝文の研究（『現代福祉国家の国際比較』1997）は注目に値する。また，日本の福祉国家再編の特質に関する明快な研究としては，後房雄，「企業国家日本の動揺」，田口富久治編，『ケインズ主義的福祉国家』(1989) を挙げたい。

図13-3 福祉国家の類型化

社会的権利付与

| | 高い | 低い |
|---|---|---|
| 完全雇用政策の志向 強い | 強い介入主義福祉国家（スウェーデン，ノルウェー） | 完全雇用志向の，基盤の弱い福祉国家（スイス，日本） |
| 完全雇用政策の志向 弱い | 柔軟な補償主義福祉国家（フランス，ドイツ） | 市場志向の，基盤の弱い福祉国家（アメリカ，カナダ，イギリス） |

資料：Pierson, 1991: 186 から再引用。

## 福祉国家再編の二つの類型

　福祉国家危機以降の再編には大きく新自由主義的再編とコーポラティズムという二つの類型があった。新自由主義とは違って，福祉国家と混合経済体制を維持する範囲内での再編を行ったのがコーポラティズム（Corporatism）的再編である。

　コーポラティズムとは，政府と使用者団体，労働組合の三者間における政治的交渉システムであり，それが国家政策の重要な意思決定機構になって，その政策を推進していく方式の国家体制のことを意味する。コーポラティズムの路線にそって福祉国家再編を行った代表的ケースは，スウェーデンとオーストリアである。この二つの典型的事例以外に，公共部門の社会的所有をさらに強化する政策を通じてその危機に対処しようとする試みがなされたこともあった。たとえば，フランスのミッテラン政権は1981～82年に，国有化の拡大と左派ケインズ主義政策の組み合わせで，危機の打開を図ったことがある。しかし，その政策は持続できなかった。

　コーポラティズムは福祉国家体制を認めてはいるが，二つの意味において，戦後の福祉国家体制とは異なる。まず，コーポラティズムにおいては経済政策と社会政策が互いに密接に関連していて，両者の統合が必要とみなされるということである。それは「社会政策と経済システムとの相互依存的統合」（武川，社会保障研究所編，1989b：223）と表現されているように，社会政策が経済政策に統合され，社会政策の目標が経済政策に明確に反映されていることを意味する。

　第二に，コーポラティズム体制においては，生産的市場経済と社会福祉体制の維持には多様な社会集団の協力と同意が必要であり，社会統合のために体系統合（system integration）が必要であることを認め，社会経済に対する集団的責任の論

理が組み込まれているということである。オーストリアとスウェーデンのケースにみられるように，雇用主が社会的目標として完全雇用の重要性を認める一方，労働者は経済成長と社会福祉のために賃金引き上げの要求を自制すること，そして自ら生産性向上のために努力しなければならないということを認め，さらにそれを行動で示すことが要求されるのがコーポラティズムである。

## 5　新自由主義的福祉国家再編とその内容

■プライバタイゼーション[146]の傾向と概念

　新自由主義的再編の内容も膨大なものであるので，ここでは，プライバタイゼーション（Privatisation）の内容だけを取り上げることにしたい。この言葉は民営化とも訳されているが，たんに国有企業を民間に売却ないし運営委託することだけでなく，社会福祉の領域において市場経済原理を導入するような傾向を表現するものである。

　福祉国家体制は，公共部門の社会的所有がより平等で公平であることは社会の条件であるという考え方に基づいて確立された。新自由主義的政府はこうした社会的所有を私的所有の形で還元することによって，小さな政府の実現をめざしていたが，ここで社会的所有を私的所有の形態に還元しようとする措置や傾向がプライバタイゼーションという概念の核心であると思われる。

　社会政策の分野においてプライバタイゼーションという用語は，政治家によって考案され，政治的ジャーナリストたちによって普及した言葉であって，一般には「福祉サービスにおいて私的供給あるいは私的財政の相対的役割増加」（Bean *et al* ed., 1985: 175）を意味する。社会福祉において，給付レベルの引き下げ，適用範囲の縮小，特定プログラムに対する公的支援や補助を削減すること，公的に運営されていた制度を市場機能に委ねることなど，社会福祉に対する国家介入を縮小し，その分，市場経済の原理を導入していく一連の措置を意味するのである。

---

146）　プライバタイゼーションについては，Robinson ed.（1985）; Theo Thiemeyer and Guy Quaden ed./尾上久雄他訳，『民営化の世界的潮流』（1987）; 林堅太郎『プライバタイゼーション』（1990）; 武川正吾，社会政策におけるプライバタイゼーション（上），『社会保障研究』Vol. 26 No. 2（1990），などの文献を参考にした。

## ■プライバタイゼーションの類型と目的

　社会福祉分野を含めて，社会経済活動に対する国家の介入は供与（provision），補助金支給（subsidy），規制（regulation）という三つの形で行われる。イギリスの公的医療システムである NHS を例にとると，政府は病院および一般医への公的供与を通じて医療を提供する。大半の場合，それを無料で提供することによって医療費を補助する。そして医者などの医療供給者の資格条件を規定し，医療サービスの質を規制するのである（Robinson, 1985：3-6）。プライバタイゼーションとはこの三つの形の国家介入を縮小することであり，その内容も三つの形に分類できる。

　プライバタイゼーションの第一の形態は国家供与を縮小することである。たとえば，公営住宅を売却すること，健康保険サービスの給付水準の引き下げや給付範囲の縮小などがこのケースである。第二の形は，国家による補助金の削減である。中央政府の地方への補助金の削減，福祉サービスの利用者負担を増やすこと，運輸機関に対する補助金削減などがこの例である。第三の形態は，社会福祉の民間提供者に対する規制の緩和である。社会福祉サービス供給において，ビジネス部門が参入できるように規制を緩和すること，民間医療保険の導入を促進することなどがこれに含まれる。

　社会福祉部門において，民営化政策はまず，国家財政の安定的確保という目的とともに，よりイデオロギー的側面から，民間部門の効率を促進し，国家に対する依存性を減らすという目的をもって推進された。補助金支出の削減，国有財産の売却による国家財政の健全化を図るという目的とともに効率の追求という目的ももっていた。とくに，経済的側面の効率よりは，効率そのもののもつイデオロギー的側面が強調された場合があった。たとえば，サッチャー政権は1979〜84年の間に公営住宅を約42％も割引した価格で売却したが（Flynn, 1988：293-294），それは国家が提供する住宅に住むということは，国家に対する依存性の証拠であるというイデオロギー的性格を強く帯びていたことの根拠になっている[147]。もちろん，公営住宅の売却の背景については国家財政健全化の観点からの説明もなされている[148]。

---

147) 日本の研究の中で，このイデオロギー的性格を強調した代表的なものとして，中村宏,「サッチャー政権と福祉国家イギリスの変容」，日本政治学会編，『転換期の福祉国家と政治学』(1989) がある。
148) これは，サッチャー政府が，社会保障・NHS の自然的支出増加，防衛費支出の増加という状況のなか「公共支出の削減」という目標を達成するためには，公営住宅の売却が必然的であったという説明である。森島通夫 (1988), Gamble (1981) はこの側面を重視しているように思われる。

第Ⅳ部　社会保障と福祉国家

■住宅部門のプライバタイゼーション

　急進的民営化政策の最もよい事例は，サッチャー政権の住宅部門民営化政策である。その内容は，①公営住宅の売却，②住宅補助金の削減，③住宅関連の普遍的社会サービスを選別的サービスに切り替えることであったが，これらが徹底的に行われたために，数多くの研究素材になっている。

　公営住宅（council house）はサッチャー政権以前までは着実に増加し，1970年代には全住宅の30％に至るようになった。一方，私的賃貸住宅は全体の約10％を占めることになり，個人所有住宅は全体の60％になっていたが，サッチャー政権以降，公営住宅は急激に減少した。1979年以降公営住宅は大規模に売却された。国家資産のなかで英国通信や英国ガスなども売却されたが，単一の項目としては公営住宅が最高額であった。[149]

　また，公営住宅建設補助金も大幅に削減され，その建設件数も1975年の15万戸から1980年には8万8000戸に，1884年には3万7000戸に激減した。こうした政策の結果，住宅部門に対する政府支出は他のいかなる部門よりも多く削減されたのである。住宅部門の国家予算削減は，1979～80年を100としたときに，1980～81年83.2，1981～82年53.1，1982～83年42.3，1983～84年46.4，そして1984～85年には45.3になっている（Robinson, 1985）。

　こうした国家予算削減で最も大きい部分は地方当局の住宅サービスに対する中央政府の補助金削減であったが，その削減率はほぼ80％に達した。その内容は主に公営住宅入居者に対する家賃補助の削減であった。

■結果と問題点

　住宅部門でのこうした急進的民営化政策は，住宅サービスの「残余的サービス化」（Residualization）をもたらす。残余的サービス化とは，一般市民のための普遍的な公的住宅サービスが，市場を通じては適切な居住を確保できない一部の低所得者のみを対象にする残余的サービスへと転換することであり，それによってサービスの受給にはスティグマが付与され，受給者の社会的地位を低下する結果につながった（Flynn, 1988 : 308）。

---

149)　公営住宅を売却するために法的，制度的整備が行われた。1980年の住宅法は公営住宅居住者に時価より低価格で購入できる権利を付与した（Hill, 1983 : 235）。その購入を促進するために市場価格の33％から最高50％までの割引が行われ，1984年法は最大割引率を50％からさらに60％に規定した。1979年と1983年の総選挙の間に50万戸の公営住宅が売却された。

公営住宅の入居者が入居中の住宅を購入するときには，最高60％の割引とともに特別な金融支援が行われた。ただし，入居者のなかでも，公営住宅が購入できたのはわりに経済的能力のある人々であった。彼らは，国家の特別支援も受けながら公営住宅の所有者になり，それによって多くの経済的利得をえた。しかし，公営住宅が購入できなかった低所得者は，多重の不利益に直面するようになったのである。

　というのは，まず，彼らは公営住宅を購入した人々が莫大な政府の支援を受けたことに比して，相対的に不利益を受けた。プライバタイゼーションには民間業者による住宅事業を促進するために，民間業者に公営住宅を売却する措置も含まれていたので，一部の公営住宅入居者が売却されていない公営住宅に移住せざるをえないような事態も生じていた。しかも，彼らは家賃の引き上げや家賃補助金の削減などによって，経済的状況が一層厳しくなったのである。

　公営住宅が購入できず，賃貸の形で公営住宅に住み続けざるをえなかった人々に対するもうひとつの重要な不利益は「公営住宅に住みつづけることに対するスティグマ」であった。公営住宅のなかで，より良質のものが売却され，公営住宅入居者のなかでは，より裕福な人々が住宅所有者になったため（Williams *et al.*, 1986：284），公営住宅居住者の中には，年金生活者，失業者，その他公営住宅を購入する可能性の低い人々の割合が増加した。公営住宅の入居が直ちに低所得層の証明になるというスティグマが次第に強化されることは当然の結果であった。これは明らかに福祉国家体制の後退を意味するのである。

## 6　新しい社会福祉環境と福祉国家の選択

### （1）　経済的環境[150]

**■福祉国家と経済成長**

　戦後，福祉国家体制が成立・定着したことの背景には持続的経済成長があったことはすでにみた通りである。経済成長は，一方では福祉国家体制の莫大な財政支出を可能にしたが，もう一方では，社会構成員にも経済的豊かさを保障し，税金や社会保険料などの重い負担に対して寛大な態度を示すように影響した。経済成長のこうした寄与をミシュラは次のように表現している。

---

150）　このテーマについては次の高見が参考になった。正村公宏，『福祉国家から福祉社会へ』（2000）第四章；武川正吾，「福祉国家の行方」，岡沢憲芙・宮本太郎編，『比較福祉国家論』（1997）。

要するに，経済的繁栄は両刃の剣のようである。一方では，それは福祉に対する国家の役割を縮小することや社会福祉サービスのプライバタイゼーションの論拠を提供した。もう一方では，毎年のように富が増加することによって，より寛大な社会プログラムの財政的負担ができたという主張の根拠にもなるのである。国家収入の増大は社会支出と個人収入の両方を増やすことができる。個人的豊かさと社会的寛容はよき組み合わせである（Mishra, 1984：4）。

しかし，すでに1970年代後半以降，資本主義経済は不況に陥り，回復の兆しもみえない状況である。たとえ，こうした経済の低成長が景気循環による短期的現象であるとしても，問題は依然として改善されないのである。なぜなら，自然環境問題などによる成長の限界がすでに明確になっているからである。したがって，福祉国家黄金期を可能にしたような高度経済成長はもはや期待できない状況になっているといってよい。

### ■二つの矛盾する課題

自然環境の側面からみると，経済成長の速度を自然環境が支えられる範囲内で抑えなければならない状況になっているにもかかわらず，もう一方では，福祉国家体制の基本的枠組みを維持するためには，依然としてある程度の経済成長が必要であるということに福祉国家の悩みがある。つまり，成長を緩める課題とともに，持続的成長を遂行しなければならないという二つの，互いに矛盾する課題を抱えているのである。

OECDは人口高齢化に伴う社会支出の自然増加分を賄うために必要なGNPの成長率を推計しているが，これによると，1980年から2040年までの期間中に必要な年間平均経済成長率は，イギリスが0.16％，フランス0.41％，アメリカ0.84％，日本0.56％，そしてドイツは－0.05％になっている（武川，1997：264から再引用）。これは自然増加に対応するために必要な成長率であるが，人口高齢化による追加的支出増加が不可避であるので，それ以上の持続的成長がなければ社会福祉の拡充は不可能になる。たとえば，日本の場合（宮島洋，1992：10），1970年から1989年までの人口高齢化の影響をみると，高齢者人口1人あたり生産年齢人口数は8.5人から5.2人に大幅に減少したが，生産年齢人口1人あたり実質国民総生産が272万円から506万円に1.86倍増加し，生産年齢人口数の減少を相殺しているのである。しかし，これからは以上のような高度成長が期待できないことに問題がある。

## ■福祉国家の選択

　福祉国家体制の維持と持続的成長を同時に達成するために，福祉国家が選択できる政策の範囲は限定されている。しかも，持続的成長の水準がどの程度であるかもきわめて不確実な問題である。経済状況はある国内の経済環境のみによって影響されるだけでなく，国際的経済・政治環境によって大きな影響をうける場合があるので，経済成長を正確に予測することも，また成長の目標を達成することもきわめて困難な状況である。

　経済成長がこれからも持続できると仮定して福祉国家の社会制度やサービスを計画することも考えられるが，これはリスクの大きい選択であり（武川，1997：265），世代間の不公平問題を引き起こす可能性がある。なぜなら，年金制度の場合，経済成長を仮定してそれにふさわしい負担をしたにもかかわらず，年金受給者になったときには相対的に少ない給付を受ける階層ができるし，またその逆の場合もありうるからである。

　経済成長がほとんどないと仮定し，社会支出を抑制することによって未来に対処する方法も選択できるであろう。これは二つの次元と関わる。ひとつは，こうした選択が結局，社会的に対処できないニーズを発生させることによって，個人あるいは家族の責任が強化され，それが家族の再家父長制化を促進する結果をもたらすということである。もうひとつは，社会支出の抑制が意外にも経済成長を促進する場合があるということである。企業と個人の経済活動に対する最小限の干渉と社会的負担が経済成長を促進することもあるということは新保守主義者たちの古い主張であるが，その効果が確実なものでなければ，貧困の拡大など，副作用も大きい。

## （2）　人口高齢化

### ■人口高齢化の影響

　資本主義の発達という要素との関連性がきわめて低い要素でありながらも，福祉国家の再編とこれからの選択に大きく影響する要因がこの高齢化という変因である。

　すでに1982年ビーンで開かれた国際高齢者会議で，21世紀には先進国のみならず，地球規模の高齢化が社会構造の大転換をもたらすということが指摘された。1998年現在地球上の60歳以上の人口は5億7800万を超え全人口の10％を，2050年には19億を超え21％を占めると推測されている。60歳以上老人の人口比率は先進

国の場合には19%に及んでいる。

　高齢化は年金財政を圧迫するとともに，老人医療費を上昇させ，国民医療費の増加要因になる。医療費の増加を加重する要因のひとつは，80歳以上の超高齢者の存在である。たとえば，ドイツでのある研究によると，高齢者のなかで定期的医療サービスを受ける人々の割合を年齢別に区分すると，65～69歳，70～74歳，75～79歳，80～84歳，85歳以上の受療率はそれぞれ1.7％，3.2％，6.2％，10.7％，26.3％になっている（Yi and George, 1999）。アメリカの場合，65～69歳から85歳への加齢により所得は36％減少した反面，医療費は77％も増加した。なお85歳以上の高齢者は，65～84歳高齢者平均の2倍の病院入院率を記録している。療養院（nursing home）への入所においては男性で11倍，女性で16倍も増加する（Morginstin, 1989：123）。日本の場合，生涯医療費のうち60％以上が60歳以上の時期に費やされていて，70歳以上の時期の医療費だけでも生涯医療費の46％をしめているのである。

　高い経済成長が続いていた1960年代においても，高齢化による財政圧迫があった。当時は生産性の向上により財政圧迫を相殺することが可能であったが，低成長期に入った現在，大幅な生産性向上が期待できないので，年金制度や医療制度に対してはどんな形態であれ，その修正が不可避であるように思われる。

## ■所得分配と労働人口の確保

　高齢化は財政の面だけではなく，所得再分配にも悪影響を与える場合がある。日本や台湾の場合，1980年代における所得不平等の深化の原因には，高齢化もあるという指摘がなされている（たとえば，大竹，1999）。

　また，高齢化が小子化と並行すると，労働力の深刻な不足問題をひき起こす。外国の労働力の流入と関連して，最近国連の人口局は『代替移住』（Replacement Migration, 2000）という重要な報告を発表し，各国の労働力不足予測をシナリオ別に予測している。この報告によると日本の場合，引退人口対比労働人口の比率は1995年の4.8であったが，2025年には2.2，そして2050年には1.7に減少する。もし日本が2005年水準で人口を維持しようとするなら，2050年まで1700万人の移住労働者が必要であり，これは2005年から2050年まで毎年38万1000人の移住労働者が必要になることを意味する。そうなると，2050年の時点では移住民とその子孫が2250万人になり，人口の17.7％を占めることになる。

　一方，1995年の労働人口8720万人を維持するためには1995～2050年に3350万人

の移住労働者が必要であるとされる。この場合，2050年の日本人口は1億5700万人となる。このうち，移住労働者とその子孫が4600万人になるが，これは総人口の30％水準である。こうした移住労働者の存在がなければ，高齢人口対比労働人口4.8人（それは1995年の基準である）を維持するためには労働年齢上限を77歳まで引き上げなければならない（UN Population Division, 2000：49-54）という予測がなされたのである。

## 人口高齢化の速度

　高齢化進行の速度が速ければ，上記のような衝撃をより強力に受けざるを得なくなる。急激な人口構造の変化は年金制度や医療制度などの福祉分野のみならず，経済成長のような国家政策にも大きな影響を及ぼす。とくに，年金制度においては高齢化の速度が世代間再分配の公平問題をひき起こすのである。
　日本の高齢化の速度は例をみないものであるといわれているが，そのような急速な高齢化は開発途上国の共通する現象である。高齢化の速度が国家によって異なるということは，図13-4で確認できる。高齢化率が21％に達した国家がまだないが，日本やイタリアなどの幾つかの国家は2015年以前にその水準に達することが予測されていて，日本は14％から21％になるまでにわずか16年と推定されるのである。

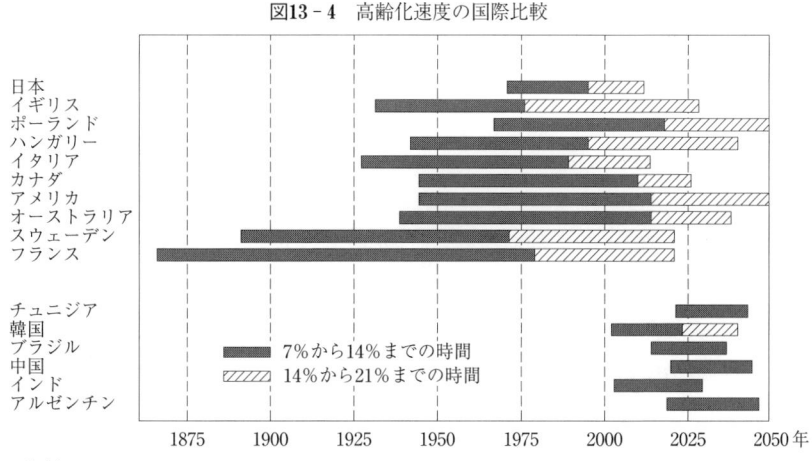

図13-4　高齢化速度の国際比較

（日本／イギリス／ポーランド／ハンガリー／イタリア／カナダ／アメリカ／オーストラリア／スウェーデン／フランス／チュニジア／韓国／ブラジル／中国／インド／アルゼンチン）

■ 7％から14％までの時間
▨ 14％から21％までの時間

資料：UN, The Sex and Age Distribution of the World Population, the 1996 Revision Medium Variant Projections, 1996.

## ■福祉国家の選択

　福祉国家は経済の低成長とともに人口高齢化という要因によって深刻な悩みを抱えるようになった。この二つの要素は互いに異なる方向で国家財政に影響する。すなわち，前者は国家財政支出の削減に対する圧力要因であり，後者は財政支出の増加要因になっているのである。

　すでに，ドイツと日本は老人医療費の急増に対処するために，長期療養保護 (long-term care) のニーズに対処する社会保険制度を導入した。ドイツは1994年長期療養保険を導入し，日本では2000年から介護保険がはじまった。ところが，そのような選択には，多くの利害団体の意見に対する調整が必要とされた。介護というニーズに対し，税金による公費負担方式で対処すべきか，それとも社会保険方式で対処すべきかをめぐって意見対立があったのである。これは，福祉国家再編以降，一方では国家の責任が後退する傾向を示しながらも，国民間の意見対立を調整する国家の役割が重視されることを意味する。

　高齢化の影響を直接に受ける年金制度はその対応を迫られている。多くの国家は年金開始年齢を繰り延べるとか，比較的高い水準である退職前の何年間の平均所得ではなく，生涯所得の平均所得を年金算定基準とするような制度変更を通じて，年金水準を引き下げるなどの改革を行ってきた。高齢化の速度が速い場合には，保険料負担の水準と実際の年金水準との間に隔たりが存在しうるし，相対的に多くの利益を受ける世代と，その逆の世代間に緊張や葛藤が発生する可能性もあるが，こうした現象に対しては意見調整者としての国家の役割が強化されなければならないであろう。

## (3) 冷戦体制の崩壊

### ■社会開発サミット

　冷戦体制の崩壊は福祉国家体制にも多様な影響を与えている。それによって，何よりも国連の関心が社会開発ないし社会福祉に注がれるようになった。第二次世界大戦後に成立した国連の第一の職務は戦争の防止であったが，冷戦体制の崩壊によって大規模戦争の可能性が著しく減少するようになると，国連の主な活動分野として社会開発部門が浮き上がるようになった。1995年コペンハーゲンで開催された国連の社会開発サミット (World Summit for Social Development) は，国連創設50周年目に時点で，これから国連の優先責務が社会開発に置かれるべきであることを公式に宣言したものであった。次の宣言文にはそのための国際的協力

が訴えられている。

　　人口，持続的経済成長，社会開発，持続可能な発展，安全，そして平和などの問題は相互依存的で相互補完的であることを認識し，急激な人口増加の抑制，貧困撲滅，環境保護，雇用創出および失業抑制，社会統合増進などのための努力をし，障害者と女性を含むあらゆる人々が政治，経済，社会，文化のすべての領域において十分かつ平等に参加できるようにしなければならない。
　　人々の基本的ニーズの解消と不平等の改善のために，国家予算を再編成すべきであり，それを国家的優先事業として定める必要性を確認し，社会開発に関する限り「20：20の原則」（国家予算の20％を社会開発部門に投入し，国際協力金額の20％規模を開発途上国の社会開発援助に提供するという原則）が貧困の解消と開発の国際協力に有用な概念であることを確認する（*Copenhagen Statement on Population and Social Development*, 1995）。

## ▎人間開発

　国連による社会開発活動の目標には不均等の是正が含まれているが，その不均等には先進国と開発途上国との格差，経済開発と社会開発との不均等，貧富格差，男女不平等などが含まれる。『人間開発報告書』（UNDP, *Human Development Report*）という年次報告書の公表は，こうした不均等に対する国際的関心を高めるための試みのひとつであろう。

　発展，あるいは開発という用語にはよりよい状況への変化という価値志向的意味が含まれている。人間が健康な生活を営むこと，適切な生活を確保するための知識を習得すること，そしてそのような生活を実現するために必要な資源が利用できること，という三つの要素が重視されるが，人間開発（Human Development）には，それらに加えて創造的かつ生産的活動，人間の権利を保障するための多様な自由などが付加的に考慮される。その思想には，生産性（productivity），公平（equity），持続可能性（sustainability），そして権限付与（empowerment）という四つの要素が含まれている（*Human Development Report*, 1995：11-12）。

　人間開発は地球規模で，「持続可能な発展」（sustainable development）をめざすアプローチである。持続可能な発展の思想は，環境保存主義者によって提起されたが，その発展ないし開発は社会や自然環境が耐えられる範囲内で行わなければならないということを意味する。

## 福祉国家の選択：国際的協力

　持続可能な発展の思想は「一国内あるいは国家間において貧富の格差が広まったのは，社会が耐えられる範囲を超えて経済開発を一方的に求めてきた結果であり，国際的には自国の発展のみを追求した先進諸国の経済発展戦略が発展途上国の発展を妨げ，貧富の格差を広げた結果を招いた」という認識から形成された。それは「社会開発を充実する措置を採らずには，これからの経済発展はもはや不可能であり，第三世界の低発展をそのまま放置しては，先進諸国の発展そのものも不可能になる」という考え方の表現であった。

　貧困や失業などの社会問題は，一国内の問題ではなく国際的問題になりつつある。国家間の相互依存性が強化されているからである。福祉国家を築き上げた西欧先進国は開発途上国の社会開発分野に援助ないし協力をしなければならなくなっているが，それは自国の社会維持のためにも欠かせないことである。というのは，開発途上国の生活の質がある水準に達しなければ，これからは先進国の発展もありえないということが明らかになっているからである。

　地球規模で，人間開発や社会開発を推進しようとする国際的傾向は望ましいものである。とくに，人口構造の変化によって労働力不足に悩まされている国家が，労働力過剰状態の開発途上国の労働力を労働移民として活用することは，地球規模でバランスのとれた発展を促進する契機になるばかりでなく，福祉国家の現実的問題を解決するよい事例にもなるであろう。むろん，この領域においても国内の意見調整において国家の役割が要求される。

### （4）　環境問題と地域中心的対処

## 持続可能な発展の思想

　福祉国家体制は持続的経済成長を前提にした体制であった。しかし，経済成長過程で資源の枯渇と大量の廃棄物などの問題によって，このままでは成長そのものも不可能であるということがすでに一般的な見解になっている。したがって，福祉国家は社会がこれからも持続的に成長する範囲内で成長できるように成長の速度を緩めなければならないという事実を認めている。

　ワールドウォッチ（World Watch）研究所の『世界の状況』という報告書の次の一句は，持続可能な発展に対する地球的規模の無知に警鐘を鳴らしている。

　　われわれの感覚麻痺と沈黙，そして怒りの欠乏は，人類が自らの絶滅過程を時々刻々認

識しながらも，やがて滅亡に至る唯一の種になりうることを意味する。そうなれば，われわれの墓碑には次のような恥ずべき碑文が刻まれるのであろう。「彼らは滅亡が近づいてくることは知っていたものの，それを防ぐための知恵をもっていなかった」。

### ▌地域中心の対処

グローバリゼーションによって，あるひとつの問題に対して国際的連帯や協力が強調されることは当然であるが，同時に，地域のレベルでその問題に対処しようとする傾向もあらわれている。それは，生活単位である地域社会を問題解決の基本的単位とみる傾向である。

ある社会変化が，限定された地域において特定の人口層に不利益をもたらすことについての認識も広がりつつある。モータリゼーション（motorization）の問題はその一例といえよう。モータリゼーションとは車利用による生活の変化が老人や障害者などに対し不利益をもたらすような問題である。たとえば，自動車利用を想定した大型スーパーができることによって，その地域の小規模食料品店などが閉鎖されるようになり，高齢者や障害者などの日用品や食品購入が困難になる。

こうした傾向は地域共同体の発想を促進するが，ときとして福祉国家政策と葛藤を引き起こす場合がある。環境重視論者は自動車の弊害を強調し，可能な限り自動車使用を抑制する方法を模索するよう圧力をかける。福祉国家の多くの都市が可能な限り食料を自給自足できるような都市計画を進めているが，それは交通量を減らすとともに地域共同体化を強める意図によるものである。さらに，一部の環境保護論者たちは，すべての道路建設に対する国家補助を直ちに中止するべきであると主張する（たとえば，Norberg-Hodge, 1992）。ところが，こうした主張は，国民の自由な移動を促進し，移動の機会を保障するために交通手段利用に国家補助金を投入するという伝統的な福祉国家政策に対する挑戦になるのである。

とにかく，生活共同体としての地域社会に対する関心は高まる傾向にある。コミュニティケアやノーマライゼーションの実践はこうした傾向と関わっているのである。

### ▌福祉国家の選択：福祉文化の養成

成長の限界によって，国家財政拡大を通じる福祉拡充は現実的には困難な目標になっているので，「地域中心的問題解決傾向」は福祉国家にとって歓迎すべきものになる。

地域の責任を強化することは，しばしば国家責任の弱化，すなわち福祉国家の後退とみなされる。確かに，中央政府が地方に財政責任を委譲することや地方政府を社会保険の保険者とするような措置は，個人負担の増加，サービスの質の低下，地域間格差などの深刻な問題をもたらす可能性を高くする。しかし，他方では，国民の生活の質や社会福祉の水準とは，その水準を確保するための国家財政の多寡によってのみ決定されるのではなく，社会そのものが共同体性をどれだけもっているかが大きく影響するという事実を見落としてはならないであろう。たとえば，コペンハーゲンでは老人や障害者がバスを利用するとき，周りの健康な者が助けてあげるのが社会の常識になっているという。こうした地域共同体的生活システムと，障害者の外出を助けるために福祉人材を派遣するシステムを比較してみることは意味深い。これは社会福祉の質が，地域共同体的な生活様式の普及程度，いわば福祉文化の成熟程度によって大きく左右されるということを示す。したがって，福祉国家体制において地域共同体的生活秩序が定着できるように，そして福祉文化がより成熟になるように必要な支援を行うことは，財政負担なしで社会福祉の質を維持・向上させるひとつの代案になるであろう。しかし，これはあくまでも福祉国家の制度的枠組みを前提にして初めて可能になることである。

## 引用・参考文献

<欧文文献>
Addison, Paul, 1977, *The Road to 1945*, Quartet Books.
Adelman, Paul, 1984, Victorian Radicalism, *The Middle-Class Experience 1830-1914*, Longman.
Alber, J., 1988, Continuities and Changes in the Idea of the Welfare State, *Politics and Society*, Vol. 16.
Ascher, Kate, 1987, *The Politics of Privatisation*, Macmillan.
Asconas, Peter and Frowen, Stephen ed., 1997, *Welfare and Values: Challenging the Culture of Unconcern*, Macmillan.
Axinn, June & Levin, Herman, 1982, *Social Welfare: A History of the American Response to Need*, Harper & Row.
Bailey, Victor, 1984, In Darkest England and the Way Out, *International Review of Social History*, No. 29.
Baldwin, Peter, 1990, *The Politics of Social Solidarity: Class Bases of the European Welfare State 1875-1975*, Cambridge University Press.
Barker, Paul ed., 1984, *Founders of the Welfare State*, Heinemann.
Baschwitz／川端豊彦・坂井洲二訳, 1970『魔女と魔女裁判』法政大学出版局。
Bean, Philip, et al ed., 1985, *In Defence of Welfare*, Tavistock Publications.
Bell, Moblery, 1947, *Octavia Hill*, Constable & Co.
Beveridge, Janet, 1954, *Beveridge and His Plan*, Hodder and Stoughton.
Beveridge, W. H., 1909, *Unemployment: A Problem of Industry*, AMS Press, INC.
Beveridge, W. H., 1942, *Social Insurance and Allied Social Services*, HMSO.
Beveridge, W. H., 1944, *Power and Influence*／伊部英男訳, 1975,『強制と説得』, 至誠堂。
Booth, Charles, 1889, Life and Labour of the People in London, Vol. 17, Macmillan & Co.
Bosanquet, Bernard, 1909, The Majority Report, *The Sociological Review*, Vol. 1, No. 2.
Bosanquet, Helen, 1909, *The Poor Law Report of 1909*, Macmillan.
Bosanquet, Helen, 1914, *Social Work in London 1869-1912*, The Harvester Press.
Brebner, Bartlet, 1948, Laissez Faire and State Intervention in Nineteenth-Century Britain, *Journal of Economic History*, Vol. Ⅷ.
Breul, Frank and Diner, Steven ed., 1980, *Compassion and Responsibility: Readings in the History of Social Welfare Policy in the United States*, The University of

Chicago Press.

Briggs, Asa, 1961, *Social Thought and Social Action: A Study of the Work of Seebohm Rowntree 1871-1954*, Longman.

Briggs, Asa, 1965, *The Welfare State in Historical Perspective*, in Mayer Zald ed., Social Welfare Institutions, John Wiley & Sons, Inc.

Brown, John, 1969, The Appointment of the 1905 Poor Law Commission, *Bulletin of the Institute of Historical Research*, XLII.

Brown, John, 1971, The Poor Law Commission and the 1905 Unemployed Workment Act., *Bulletin of the Institute of Historical Research*, XLIV.

Brown, Kenneth D., 1971, The Appointment of the Poor Law Commission-A Rejoinder, *Bulletin of the Institute of Historical Reserach*, XLIV.

Bruce, Maurice, 1968, *The Coming of the Welfare State*, B. T. Batsford Ltd.

Bruce, Maurice, 1973, *The Rise of the Welfare State*, Weidenfeld and Nicolson.

Brundage, Anthony, 1988, *Englans Prussian Minister: Edwin Chadwick*／廣重準四郎・藤井透訳, 2002,『エドウィン・チャドウィック』ナカニシヤ出版。

Brundage, Anthony, 2002, *The English Poor Laws, 1700-1930*, Palgrave.

Burns, Eveline, 1956, *Social Security and Public Policy*, McGraw Hill Book Co.

Carr, E. H.／清水幾太郎訳, 1962,『歴史とは何か』, 岩波書店。

Checkland, S. and E. O. A, 1834, *The Poor Law Report of 1834*, Pelican Books, 1974.

Clarke, Joan, 1949, The Break-up of the Poor Law, Margaret Cole ed., *The Webbs and their Work*, Frederick Muller Ltd.

Clarke, J. et al., 1987, *Ideologies of Welfare*, Hutchinson.

Cochrane, Allan and Clarke, John ed., 1993, *Comparing Welfare States*, SAGE Publications.

Cohen, Victor, 1927, "Jeremy Bentham," *Fabian Tract*, No. 221.

Cohn／山本通訳, 1983『魔女狩りの社会史』岩波書店。

Cole, G. D. H., 1925, William Cobbett, *Fabian Tract*, No. 215.

Cole, G. D. H., 1943, Beatrice Webb as an Economist, *The Economic Journal*, Vol. III.

Cole, G. D. H., 1954, *A History of Socialist Thought*, 5 Vols. Macmillan.

Cole, Margaret ed., 1949, *The Webbs and their Work*, Frederick Muller Ltd.

Cole, Margaret, 1945, *Beatrice Webb*, Longmans.

Collins, Doreen, 1965, The Introduction of Old Age Pensions in Great Britain, *The Historical Journal*, VIII. 2.

Compton, Beulah, 1980, *Introduction to Social Welfare and Social Work: Structure, Function, and Process*, The Dorsey Press.

Cook, Chris, 1984, *A Short History of the Liberal Party 1900-1984*, Macmillan.

Cootes, Richard, 1966, *The Making of the Welfare State*, Longman Group Limited.

Daly, Mary, 1978, *Gyn/Ecology: The MetaEthics of Feminism*, Beacon Press.

Day, Phyllis, 2000, *A New History of Social Welfare*, Allyn & Bacon.

Deacon, Bob, 1997, *Grobal Social Policy: International Organizations and the Future of Welfare*, Sage Publication.
Dicey／清水金次郎訳, 1972,『法律と世論』, 法律文化社。
Donnison, David, 1987, Social Policy 50 years（講演）／伊部英男・福武直編,『世界の社会保障50年』全国社会福祉協議会。
Douglas, Paul, 1936, *Social Security in the United States*, Whitlesey House.
Edward, John, 1981, Subjectivists Approaches to the Study of Policy Making, *Journal of Social Policy*, Vol. 10-3.
Ehrenreich, John, 1985, *The Altruistic Imagination: A History of Social Work and Social Policy in the United States*, Cornell University Press.
Esping-Andersen, Gosta, 1990, *The Three World of Welfare Capitalism*, Polity Press.
Esping-Andersen, Gosta, 1996, *The Welfare State in Transition*, Sage Publication.
Fabian Society, 1984, *100 Years of Fabian Socialism 1884-1984*.
Flora, P. and Heidenheimer, A. ed., 1984, *The Development of Welfare State in Europe and America*, Transaction Books.
Friedman, Milton, 1962, *Capitalism and freedom*, University of Chicago Press.
Flynn, Rob, 1988, Political Acquiescence, Privatisation and Residualisation in British Housing Policy, *Journal of Social Policy*, Vol. 17.
Forrest, Ray and Murie, Alan, 1983, Residualization and Council Housing, *Journal of Social Policy*, No. 12.
Foster, Peggy, 1983, *Access to Welfare*, Macmillan.
Fraser, Derek, 1973, *The Evolution of the British Welfare*, Macmillan.
Friedman／西山千明訳, 1980,『選択の自由』, 日本経済新聞社。
Furniss, N and Tilton, T., 1977, *The Case for the Welfare State*, Indiana University Press.
Gallagher／長瀬修訳, 1996,『ナチスドイツと障害者「安楽死」計画』, 現代書館。
Gamble, Andrew, 1981, *Britain in Decline: Economic Policy, Political Strategy and the British State*, Macmillan Publisher Ltd.
George, Victor, 1968, *Social Security: Beveridge and After*, RKP
George, Victor, 1973, *Social Security and Society*, Routledge & Kegan Paul.
George, Victor & Wilding Paul, 1985, *Ideology and Social Welfare*, RKP.
George, Victor and Page, Robert ed., 1995, *Modern Thinkers on Welfare*, Prentice Hall.
Gilbert, Bentley, 1966, *The Evolution of National Insurance in Great Britain*, Michael Joseph.
Gilbert, Bentley, 1976, David Lloyd George: Land, the Budget, and the Social Reform, *American Historical Review*, Vol. 81, No. 5.
Gilbert, N. & Specht, H., 1974, *Dimensions of Social Welfare Policy*, Prentice Hall.
Ginsberg, Norman, 1992, *Divisions of Welfare*, Sage Publication.
Glennerster, H. ed., 1985, *The Future of the Welfare State*, Macmillan.

Goldthorpe, John H. ed., 1984, *Order and Conflict in Contemporary Capitalism*, Clarendon Press 稲上毅他訳,『収斂の終焉』, 有信堂, 1987。

Goodin, Robert E. and Le Grand, Julian ed., 1987, *Not Only The Poor: The Middle Classes and the Welfare State*, Allen & Unwin.

Gorst, John E., 1909, The Reports on the Poor Law, *Sociological Review*, Vol. II.

Gould, Arthur, 1993, *Capitalist Welfare Systems*, Longman.

Griffiths, David and Holmes, Chris, 1985, A New Housing Policy for Labour, *Fabian Tract*, No. 505.

Hadley, Roher and Hatch, Stephen, 1981, *Social Welfare and the Failure of the State*, George Allen & Unwin.

Hancock, M. D. and Sjoberg, G., 1972／萩野浩基訳, 1987,『ポスト福祉国家の政治』早稲田大学出版部。

Harris, David, 1987, *Justifying State Welfare: The New Right versus the Old Left*.

Harris, Jose, 1972 *Unemployment and Politics: A Study in English Social Policy 1886-1914*, Clarendon Press.

Harris, Jose, 1977, *William Beveridge: A Biography*, Clavendon Press.

Hay, J. R., 1975, *The Origins of the Liberal Welfare Reforms 1906-1914*, Macmillan.

Heclo, H., 1974, *Modern Social Policies in Britain and Sweden*, Yale University Press.

Hefferman, Joseph, 1979, *Introduction to Social Welfare Policy*, Peacock Publishers.

Heidenheimer, A. J. et al., 1975, *Comparative Public Policy: The Politics of Social Choice in Europe and America*, St. Martin's Press.

Hennock, E. P., 1976, Poverty and Social Theory in England: the Experience of the Eighteen-Eighties, *Social History*, No. 1.

Hennock, E. P., 1987, *British Social Reform and German Precedents: The Case of Social Insurance 1880-1914*, Oxford University Press.

Henriques, Vrsula, 1979, *Before the Welfare State*, Longman.

Hewitt, Martin, 1992, *Welfare, Ideology and Need*, Harvester Wheatsheaf.

Higgins, Joan, 1978, *The Poverty Business*, Basil Blackwell.

Hobsbawm, E. J. ed., 1969, *Industry and Empire*, Penguin Books.

Hoover, Kennth, 1973, Liberalism and the Idealist Philosophy of Thomas Hill Green, *Western Political Quarterly*.

Howard, Donald, 1969, *Social Welfare: Values, Means, and End*, Random House.

Hutchins, B. L. & Harrison, A., 1911, *A History of Factory Legislation*, P. S. King & Son／大前朔郎他訳, 1976,『イギリス工場法の歴史』新評論。

Hutchins, B. L., 1912, Owen Robert, Social Reformer, *Fabian Tract*, No. 166.

Joad, C. E. M., 1928, Robert Owen, Idealist, *Fabian Tract*, No. 182.

Johnson, Norman, 1981, *Voluntary Social Services*, Basil Blackwell.

Johnson, Norman, 1990, *Reconstructing the Welfare State: A Decade of Change 1980-1990*, Macmillan.

Jones, G. S., 1971, *Outcast London*, Pantheon Books.
Jones, Kathleen, 1985, *Patterns of Social Policy*, Tavistock Publications.
Jones, Kathleen, 1991, *The Making of Social Policy in Britain 1830-1990*, The Artlone Press.
Jordan, W. K., 1959, *Philanthropy in England, 1480-1660*, Allen & Unwin.
Kahn, Alfred, 1979, *Social Policy and Social Services*, Random House.
Kincaid, 1984, *Richard Titmuss 1907-1973*, Barker ed., Founders of the Welfare State.
Lee, Hye-Kyung, 1982, *Development of Social Welfare Systems in the United States and Japan: A Comparative Study*, Unpublished Doctoral Dissertation, University of California Berkley.
Lee, Phil. and Raban, Colin, 1988, *Welfare Theory and Social Policy*, Sage Publications.
Le Grand, Julian and Robinson, Ray ed. 1985, *Privatisation and the Welfare State*, George Allen & Unwin.
Loch, C. S., 1892, *Charity Organization*, Swan Sonnenschein & Co.
Loney, Martin ed., 1987, *The State or the Market*, Open Universal Press.
Lowe, Rodney., 1993, *The Welfare State in Britain since 1945*, Macmillan.
Lubove Roy, 1986, *The Struggle for Social Security 1900-1935*, University of Pittsburgh Press.
Lummis, Trevor, 1971, Charles Booth: Moralist or Social Scientist, *Economic History Review*, XXIV.
Lyons, David, 1994, *Rights, Welfare, and Mill's Moral Theory*, Oxford University Press.
Mackay, T., 1889, *The English Poor*, Garland Publishing, Inc., reprint; 1984.
Mackenzie, Norman & Jeanne ed., 1983, *The Diary of Beatrice Webb*. Vol. I, II, III, IV, Virago Press.
Mackenzie, Norman & Jeanne, 1977, *The Fabians*, Weiddenfeld & Nicolson.
Malthus, T., 1798, *An Essay on the Principle of Population*, Pelican Books 1970.
Macfarlane, Alan, 1970, *Witchcraft in Tudor and Stuart England*, Harper & Row.
Marshall, J. D., 1968, *The Old Poor Law 1795-1834*, Macmillan.
Marshall, T. H., 1972, *Social Policy*, Hutchinson University Library.
Marshall, T. H., 1981, *The Right to Welfare*, Heineman.
Martin, Benice, 1969, Leonard Horner: A Portrait of an Inspector of Factories, *International Review of Social History*, Vol. 14.
Martin, Kingsley, Thomas Paine, *Fabian Tract*, No. 217.
Marwick, Arthur, 1967, The Labour Party and the Welfare State in Britain 1900-1948, *American Historical Review*, LXXIII.
Mcbriar, A. M., 1987, *An Edwardian Mixed Double: The Bosanquets versus the Webbs*, Oxford University Press.
McGregor, O. R., 1957, Social Research and Social Policy in the Nineteenth Century,

*The British Journal of Sociology*, Vol. 8.
Meachan, Standish, 1987, *Toynbee Hall and Social Reform 1880-1914*.
Miliband, R, 1961, *Parliamentary Socialism*, Allen & Unwin.
Mishra, Ramesh, 1977, *Society and Social Policy*, Macmillan.
Mishra, Ramesh, 1984, *The Welfare State in Crisis*, Harvester Press.
Mishra, Ramesh, 1990, *The Welfare State in Capitalist Society*, Harvester／丸谷冷史他訳, 1995, 『福祉国家と資本主義』晃洋書房。
Mommsen W. J. ed., 1981, *The Emergence of the Welfare State in Britain and Germany 1850-1950*, Croom Helm.
Moon, J., Donald ed., 1988, *Responsibility, Rights & Welfare: The Theory of the Welfare State*.
Morgan, Austen J., 1987, *Ramsay MacDonald*, Manchester University Press.
MorginstinB, Brenda, 1989, Impact of Demographic and Socio-economic Factors on Changing Needs for Services for the Very Old, *International Social Security Review*.
Morley, E. J., 1916, John Ruskin and Social Ethics, *Fabian Tract*, No. 179.
Mowat, C. L., 1952, The Approach to the Welfare State in Great Britain, *American Historical Review*, Vol. 58.
Nicholls, George, 1967, *A History of the Engligh Poor Law*, Vol. I, II, III, Reprints of Economics Classics.
Norberg-Hodge, 1992, Helena *Ancient Futures: Learning from Ladakh*, Rider.
OECD, 1981, *The Welfare State in Crisis*.
OECD, 1987, *Ageing Population*.
Offe, Claus, 1984, *Contradictions of the Welfare State*, Hutchinson Education.
Oliver, MacDonagh, 1960, The Nineteenth-Century Revolution in Government: A Reappraisal, *Historical Journal*, No. 1.
Owen, David, 1964, English Philanthropy 1660-1960, Harvard University Press.
Page, Robert, 1984, *Stigma*, RKP.
Palmer, Alan, 1989, *The East End*, John Murray Ltd.
Parris, Henry, 1962, The Nineteenth-Century Revolution in Government: A Reappraisal Reappraised, *Historical Journal*, No. 3.
Patterson, James, 1981, America's Struggle against Poverty 1900-1980, Harvard University Press.
Pease, Edward, 1918, *The History of Fabian Society*, Frank Cass & Co.
Peden, G. C., 1985, *British Economic and Social Policy*, Philip Allen Publishers.
Pelling, Henry, 1967, State Intervention and Social Legislation in Great Britain Before 1914, *Historical Journal*, No. X.
Pierson, Christopher, 1991, *Beyond the Welfare State ?*, Polity Press.
Pimlott, Ben ed., 1984, *Fabian Essays in Socialist Thought*, Heinemann.

Pimlott, J. A. R., 1935, *Toynbee Hall: Fifty Years of Social Progress 1884-1934*, J. M. Dent and Sons Ltd.
Pinker, Robert, 1971, *Social Theory and Social Policy*, Heinemann.
Piven, Frances and Cloward, Richard, 1972, *Regulating the Poor*, Tavistock.
Pope, Rex & Pratt, Allen, Hoyle Bernard ed., 1935, *Social Welfare in Britain 1884-1934*, J. M. Dent and Sons Ltd.
Poynter, J. R., 1969, *Society and Pauperism: English Ideas on Poor Relief 1795-1834*, Routledge and Kegan Paul.
Raynes, H. E., 1960, *Social Security in Britain — A History*, Greenwood Press.
Rein, Martin, 1970, *Social Policy: Issues of Choice and Change*, Random House.
Reissman, D. A., 1977, *Richard Titmuss*, Heineman.
Riddell, Peter, 1987, *The Thatcher Government*, Basil Blackwell.
Rimlinger, Gaston, 1965, Social Security in the US and USSR, in Zald ed., *Social Welfare Institutions*, John Wiley & Sons, Inc.
Rimlinger, Gaston, 1971, *Welfare Policy and Industrialization in Europe, America and Russia*, John Wiley and Sons.
Ritter, G. A., 1983, *Social Welfare in Germany and Britain,: Origins and Development* BERG Publishers.
Robinson, Ray ed., 1985, *Privatisation and the Welfare State*, George Allen & Unwin.
Robinson, Ray, 1986, Restructuring the Welfare State: An Analysis of Public Expenditure1979 / 80-1984 / 85, *Journal of Social Policy*, Vol. 15.
Rodgers, Brian, 1969, *The Battle against Poverty*, Vol. I, II, Routledge and Kegan Paul.
Rodman, John, 1973, What is Living and What is Dead in the Political Philosophy of T. H. Green, *Western Political Quarterly*.
Romanyshyn, John, 1971, *Social Welfare: Charity to Justice*, Random House.
Rose, Edward J., 1968, *Henry George*, Twayne Publishers, Inc.
Rose, Michael E., 1972, *The Relief of Poverty 1834-1914*, Macmillan.
Rose, Richard and Shiratori, Rei ed., 1986, *The Welfare State East and West*, Oxford University Press／白鳥令・ロース編1990,『世界の福祉国家』, 新評論。
Rowntree, Seebohm, 1902, *Poverty: A Stud of Town Life*, Macmillan and Co.
Schottland, Charles, 1963, *Social Security Program in the United States*, Appleton Croft.
Schweinitz, Karl, 1943, *England's Road to Social Security*, London.
Shaw, G. Bernard ed., 1889, *Fabian Essays in Socialism*, Walter Scott Ltd.
Spicker, Paul, 1989, *Social Housing and the Social Services*, Longman.
Spicker, Paul, 1984, *Stigma and Social Welfare*, Croom Helm.
Stevenson, John, 1984, From Philanthropy to Fabianism, Ben Pilott ed., *Fabian Essays in Socialist Thought*, Heinemann.
Tawney, R. H., 1909, The Theory of Pauperism, *The Sociological Review*, Vol. II.

Taylor-Goodby, Peter, 1985, *Public Opinion, Ideology and State Welfare*, Routledge & Kegan Paul.

Thane, Pat, 1982, *Foundations of the Welfare State*. Longman／柏野健三訳, 1988, 『福祉国家の建設（上・下）』海声社。

Thane, Pat ed., 1987, *The Origins of British Social Policy*, Croom Helm.

Tholfsen, Trygve, 1961, The Transition to Democracy in Victorian England, *International Review of Social History*, Vol. Ⅵ.

Thompson, E. P., 1968 ed., *The Making of the English Working Class*, Penguin Books.

Titmuss, Richard, 1958, *Essays on the Welfare State*／谷昌恒訳, 1967, 『福祉国家の理想と現実』東京大学出版会。

Titmuss, Richard, 1962, *Income Distribution and Social Change*, George Allen & Unwin.

Titmuss, Richard, 1968, *Commitment to Welfare*／三浦文夫監訳, 1971, 『社会福祉と社会保障』東京大学出版会。

Titmuss, Richard, 1970, *The Gift Relationship*, George Allen & Unwin.

Titmuss, Richard, 1973, *Social Policy: An Introduction*／三友雅夫監訳, 1981, 『社会福祉政策』恒星社。

Townsend, Peter, 1974, *The Concept of Poverty*, Heinemann.

Toynbee, Arnold, 1884, *Lectures on the Industrial Revolution of the Eighteenth Century in England*.

Trattner, W. I., 1974, *From Poor Law to Welfare State: A History of Social Welfare in America*, The Free Press.

Trevelyan, *English Social History*, Penguin Books 1942, 1986 ed.

UN Population Division, 2000, *Replacement Migration: Is It a Solution to Declining and Ageing Populations?*.

Vincent, A. W., 1984, *The Poor Law Reports of 1909 and the Social Theory of the Charity Organization Society*, Victorian Studies.

Webb, Beatrice, 1926, *My Apprenticeship*, Longman.

Webb, Beatrice, 1948, *Our Partnership*, Longman.

Webb, Sidney, 1890, *Socialism in England*, Swan Sonnenschein & Co.

Webb, Sidney, 1909, The End of the Poor Law, *The Sociological Review*, Vol. II, No. 2.

Webb, Sidney and Beatrice, 1927, *English Poor Law History*, Vol. 1-3. Archon Books Reprint, 1963.

Webb, Sidney and Beatrice, 1909, *The Minority Report of the Poor Law Commission*.

Webb, Sidney and Beatrice, 1910, *English Poor Law Policy*, Archon Books Reprint, 1963.

Wedderburn, Dorothy, 1974, *Poverty, Inequality and Class Structure*, Cambridge University Press.

Wheeler, Fred, 1893, A Plea for Poor Law Reform, *Fabian Tract* No. 44.

West, Julius, 1913, John Stuart Mill, *Fabian Tract*, No. 168.
Williams, Fiona, 1989, *Social Policy*, Polity Press.
Williams, K. & Williams, J. ed., 1987, *A Beveridge Reader*, Macmillan.
Williams N. J. et al, 1986, Council House Sales and Risidualization, *Journal of Social Policy*, No. 15, Part 3.
Wohl, Anthony S., 1968, The Bitter Cry of Outcast London, *International Review of Social History*, Vol. XIII.
Woodard, Calvin, 1962, Reality and Social Reform: The Transition from *Laissez-faire* to the Welfare State, *Yale Law Journal*, Vol. 72, No. 2.
Woodroofe, Kathleen, 1958, C. S. Loch, *Social Service Review*, Vol. 32.
Woodroofe, Kathleen, 1977, The Royal Commission on the Poor Laws, 1905-09, *International Review of Social History*, Vol. X ?.
Wright, Anthony, 1987, *R. H. Tawney*, Manchester University Press.
Yi, Zeng and George, Linda, 1999, *Extreamly Rapid Ageing and the Living Arrangements of Older Persons; The Case of China*, UN Population Division.
Young, A. F. and Ashton E. T., 1956, *British Social Work in the Nineteenth Century*, Routledge & Kegan Paul.
Zald ed., 1965, *Social Welfare Institutions*, John Wiley & Sons, Inc.
Zapt, Wolfgang, 1986, "Development, Structure and Prospects of the German Social State," in Rose & Shiratori ed., *The Welfare State East and West*.
The Welfare Reform Green Paper, 1998, *New Ambitions for our Country: A New Contract for Welfare*.

<日本語文献>
足立正樹・樫原明編, 1983, 『各国の社会保障』法律文化社。
阿部志郎編, 1986, 『地域福祉の思想と実践』海声社。
阿部実, 1990, 『チャールズ・ブース研究』中央法規出版。
飯坂良明他, 1973, 『イギリス政治思想史』木鐸社。
池田敬正, 1986, 『日本社会福祉史』法律文化社。
石田忠, 1959, チャールズ・ブースのロンドン調査について, 『社会学研究』2, 一橋大学一橋学会。
石田忠, 1962, チャールズ・ブース研究, 『社会学研究』4, 一橋大学一橋学会。
一番ヶ瀬康子, 1963, 『アメリカ社会福祉発達史』光生館。
出水和夫, 1988 『労働史序説――労働と生活の展開』白桃書房。
伊藤周平, 1996 『福祉国家と市民権』法政大学出版局。
伊部英男, 1979 『新救貧法成立史論』至誠堂。
伊部英男・木村尚三郎編, 1985, 『転換期の日本社会と福祉改革』全国社会福祉協議会。
上田千秋, 1975, 『社会保障概論』佛教大学。
上田千秋, 1995, 「エリザベス1597年法と1601年法」『山口女子大学社会福祉学部紀要』, 創

刊号。
埋橋孝文，1997，『現代福祉国家の国際比較』日本評論社。
江見康一・加藤寛・木下和夫共編，1974，『福祉社会日本の条件』中央経済社。
大沢真理，1986，『イギリス社会政策史』東京大学出版会。
大竹文雄，1999，「所得不平等化の背景とその政策的含意」『季刊社会保障研究』Vol. 35, No. 1。
大前朔郎，1961，『英国労働政策史序説』有斐閣。
大前朔郎，1975，『社会保障とナショナル・ミニマム』ミネルヴァ書房。
岡沢憲芙・宮本太郎編，1997，『比較福祉国家論』法律文化社。
小川喜一，1961，『イギリス社会政策史論』有斐閣。
小川喜一編，1977，『社会政策の歴史』有斐閣。
樫原明，1973，『イギリス社会保障の史的研究』法律分化社。
金子光一，1997，『ビアトリス・ウェッブの福祉思想』ドメス出版。
神原勝，1986，『転換期の政治過程』総合労働研究所。
木村正身，1981，「福祉国家の起源と社会政策」，西村豁通・松井栄一編『福祉国家体制と社会政策』御茶の水書房。
木村正身，1985，「ベンサム主義と社会政策」山田高生他編『社会政策の思想と歴史』千倉書房。
日下喜一，1977，『現代政治思想史』勁草書房。
桑原洋子，1989，『英国児童福祉制度史研究』法律文化社。
孝橋正一，1977，『現代資本主義と社会事業』ミネルヴァ書房。
孝橋正一，1982，『現代社会福祉政策論』ミネルヴァ書房。
後藤平吉，1976，「福祉見直し論と福祉政策」『社会福祉学』第17号，日本社会福祉学会
小林清一，1999，『アメリカ福祉国家体制の形成』ミネルヴァ書房。
小山路男，1978，『西洋社会事業史論』光生館。
眞田是，1980，「日本における資本主義の構造的特質と国民生活への影響」『社会福祉研究』第26号。
事典刊行委員会編，1989，『社会保障・社会福祉事典』労働旬報社
柴田嘉彦，1996，『世界の社会保障』新日本出版社。
柴田善守，1985，『社会福祉の私的発展』光生館。
社会科学大事典編集委員会編，1971，『社会科学大事典』鹿島研究所出版会。
社会保障研究所編，1984，『イギリスの社会保障』東京大学出版会。
社会保障研究所編，1989a，『アメリカの社会保障』東京大学出版会。
社会保障研究所編，1989b，『社会政策の社会学』東京大学出版会。
關嘉彦，1986，『社会主義の歴史（1・2）』力富書房。
太陽寺順一，1977，オット・フォン・ビスマルク，社会保障研究所編『社会保障の潮流』社会福祉協議会。
高島進，1979，『イギリス社会福祉発達史論』ミネルヴァ書房。
高野史郎，1984，『イギリス近代社会事業の形成過程』勁草書房。

田口富久治編, 1989, 『ケインズ主義的福祉国家』青木書店.
武川正吾, 1997, 「福祉国家の行方」岡沢憲芙・宮本太郎編『比較福祉国家論』法律文化社.
武田文詳, 1979, 「イギリス工場法思想の源流（その1）」『三田学会雑誌』72巻5号.
武田文詳, 1980, 「イギリス工場法思想の源流（その2）」『三田学会雑誌』73巻4号.
田代不二男, 1969, 『イギリス救貧制度の発達』光生館.
長守善, 1959, 『福祉国家イギリス』東洋経済新報社.
津崎哲雄, 『トーマス・チャーマスの信仰と実践』.
常行敏夫, 1990, 『市民革命前夜のイギリス社会』岩波書店.
東京大学社会科学研究所編, 1984, 『福祉国家1～6』東京大学出版会.
東京大学社会科学研究所編, 1988, 『転換期の福祉国家（上・下）』東京大学出版会.
土穴文人, 1982, 『社会政策立法史研究』啓文社.
西川富雄, 1968, 『現代とヒューマニズム』法律文化社.
日本政治学会編, 1989, 『転換期の福祉国家と政治学』岩波書店.
橋本比登志, 1987, 『マルサス研究序説』嵯峨野書院.
朴光駿, 1990a, 「フェビアン協会の形成とその救貧法改革活動に関する研究」佛教大学社会学博士論文.
林堅太郎, 1990, 『プライバタイゼーション』法律文化社.
林健久・加藤栄一編, 1992, 『福祉国家財政の国際比較』東京大学出版会.
浜林正夫, 1978, 『魔女の社会史』未来社.
板東慧, 2000, 『福祉価値の転換』勁草書房.
佛教大学通信教育部編, 2001, 『二十一世紀の社会福祉をめざして』ミネルヴァ書房.
堀勝洋, 1981, 「日本型福祉社会論」『季刊社会保障研究』第17-1号.
正村公宏, 2000, 『福祉国家から福祉社会へ』筑摩書房.
松井栄一他編, 1981, 『福祉国家体制と社会政策』御茶ノ水書房.
松平千佳, 「オクタヴィア・ヒルの社会改良観」『キリスト教社会福祉学研究』第34号.
丸尾直美, 1984, 『日本型福祉社会』日本放送出版協会.
三浦文夫, 1977, リチャード・M.ティトマス, 社会保障研究所編, 『社会保障の潮流』社会福祉協議会.
水田洋外, 1991, 『社会思想史への招待』北樹出版.
宮島洋, 1992, 『高齢化時代の社会経済学』岩波書店.
毛利健三, 1981, 「世紀転換期にイギリスにおける貧困観の旋回」『社会科学研究』32巻5号.
森島恒雄, 1970, 『魔女狩り』岩波新書.
森島通夫, 1988, 『サッチャー時代のイギリス』岩波書店.
安川悦子, 1982, 『イギリス労働運動と社会主義』御茶ノ水書房.
横山和彦, 1988, 「福祉元年以後の社会保障」東京大学社会科学研究所編『転換期の福祉国家』東京大学出版会.
横山和彦・多田英範編, 1991, 『日本社会保障の歴史』学文社.
吉田久一, 1980, 「日本社会福祉の文化史的課題」『社会福祉研究』第26号, 鉄道弘済会.

吉田久一, 2000, 『社会福祉思想史入門』勁草書房。
安保則夫, 1987a, 「イギリスにおける貧困認識の旋回」『経済学論究』第41巻第2号, 関西学院大学経済学会。
安保則夫, 1987b, 「貧困の発見」『経済学論究』第41巻第3号, 関西学院大学経済学会。
行安茂・藤原保信編, 1982, 『T. H. グリーン研究』御茶ノ水書房。
若松繁信, 1991, 『イギリス自由主義史研究』ミネルヴァ書房。

＜韓国語文献＞
金クワンス, 1984, 『重商主義』民音社.
金テスン他, 1995, 『福祉国家論』ナナム出版.
金ヒョンシク, 1997, 『市民的権利と社会政策』中央大学校出版部.
朴光駿, 1990b, 『フェビアン社会主義と福祉国家の形成』大学出版社.
朴光駿, 1992, 「新保守主義と韓国社会の政策指向」『経済と社会』18号, 韓国産業社会研究会.
慎燮重編, 2001, 『世界の社会保障』裕豊出版社.
梁好民編, 1985, 『社会民主主義』種路書籍.
呉インヨン, 2000, 『20世紀自由主義の進化過程からみた新自由主義』ハンギョレ新聞社.
趙淳他, 1989, 『アダム・スミス研究』民音社.
趙淳他, 1992, 『ジョン・ステュアート・ミル研究』民音社.
池潤, 1964, 『社会事業史』弘益斎.
崔京九, 1991, 「組合主義福祉国家研究」高麗大学校博士論文.
河サンラク, 1989, 『韓国社会福祉史論』博英社.
玄外成・朴光駿他, 1992, 『福祉国家の危機と新保守主義的再編』大学出版社.
Hobhouse, L. T./崔ジェヒ訳, 1971, 『自由主義』三星文化文庫46.
Lampert/ユンヨドク訳, 1995, 『国家と社会政策』ミンヨン社.
Legana/イムヨンサン訳, 1986, 『大学知性と社会改革活動』ヨルリムウォン.
Mommsen, W./李テヨン訳, 『ビスマルク』三星文化文庫75.
Watkins, F. M./李ホング訳, 1982, 『イデオロギーの時代』乙裕文化社.
Hayek, F. A./鄭ドヨン訳, 1973, 『隷従への道（上・下）』三星文化文庫31・32.

# 事項索引

## あ行

アメリカ高齢者協会　227
アメリカ独立革命　83
イーストエンド　114, 126, 133
イギリス理想主義　127, 193
池田内閣　268
一次的貧困　145
一般混合ワークハウス　66, 68, 167, 170
イデオロギー的論議　12, 257, 270, 278
医療救済者選挙権剝奪禁止法　99
院外救済　69, 89, 91, 96, 99
院外労働テスト　96, 171
院内救済　89, 98
エリザベス救貧法　57, 61, 106, 107
エルバーフェルト制度　119
エンクロージャー　43, 51, 52
OASDHI　262
大きな政府　229, 230, 281
オープン・スペース運動　125
オックスフォード学派　127, 192, 194

## か行

階級的罪意識　114
介護保険　178, 294
介入主義の福祉国家　284
外部効果　11
家族所得補助　248
家族手当法　241, 258
家族福祉協会　132
家父長主義　19, 136, 179
完全雇用　160, 284, 240, 248, 276, 286
企業国家　268
企業年金　261
規制緩和　282, 287
規範的アプローチ　249
逆進的税制再編　281
救済受給権　84
急進的再分配　279
急進的社会行政　279

救世軍　116
救貧監督官　57, 59, 109
救貧行政　97, 109, 171
救貧税　59, 106
救貧庁法　97
救貧費の増加　71, 77
救貧法　45-56, 105, 167, 243
　――委員　56, 92, 95
　――委員会　77, 87, 89, 94, 136, 157
　――研究　102-104
　――の解体　242
教育（児童給食）法　176, 198
教育（児童保健）法　198
教会の福祉機能　36
供給中心の経済学　276, 282
教区　59, 60-65, 92, 109, 120
教区間の格差　27, 106
教区自治主義　87, 107
教区小学校　98
教区連合　59, 88, 93
共済組合　185, 220
教条主義的社会主義　194
矯正院　58
行政管理の統一性の原理　239
行政的介入主義　249
協同組合運動　124
居住地制限法　46, 63-65, 79, 88, 107
ギルド社会主義思想　129
ギルバート法　69
緊急救済プログラム　230
経済機会プログラム　263
経済成長の終焉　274
経済成長優先主義　269
経済的自由主義　283
啓蒙主義思想　215
契約自由の原理　149
ケインズ経済学　228
ケインズ主義　275, 280
ケースワーク　131, 132
健康保険　178, 270

311

健康保険法　265
原生的労働関係　149
権利請願運動　75, 96
合意の政治構造　247
公営住宅　258, 288
交易経済　46
後期資本主義国家　138
公共社会福祉活動　29
公共就労　106, 230
公共の善　195
公私の役割分担　122
公衆衛生法（英）　88
工場監督官　152, 154
工場の児童,年少者の労働を規制する法律　152
工場法　6, 14, 29, 40, 95, 147-149, 151, 265
講壇社会主義　183, 187, 188
公的扶助　74, 167, 169, 233
　──登録官　171, 174
公費負担　256
公平性　295
合法化戦略　187
公民権法　260, 264
功利主義　75, 79, 80, 83, 86, 88, 127, 129
高齢化　292
高齢化の速度　294
コーポラティズム　190, 273, 285, 286
国際的連帯　297
国際比較分析　250
黒人問題　224
国粋主義的国際関係　274
国民皆保険　247
国民基礎生活保障制度（韓）　108
国民健康保健（英）　200, 203
国民健康保険法　267
国民的効率　279
国民年金法　267
国民の予算　201, 202
国民扶助法（英）　241, 243, 258
国民分離戦略　282
国民保健サービス法（英）　241, 258
国民保険法（英）　180, 242, 258
乞食防止協会　118
五大悪　240
国家主義　19
国家の性格　205, 225

ゴッセン通達　123
コテージホーム　98
古典経済学　84
古典的自由主義　192
コミュニティケア　297
混合経済　279

さ　行

財政赤字　247
財政危機　274, 283
最大多数の最大幸福　80, 83
最低生活保障　10, 145, 211, 239
最低生計の原理　239
最低賃金制度　69, 197
最低賃金法　199
サッチャー政権　280, 282, 287, 288
サッチャリズム　280
佐藤内閣　268
左派ケインズ主義　285
差別主義　220, 222
差別的処遇　74, 169
産業化　19, 184, 218
産業革命　71, 75-78, 130, 137, 147, 150, 184
産業の国有化　160, 248
三者負担　178
残余の概念　15
残余的サービス　288
残余的福祉モデル　205
GHQ　266
COS（慈善組織協会）　29, 113, 117, 112-125, 130-132, 135, 157
自営農民　75
視覚障害者扶助　232, 233
自己決定　10
資産調査　60, 234, 236, 238, 248
自助　110, 140, 207
市場志向の福祉国家　284
慈善事業　22, 60
慈善団体　117
持続可能な発展　295-297
失業保険　172, 201, 221, 231, 236, 270
失業保険法　267
失業労働者法（英）　171, 198
疾病及び老齢年金法（独）　185

事項索引

疾病金庫　24
疾病保険　221
疾病保険法（独）　185
実用主義　249
児童手当　240, 270
児童手当法　267
児童福祉運動　134
児童福祉法　266, 267
児童法（英）　198
児童労働　137, 150
支配イデオロギー　110, 148
資本主義社会　23, 156
資本主義的市場秩序　281
資本主義の自己回復能力　229
市民革命　78
市民権　19, 214
市民社会　113, 114, 123, 148
市民法　148
社会改革　148, 181
　——主義　278, 279, 280
社会開発サミット　294, 295
社会改良運動　140
社会行政学派　245, 249, 250
社会権　214
社会工学　249
社会事業　22, 175
　——方法論　131
社会主義　25, 140, 182, 188, 214, 220, 253
社会主義社会保険　221
社会主義者鎮圧法　191
社会政策　187
　——研究　254
　——発達論　89
社会ダーウィニズム　99
社会的アノミー現象　274
社会的効果　8, 11, 12, 16
社会的公平　8, 10, 11, 16
社会的平等　212, 252
社会的不平等　248, 253, 273, 281, 282
社会的分配　250, 254
社会的リスク　178, 243
社会的連帯　10, 274
社会統合　274, 275, 282, 286
社会統制論　89, 103
社会費用　11

社会福祉
　——国家　213
　——事業法　267
　——思想　2, 7, 13, 18, 21
　——制度史　19, 103, 105
　——の概念　2, 3, 18
　——の価値　7, 12, 13
　——の時代区分　5
　——の対象　4
　——の哲学　104
　——の発達　4, 14, 22, 23
　——発達史　147
　——費用の自然増加　246
　——本質論争　4, 23
社会扶助　23
社会法　147, 149
社会保険　156, 166, 178, 183, 188, 207, 211, 221,
社会保健法（米）　208
社会保険法（露）　219
社会保障　6, 39, 105, 210, 220, 224
社会保障制度審議委員会　267
社会保障法　147
社会保障法（米）　210, 231, 234, 261, 264
社会民主主義　274
社会民主党　207, 247, 275
社会連帯　249
自由改良の時代　196
自由改良立法　192
宗教改革　41, 137
集合主義　83, 86, 149
自由主義　78, 127, 179, 188, 224
　——的社会主義　194
　——的福祉国家　194
　——の修正　192
重商主義　46, 47, 48, 49
住宅及び都市開発法（英）　199
住宅改善事業　124
修道院　53, 54
自由党社会改革立法　193, 198
自由党の社会改革　127, 203
自由放任主義　78, 140, 148, 228, 274
　——的資本主義　229
　——的自由主義　194
自由民主党　248, 269

313

収斂理論　20
受給資格　74, 121
首都訪問救済協会　120
生涯医療費　292
障害者排除政策　14
条件つき援助　169
少数派報告書　9, 158, 165, 170-175
職業訓練プログラム　263
職業紹介所　168, 172, 175, 199, 238
所得再分配　11, 245, 292
所有権絶対の原則　149
新右翼　282
新救貧法　56, 60, 73-77, 80-100, 156
新救貧法委員　94
新経済政策　221
人口圧力　43
人口構造の変化　247
新興資本家階級　70, 114
人口政策　48
新自由主義　183, 193, 194, 274, 280-282
　　──的福祉国家再編　245, 286
人種差別　260, 264
親族の扶養義務　57, 60
身体障害者対策基本法　267
身体障害者福祉法　266, 267
新保守主義　276, 291, 280
　　──的再編　273
人民憲章　83
垂直的再分配　11, 183
水平的再分配　11
枢密院　59
スケッタードホーム　98
スタグフレーション　274, 276
スティグマ　10, 73, 110, 115, 213, 237, 243, 289
スピーナムランド制度　46, 69-72, 77, 88-90, 96, 101, 106, 108
生活協同組合　112
生活権　149
生活保護　270
生活保護法　266, 267
精神薄弱者福祉法　267
生存権　13, 149, 214
生存権保障　9, 214, 215
制度的福祉モデル　205

セーフティーネット　7
世界大恐慌　227
世代間再分配　293
世代間の不公平　291
セツルメント運動　29, 112, 125-127, 131-135, 238
選挙権　19, 75, 139, 181, 207
選挙権剥奪　91, 172, 243
全国産業復興法（米）　230
全国的統一処遇の原則　90
全国労働者会議　186
潜在的貧困層　43
漸進主義　158, 175
選択の自由　282
選定基準　33, 58, 135
選別主義　255, 256
選別的サービス　288
争議権　218
相互扶助　22, 112
ソーシャルワーカー　175, 234

た　行

第一次石油危機　264
第一次選挙法改正　95, 181
大学セツルメント運動　130
第三次選挙法改正　91, 181
大西洋憲章　210, 215
第二次選挙法改正　91, 181
多数派報告書　158, 167-176
脱商品化　260
団結禁止法　79, 151, 186
団結権　218
炭坑労働規制法　199
男女不平等　295
団体禁止法廃止法　150
治安判事　59, 151, 152
地域共同体的生活システム　298
地域社会活動プログラム　263
地域主義　56, 65, 72, 92, 106, 296
地域福祉　133, 134
小さな政府　282
地球資本主義　280
地方自治庁法（英）　98
地方自治法（英）　243
チャーティズム　96

# 事項索引

中産階級　52, 79, 205
チューダー朝　58
長期療養ニーズ　247
長期療養保護　294
徴兵制度　235
賃金基金説　80, 82
賃金鉄則　82
賃金補助制度　69, 108
賃貸住宅手当　248
通貨主義　193, 281
積立方式　269
定額拠出・定額給付の原理　239
定額制　256
哲学的急進主義　83
ドイツ社会主義労働党　182, 186
ドイツ社会政策学会　187
ドイツ社会民主党　186
ドイツ労働者協会　182
トインビー・ホール　128, 130, 131, 238
投票権法　260, 264
トーリー・コレクティビズム　257
独占禁止法　266
都市貧民　75
徒弟　39, 40, 58, 147, 150

## な行

中曽根内閣　280
ナカソネリズム　280
ナショナル・ミニマム　9, 173, 174, 240
ナチス　9, 14
ナッチブル法　46, 66, 67, 110
ナポレオン戦争　76, 138
二次的貧困　146
ニュー・ハーモニー　153
ニュー・ラナーク　153
ニューディール　227, 228, 234
農民一揆　77
ノーマライゼーション　297

## は行

博愛主義　112
発達保障　8
パトロネッジ　226
パノプティコン　85
ハル・ハウス　134

反集合主義　278, 279, 280
ピアス原則　233
被救済貧民　88, 92
非社会主義的福祉集合主義　279
ビスマルク社会保険　24, 105, 183, 223
ビスマルクの三大社会保険　180, 185
日雇労働者健康保険　267
ヒューマニズム　23, 24, 53, 123
ヒューマニタリアニズム　123
貧困概念　143, 144
貧困児童　150, 232
貧困線　144, 145
貧困戦争　261, 263, 264
貧困調査　19, 137-143
貧困文化論　263
貧民院　58
ファシズム　266
フェビアン協会　157, 158, 159, 160
フェビアン社会主義　159, 278, 279
福祉元年　266, 269, 270
福祉君主制　188, 189, 206
福祉国家　29, 211, 245, 255, 270, 294
　──危機論　230, 273-275, 278, 280
　──コンセンサス　246, 247, 270, 272
　──宣布日　212
　──体制　208, 251, 278, 280
　──の再編　245, 272, 280, 283-285
　──の類型　284
福祉資本主義　278
福祉多元主義　279
福祉文化　298
普通選挙権　96, 181, 207
負の所得税　108
普遍主義　255, 256
普遍性の原理　239
普遍的社会サービス　288
プライバタイゼーション　286-290
フランス革命　79, 89, 101, 106, 151
浮浪者規制法　51
浮浪者問題　36, 39, 53
フロンティア　224, 225
ベヴァリッジ委員会　217, 238
ベヴァリッジの社会保障体系　276
ベヴァリッジ報告　26, 217, 238, 239, 241, 248

315

ペスト　35, 37
ベトナム戦争　261, 263
ベンサム主義　84, 88
封建制度　34-40, 192
封建的共生関係　47
法律救済プログラム　263
ポーパー　99
母子福祉法　267
補充的所得保障制度（米）　108
保守主義　83, 280
補助金支給　287
ボランタリズム　224

　　　　　ま　行

魔女裁判　32, 33, 40, 41, 44
マニュファクチュア　24, 35, 76
マルクス主義　24, 207, 272, 274, 278
未熟練労働者　51
ミッテラン政権　285
未亡人・孤児・老齢拠出年金法　242
民営化　109, 110, 273, 286
民間社会福祉　24, 29, 112, 134, 169, 170
民間保険　179
民権法　264
無拠出老齢年金　176, 199, 203
メディケア　260, 261, 262
メディケイド　260, 261, 262
モータリゼーション　297

　　　や・ら・わ　行

夜警国家　113, 123, 148
友愛組合　112, 113, 182, 199, 207, 208
友愛訪問員　132
ユンカー　186, 187
抑圧政策　33-38, 70, 73, 74, 90, 100
ラダイト運動　75
ラロック計画　217
理想主義学派　192
利他主義　19, 253, 255
隣保館　125, 133
隷従への道　283
冷戦体制　294

レーガノミクス　280
レーガン政権　280
歴史的事実　16, 17, 21, 25
劣等処遇の原則　73, 88, 90, 91, 98
連邦緊急救済　230
連邦主義　224
労使協議制　266
老人医療費の無料化　270
老人福祉法　267
老人扶助　231
労働関係法　259
労働組合　134, 160, 225, 248, 259, 266, 271
労働権　214
労働災害法　241
労働災害保険法（独）　185
労働災害保障法（露）　219
労働者学校　129
労働者災害補償法（米）　226
労働者社会保障規則（露）　210
労働者集団居住地　168
労働者条例　33, 37, 39, 40
労働者保護政策（制度）　79, 149, 151, 184
労働争議法　198
労働代表委員会　163, 182
労働テスト　96
労働能力者　37, 40, 43
労働の義務　223
労働法　147
労働無能力者　35, 38-40
労働力不足　44, 292
労働倫理　48, 62
老齢年金（英）　198, 231-233
老齢年金運動　228
ロシア革命　210
ロバート・レイ計画　217
ワークハウス　58, 66-69, 84, 91, 94-99, 110, 243
ワイマール共和国　183
ワイマール憲法　215
ワット・タイラーの反乱　38

# 人名索引

アークライト, R.　150
アイゼンハワー, D.　264
アシュトン, T.　71, 75
アスキス, H. H.　127, 197
スミス, A.　78, 84, 86, 130
アダムス, J.　134
アットウッド, T.　96
アトリー, C.　258
一番ケ瀬康子　18
ウィルソン, H.　258
ウェダーバン, D.　20
上田千秋　57
ウェッブ, S. & B.　56, 62, 114, 134, 140, 158-162, 165, 170, 173, 249
エデン, A.　258
エンゲルス　215
オーウェン　96
大沢真理　164
小川喜一　164
オコナー, F.　96
オリビエ, S.　161
カー, E. H.　16
カーター, J.　265
カートライト, J.　83
カーライル, T.　128
金子光一　164
キャラハン, J.　258
キャンベル-バナマン, H.　197
ギルバート, B.　142
グリーン, T. H.　127, 130, 192, 194
グリーン神父　126
グレー, E.　97
クロスマン, R.　278
ケアード, E.　127, 128
ケインズ, J. H.　229, 248, 277
ゲーテ　128
ケネディ, J. F.　262, 264
孝橋正一　23
ゴッセン, G. S.　123
コベット, W.　77, 78

小山路男　56, 164
ゴルバチョフ, M.　223
ゴンパース, S.　225
サッチャー, M. H.　14
シーニア, N.　84, 88, 97
柴田善守　23
シュバイニツ, K.　39, 61, 71
シュモーラー, G.　185, 188
ジョエット, B.　127, 130
ショー, G. B.　161
ジョンソン, N.　112, 119, 264
スペンサー, H.　99
スマイルズ, S.　114
スミス, H. L.　201
セイン, P.　19
ダイシー, A. V.　83, 149
太陽寺順一　191
タウンゼント, J.　80, 81, 228
田代不二男　56, 164
田村米三郎　23
チャーチル, W.　144, 176, 200, 238, 257
チャドウィック, E.　84, 88-97
チャルマーズ, T.　118, 119, 133
ディケンズ, C.　95
ディズレーリ　95
ディックス, D.　230
ティトマス, R. M.　245, 251-254
デニソン, E.　115, 126
トインビー, A.　75, 115, 127, 130
トーニー, R. H.　34, 54
ローパー, T.　44
ナイチンゲール, F.　114
ニクソン, R.　264
バーク, E.　83
パーシバル, Dr. T.　150
バーネット, S.　115, 125, 130, 131
ハイエク, F. A.　14, 193, 281, 283
パウロ3世　9
ハチンズ, B. L.　153, 155
ハチンソン, H.　162

ハリントン, M.　250
バルフォア, A.　157, 197
ヒース, E.　160, 258
ビール, R.　150
ヒギンズ, J.　20
ビスマルク, O.　180, 181, 185, 189, 190
ピット, W.　70
ヒル, O.　124, 129
ブース, C.　137, 140-143, 249
フーバー, H.　229
ブランド, H.　160
フリードマン, M.　108, 193, 281, 282
ブリッグス, A.　213
ブレア, T.　212
ブレドリ, F. H.　127
ベヴァリッジ, W. H.　26, 127, 201, 240, 249
ベンサム, J.　14, 79, 83-87
ボードモア, F.　158
ホーナー, L.　154
ホーム, A. D.　258
ボザンケー, H.　119, 124, 165
ホブズボーム, E. J.　77
ホブソン, J. A.　193
ホブハウス, L. T.　193, 194
マーンズ牧師　140

マクドナルド, R.　163
マクファーレン　42, 43
マクブライア, A. M.　165
マクミラン, H.　258
マルクス, C.　215
マルサス　13, 79, 80-87, 130
ミシュラ, R.　249, 276, 290
ミル, J. S.　83, 194
ラウントリー　137, 140, 143-145, 252
ラサール, F.　182
ラジェロ, G.　194
ラスキン, J.　124, 128-130, 193
ラッファー, A. B.　281
ランズベリ　125
リカード, D.　82
リッチフィールド卿　121
リムリンガー, G.　20, 21
ルーズベルト, F.　26, 215, 228, 230
レーガン, D.　265
レーニン, B.　25, 221
ロイド・ジョージ, D.　144, 176, 185, 200-202, 229
ロストウ, W. W.　183
ロック, C. S.　120, 124
オーウェン, R.　153

《著者紹介》

朴　光駿（パク・クワンジュン　Park Kwang-Joon）
　現在，佛教大学社会福祉学科教授。
　1958年生まれ。韓国・釜山出身。釜山大学社会福祉学科卒業，同大学院修了。1987年より佛教大学大学院に留学（国費外国人招聘留学生），博士号取得（「フェビアン協会の形成とその救貧法改革活動に関する研究」1990年3月）。1990〜2002年2月まで新羅大学（前・釜山女子大学）社会福祉学科で教鞭をとる。2002年4月より佛教大学に赴任，現在に至る。
　著書　『フェビアン社会主義と福祉国家の形成』（ソウル：大学出版社，1990）
　　　　『日本の社会福祉論争』（釜山：世宗出版社，1997）
　　　　『韓国と日本の日常生活』（共著，釜山：釜山大学出版部，2002）
　　　　The Social Impact of Economic Crisis in Korea（World Bank, 2001）
　　　　『世界の社会保障』（共著，ソウル：裕豊出版社，2001）
　　　　『社会問題と社会福祉』（共著，ソウル：良書院，2000）
　　　　『福祉国家の危機と新保守主義的再編』（共著，ソウル：大学出版社，
　　　　　1992）など

　　　　　　　　　　　　　MINERVA福祉ライブラリー⑰
　　　　　　　　　　　　　社会福祉の思想と歴史
　　　　　　　　　　　　──魔女裁判から福祉国家の選択まで──

　　　　2004年2月5日　初版第1刷発行　　　　　　　検印廃止
　　　　2011年1月30日　初版第2刷発行

　　　　　　　　　　　　　　　　　　定価はカバーに
　　　　　　　　　　　　　　　　　　表示しています

　　　　　　　著　者　　朴　　　光　駿
　　　　　　　発行者　　杉　田　啓　三
　　　　　　　印刷者　　江　戸　宏　介

　　　　　　　発行所　株式会社　ミネルヴァ書房
　　　　　　　　　　　607-8494　京都市山科区日ノ岡堤谷町1
　　　　　　　　　　　　　　電話代表　（075）581-5191番
　　　　　　　　　　　　　　振替口座　01020-0-8076番

　　　　　　ⓒ 朴　光駿, 2004　　　　　共同印刷工業・藤沢製本

　　　　　　　　　　　ISBN978-4-623-03950-0
　　　　　　　　　　　　Printed in Japan

● **MINERVA 福祉ライブラリー・A5判美装カバー** ●

ルイス・ローウィ他著
① 高齢社会を生きる高齢社会に学ぶ
　香川正弘・西出郁代・鈴木秀幸訳

⑧ 老いて学ぶ老いて拓く
　三浦文夫編著

⑨ お年寄りのケア知恵袋
　橋本正明編著

⑩ 誰でもできる寝たきりおこし大作戦
　澤村誠志監修／兵庫県社会福祉事業団編

バーバラ・メレディス著
⑪ コミュニティケアハンドブック
　杉岡直人・平岡公一・吉原雅昭訳

アーサー・グールド著
⑫ 福祉国家はどこへいくのか
　高島進・二文字理明・山根祥雄訳

⑬ 現代生活経済論
　馬場康彦著

⑭ 介護・福祉のための医学概論
　片山哲二著

⑰ 教育と福祉のための子ども観
　増山均著

アラン・ウォーカー著
⑱ ヨーロッパの高齢化と福祉改革
　渡辺雅男・渡辺景子訳

⑲ どうしますあなたと私の老後
　児島美都子＋地域福祉を考える会編

ステファン・ローズ編
㉑ ケースマネージメントと社会福祉
　白澤政和・渡部律子・岡田進一監訳

㉒ 現代社会保障・社会福祉の基本問題
　堀勝洋著

ピーター・デカルマー他編著
㉓ 高齢者虐待
　田端光美・杉岡直人監訳

㉔ 高齢者の暮らしを支えるシルバービジネス
　シニアライフプロ21編

㉕ スウェーデン・超高齢社会への試み
　ビヤネール多美子著

㉗ 欧米の住宅政策
　小玉徹他著

㉘ 欧州統合と社会保障
　岡伸一著

㉙ はじめて学ぶグループワーク
　野村武夫著

㉜ 援助を深める事例研究の方法 第2版
　岩間伸之著

アードマン・B・パルモア著
㉝ 高齢期をいきる高齢期をたのしむ
　浅野仁監修／奥西栄介・孫良訳

㉞ 子どもを見る変化を見つめる保育 新版
　天田邦子・大森隆子・甲斐仁子編著

OECD 著
㊲ OECD諸国・活力ある高齢化への挑戦
　阿部敦訳

㊶ 高齢社会の地域政策
　堀内隆治・小川全夫編著

㊷ 介護保険制度と福祉経営
　矢野聡・島津淳編著

㊸ 介護保険とシルバーサービス
　川村匡由著

G・エスピン-アンデルセン
㊼ 福祉資本主義の三つの世界
　岡沢憲芙・宮本太郎監訳

㊽ 新しい時代の社会福祉施設論 改訂版
　今村理一編著

㊾ 私のまちの介護保険
　樋口恵子編著

㊴ 子育て支援の現在
　垣内国光・櫻谷真理子編著

㊶ 日本の住まい変わる家族
　袖井孝子著

ミネルヴァ書房

http://www.minervashobo.co.jp/

● MINERVA 福祉ライブラリー・A5判美装カバー ●

(57)IT 時代の介護ビジネス
森本佳樹監修／介護 IT 研究会編

(59)介護財政の国際的展開
船場正富・斎藤香里著

(60)社会福祉への招待
岡本栄一・澤田清方編著

(61)介護職の健康管理
車谷典夫・徳永力雄編著

(63)医療・福祉の市場化と高齢者問題
山路克文著

(64)イギリスの社会福祉と政策研究
平岡公一著

(65)介護系 NPO の最前線
田中尚輝・浅川澄一・安立清史著

(66)アメリカ おきざりにされる高齢者福祉
斎藤義彦著

(68)少子化社会の家族と福祉
袖井孝子編著

(69)精神障害者福祉の実践
石神文子・遠塚谷冨美子・眞野元四郎編著

(70)京都発 マイケアプランのすすめ
小國英夫監修／マイケアプラン編著

(71)入門 社会福祉の法制度 第3版
蟻塚昌克著

(72)ソーシャルワークの技能
岡本民夫・平塚良子編著

(73)少子高齢化社会のライフスタイルと住宅
倉田剛著

(74)社会福祉普遍化への視座
川村匡由著

(77)人間らしく生きる福祉学
加藤直樹・峰島厚・山本隆編著

マニュエル・カステル／ペッカ・ヒマネン著
(78)情報社会と福祉国家
高橋睦子訳

(80)介護保険と21世紀型地域福祉
山田誠編著

(81)社会保障と年金制度 第2版
本沢一善著

(82)新・ケースワーク要論
小野哲郎著

(83)地域福祉計画の理論と実践
島津淳・鈴木眞理子編著

(84)高齢者施設の未来を拓く
原慶子・大塩まゆみ編著

(85)障害をもつ人たちの自立生活とケアマネジメント
谷口明広著

(86)市町村合併と地域福祉
川村匡由編著

(87)くらしに活かす福祉の視点
宮本義信編著

(88)基礎からはじめる社会福祉論
菊池正治・清水教惠編著

B. H. ワシック／D. M. ブライアント著
(89)ホームビジティング
杉本敏夫監訳

(90)ブレア政権の医療福祉改革
伊藤善則著

(91)ヒューマンケアを考える
井形昭弘編著

(92)人口減少時代の社会福祉学
小田兼三・竹内一夫・田淵創・牧田満知子編著

ミネルヴァ書房

http://www.minervashobo.co.jp/

宮本太郎 編著
**福祉国家再編の政治**
376頁　本体3500円

埋橋孝文 編著
**比較のなかの福祉国家**
362頁　本体3500円

武智秀之 編著
**福祉国家のガヴァナンス**
282頁　本体3500円

大沢真理 編著
**アジア諸国の福祉戦略**
362頁　本体3500円

齋藤純一 編著
**福祉国家／社会的連帯の理由**
328頁　本体3500円

菊池正治・清水教惠・田中和男
永岡正己・室田保夫 編著
**日本社会福祉の歴史　付・史料**
——制度・実践・思想——
350頁　本体3500円

鍾　家新 著
**日本型福祉国家の形成と「十五年戦争」**
248頁　本体3500円

── ミネルヴァ書房 ──
http://www.minervashobo.co.jp/